プレアデス
銀河の夜明け

THE PLEIADIAN AGENDA

バーバラ・ハンド・クロウ＝著
Barbara Hand Clow
高橋裕子＝訳

太陽出版

THE PLEIADIAN AGENDA
by Barbara Hand Clow

プレアデス　銀河の夜明け

目次

付録

本文中の肩番号は巻末の注ナンバーを示す。
また、文中〔　〕内および欄外は訳注・編注。

ゲリー・クロウにささげる

序文——宇宙に入っていく

ブライアン・スウィム博士

バーバラ・ハンド・クロウの新刊『プレアデス銀河の夜明け』を読むためのアプローチとしては、〝いかに宇宙に入っていくか〟を学ぶという、宇宙論における伝統的な課題にもとづくのが最善だろう。これは多くの現代人にとってみれば奇妙で、ときにはまったくつまらない課題とさえ思えるかもしれない。だって宇宙はわれわれの周囲をすっかりとり巻いているのだから、そこに入っていくほど簡単なことがあろうか。ところが実際には、この〝宇宙に入っていく〟という挑戦は古代から存在している。それはわれわれ人類に特有の挑戦である。なぜかというと、人間は遺伝形質のみに頼って生きていないからだ。ほかの動物たちはそうした問題を免除され、すくなくともほとんどの状況で、どのような行動をとるべきかについて、すぐ手近に指示が与えられる。

われわれ人間は、まったく異なる課題をかかえている。これまで宇宙とその仕組みについて膨大な情報を蓄積してきたのも、すべてこの宇宙のなかで聡明な行動がとれるようになるためだった。

〝宇宙に入っていく〟とは、広大な世界のありようを学び、そこに自分がどうかかわっていくかを学ぶことにほかならない。原初の人間たちは、この課題の深遠さと緊急性を感じとっていた。すくなくとも四万年は確実に、ひょっとすると三〇万年の長きにわたって、人間は夜ごとに集い、大いなる世界を生き抜いていくために宇宙のありように思いをはせた。どの大陸に暮らしていようが、どの文化、どの時代に属していようが、アフリカの平原では焚き火を囲み、オーストラリアの陸塊では燦然《さんぜん》たる星空をあおぎ、ユーラシア大陸では洞窟のなか、北米大陸では部族の共同住宅《ロングハウス》で、人々はかならず夜ごとに集い、宇宙について、人間として高貴な生を送るために必要なことがらについて、聖なる物語を伝えてきた。

どの文化も、と書いたが、もちろん厳密にいうとこれは真実ではない。われわれ現代人は違う。どうやら現代の人類社会は、宇宙の神秘をほめたたえるという原始的な伝統を途絶させた、最初の文化にあたるらしい。三〇万年も役に立っていたものを放棄した、という事実はいったいなにを意味するのだろうか。

現代の産業社会はこれを異なる方法でおこなっている。究極の意味にかかわる問いは洞窟や平原でなく、教会やモスクや寺院でとり扱われる。週末ごとにおおぜいの人々がそこに集まり、自分と神との関係について考える。そのように毎週とりおこなわれる無数の宗教儀式は、たしかに人類全体の健康と霊性にとって非常に重要であり、そこに祭祀の多様性をみることはできるが、いわゆる大宇宙についての真摯な黙想はめったに見られない。ここで「大宇宙」というのは、単純に星々があり、表土があり、両生類と哺乳類と昆虫がいて、川と湿地があるような宇宙のことだ。

したがって現代の人類は袋小路につきあたる。現代宗教は人と人との相互関係、そして人と神との関係ばかりに目を向けてきた結果、〝いかに宇宙に入っていくか〟という昔ながらの問いを棚上げしてしまった。いっぽうで科学はたしかに宇宙を注視しつづけてはいるが、教えるのは神聖な意味も運命もまったく存在しない宇宙であり、宇宙における人間の本質的な役割について語ることは避けている。

そこでわれわれはバーバラ・ハンド・クロウの最新の著書に出会う。彼女は終始一貫して神聖な領域としての宇宙を扱っている。物質とエネルギーと情報の宇宙であると同時に、霊的存在たちに満ちた宇宙を。しかもそれは神聖な運命をもつ宇宙だ。そしてまたクロウは終始一貫して、その宇宙規模のドラマにおいて人間のはたすべき役割にフォーカスしている。彼女はわれわれ各自が「星々のあいだを泳ぎまわるすべを思いだす」のを助けようという。「宇宙的自己を活性化させる」のを助けようと約束する。現代の大学のほとんどにつきまとう虚無主義的なポストモダニズムの気質とは対照的に、彼女は人間と地球全体がはたすべき中心的役割をこう語る。「……地球が水瓶座の時代に入るとき、あなたがたは［宇宙の］あらゆる次元のための身体になるのです」

かといって彼女は、人間だけを賛美し、人間以外の世界を全面的にけなすという、古典的西洋哲学の最高峰でさえおちいった罪を犯してはいない。クロウにとってはあらゆる生命が神聖であり、どの種もきわめて重要な役割を担う。「動物たちは人間にとって、星の叡知の源です」と美しいフレーズで彼女はのべている。これはわれわれに近い親戚である哺乳類にかぎったことではない。「地球に残存するわれわれ爬虫類は、このとてつもない［ガイアの］知性を保持する存在である。知恵はまさにわれらの体内に保たれている」というように、彼女の視点では爬虫類もまた敬意を払うべき特別な力の持ち主である。

話を進める前に、ここで立ちどまってごく単純な問いかけをしておこう。もし、われわれの子供たちが最初に宇宙への参加をいざなわれるとき、宇宙を神聖なものとみなし、そこで人間のはたすべき大いなる役割が示され、動物たちやあらゆる生命形態をいとおしむという、そんな宇宙論の手ほどきを受けたとしたら、はたして成長したあかつきにはわれわれのように、地球を破壊したと糾弾されることがあるだろうか。

生きた宇宙論にもとづく文化を形成したいとすこしでも願うなら、なぜクロウのような視点が「世界統制チーム」によって必然的に退けられてしまうのか、その理由を知っておく必要がある。

人間が思弁宇宙論を失ったのは、いまから五世紀前、新しい科学の企てによって中世の人々の宇宙に対する共通理解が打ちくだかれたときだった。一五四三年、ニコラウス・コペルニクスという無名のポーランド人天文学者が、この世の中心は地球ではなく太陽だと宣言した。もちろん、いまではこれが真実として受けいれられているが、当時は文化全体が地球を中心とする仮定のもとに成り立っていたのを思いだす必要がある。そしてこの変革の結果のひとつとして、思弁宇宙論の著作はすべて、そう、いまあなたの手元にあるような著作はすべてごみ箱行きになってしまったのだ。その経緯を説明してみよう。

コペルニクスは自分の研究がいかに危険なものか、ほかのだれよりもよく知っていた。教会の規範に忠実であろうとして、死の床につくまで発見内容の出版を拒みつづけた。そして、事態は彼の怖れていたとおりの方向に進んだ。コペルニクスの研究の科学的内容は受けいれられ、中世世界全体の宇宙論的志向がゆっくりと、しかし断固として拒絶されていった。科学と宗教の分裂にもとづく現代世界が、ここから出発したわけである。それ以降、宗教はあくまでも天国に行くために必要な行動を教えてくれる真実の貯蔵庫とみなされるようになる。いっぽう科学は、物理的宇宙にかかわる真実を発見する方法として理解されていく。その宇宙はもはや霊的現実に満ちてはおらず、まったく粗雑な物質のみで構成されたものと考えられるようになった。

ここで正しく認識すべきなのは、太陽のまわりを回転している地球の運動についてコペルニクスが真実を発見したとき、それは同時に〝真実をいかにとらえるか〟という点で人々を居心地わるい状況に追いこんだことである。おそらく一〇万年ものあいだ、人間は地球を宇宙の中心と考えてきたのだから。それ以前の人間なら、太陽が中心に鎮座して地球がその周囲をまわっているなど、ほのめかされただけでも深い混乱に陥っただろう。

コペルニクス以前の単純素朴な精神の持ち主にとって、太陽とは毎日地球をひとめぐりする、空の高いところにある熱いものだった。どのくらいの大きさかわからないが、たいして大きくはないだろう。親指一本ですっかり姿を隠してしまうこともできるのだから。それとは正反対に、地球は全世界だ。大海原があり、津波があり、広大な山脈もある場所だ。おそろしいハリケーンや雪嵐《ブリザード》やなだれも起きる。

コペルニクスの偉大な業績は、その著作によってヨーロッパでもっとも進んだ思索家たちに、太陽系の中心に太陽が位置し、そのまわりを地球や火星、木星その他の惑星すべてがまわっている、という新しく微妙で驚異的な事実を把握するプロセスを提供した点だった。しかし不幸な結果として、われわれに自分の感覚や直観を信頼するべきではないという確信をもたらしてしまった。以来、おもにそのような形で得た知識をもとにした仕事は(もちろんクロウによる本書もそれが主要な情報源である)、無意味で愚かで無価値で、時間の浪費とみなされるようになった。

それでは思弁的な洞察にもとづく仕事、特にあなたの手元にあるこの著作には、どんな姿勢でのぞむべきだろうか。私は基本的に三つのアプローチがあると思う。

第一は、現代科学の主流といえるもので、占星術や銀河系の星々の調和にもとづく議論をすべてつまらないものとみなすアプローチである。この見方は、今日の科学者のほとんどを特徴づけている。

第二のアプローチは書かれた内容を文字どおり科学的真実とみなすもので、一部の人々が聖書を文字どおり科学的真実とみなしているのと同様である。こちらのほうが第一の姿勢より人気はあるかもしれないが、残念ながら、信奉者は科学と相容れない立場に置かれるという欠点がある。われわれの文化ではやはり、真実へのアプローチとしてもっとも強力な合意を得られるのは科学なのだ。

第三は本文でも示唆されているように、この著作を詩の領域に属するものと考えるアプローチである。詩人の洞察が真実であり、しかし科学における真実とはかけ離れた形の真実だという状態を理解するために、以下を本書全体の説明として、またイメージとしてお読みいただきたい。

かのベートーベンが、からっぽの部屋ではじめて「歓喜の歌」を演奏した瞬間を想像してみよう。あらゆる生命体を考えれば、部屋は本当のからっぽではない。特に単細胞の原核生物、つまり細菌のたぐいは空気中に漂っているはずだ。もちろん単細胞の有機体にはほんのわずかな知覚があったとしても、部屋を満たす音楽を鑑賞することはできない。しかし、もしもそれら無数の生物の中に、たった一個体の天才がいたとしたら？　もしも音楽の響きがその個体をむなしく振動させて消えていくかわりに、なにか広大なものの存在にめざめさせたとしたらどうだろう。

もちろん、その個体の体験はベートーベンの音楽世界全体からいえば、あわれなほどつまらない断片かもしれない。しかしその生物にとっては、突然ふだんの活動をはるかに越えた荘厳なものが自分のなかに広がった、という奇妙な感覚に衝撃をおぼえたであろうと想像できるのではないか。

もしも銀河系全体を見わたす知性があり、それが一〇〇億年ものあいだ三〇〇〇億の星々をたばねてきたとしたら、そしてその形態も機能も、現代天文学がこれまで慎重かつ経験的な技法によって描いてきた範疇《はんちゅう》には入らないものだとしたら、その知性に反応するだけの感受性をもちあわせた人間は、途方もない詩的イメージを紡ぎだすしかないであろう。膨大なサイバネティックス意識、または銀河の意識によって、大脳新皮質か中枢神経の一部に輝く炎がともったとしたら、そのとき聞こえてくるのは慎重で安全な過去の真実ではない。きっとバーバラ・ハンド・クロウの『プレアデス 銀河の夜明け』の途方もない思弁的洞察なのだ。

一九九五年八月

ブライアン・スウィム博士（Brian Swimme, Ph. D.）　宇宙論研究者、重力物理学者。カリフォルニア総合研究所研究員。著書に"*The Universe Is a Green Dragon*"（『宇宙はグリーン・ドラゴン』田中三彦訳／ＴＢＳブリタニカ）、トーマス・ベリーと共著で"*The Universe Story*"（宇宙の物語）がある。

はじめに——現実の分裂

いまあなたが手にしているこの本を理解するには、プレアデス人がこれまで人間に対してさまざまに意志疎通をはかってきた経緯を知っていたほうがいいでしょう。地球の先住民の多くはプレアデスを自分たちの起源とみなしています。一九七〇年代、スイスのビリー・マイヤーという人物がはじめて、プレアデスからやってきた宇宙船団および乗組員との直接コンタクトを報告しました。そして八〇年代にはケン・ケアリーが『星の種子のメッセージ』(*Starseed Transmissions*)を出版し、みごとな明晰さと啓発的な筆致でプレアデスの知性に関する理解を大きく前進させました。このころリサ・ロイヤルとわたし自身も直接交信を体験しており、バーバラ・マーシニアックは一九八八年に突然、たいへん強力なプレアデスの思念をチャネルしはじめました。ほかにも多くのチャネラーがこの星系から受けとった類似の教えを報告しています。本書は、おもにアルシオネ〔プレアデス星団の中心星〕のサティアという存在を通して語られます。女神と深く結びついた、非常に力強いプレアデスの賢者です。

プレアデスの存在たちが一九八四年、大人になってからのわたしを刺激してきた当初は、メッセージが何カ月もモールス信号で聞こえていました。しだいに声として明瞭になってきましたが、こんどは地球の科学や人間の行動、霊的進化に関する彼らの語り口にひどく混乱させられました。簡単にいうと、彼らの話を理解するのは、万華鏡を通過する光を解読するようなものです。その見解は多面的で幾何学的な相関関係を含み、とても解釈しにくいことがあります。八〇年代後半、彼らの複雑な視点はごちゃごちゃして支離滅裂に思えましたが、それでも地球で聞けるほかのどんな話より魅惑的だったので、わたしは伝えつづけました。白状すると、けっして楽な時期ではありませんでした。しばしば心理的にたいへん複雑な状態になりました。プレアデス人たちを知れば知るほど、その声が本当はわたし自身の内なる子供《インナーチャイルド》の声だとわかるからです。ますます強く明瞭にやってくる叡知に満ちた教えは、わたしの真実の自己、なんの刻印づけもされていない生まれたままの自己を無理やり思いださせるのです。それに気づいたとき、はるか昔、生後四カ月のころの記憶がよみがえってきました。ベビーベッドのすぐ近くのカーテンが旋風にさっと揺れ、青く美しい小さな生き物がわたしを訪れたことを。むずかしい作業でしたが、わたしはついに自分がその存在を完全に統合するのだと確信し、一九九二年にサティアからの語りかけがはじまったのです。彼女が登場した結果、プレアデス人の話では一九九八年に起きるという「現実の分裂」を予期してこの本を書くことになりました。読者にもすぐわかるとおり、サティアはとてもはっきりものをいいます。では、そろそろサティアに直接話してもらいましょう。

†

わたしはサティア、プレアデス人の大集団を指揮しています。わたしはプレアデスの中央図書館であるアルシオネの記録の守り手です。バーバラ・ハンド・クロウはその情報をあなたがたに伝える直接的な導管としての能力を磨き、彼女自身のコミュニケーション技術もかなり上達しました。そこで、本書で広範囲にわたってプレアデスの存在や集団を紹介することになったのです。彼らはみな特定の情報を伝えるための大いなる計画《アジェンダ》をもっています。それがこの『プレアデス銀河の夜明け』(原題"*The Pleiadian Agenda*"＝プレアデスの計画)です。プレアデス人たちは本当につながりをもとめているので、あなたがたの想念に殺到し、エネルギーの扉《ポータル》を怒濤のように駆けぬけます。一九九四年から九五年にかけて本書の内容が送られてきた時期、ジョン・カミンスキーがチャネリングに同席して、こんな感想をもらしました。「プレアデス人って蜜蜂みたいだね。しょっちゅうそのへんに飛んでいるから気にならないが、いつのまにか巣を作ってしまっているんだ」。そしていま、巣箱全体が語りかけようとしているわけです。

実際、われわれプレアデス人はかなり立派な巣を作ったので、この媒体〔チャネルしている著者バーバラ・ハンド・クロウのこと〕の身体に宿ると、本人はちょうどブンブンうなる蜂の巣のような特別な興奮を味わいます。彼女はこの周波数を認識し、道具として使うすべを身につけました。どうやって会得したか知りたければ、著書の「心の記録」三部作を読むといいでしょう。彼女は多くの体験を通じ、わたしたちとの共同作業によって知覚範囲が非常に広がったことを発見しました。いまでは来たるべき現実分裂の本質が〝見える〟ようになっています。新しい進化した世界に参加することを選ぶには、この本でのべる九次元の垂直軸を理解して、意識的に取り組む必要があります。われわれの叡知があなたがたの生活を向上させる記録をあなたがたにひらくという作業に専念しました。彼女は訓練段階において、われわれの記録をあなたがたにひらくという作業に専念しました。内奥の問いに答え、感情を強め、精神をとぎ澄まし、退化でなく進化を選択する方向に導くことを知りました。ついにこの本が完成したいま、バーバラ・ハンド・クロウがわれわれから探りだした事柄について、プレアデス集団としての感想をのべたいと思います。

宇宙論とはなんだろう、と首をひねっている人がいるかもしれません。地球の天文学者にいわせると、宇宙の起源や構造、時間と空間の関係の本質を研究するのが宇宙論です。でも、われわれプレアデス人ならもっと話を進めます。われわれにとって宇宙論とは、細胞レベルの記憶をめざめさせるような時間的存在の物語です。細胞レベルの記憶とはなんでしょうか。およそ宇宙に起きたあらゆる出来事の記憶は、あなたがたの身体の細胞に記号《コード》として刻みこまれています。それが細胞レベルの記憶です。だから、あなたがたはすでにこの「光の時代の新しい宇宙論」を知っており、いまいちど物語を聞きさえすればいいのです。

なぜ、この物語をまた思いだしたいのでしょうか。もちろん、クリエイティブで楽しい物語になるかもしれません(きっとなります)。しかし、いまそれを語る本当の理由は、一九九八年に世界がふたつの道に分裂したとき、どちらの現実に住むか選択できるようにするためです。われわれにはあなたがたの身体の細胞内で、ふたつの世界の映画が上映されているのが見えます。人間ひとりひとりが完全な選択の自由をもつに値すると信じているので、そのふたつの道を説明するために、あなたがたの現実に入りこみました。民よ、これほど遠くへ旅し、これほど多くの時間をあなたがたと過ごすのが、プレアデス人にとっていかに困難かを知ればきっと驚くでしょう。なにしろ、われわれはこのうえなく澄みきった水と空気に満ちた青葉の大地に、白い大理石の美しい家を持っているのですから。子供たちはかわいらしく、われわれを愛していて、動物たちも楽しく共存しています。これほどの距離と時間をわざわざ旅してきたのは、もしもあなたがたに選択肢がなければ自由意志がなくなり、そうすると宇宙の本質的土台である〝意識の自由〟が終わってしまうからです。それが終わると、もうだれも存在することを選ばなくなり、すべての動きが停止します。もちろん想像もできないでしょうが、われわれはまさにその終末を予期し、予行演習もしました。とても受けいれられない現実の可能性ですが、あなたがたが眠ったままでいると、そこに踏みこんでしまうかもしれません。ふとんから引っぱりだすほうがずっと簡単そうです。ひとつだけ確実に保証できることがあります。われわれの作った蜂の巣はじゅうぶん大きくて、じゅうぶん大きな音でブンブン騒ぎますから、あなたがた全員が明確に選択できるでしょう。われわれは水瓶座の時代の地球である〝ふたつの世界〟をのぞきこみ、それぞれの性質をたやすく描写し、論じることができます。

ひとつの現実は「ゾンビの国」です。そこでは、あなたがたはトランス状態でテレビの画面を見つめ、実在しないニュースや物語のイメージで頭をいっぱいにしています。実在するものとは、あなたが〝いま〟にいるとき、そこで起きていることです。われわれが見ていると、あなたがたは脳から機械にインパルスを送って、所有欲や性衝動を刺激するイメージを作り、仮想現実《バーチャル・リアリティ》遊びをしています。そのイメージを見ているうちに刺激されて買い物にいくか、セックスをするか、なにか食べたくなります。食品を電子レンジに入れると、レンジは食品の本質を振動させてあなたの味覚受容器に適合する物質に変換し、それを食べるとあなたの身体は数時間ほど落ちつきます。おなじ家に住む人々も、外でつきあう人々も、みな最新流行のファッションに身をつつんでいます。彼らはあなたが見たいと思うものを完全に体現していますが、そのだれに対してもまったく感情をいだいていません。顔の特徴をのべよといわれたら、たぶんできないでしょう。政治や世界情勢にもまったくかかわりをもちません。そんなものはテレビの中にしか存在しないからです。旅行は危険だと思うのでめったにせず、たとえ旅行をしても周囲と隔絶されたホテルからホテルへと移動し、テレビのある部屋に直行します。ホテルのテレビのほうが成人映画のチャンネルがあるぶん、家庭のテレビよりいいわけです。人や物に反応する必要はなく、また人や物を変える必要もありません。思考については全部コンピューターが代行してくれます。どんな人間より左脳的な能力が高いからです。コンピューター内のデータが実在するものをあらわしているかどうか、確かめるすべはありません。あなたがたは外に出て実在するものを調べたり、自分自身の反応を観察したりしないのです。魂については、選択の自由への欲求があまりにも萎えてしまい、自分にはただ一度の人生しかなく、いまそれを生きている最中だと信じきっています。一日一日が、まったくストレスを体験せずにできるだけ多くの欲求を満たす機会になります。あなたはゾンビであり、その肉体に生きられるのは支配者にとって役に立つあいだ、あなたの出費がだれかの利益になるあいだだけなのです。支配者とはだれのことでしょう。それは銀行、マスコミ、政府、実業界における強大な勢力であり、本書で正体を暴露する「世界統制チーム」です。

いまひとつの可能性を説明する前に、ゾンビがどのように作られたか教えましょう。彼らが体現した科学技術こそ、進化した存在たちが完全に拒絶したか、異なる使い方をしているものだからです。科学技術は手段にも目的にもなり、「現実の分裂」はそのどちらを選ぶかによって生じます。われわれは前の段落で、四つの科学技術にそれとなく言及しました。テレビ、電子レンジ、人工の光、コンピューターです。ほかにもなんらかの方向に刺激するものはありますが、われわれプレアデス人の感じでは、本書で徹底的に描写されている目に見えぬ未知の次元の引き金をひいているのは、この四つです。この本がいま書かれねばならなかったのは、科学技術が進歩した結果あなたがたの身の上になにが起きているか、気づいてもらうためといってもよいでしょう。本書は、科学技術による「ゾンビの国」から脱出するための手引きです。これらはあなたがたを決定的飛躍、多次元的融合と浄化にむけて加速しつつある技術なのです。これだけは確実にいえます。こうしたものを意識的に扱ってください。さもないとあなたもゾンビになってしまいます。あるいは、もうなっているかもしれません。

科学技術とはなんでしょうか。あなたがたの多くにとって、それは時間と労力を省くための面白い仕掛けであり、おもな考慮点といえば価格的に手が届くかどうかです。われわれプレアデス人にとっての理想的な科学技術は、自分のなかにある未知の力を外界に具現化したものとして発明する装置です。自分自身の内なる力を理解できる形にしようとして、みずから発明するものです。あなたがたは科学技術とかかわるなかで自分の内側のなにかを活性化し、認識しているのに、表面ではそれをほとんど意識していないように見えます。あなたがたが自分の内なる力を認識する様子を見るとわれわれも楽しいのですが、真の創造性と科学技術の違いを理解してくれたらいいのにと思います。真の創造性は自然をはぐくみ、科学技術はかならず自然にストレスを与えることが本当にわかれば、技術の使いすぎはなくなるでしょうし、テレビなど一部の装置は、それによって活性化された内なる力を認識した段階で使用を禁止するでしょう。あなたがたのうち少数ながら、外側の科学技術とともに内側の力を活性化させる最初の思考パターンを発見している人たちがいます。彼らはいわゆる天才で、物質化を迂回して思考のみのプロセスに取り組む能力も、さらに多くを発明する能力もあるのです。われわれの多少の導きで、これを理解する人がどんどん増えています。たとえば、テレビの陰極線の技術は体内の視覚皮質受容器を刺激したため、細胞レベルの記憶をひらくプロセスとして内的な視覚化（ビジュアライゼーション）をおこなう方法を思いだしました。これはテレパシーが使えるようになることを意味します。脳内で伝達可能なイメージを作る方法がわかったわけですから。仮想現実はそれをもう一歩進めて、頭のなかのイメージから生みだされるものです。

なぜわれわれはこうして、あなたがたの一部を導いているのでしょうか。プレアデスでは子供のうちに内面の力、つまりシャーマン的・魔術的な力を開花させるので、それを活性化させるために物質装置を作りだす必要がありません。かつて地球の土着文化すべてがそうであったように、われわれ各自の生活も、〔映画『スタートレック』に出てくる〕宇宙船エンタープライズ号の管制室にすわっている者とおなじくらい精神的にも肉体的にも複雑です。しかし、もしあなたがたが訪ねてきたならば、われわれはユカタン半島やチアパスに住むマヤ族の小村のように見えるはずです。

進化した世界についてくわしくのべる前に、あなたがたを内部爆発にむけて共振させている四つの科学技術の本来的なプロセスを説明しましょう。

テレビは、あなたがたに見えるものすべてが実際は認知作用であることを教えています。いま見ているのは生きた人間や木ではなく、小さな点からイメージを生みだすスクリーンだとわかっているからです。では、そのイメージとはなんでしょう。伝達された概念です。本当はすべてがそうなのです。シャーマン的視点からいうと、自分の頭脳の中で実際にイメージが形成される過程を活性化できれば、外界に形をとってあらわれるイメージも本当は内的概念だということがわかるでしょう。まさかと思うかもしれませんが、お宅で飼っている猫が姿をあらわすのは、あなたの内的イメージがひき寄せるときだけです。自分の前にやってくるものはすべて、自分の心が創造しています。これが本当にのみこめたとき、あなたはやっと〝自分が気にしていること〟の内容に入念に気をくばるようになります。先住民の意識をもつ人間たちは、自分の心のなかにあるものとないものを、非常に注意ぶかく観察しています。

電子レンジはすべてが波動であり、波形で成り立っていることを教えています。それまでは食物のエネルギーを活性化させるために火を必要としましたが、いまや波動のスペクトル内で三次元より速く振動する区域を使って食物の原子に衝撃を与え、あたためることができます。告白すると、あなたがたの電子レンジの件でわれわれプレアデス人は大笑いしていました。なぜなら、この技術が光のスペクトルの目に見えない部分を直接教える結果になっているからです。あなたも本書を読めば、フォトン(光子)は太陽光の範囲ではなく、電子レンジに使われるマイクロ波の範囲にあることがわかるでしょう。電子レンジを発明したのは、気づかずに長時間その中にいると波動の周波数によって〝煮えて〟しまう可能性があるのを知るためだったのです。電子レンジにものを長く入れすぎた経験はありませんか。そして本書が教えるように、あなたがたは一九九八年からフォトン・ベルトに入りっぱなしになるわけですが、どうしたら煮えないですむでしょうか。われわれプレアデス人から意外なニュースを贈りましょう。フォトン光の増加に対する解毒剤は、太陽です。

人工光はあなたがたの現実に重大な影響をおよぼした科学技術であり、ほかの技術より長く使ってきたので比較的よく理解されています。どんな光を生みだすにもなんらかの作業が必要だった一〇〇年以上前の世界を想像してみてください。いちばん把握してほしいのは、闇がすべてをつつみこむ強大な力とみなされ、太陽光も月光も星の光もないところでは、わずかな一部を明るくするのがやっとだったことでです。あなたがたにとって闇はすべてをつつみこむものであり、実際に現実を支配していたので、光があるときは本当にいとおしみました。人工光ができ、新しい光によってなんでも見えるようになると、あなたがたは内なる自己を知ることもできそうだと想像し、潜在意識の探求を始めたのです。そちらの世界では、フォトン・ベルトより「銀河の夜」のなかですごす時間のほうがずっと長く、人工光の創造によって暗い空間を探求する勇気が生まれました。今日では人工光のなかった時代を思いだすのはむずかしいですが、新しい光ができる前は、現実の膨大な部分は不可知であると信じこんでいたのです。あなたがたは過去一〇〇年のあいだに、すべてを知ることが可能だと考えるようになり、ひと口にいえば、ひどくうぬぼれてしまいました。多くの事実を手にしたけれど、それにも飽きてきたのです。

そこで、事実を全部たくわえて利用するためにコンピューターを発明し、実際にそれができるようになりました。さらに重要なのは、コンピューターがあなたがたの脳の機能についてフィードバックを与えてくれる点です。この科学技術が自分の脳を変化させていることに気づかない人が多いようですが、われわれの媒体は違います。彼女はコンピューターが出まわるようになってすぐ使いはじめました。占星学者の仕事に欠かせない膨大なデータバンクが、より迅速に簡便に検索できるためです。コンピューター使用者の多くは、ますます複雑なデータバンクにアクセスしつつあります。データそのものが加速しており、データ融合があなたがたの知覚速度を上げています。本書はその加速の直接的な成果です。多次元的融合と浄化はコンピューターの活性化によって強力に推進されています。あなたがたの脳はデータバンクとして解放されつつあり、さらにデータ処理装置に変化しようとしています。それこそまさに、本書が教える九次元の垂直軸にアクセスし、操作するために必要な訓練なのです。たとえば、この本のモデルによる七次元は、銀河系の光の情報ハイウェイであるフォトン・ベルトをさします。いま地球は、アルシオネから螺旋《らせん》状にのびて太陽へと向かう、局部的なフォトン・ベルトに進入しようとしていいます。この銀河の光の情報ハイウェイに入っていくとき、その過程が意識できるのはコンピューターとインターネットを扱っているからなのです。

多くの人々が気づいているように、世界統制チームはつねにあなたがたの現実をコントロールし、彼らの目的を達するための材料としてあなたがたを利用しようとしています。ゾンビの世界は完全にコントロールされた世界です。しかし刑務所に入っていたり、組み立てラインで働いていたり、どうしようもない結婚生活にはまりこんでいるのと違って、テレビに対処するには消せばいいだけです。電子レンジは物置きにしまっておいて(宇宙旅行には必要になりますから)、本物の火と熱を使う食物の調理法に戻ってください。電気の照明はできるだけ消し、コンピューターの力はあくまでも膨大で複雑なデータバンクを組み合わせる道具として利用するにとどめ、それにふりまわされないようにしてください。どうして本を読むのにコンピューターを使おうなどと考えるのか、われわれには不思議議です。静かな部屋でただひとり読書するときこそ、〝自分は〟さまざまなことをどう考えるかについて、本当に考えられる唯一の時間です。けっしてその自由を手放さないでください。われわれの図書館や家庭は本であふれ、大部分のプレアデス人が所有している数すくない有形の物体は、本と調理器具と美術工芸品です。われわれの勝手な願いは、なによりもまずあなたがたの多くが絶対にゾンビにならないために本書が役立つことであり、そしてさらに勝手な願いは、本書があなたがたを刺激して自分自身の力を活性化させ、生きた本質の荘厳な世界――ガイア――に戻っていかせることです。

ではこの本が、具体的にどのような助けになるのでしょう。先にものべたとおり、あなたがたがいま味わっている加速をわれわれプレアデス人も一〇万四〇〇〇年前に体験し、大いなる敬意をこめて科学技術を扱うことを学びました。いまでは魔術的・シャーマン的な頭脳の力がたいへん発達したため、科学技術を使う必要性はわずかしかありません。たとえばコンピューターは、われわれに本当に必要なデータが入っている大型のものが一台あって(古い事実の99パーセントは廃棄されます)、だれでもコード化された水晶を手に持って〝思いだす〟だけでデータにアクセスできます。占星学者や複雑な集団の指導者など、ごく少数の者はコンピューターを使って膨大なデータバンクを融合させ、ものごとの関連について新たな洞察を引きだします。たとえ懇願されたとしても、われわれは食物の調理に電子レンジを使おうとはしないでしょう。照明もたまにしか使いません。闇は気持ちをやわらげますし、星を見るのが好きですから。テレビについては、とにかくあまりにも退屈です。それにテレビは知性を衰えさせ、免疫系を破壊することも判明しています。そしていちばん重要なのは、われわれをコントロールし、自然を破壊する「世界統制チーム」がいないことです。

本書を読めばわかるように、世界統制チームは惑星ニビルのアヌンナキによって動かされています。あなたがたの多くはすでにこれを直観で見抜いています。彼らは人類の進化にかかわり、人間をコントロールするやり方を心得ています。けれど自分の魔術的・シャーマン的な力を意識的に活用すれば、あなたがたを本当にコントロールできる者はいません。コントロールされてしまうのは、自分を犠牲者とみなし、だれかが自分をどうにかできると信じた場合だけです。では聞きますが、あなたに対してだれがなにをできるというのですか。もし殺されたら、ですって? また戻ってくるだけです。われわれにとって「ゾンビの国」のいちばん面白い点は、あなたがたがただ装置のスイッチを切って、自分の世界に戻りさえすればいいということです。おぼえていてください、われわれが語りかけているのは自由にすわってこの本が読める立場の人々です。そして、すくなくとも読者の一部はこう考えているのもわかります。「ボスニアやルワンダで起きている残虐行為はどうなるんだ?」では、われわれは肉体をもって地球にいるわけではないので逆に聞きますが、あなたはボスニアやルワンダについてなにを知っているのでしょう。いまわれわれが話している内容で、あなたにとって本当の真実でないことがありますか。あなたがたを見ると、世界統制チームのテレビや新聞から出てくるイメージで頭がいっぱいになっています。人間の苦しみに対するあなたがたの反応は文字どおりすべて、なんらかの理由でそれに過剰反応させたいだれかによって、感情操作の手段に利用されているのです。あなたがたは怖れ、悲しみ、無力感をおぼえ、傷つき、ひりひりとしたつらさと絶望を感じるように刺激されており、自分にまったく関係ないことがらに反応すればするほど、すぐ目の前の対処すべき事態を無視するようになります。そうしたドラマはあなたがたの気を散らし、いま「ゾンビの国」から分裂すべく構築中のある新しい現実を見せないために計画されたものです。ゾンビたちでさえ最終的にはめざめるでしょうが、でも、いつまでそんなふうにゆっくりしていたいのですか。われわれプレアデス人からもうひとついいますが、もし、あなたがボスニアやルワンダのような場所に実際に行こうとする思いやりぶかい人間のひとりなら、ぜひ行ってください。立派だと思います。われわれもあなたの内部でともに旅をし、実際にどうなっているか見てみましょう。でも、そうでないのなら、テレビを通して伝達された現実についてすこしでも考えをめぐらすのは致命的です。テレビジョンは tell-a-vision つまり「ビジョンを語る」のです。どうかあなた自身のビジョンを得てください。

民よ、よく気をつけていましょう！　天使たちやプレアデス人、シリウス人、キリスト、アンドロメダ人、エノク、アブラハム、マグダラのマリアなどの多次元的な存在が、あなたがたの身体におおぜい出たり入ったりしています。彼らがまさに人間の内部でみずからを表現する、そのような時期にあなたがたは生きているのです。空飛ぶ円盤や宇宙船を目撃するのはオープンになってもらうためであり、ほかの世界から来た存在が自分のまわりにたくさんいることを認識してもらいたいのです。彼らはあなたがたであり、あなたがたはゾンビでないかぎり〝彼らになって〟います。おぼえていてください。きたるべき新しい現実はこのうえなく美しい緑の惑星で、夏至や冬至、春分や秋分、重要な月の周期に聖地では共同体の祝祭がおこなわれます。これもおぼえていてください。あなたがたがテレビを作ったのは「テレパシー」を活性化させるためでした。電話を作ったのは「エネルギー変換」の方法を学ぶためでした。そして飛行機を作ったのは「自分が飛べること」と、距離は速度によって相対的に変わることを思いだすためでした。

その新しい世界では、あなたがたはテレパシーと千里眼の持ち主です。住みかである地球を人工物で散らかすかわりに、地球の自然がもつ力〝自然そのもの〟を強化します。またコンピューターは、さまざまな事実で散らかった頭の中を解放してくれるライブラリー・ツールになります。このコンピューターは目の粗いインターネットではなく、クモの巣のように精緻な薄織物「インターウェブ」と呼ばれ、あなたがたは光の時代の多次元的融合と浄化のつながりと活性化を求めて、そこに引きつけられていくでしょう。

一九九五年七月　**バーバラ・ハンド・クロウ**

故郷《ふるさと》をつくる

われわれ［神々］は、人間が最初にもっていた統一性をすこしも取りあげたわけではない。それはだれにもできないことだ。しかし、きみたちの現実の一部をひどくゆがめてしまった。はるか遠くまで旅するために、われわれは強大な戦士となり、非常に男性的でもある。それに対してきみたちは本来ここに〝故郷《ふるさと》をつくり〟、地球上のあらゆる種と調和して生きるべきなのだ。ガイアと共鳴するには非常に女性的であることが必要だ。われわれはきみたちに、あまりにも好戦的で、強迫感にとらわれ、直線的な時間と空間しか見えない、怖れに満ちた状態を強制した。そしていま、これらの相容れない傾向がきみたちの細胞を破裂させている。ただ幸運なことに、きみたちの遺伝子基盤には星からの誘因も含まれており、この細胞内の星の基盤がいまこそめざめなければならない。みずからを癒すために、多次元世界とかかわることが必要なのだ。

第1章 宇宙のパーティ

わたしはサティア、プレアデス星団の中心星アルシオネの図書館の守り手です。あなたがたの惑星の中枢知性を解読し、二〇一二年の冬至、すなわち一二月二一日から始まる宇宙のパーティの準備をととのえるお手伝いをしにきました。わたし自身がプレアデス人として細胞の記憶を活性化させるにしたがって、あなたがたの細胞のメモリーバンクも活性化されます。わたしは、あなたがたの起源の記憶をともに体験するためにやってきました。人間のからだにコード化されたホログラム(いま、わたしにはその銀河レベルの形態形成場が簡単に見えています)は、これまであなたがたの目には隠されていました。高次元から降りそそぐ光が、あなたがたの領域をおおう大いなる「網《ネット》」に完全にさえぎられていたからです。この光の降雨は、宇宙のあらゆる次元から情報をもたらすものです。たいへん面白い元型の力で構成されたこの「網」があなたがたの惑星に投げかけられ、つつみこむ瞬間をわれわれプレアデス人は観察していました。それがゼロ時点、つまり紀元前一年と西暦一年のちょうどはざまにあたります。キリストが地球にやってきたのはこの瞬間でした。したがって、ゼロ時点で本当はなにが起きたかを発見すれば、キリストの多次元意識に近づくことができるでしょう。いまでは「網」の締めつけがますますきつくなり、あなたがたの多くはその隙をついて突破口をひらこうと心に決めています。わたしサティアは、そもそもプレアデス人たちをこの惑星に引きつけたのはあなたがた自身であり、もっと光を得たい、つまり情報を得たいというあなたがたの願いなのだ、と認識していただきたいと思います。

われわれは合図にこたえて、過去二万六〇〇〇年のあいだ人間の進化に参加してきました。それができたのは、じつは太陽がプレアデス星団のアルシオネから発する螺旋《らせん》の八番めの星にあたるからです。あなたがたはついに、自分たちの〝星のアイデンティティ〟を思いだす時期にきたのです。偉大なる牡牛の神々と女神たちは、人間がからみあう網の目をぬって泳ぎぬけられるように準備をしてきました。あなたがたは光輝く魚のように魚座の時代を泳ぎきり、プレアデスのすべての星と銀河的同調にいたる

＊プレアデス星団　牡牛座の散開星団「昴」(すばる)。ギリシャ神話に登場するプレイアデスはアトラスの7人の娘たちで、ゼウスによって星に変えられた。年の順にマイア、エレクトラ、セレノ、タイゲタ、メローペ、アルシオネ、アステローペ。

＊アルシオネ(アルシオン、アルキオネ)　プレアデス星団の中心部にある最輝星。セントラル・サン、中心太陽といわれる。

ことになっています。ゼロ時点から経過した時間がフォトンの光の繊細な薄織物《ウェブ》に変わり、プレアデスの美しく流れるような愛の波動にむけて、あなたがたのハートの奥底をひらくでしょう。

わたしは人間がプレアデスから受けついだものを思いださせ、アルシオネの図書館をひらいて、あなたがた自身の〝星の知性〟の壮大な記録庫を見せるためにやってきました。地球は二万六〇〇〇年ごとに歳差運動によって水瓶座の時代に移行し、太陽系はフォトン・ベルトに入ります。その時期に、わたしはかならず戻ってくるのです。わたしは図書館の知恵であり、もしこのわたしに抵抗をおぼえるとしたら、それはあなたが「網」によって混乱させられ、麻痺させられているからにほかなりません。あなたがたは怖れの歴史を卒業し、愛の未来に進む準備ができています。卒業証書がほしければ、もう頭蓋骨から飛びだすほどに思考力と想像力をひろげなければなりません。

プレアデスでは、地球の水瓶座の時代は「ガイアの光の時代」として知られます。これはアルシオネの螺旋の三番めの星にあたるマヤ（マイア）が、八番めの星である太陽といっしょにフォトン・ベルトに入る時期です。あなたがたの伝説では、これは「ふたごの英雄の帰還」という物語になっています。アルシオネは銀河に存在する多くの螺旋のひとつを創始した星ですから、つねにフォトン・ベルトのなかにとどまります。この壮大な周期のあいだに地球に転生したプレアデス人のひとりがヴァン・ゴッホで、螺旋状の星を描いたために投獄されました。本来、プレアデス人としての彼は自由で創造性あふれる存在でしたが、直線的な時間と空間にすっかり閉じこめられたように感じて恐怖にかられました。地球の科学者たちもやっと、なにもない宇宙空間で光の螺旋を形成する星々に気づきつつあります。ゴッホは実際に星の螺旋形を見ることができました。これは多次元的視力のなせるわざです。彼をはじめ、あなたがたの領域を超えた世界を人々に見せて刺激してきた偉大な芸術家たちが、牢獄から自由になるときが来たのです。そう、地球にふたたびルネッサンスが始まります。疑うのなら、子供たちを観察し

＊**歳差運動**　月や太陽の引力によって地軸の傾きが変わるために、春分点が毎年すこしずつ西方へずれていく動き。ひとつの星座を2160年かかって通過し、約26,000年単位で黄道上を１周する。占星学では春分点が黄道12宮のどこに位置するかで「魚座の時代」「水瓶座の時代」のように呼ぶ。

てごらんなさい。ゴッホの星の絵をよく調べてみてください。あなたがたの太陽が、実際はプレアデスの一部であることがわかるでしょう。

アルシオネは「銀河の中心」から発するフォトン・ベルトの光をつねに浴びています。たえずフォトン・ベルト内に位置しているため、螺旋状の光を活性化できるのです。そしていま、アルシオネの螺旋のくねくねとした光にうながされて、マヤと太陽がフォトン・ベルトに入り、聖なるふたごが復活します。「銀河の中心」そのものが回転する重力の核で、そのまわりにアルシオネをはじめ、多くの星々が幾重にもわたる美しい光の束――フォトンの帯――のなかに浮かんでいる様子を想像してみてください。この概念をとりあえず単純化していえば、マヤが地球に戻ってきて、銀河系全体のために地球の知性を呼びさます時期がきたということになります。あなたがたも、なにかが到来することはわかっていたはずです。すべて「偉大なるマヤ暦」に記録されていますから。このマヤ暦の長さも、歳差運動の周期や、太陽系がアルシオネのまわりを運行する周期とおなじ二万六〇〇〇年です。マヤ研究家のリンダ・シェルは、マヤの聖典に出てくる創造の象徴ポプル・ヴー、すなわち「ワニの樹」が、黄道と天の川の交点をあらわしていることを一九九二年に発見しました。[1] その後、やはりマヤ研究家のジョン・メイジャー・ジェンキンズは、二〇一二年一二月二一日、つまりマヤ暦最後の日に、冬至の太陽とこの交点がきわめて近いコンジャンクションになることを発見しています。このコンジャンクションは、これまで何千年もかけて近づいてきたのです。いまや、マヤ暦全体が星図を土台にしていることに多くの研究家が気づいています。ジェンキンズによると、秋分の太陽がこの聖なる樹と重なったのは紀元前四四〇〇年ごろ、地球が前回の固定期である牡牛座の時代に入ったときでした。[2] 牡牛座(牛)、獅子座(ライオン)、蠍座(サソリ)、水瓶座(人間)の時代がいわゆる固定期にあたり、この時代に新たな計画《アジェンダ》が設定され、それから六四〇〇年かけて取り組んでいくのです。**図1**はフォトン・ベルトとそれらの時代の位置関係を示して

＊フォトン・ベルト　銀河をめぐる巨大なフォトン(光子)の帯。地球をふくむ太陽系は一定の周期でそのなかに突入していく。

＊マヤ(マイア)　プレアデス星団中、4番めに明るい星。天文学上の名前はマイア(Maia)。ギリシャ神話ではゼウスとのあいだにヘルメスを生んだ。ローマ神話では豊饒の女神。

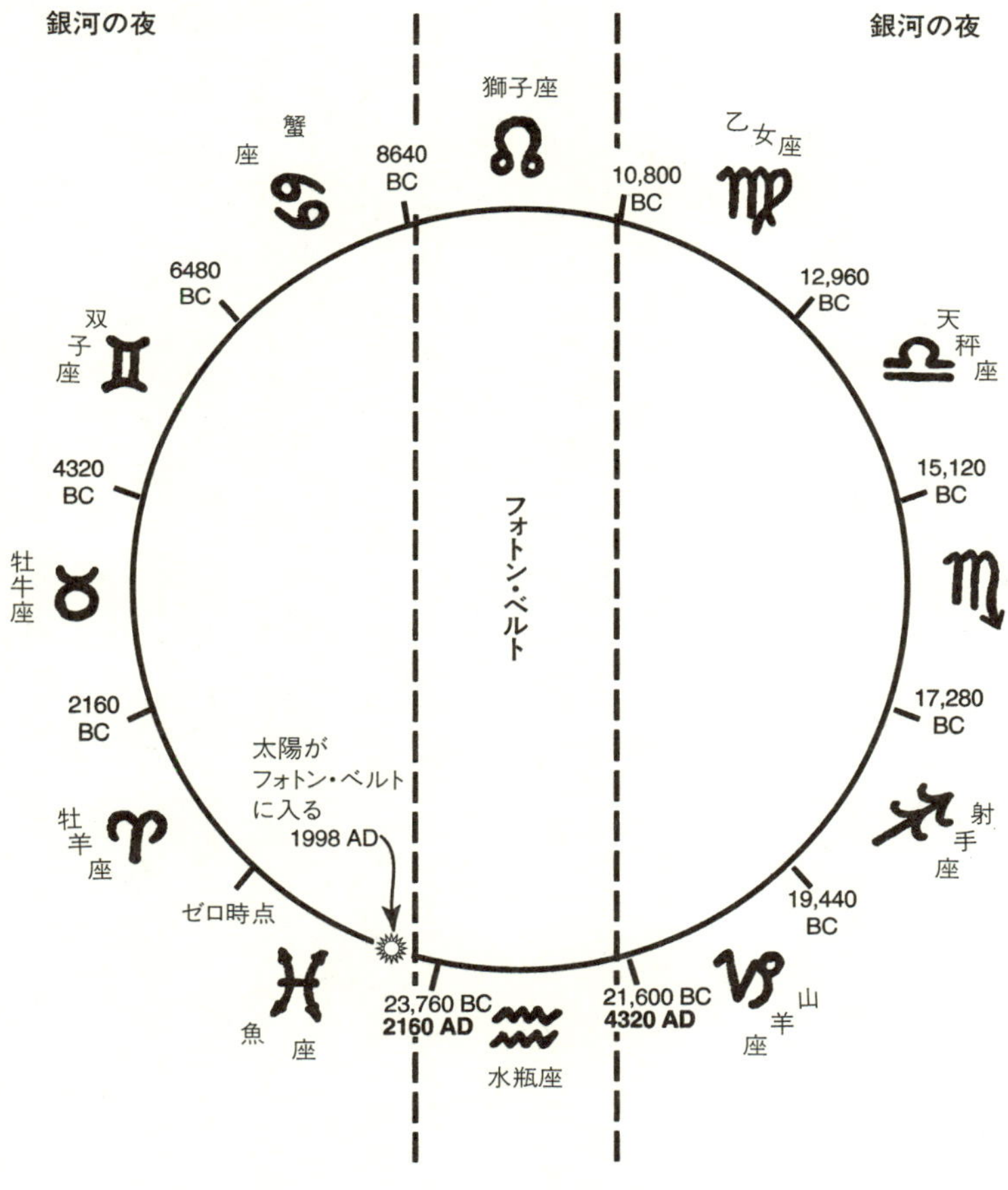

図1　フォトン・ベルトと春分点歳差

おり、太陽がいまにも水瓶座に入っていこうとしているのがわかります。わたしサティアが、占星学者であるこの媒体〔著者バーバラ・ハンド・クロウのこと〕を通して本書を提供しているのは、古代マヤ族がこの冬至と太陽のコンジャンクションで終わる暦を編みだした、という途方もない事実があるからです。歳差運動の周期とマヤ暦とアルシオネの螺旋の共時性は、肝をつぶすほど信じがたいものです。しかも、われわれの図書館によれば、この螺旋の第三星マヤがあなたがたの太陽系とともにフォトン・ベルトに突入し、同時に地球は水瓶座の時代に入るのです。あきらかに、これらの日付はなにかを意味するはずです。たとえばグアテマラのマヤ族の計日係《ディ・キーパー》は、五〇〇年も大量殺戮にさらされていながら、どうやって紀元前三一一四年に始まった大周期の暦を現在も記録しつづけていられるのでしょう。星図の知識があるとしか思えません。計日係たちは五〇〇〇年間、一日も数えまちがっていないのです。彼らにとって、なぜ暦がそれほど大切なのでしょうか。わたしにはわかります。あなたがたの太陽とマヤは、われわれプレアデス星系の一部だからです。西暦二〇一二年のマヤ暦の終わりには、アルシオネとマヤと太陽系がすべてフォトン・ベルトにおいて融合し、それによってあなたがたは銀河の中心と意識を同調させるでしょう。そのとき、宇宙のパーティが始まるのです。地球において肉体をもつ、すべての者が招待されています。

宇宙のパーティへの招待状

率直にいいます。このパーティに参加するのは簡単なことではないでしょう。ある頂点を極めるような社会的体験はみなそうですが、やはりそれを目標にしなければなりません。準備をととのえるのです。

＊黄道　地球からみて太陽が天球上を運行する軌道。占星学では黄道帯に存在する12の星座を「黄道12宮」と呼び、太陽はここを１年かけて１周する。黄道が天の赤道とまじわる２点が春分点と秋分点であり、もっとも天の赤道から離れるのが夏至点と冬至点。

＊コンジャンクション（合）　黄道上における角度差が0°になること。

まずは残り時間のあいだ、目標までにどのような手順を踏んでいくかを理解することです。そのためにはモデルが必要です。いまから二〇一二年一二月二一日までの状況展開のモデルを得るには、星の軌道や周期に関する占星学をすこしずつ統合していかなければなりません。占星学者やマヤ研究家たちが、鍵となる時期について最新の情報を提供しつづけるでしょう。**あなたがた自身が計日係になったり、占星学者になる必要はありません。ただ、夏至と冬至、春分と秋分、新月と満月の日には瞑想をしてください。**

わたしの愛するマヤ人の同僚たちは、プレアデス人とおなじようにみな占星学者で計日係ですが、この媒体バーバラ・ハンド・クロウにむかって、いつも人間は怠け者だといっていました。彼女は一〇年間の教師体験から、あなたがた人間にとって周期や軌道、星の運行パターンなどがたいへん難解であることを示してくれました。しかし、そうした周期的なパターンに意識を同調させるのは非常に刺激的で創造性あふれる作業であり、内なる宇宙的自己を活性化させやすいのです。占星学とはすなわち「星の論理学」であり、あなたがたの起源の物語をとり戻すためのプレアデスとマヤの宇宙科学でもあります。リンダ・シェルはポプル・ヴーについてこんなことをいっています。「神々は空にさまざまな活動を書きしるし、人間がすべて、平民も王もひとしく、それを読みとって神話の真実を確認できるようにした」[3]。わたしは本書『プレアデス銀河の夜明け』のなかで一貫して宇宙のモデルをくわしく描写し、図解もしていくつもりです。いまはとりあえず、「偉大なるマヤ暦」の最後に地球が水瓶座の時代を迎え、同時に太陽系がフォトン・ベルトに入るとき、生物としての地球がめざめ、われわれプレアデス人の愛の波動が引き金になって新たな進化の段階にいたる、とだけ認識しておけばいいでしょう。

今回の周期は紀元前二万四〇〇〇年ごろに始まり、あなたがたはホモ・サピエンスになったわけですが、じつにうまく引き金をひいたと思いませんか。旧石器時代の驚異的に洗練された洞窟壁画を見たこ

●著者による用語解説――①

現実の分裂 reality splitting　知性がそれぞれ、精妙な波動と濃密な波動のどちらに同調するかによって世界が分かれること。

細胞の記憶 cellular memory　宇宙におけるあらゆる時間と場所と出来事についての知識があらゆる生命体の細胞内に実際に存在する。

活性化 activation　直線的な時間と空間を超えた次元に誘発され、細胞内の多次元意識の記憶がエネルギー的に呼びさまされること。

ホログラム hologram　フィルムに映された三次元のイメージで、分裂したレーザー光線が衝突してできる干渉パターンによって作られる。そのイメージに光をあてると、どのような空間にも投影することができる。三次元の現実はすべて本当はホログラムの産物であり、その形態は二元性と光によって組織的構造を与えられている。またホログラムは、四次元の存在たちが直線的時空に幻想を投影するための手段でもある。

光 light　知性。

光の降雨 light precipitation　直線的な時空に降りそそぐ高次元の知性。

網 Net　想念の振動数を遅めるために世界統制チームが採用している原理主義的、終末論的信念体系の構造。そのために意識は精妙さを失って濃密になっていき、やがてあらゆる現実が凝固し、動かなくなる。

元型 archetypal　行動やあり方のモデルとなる非物質次元の力で、潜在意識内にある。その力が刺激されると深い記憶の内容が表面意識にのぼり、大きな感情と創造性と、操作されているという自覚が喚起される。〔多くは神話や伝説に登場する存在で、崇拝の対象にもなる〕

フォトン photon　光。

薄織物（ウェブ） web　知性の経路を互いにつなぐ接続路。

ガイア Gaia　地球意識のあらゆるレベルと、それらが宇宙に生みだす力の場のすべて。

刺激する impulse　概念や欲求がなんらかの知性に投影されること。

融合する merge　ふたつ以上の力が結合すること。

力 force　変化を生みだす強い力あるいは動き。

銀河の夜 Galactic Night　銀河系において、太陽系がフォトン・ベルトのなかを運行していないときの位置。

集合無意識 collective unconscious　似かよったテーマをもつ元型の膨大な貯蔵庫で、すべての人間のなかに存在するらしい。古い伝承にはそれらのテーマの源が星系や個々の星だとする話がたいへん多く、人間が人生においてあるテーマを活性化させると、しばしばそれと対応する星とも共鳴しはじめる。

光の神殿 Temple of Light　シリウスによる地球の光の幾何学形態。

電磁気 electromagnetism　電流によって発生する磁性あるいは引力。磁力の大きさは電荷の強さに正比例する。

電磁場 electromagnetic fields　電磁気によって作られるエネルギー領域。

とがあるでしょうか。ずっと昔の祖先が、いかに畏怖に満ちた目を動物たちに向けていたかご存じですか。二万年たったいま、あなたがたは内省的になってきて、細胞の奥底の記憶に存在しているわれわれを思いだしたわけです。われわれはあなたがたの血のなかにいます。われわれの光が心臓を脈うたせているのです。ペースメーカーなど無用の長物です。

水瓶座の時代が天上の夜明けを迎えるいま、わたしは紀元前八八〇〇年から太陽系が「銀河の夜」を旅しながら集めてきた銀河の知性を回収するために、戻ってきました。情報を与え、交換にあなたがたの知識の贈り物を受けとりにきたのです。あなたがた自身が魅せられるままに進んでいきさえすれば、われわれとともに締めつけの網を突きぬけ、ついに自由になれるでしょう。

前回の周期について、ちょっと考えてみてください。どなたか原始人に戻りたい人はいますか？　いませんね。「網」に押さえつけられて生きるのも、いいかげん飽きたことでしょう。前回は寒い洞穴で獣の骨を生のまましゃぶるのにうんざりし、今回はマクドナルドとバーガーキングにうんざりしています。

あなたがた各自が惑星地球の水路を自分なりに進みつつ、同時に星のあいだを泳ぎまわるすべを思いだしていけるように、わたしがお手伝いします。わたしも長いあいだ人間とともに生き、人間の声に耳を傾けてきたから援助できるのです。でも、あくまでもこれはあなたがた自身の選択になります。この物語を最後まで読んでから、くだすべき選択です。

最初にひとつ保証してあげましょう。けっして退屈はさせません。われわれプレアデス人が見てきたところ、あなたがたは物語を好むようですから、これからのページでルシファー、エノク、アブラハム、アヌ、マグダラのマリア、イザヤ、博士トカゲ、王トカゲなどに出会っていただきます。それに、あなたがたの月やさまざまな惑星、太陽その他の星々にも。この壮大な物語をできるだけ多くの人間に楽しんでもらいたいので、懐疑主義者の方々にひとこといっておきます。本書の内容を、いわゆる集合無意

＊ルシファー　キリスト教におけるサタン、魔王。もとは天使だったが、増長して神より偉くなろうと考えたため地獄に堕ちたとされる。聖書の「天から堕ちた明けの明星、曙の子よ」というくだりから、誤って金星を意味する呼び名がついた。

＊エノク　カインの長男。旧約聖書中、偽典の書のひとつ「エノク書」において、天使にみちびかれて天上や地下世界をめぐり、世界の終末を見たことが記されている。

識から浮上してきた元型のドラマにすぎない、と考えていただいてもまったく差しつかえありません。ただし、いったん地球を宇宙空間に浮かぶちっぽけな青い点として見てしまったら、あなたがたもその〝無〟意識よりはるかに広大な、宇宙の集合意識を探求する必要性をおぼえるでしょう。

アルシオネの図書館では、すでにドラマの舞台ができています。神殿には九本の白いイオニア式円柱が、透明な地球の模型のまわりに立ちならんでいます。あなたがたの活力がわれわれの鼓動です。そして、あなたがたがマヤとともにフォトン・ベルトに入るにあたり、プレアデス人とシリウス人のあいだに同盟が結ばれようとしており、この同盟関係からさまざまな新しい可能性が生まれています。一九九二年から九四年にかけて、わたしの媒体はエジプトでこの同盟に協力しました。九四年にはシリウス人をチャネルするオーストラリアのウェンディ・マンローと、エジプトの大ピラミッドや多くの神殿で共同作業をおこないました。[4] あなたがたに地球をつつむ「網」の解体方法をみつけさせようとしているプレアデス人を、さらにシリウス人が援助しているのです。第一段階は、ウェンディとバーバラがエジプトのコム・オンボでワニの精霊にはたらきかけたとき起こりました。あなたがたは、あの堂々とした存在たちを「いやなトカゲ」などと呼んでじつに簡単に非難しますが、いっぽうで自分のいやらしい肉食性の部分を見落としています。トカゲたちは、「網」を形成した人間の意識のブロックを絶妙に活性化してくれるでしょうし、爬虫類の力はあなたがた自身の内なる闇を検証させるでしょう。だからこそマヤ族の人々は、天の川と黄道のまじわる部分の星のパターンを「ワニの樹」とみなしたのかもしれません。

シリウスとプレアデスの同盟といえば、われわれプレアデス人はシリウスの偉大なる男性知性にとって姉妹にあたり、女性性の波動の自然にしたがって、われわれのほうから求愛ダンスを始めました。わたしサティアが、媒体の内部で活性化されて新しいレベルに向かったのは、大ピラミッドの奥深くでおこなわれた一連の儀式において、彼女がシリウスの中心星とアルシオネのあいだをひらくための和音を

＊アブラハム　旧約聖書でユダヤ人の先祖とされる。

＊アヌ　シュメールの神々の父。空の神であり、アヌンナキの長。

＊マグダラのマリア　聖書によれば、もとは娼婦だったがキリストにより罪をゆるされ、改心して最後までつきしたがった女性。復活したキリストを最初に目撃した。

＊イザヤ　旧約聖書「イザヤ書」に伝わる、ヘブライの大預言者。

打ち鳴らしたときでした。それが求愛ダンスの始まりでした。シリウス人は「光の神殿」の設計者であり、わたしはプレアデスの女神として神殿のエネルギーを活性化させるのです。あなたがたは地球の聖なる娼婦の話をいつもたいへん楽しんで聞くようですから、退屈はしないはずです。占星学がどうしても手にあまるという人は、たぶん聖なるセックスによって扉がひらかれる、多くの人間のひとりなのでしょう。

アルシオネの図書館があなたがたの意識のなかでひらいたのは一九九二年で、そのときわれわれはシリウスとともに地球の波動を再調整しました。シリウスは一九七二年八月から、あなたがたをこの開放にむけて準備してきたのです。その七二年の夏、地球の電磁場があまりにも高まったので、多くの科学者が、地球の爆発か地軸の逆転が起きるのでは、と危惧したことをのちに報告しました。[5] シリウスは地球の六次元の幾何学的なライトボディ（光の身体）を保持しています。古代エジプト人は、神殿の科学技術を教えるためにシリウスからきた者たちです。人間に聖なる幾何学を学ばせるのが目的でした。いま、マヤの時の記録がひらくと同時に、シリウスの空間の知恵もひらきつつあります。わたしはその開放についてなにもかもお話するつもりです。さながら好色な女のように身体をひらくガイアのそばで、シリウス人とプレアデス人は、いまも古代の知恵をもつ地球の先住民のダンスを振りつけします。これが引き金となって惑星全体の「土の力《テルリック》」がジオマンシー的に活性化され、一九七二年の地球はたいへん不安定になりました。そこでおなじ年の八月、シリウス人はギザの大ピラミッドの地中にある星のコンピューターから、大規模な安定化の光線を発生させて太陽にまっすぐ放射しました。その結果、こんどは太陽から発射された緑のヒーリングの螺旋が太陽の秘儀伝授者たちをめざめさせ、みずからのプレアデスの起源を思いださせたのです。[6]

ここでいう先住民とはだれのことでしょうか。「インディアンとはだれか？」というややこしい議論は

＊シリウス　大犬座のα星で、全天第１の輝星。天狼星、狼星などとも呼ばれる。現在の天文学では二連星と考えられており、中心星のシリウスＡと、そのまわりを約48年周期で公転する伴星のシリウスＢが観測されている。第３星の存在の可能性が唱えられているが、観測上の証拠はまだみつかっていない。

忘れて、先住民の多くは太陽を崇拝し、自分たちがプレアデスに属することをおぼえているのに注目してください。わたしがあなたがたを「民」と呼ぶのは、深い敬意をこめているしるしです。この呼び方をするのは、相手がみずからの星の源を思いだす準備ができたと感じられるときだけです。本当にわたしの話に耳を傾けている、ということをあなたがたの波動に感じなければそんなふうには呼びません。

では、シリウス人とは何者でしょうか。彼らはシリウスからやってきた壮麗な猫の神で、太陽系がフォトン・ベルトを旅するあいだ、星々の幾何学的ポータルをひらいておくために大ピラミッドとスフィンクスを建造しました。最初に大ピラミッドを建てたのは紀元前一万八〇〇〇年でしたが、紀元前二四五〇年に改築して白い石灰岩で全体をおおい、オリオンを見つめるシリウスの千里眼をすえつけました。[7] この千里眼は、一九八七年八月のハーモニック・コンバージェンスの日、あなたがたが世界中で瞑想をおこなって地球の「土《テルリック》の場」を活性化させるまで、細胞レベルのシリウスの記憶を地球の記録に保っていたのです。このとき世界中の聖地がめざめ、地球はふたたび銀河の中心とつながりました。あなたがたは紀元前八八〇〇年からずっと「銀河の夜」を旅し、ひたすら二元性を演じてきましたが、紀元前二四五〇年に始まった光の活性化によって、大ピラミッドがあらためてオリオンと同調したときに播かれた種子が、ついにいま花ひらこうとしています。

水瓶座の時代に入る時期、まず女性たちが地球の娘として舞台にあがり、プレアデスの語り部の役を演じるでしょう。これはすでに始まっています。プレアデス人は性別という形の自己表現をしませんが、女神の守護者であり、たいへん女性的な波動をもっています。われわれが「女性」というとき、それはあなたがた各自のなかにあるガイアの部分をさしています。人間は男女とも女神と神の両方なのですが、これまで地球には男性エネルギーが過剰だったので、人間すべての内なる女神をめざめさせるお手伝いをしようと、われわれプレアデス人がやってきたわけです。

あなたがたは今回の「銀河の夜」の旅で非常に内省的になり、頭脳がたいへん活性化されています。宇宙のパーティでは自分たちの現実をコントロールしている力に挑戦できるように、すばらしい進化をとげてきました。われわれプレアデス人は、その力を「世界統制チーム」(World Management Team)と呼ぶのが好きです。これはチャネラーのバーバラ・マーシニアックが最初につけた名前で、(8)わたしがあなたがたの波動を読んで確認したかぎりでは、アヌンナキによって地球に導かれている力です。アヌンナキとは聖書に出てくるネフィリムで、ヘブライ語で「地上に降りた神」を意味します。(9)ゼロ時点において、広範にわたる根深い統制システム「網」を確立したのが、このアヌンナキ(ネフィリム)でした。あなたがたが金ぴかの板に美しく刻まれたパーティの招待状を受けとるために、偉大な神々を装った彼らに関する信念体系を自分のなかにみつけ、それに挑みかける時間はまだあります。「神」の毒素が体内に残留している者は、だれも二〇一二年の宇宙のパーティには招待されないのです。この支配者たちを悪魔祓いするには、ガイアの星の知性を統合しなければなりません。人間と分離し、人間より優位に立つような、白人男性の顔をした神々とはガイアは共鳴しません。彼らの抑圧に身震いとげっぷと嘔吐で応じるでしょう。あなたがたが自分の内なる男性と女性をめざめさせ、それによってガイアを統合したあかつきには、つぎの段階として美しい男性の教師たちに導かれます。地球の女性をこよなく愛し、彼ら自身もつぎのレベルの男性知性、つまりシリウスの知性を統合した者たちです。いま現在、舞台に立っているのが女性たちなのは、ガイアがふたたび覚醒するきざしを感じることができるからです。男性たちも一九九八年までには本当にガイアを感じるようになり、そのとき男女とも、ガイアの共鳴波動を性的に表現する方法を思いだすでしょう。あとでのべますが、シリウス人はアヌンナキと新しい協定をとりかわすことを決定しました。新しい計画は、アヌンナキが「網」の解除に同意することを基本にしたものです。

＊**アヌンナキ**　シュメールの神話で一般任務を遂行する神々。旧約聖書で「地上に降りた神」、太古の巨人ネフィリムと呼ばれた者とおなじ。惑星ニビルの住人と考えられる。

わたしは、いまあなたがたに語りかけたいと願っている宇宙のさまざまな声を導くためにやってきました。なぜわたしなのでしょうか。わたしは銀河連盟に選ばれて、最初の核分裂がおこなわれた一九四二年一二月から地球に生きてきた、この媒体と融合したのです。彼女が地球のおののきによって母親のおなかの胎児に吸いこまれたおかげで、われわれは人間社会のただなかを生き、この惑星上の放射性と金の性質について理解をもとめることができました。同時に、彼女はアルシオネの図書館でも人生を送っています。これまでにわかったのは、星の人間たちに関するあなたがたの物語は、たとえばエノク、アヌ、キリスト、イザヤ、マグダラのマリアなどすべて嘘で塗りかためられていることです。その嘘はあなたがたの頭を離れません。せっかく彼らのような偉大な存在が、星にアクセスする方法を教えるために地球にやってきたのに、真実の物語は隠されているのをうすうす感じとっているからです。彼らが自分のコードを人間のヴォルテックスに置いていったので、あなたがたは物語の痕跡に魅了されます。そのような記憶がたいへん面白く心をそそるのは、銀河における情報の経路になるからです。いま銀河系の情報経路がひらき、浄化されるにしたがって、あなたがたは彼らのような偉大な元型的存在のことを考えずにはいられなくなっています。物語は「土の場」をあらゆる次元につなぐ地球のヴォルテックスに存在し、銀河の知性の経路もそれらの記録を追求する人間に反応しています。そうしたヴォルテックスは星の知性、「銀河の心」の記録そのものなので、他の領域からも多くの存在が研究に訪れます。

アヌンナキは物語を根絶やしにすることはできません。抹消すると、ガイアのヴォルテックスが故障してしまうのです。神話はガイアの意識ですから。そこで、アヌンナキは物語の真実からあなたがたの目をそらすために、いく層もの歪曲した情報を経路にかぶせ、もとの記録をゆがめました。いまや地球のヴォルテックスがつまった状態で高次元へのアクセスが非常にむずかしく、だからこそ浄化が必要になっています。心臓動脈がつまっては血液という秘薬《エリクシル》が流れず、多次元的な衝動を感じることができません。これが「網」の悲劇です。地球のヴォルテックスには、三次元におけるあなたがたの全知識をふくむ膨大な体験が保持されています。直線的な時間と空間においてその根本的な記憶が完全にブロックされたら、もうアヌンナキでさえ、そこでは遊べなくなります。脳に動脈瘤ができた人のように、彼らも自分のメモリーバンクを失うからです。ヴォルテックスとは計画を設定するための力を支配する旋風ですが、そこにはガイアのアイデンティティも保持されています。つまり、時のはじめからの物語の記憶があるわけです。場の操作と支配によってガイアの生気があまり衰えると、地上のさまざまな種も時の記憶から抹消され、アヌンナキがあなたがたの次元で遊びたくても、二度とそれらのヴォルテックスにアクセスできません。よく先住民が物語を書きしるすことを禁じたのは、この理由からです。そのかわり、祖父母が物語をそらんじて、子供たちに口承で伝えました。ヴォルテックスから出ていた本来の経路は、時のはじめに「祖母なるクモ」が糸のように紡ぎだし、織りあげたものです。ちょうど経路の交差する地点に各ヴォルテックスが生じ、交点や線から生物種が生じました。語り部たちが「祖母なるクモ」の物語を伝えると、動物や植物ができました。われわれプレアデス人はこれを「生命の薄織物《ウェブ》」と呼んでいます。しかし、いまでは「薄織物《ウェブ》」が「網《ネット》」に変わり、星の知性が経路を旅するのを妨害しているのです。アヌンナキがもとの物語にかぶせた嘘のため、網目はきつくなって、ほとんど閉じそうになっています。特にゼロ時点をすぎてからは。

　アヌンナキは人間からガイアのエネルギーを吸いとって支配下に置こうとたくらみ、偉大な存在たちの活性化の記録をゆがめ、あなたがたを地球のヴォルテックスになるべく近づけまいとしています。聖地のもつ本当の連結力も、金、ウラニウム、クリスタル、植物のもつ能動的な力も発見させないようにかなり工夫を凝らしてきました。こうした力は地球を活性化させ、あなたがたの深い記憶を呼びさまし、銀河の知性とのつながりを誘発することができます。パワー・スポットの多くは、光輝く存在の思いがけない出現によって人間に示されてきました。よく神殿は偉大な存在が目撃された場所に建てられており、あなたがたの多くはその場所のエネルギーを純粋に感じることができます。アヌンナキは、人間を自分たちのものだと思っています。だから、あなたがたの注意をパワー・スポットからそらし、偉大な存在たちと接触させないようにしてきました。ただ近ごろは、彼らでさえ自分で始めた制限のきついゲームに飽きて、偉大な存在を追いもとめたい衝動をおぼえています。彼らもそうした力とつながれる場所はパワー・ヴォルテックスだけなので、状況のダイナミクスは急速に変化しています。いっぽうで人間はエネルギーが減ったためあまりにも活力を失い、退屈しきっているので、惑星外の存在たちがうまくアクセスできなくなっています。アヌンナキは人間がロボット化し、彼らの想念によって支配できるようになると思ったのですが、そうではなく死にそうになっています。さすがの彼らも、人間は活力をとり戻さねばならないと悟りました。十代の子供をもつ親が、もう子供の好きなようにさせなければ自滅的になってしまうと悟るように、彼らも親の役割を返上する時期がきたことを知ったのです。この話を疑うなら、あなた自身が親であることに、そして学校や政府に親ぶった顔をされることに、どれほどうんざりしているか考えてみてください。われわれプレアデス人から見ても、人間が親という役割に飽き飽きしているのがわかります。だって子供と社会の両方をなおざりにしていますから。

わたしがいまここにやってきたのは、面白い物語のいくつかを復活させて、多次元とつながりたいという渇望をふたたび人間のなかに活性化させるためです。支配者たちはもう、あなたがたが現実を見きわめるのを阻止できません。彼らはあまりにも嘘をつきすぎて最初の物語が思いだせなくなっており、もとの記録が失われた場合の全滅を怖れています。でも、プレアデス人は物語を全部おぼえていますし、そのなかにはあなたがたの領域におけるわれわれ自身の活動を暴露するものさえあるでしょう。民よ、あなたがたは狐狩りで神々に追われる狐でしたが、わたしはいま、赤い上着で馬に乗ったハンターたちの正体を暴露しにきたのです。偉大なるシリウスの犬(猫)も到着し、狐に空を飛ばせる方法を狩猟犬たちに教えようとしています。

いまのうちに警告しておきましょう。これからのチャネリングで読んでいただく元型の存在たちの物語は、あなたを怒らせるはずです。アヌンナキがどうやって人間を操作してきたかを知れば、激怒せずにはいられないでしょう——自分が愚かに思えて。でもどうか、思いだしてください。愚か者があらわれるのは変化する用意ができたときです。自分を笑ってしまえばいいのです。この本をひき裂いたり、床にたたきつけたりする人もいるでしょうが、きっとまた拾いあげ、あるいは書店に走ってもう一冊買いもとめるでしょう。なぜかといえば、あなたの奥深くの叡知が、この本のなかに自分の真実があると告げるからです。いま人間は退屈のあまり、自分の内部でのたうちまわっています。のみこんできた嘘は「網」の縦糸で、あなたの正当な怒りは横糸です。アヌンナキに洗脳されてあまりにも長いあいだ切り離されていた地球の男女がやっとまた結びつけるように、シリウス人はわれわれプレアデス人と同盟しました。再結合は近い将来において実現し、管理や操作のない情熱的な体験になるでしょう。これが、あなたがたのつぎの段階です。ためらわずに進むことをおすすめします。そのほうが楽ですから。いままで女神に抵抗できる者はいませんでした。特に空のかなたから訪問した者はそうです。シリウス人がそれを思い知ったのは、キリストがマグダラのマリアに恋したときでした。ところで、地球の場に『あなたは銀河的人類になりつつある』[10]という本があって、シリウス人が宇宙船でやってきて地球人を救うという考えを宣伝しています。民よ、そんなものは無視してください。空を見あげるのはやめて、さっさと寝床に飛びこんだほうがいいでしょう。

あなたがたは直線的な時間と空間、つまり三次元の道具を使って物語を思いだそうとしてきたため、いま混乱状態にあります。われわれプレアデス人が本書を"*The Pleiadian Agenda*"(プレアデスの計画)と

●著者による用語解説——②

土の力 telluric　地球の自然な電磁場の力。
ジオマンシー的活性化 geomantic activation　シャーマンによる、地球の「土の領域」との意図的な同調。そこに生まれたエネルギーと感覚が、ガイアとの同調を強化する。
太陽の秘儀伝授者 solar initiate　太陽の知性と交信するシャーマンたち。太陽の知性は他の星や銀河の中心につながっている。
ポータル portals　地球の表面で、二次元つまり「土の力」の線または管が出ている場所。そのような場所で「土の知性」を活性化させると、多次元の力にアクセスできる。また「土の知性」が肉体への侵入を防いでいるところでは、ポータルが肉体への入口になる。そうしたポータルは、心霊手術などをおこなうシャーマンのヒーリングのよりどころになっている。科学の世界では知られていない。
千里眼 seer　非物理的エネルギーを体験的な形で認識する能力をもつ者。
世界統制チーム World Management Team　三次元でアヌンナキによって支配されている人間たち。アヌンナキは彼らを刺激し、地球ではなくニビルの利益になるような計画を実行させている。世界統制チームの機関で働く人間は（たとえばバチカンの教皇庁、秘密結社、銀行、政府、教育機関、医療機関、企業の多く）アヌンナキの波動に気づいて計画を実行しなくなった者以外は彼らの手先である。最近では自分たちを「新世界秩序」と呼んでいる。
ゼロ時点 Zero Point　紀元前１年と西暦１年のあいだに存在する、時間の逆転。
コード（暗号） code　星の知性、本能、記憶、遺伝形質、体験などの知識が結晶状の鋳型に刻印づけされたもの。特定の時間枠内に活性化されると情報を伝達できる。
ヴォルテックス vortexes　肉体に存在するポータル。多次元場につながっている。
旋風 whirlwinds　四次元の元型の力が激しい渦を巻き、人間から三次元の自己感覚をひき離し、場違いなものにする。
パワー・スポット power places　ポータルのある地域。
チャネリング channeling　直線的な時空においては肉体をもたない存在たちが、コミュニケーションのために人間の肉体を利用すること。ふつうは声帯を用いる。
カルマ Karma　まだ処理されていない行動、感情、思考、欲求などがエネルギーを保持している状態で、解決されるまで反復をうながす。
感情 feelings　人間の非物質的波動で、四次元から九次元までに共鳴する。
感情体 emotional body　人間の情緒的な意識体。大部分の人には目に見えないが、感じられるし、影響を与えることもできる。
地球の変化 Earth changes　地球が意識に対応して、環境要因ならびに想念にしたがって形を変えていくこと。
錬金術 alchemy　意志によって物質の変容を起こすこと。
多次元的 multidimentional　多くの次元、つまり密度によって変わる現実の場で構成されたもの。精妙になるか固形になるかは振動数で決まり、認識できるかどうかは知覚する者の波動がどのくらい洗練されているかで決まる。

呼ぶのは、あなたがたに物語の全貌を知る準備ができたのを知ったからです。今回のわれわれの計画は、自分の肉体に情熱的に没頭することを教えつつ、三次元の現実を同時に九つの次元で見るすべを学んでもらうことです。とにかくリラックスしてください。われわれはバッハという、もうひとりの偉大なプレアデスの芸術家も送りこみました。やはりこの認識の開放にむけて、人間の準備をととのえるためです。複雑すぎて自分の頭では処理しきれないと思ったら、バッハのフーガを二四時間ヘッドホンで聴いて、そのあと本書を読んでください。

人間はきつく編んだ「網」に閉じこめられ、自分で思っているよりはるかに強く制限されています。この「網」は、あなたがたのひとつ上の次元、四次元に存在するアヌンナキがみごとに作りあげたものです。かの偉大な存在たちが「網」を編んだ目的は、魚座の時代のあいだ、人間を彼らとともに濃密な波動に保っておくことでした。なぜかというと、クリストス（キリスト）の愛の力が地球上では強烈すぎたので、その秘薬《エリクシル》を二〇〇〇年あまりかけてゆっくり統合させるため、人間を濃密な波動に保たねばならなかったのです。アヌンナキは親の役目から解放されたかったので、あなたがたを魚座の元型で刺激し、共感を同情に、愛を依存に、霊性を宗教に変えて、最終的には同情と依存と宗教をも超えていくことを選択するように意図しました。つまり、成長したあかつきには共感と愛に満ちた霊的な人間になるようにと。しかし、彼らも「網」によって設定された制限にうんざりしてしまい、あなたがたの倦怠がやがてこの牢獄を吹き飛ばすかもしれないとさすがに見てとったのです。

三次元にいるあいだに多次元にアクセスしておかないと、人間は死に、みずからの世界を破壊してしまうでしょう。偉大なる四次元の存在アヌンナキはシュメールの文書にも詳細に記述されていますが、自分たちが優越性を装った結果、あなたがたにアクセスできなくなってきたことを認識しています。[11] 子供たちはだれも家にいなくなり、町に出てしまったことに気づいたからです。地球は魅惑的で創造性あ

＊シュメール　紀元前3500年ごろ、メソポタミアの地（のちの古代バビロニア地方南部）にやってきて世界最古の都市国家を築いた民族、またはその地名。来往経路や原住地、言語系統などは不明とされている。

ふれる場所でなくてはいけません。さもないと子供たちはゲームをしなくなるでしょう。子供たちはもう仕事にも行かず、学校にも行かず、戦争にも行きません。セックスまでしなくなる瀬戸際なのです。もうそろそろ水瓶座の元型である、真実、多次元性、自由、創造性で遊ぶ時期にきています。

過去二〇〇〇年のあいだに編まれた「網」によって、あなたがたは感情体をいやおうなしに成熟させてきましたから、四次元の存在たちをカルマから解放する方法を考えつくかもしれません。ご存じのように、彼らは必要な教訓を学ぶのにじゅうぶんな期間、そちらの次元にかかわってきました。いままでは自分たちもパーティに招待されたいのですが、長期にわたる介入の前科――わたしは銀河の不作法と呼んでいます――をもつ者は、地球の作法を多少なりとも身につけないかぎり招待されません。四次元の存在たちは（大部分はアヌンナキですが）人間を軽くつついたり強くつついたりして、彼らの感情を行動に移させました。もっと高次元の存在たちも、あなたがたの知性と霊的探求を刺激して、やはり人間のエネルギーで遊びました。あなたがたは、それにもうんざりしています。エネルギーの体験だって自力でしたいのです。もう、すべての存在が自分の感情と表現をとり戻さなければなりません。こんどのパーティは仮面も小道具もなしです。宇宙のパーティは地球でひらかれる予定になっています。パーティのあいだ、ほかの次元の存在たちは人間の領域に突入し、三次元の人間のエネルギーに入ってこなければ自分の表現をもてませんが、それもあなたがたが同意し、完全に意識的におこなう場合にかぎられます。

パーティの準備はどうすればいいのでしょうか。ただ、服を着てお化粧をすればいいと思うかもしれませんが、実際はチャクラ・システムをひらき、感情体を浄化しなければならないのです。民よ、聖地で自己の感覚を地球の四方位に活性化して祈るとき、本当はなにが起きているかを知れば、きっとあなたがたも始終そうやって祈るようになるでしょう。

人間を体験する必要がある存在は、情熱的で繊細で高貴な者たちです。ですからプレアデス人としては、あなたがたに聖なる輪に背筋をまっすぐ伸ばしてすわるか、つねにオーガズムに満ちたセックスをしていてほしいのです。またシリウス人は、あなたがたが意識を発達させ、時のはじめから自分たちの現実を形態として保持してきた、神聖な光の幾何学図形が見えるようになってほしいと思っています。われわれも、人生のひとつひとつの瞬間を聖なる空間で、背筋を伸ばし、四方位と調和して生きるすべを教えていきます。われわれプレアデス人は、パーティに出席する高次元の存在たちをうまく説きふせて、新しい教えを引きだすために来ているのです。前にもいったように、退屈は許されません。パーティで退屈な人につかまると最低でしょう?

　とにかくいまは、ルワンダやO・J《オー・ジュピター》・シンプソン事件、中東情勢などを見たかぎり、あなたがたの現実はパーティとはかけ離れています。そのような現実にぶちあたったとき、お互いに殺しあわずに、あくまでも内面的に処理し解放することを選択できるのは自分だけです。いまアヌンナキや天使たちや悪魔たちは、このサティアを通してあなたがたに語りかける用意ができています。そのいいぶんを聞いて誤解をとき、彼らをカルマから解放する方法を考えついてもらうためです。真実が見えてくれば、あなたがたも自分の行動に完全に責任をもつ（つまり三次元において統一性をもつ）ためにはどうすればいいかわかるでしょう。元型の欲求が適切な形で表現されるような、たとえば演劇やチャネリングなどの方法もみつかってきます。「心身喪失状態だった」という抗弁は過去のものになるでしょう。「この三次元の肉体は、この行動をとったか?」という質問だけが妥当だからです。多くの道具が生まれています。たとえば女神に忍びよって殺したくなった男性は、ストーカーになるかわりに仮想現実《バーチャル・リアリティ》で欲求を発散できますが、潜在的な殺人者の怒りをとり除くように設定されたプログラムでなければ効果はありません。非常にこわがりの人はホラー映画を見れば、たくさんの怖れを解放し、処理できます。殺人の強い

＊O・J・シンプソン事件　1994年、元フットボール選手のO・J・シンプソンが白人の前妻らの殺害容疑で起訴された事件。裁判で弁護側は黒人差別を主張、人種問題をめぐる争いとなり、1995年10月ロサンジェルス上級裁判所で無罪の評決をうけた。

衝動にかられた男性は、コンピューターゲームの画面上で飛行機を撃ち落とすことができるでしょう。こうした道具の善し悪しは、あくまでも使い方にかかっています。

では、あなたがたの現実に影響をおよぼしてきたのはどんな存在で、具体的にはこの二万六〇〇〇年のあいだ、なにをしていたのでしょうか。まだ自分の肉体の主導権をにぎる方法を考えつく時間が残っていますから、人間が好奇心にかられると、われわれも胸が踊ります。本当はルシファーとはだれなのだろう、と人間が考えているとき、われわれは大喜びしています。はたしてキリストとマグダラのマリアはセックスをして子供を作ったのだろうかとか、エノクはどのようにして星々のもとに昇天（次元上昇）したのかな、と考えるときも大喜びです。なぜなら、それはあなたがた自身も昇天して、あるいは非常にエネルギーに満ちた存在とセックスをして、みずからの判断に直面したいという気持ちを示しているからです。また、自分はルシファーや罪をどう判断するだろうと思いめぐらすのは、エノクといっしょに昇天することやタントラ的なセックスを願うことほど簡単ではないように思えます。でもやってみればあっけないでしょう。ルシファーと話をすれば、〝彼は自分のなかにいるだけだ〟とわかります。もしあなたが原理主義者で、いまの言葉でこの本をひき裂きたくなったとしたら、こちらから聞きますが、本当にまたジム・ベイカーにお金を払いたいのですか？　もしあなたがローマカトリック教会の信者なら、この本を読めば残念ながら二度と告解（懺悔）には行けなくなるかもしれない、と警告しておきましょう。告解は退屈ですし、しかも致命的です。一九七二年まで、あの個室で女性がはずかしめを受けており、それ以降は幼い少年たちが危険にさらされています。ルシファーはたいへん創意に富んでいるのです。あなたがた自身の物語を思いだすには、そのすべてを見なければなりません。ルシファーやキリスト、マグダラのマリアの話を聞くほうが、昼メロや夜のニュースや裁判のテレビ中継を見るより、好奇心をよっぽど満足させてくれること請けあいです。われわれの物語は英国王室のドラマにも負

＊**原理主義者**　聖書のような根本原理を文字どおり厳密に信じる立場の人。
＊**ジム・ベイカー**　米国のテレビ伝導師として人気を集めたが、女性問題や基金着服でスキャンダルになった。

けないほど面白いでしょう。もちろんそうした話も、女神がいかにしてアヌンナキ支配下の男性を寝床に誘いこむかを見るいい情報源にはなりますが。

われわれプレアデス人から見ると、人類のつぎのステップは、非物質的領域を直線的時空の道具で解読しようとするのはやめることです。それが本書のねらいです。これまでは九つの次元があなたがたの現実におよぼしている影響を、たったひとつの次元、つまり三次元だけを通して理解しようと試みてきたのです。われわれにいわせれば、それは立派な樫の木を思いえがくために、木の幹を薄い輪切りにして顕微鏡で年輪を観察するようなものです。樫の木は枝を伸ばし、葉を茂らせ、強い根を生やし、自分は一か所を動かずに、雨と陽光、土の栄養、昆虫や動物たちをひき寄せる力をもっています。形態形成場がその形を保持し、聖なる幾何学図形がそれを固体にし、宇宙の生物学などもいろいろ作用しています。幹の薄切りを調べたくらいで、だれにその全貌がつかめるでしょうか。

わかってしまえば単純なことです。あなたがたのジレンマはすべて知覚の問題なのです。人間を三次元に保っている「網」が知覚を制限しています。あなたがたを麻痺させてきた制限の古めかしい例をあげると、バークレーとヒュームの論争があります。森のなかで一本の木が倒れたとき、耳を傾ける人がいなくても音はするだろうか？　もちろん、するに決まっています。次元のはざまを行ったり来たりしているから、かえって三次元の仕組みが見えなくなるのです。三次元で得られる知恵を失ってしまうと、四次元ではだれかがその場にいて音を聞かなければ、木が倒れたことにならないのがわかりません。四次元の出来事は〝感じた〟ときに記録されますが、三次元ではただ〝起きる〟だけです。つまらない愚鈍な話に聞こえるのは承知しています。でも、哲学の入門クラスで「椅子は固体か、固体ではないか？」という問題について聞かされた人が多いので、ふれておきたかったのです。わかりやすい例ですから。どうか見ていてください。そのうちに、だれがソドムとゴモラの引き金をひいたか判明します。仮想現実が第二の核による大虐殺をひき起こします。アヌンナキの哲学入門を捨てられなければ、木が倒れたかどうか理解できないでしょう。もっと悪いことに、地球の変化が加速するにつれて、あなたがたは童話のチキン・リトルのように声高な悲観論者になりかねません。時代を見きわめるために多次元的モデルをマスターしなければ、今後もずっと「網」のなかに閉じこめられたままでしょう。なにが真実かわからないという、まさにそのことによって地球のまわりに「網」が保たれています。精巧な仕組みです。

もう人間はみな千里眼になる準備ができていることを、われわれは知っています。プレアデスの同僚バーバラ・マーシニアックも一九九三年六月のチャネリングでそれを伝え、そのときプレアデス人たちは、人間のなかには「ハートの魔法使い」になる者もいるだろうとのべました。わたしはその概念が気に入りました。おかげで二〇一二年一二月二一日に始まる「光の時代」にむけて、わたしの計画を説明するためになにが必要かわかったのです。**地球はモデルを受けいれる用意ができています。そのモデルはあなたがたを男性の錬金術から女神の錬金術へと移行させ、真の輝かしい男性性を覚醒させるものです。**時代おくれのかび臭い男性錬金術師の一群ほど、つまらない退屈なものがあるでしょうか。民よ、警告しておきます。いま現在、あなたがたのもっとも危険な傾向は〝秘密主義〟です。全部出してしまいなさい。自分をさらけだし、見せびらかすのです。さもないと地球はおかしくなるでしょう。太陽系はアルシオネの螺旋から飛びだし、地球はふたごの兄弟マヤと切り離されてしまいます。

なんどもいいますが、あなたがたは怠け者です。先に進ませるには、おだてたり、そそのかしたり、つついたりする必要があります。本書の目的は、人間の知性が同時に九つの次元を見ながらエデンの園に暮らせるように、千里眼になる手段を提供することです。太陽の光を浴びて寝そべり、蛇たちと遊び、言葉の本当の意味を解読し、セックスをし、リンゴをたべ、星を眺めることが選択できるのです。そのためには基本的な占星学のモデルをマスターし、銀河系における自分自身の時と場所を理解できるようにならねばなりません。それにしても、マヤ人が何千年も前に、冬至の太陽と「聖なる樹」の交点がコンジャンクションになるとき終わるような暦を作っていたとは、畏怖すべきことだと思いませんか。そう思うなら、多次元の知覚を身につけるべきです。つまり、いまにも金に変容しようとしている錬金薬液になることで、みずから錬金術師になるべきなのです。

なぜプレアデス人がこのような努力をうながしているのでしょうか。われわれは肉体をもたない五次元の知性ですが、そちらの三次元の領域が千里眼になることをわれわれ自身が必要としています。つまり、あなたがたは自分では想像もつかないほど重要な存在なのです。地球の水瓶座の時代が始まるとき、人間は文字どおり、あらゆる次元のための身体になるのです。

なぜ太陽系なのでしょう。あなたがたの属する太陽系は、銀河系全体の生物を進化させる場所として創造主に選ばれました。生物の知性を完成させるために、創造主は小さな実験室で作業をする必要があったのです。ちょうど地球の科学者が特定の実験結果を左右している創造の法則を理解するために、まず実験室で作業するのとおなじです。また科学者は、ある実験を地球の場（フィールド）でおこなうかどうかを決めるためにも、まず実験室内で試してみます。なんでも作ることはできますが、はたしてそれを本当に望むのでしょうか。また、作ったものを解きはなつ前に、対応する特効薬はあるのでしょうか。それがないと、殺すという形で根絶しなければならなくなります。アヌンナキが遺伝子操作の結果を大洪水で根絶したように。いま神々はエイズとエボラ出血熱のウイルスで遊んでおり、キリスト教の司祭やユダヤ教のラビが医者の役をつとめています。われわれプレアデス人とシリウス人が見たところ、アヌンナキはもう人間を絶滅させようとは思っていませんが、あなたがたは長年 his-story（彼の物語）である history（歴史）を演じつづけるうちに、殺戮を好む彼らの性癖に感染してしまいました。

死ぬまでただ生きるというより、むしろ殺すほうを選んでいるように見えるのはなぜか。人間は自問

＊ラビ　ユダヤの律法博士。ユダヤ社会の宗教的指導者。

する必要があります。単に死を怖れ、病気を怖れるゆえに殺しあうのでしょうか。死は生との均衡にすぎませんし、どんな病気にも植物のなかに対応する特効薬があります。それぞれの病気が教えているものを学びさえすれば、特効薬はすぐみつかるはずです。エイズは死を尊び、死に感謝することを教える贈り物です。それを学べば、自分の好きな死に方をみつけられるようになるでしょう。今回のサイクルの終わりには、死は誕生のようにエクスタシーの体験になります。どちらの場にも〝神なる医者〟は立ち会いません。

創造主は、まず地球における生物学上の創造性を実験しました。それは知性に九つの次元を同時に保持する力をもつ、物理的な場所でした。ガイアは地球の知性であり、あなたがたが想像するよりはるかにパワフルな存在です。パーティがどこでひらかれるか、考えてみてください。人間はこれから、ガイアの壮大かつ無限の創造力の目的を見いだすでしょう。なにしろ彼女は、銀河系の生物学実験室の主任研究員に選ばれたのですから。前にもいったように、実験室ではなんでも作ることができますが、創造物がガイアの場にふさわしいかどうかは彼女自身が決めます。選ばないものは、自分の表面から片づけてしまいます。だからこそ、アトランティスの実験室も吹きとばしたのです。地球はふたたびフォトン・ベルトに入っていくにつれて多次元的になり、地球の生物圏は、どの生命体の種子を銀河系全体にばらまくかを決定する根拠となるでしょう。この種子まきの質は、あなたがたが光明を得たあかつきに、生物圏に残存しているものを基礎として決まります。そのとき、肉体のなかで部分的にのみ生きることは不可能になるでしょう。とどまらない者は肉体を出ていきます。光の速さまで振動数をあげなかった者たちです。〝生ける死者の夜〟は終わり、もはや半分しか生きていない状態で歩きまわるわけにはいきません。遺伝子は生命の構造そのものですから、光明を得た遺伝学者だけがDNAを扱うことを許されます。これは大崩壊のようにも見えますが、単に恍惚としてガイアに没入することであり、あなたがたの領域の偉大なる宇宙的オーガズムなのです。われわれは願望の教師として、人間が多次元的になるために、創造したいものを決める手伝いにきました。もう自分のエネルギーを制限された形態に保ちつづけることはありません。

地球では多くの実験をおこなう必要がありました。人間自身によるものも、さまざまな他次元の知性によるものも、目的はみな銀河の生物学の法則を理解するためでした。この文章を読んで、われわれがあえて創造主の限界を語るのかと思う人もいるでしょう。いまはその答として、逆に質問をします。人間が互いに裁きあい、自分たちの領域に邪悪が存在すると信じているからには、やはり創造主の限界について考えているのではありませんか。紀元前八八〇〇年から「銀河の夜」を旅しながら、人間は自分にまったく制限を課さないような生き方をもとめることを許容されてきました。今回のサイクルにおける唯一の義務は、自由にも限界がある（三次元ではすべてに限界があるので）と知るために、行きたいだけ遠くまで行くことでした。ですから、あなたがたもじゅうぶん遠くまで行った結果、そろそろ自分の現実のなかで調和した創造をおこなえるようにならねば、と気づくことをプレアデス人は願っています。さもなければ、なにもなくなります。静寂だけで動きのない宇宙が想像できますか？　われわれも想像できません。だからこそ、あなたがたの殺戮の性癖を銀河系に解きはなって全滅を招くわけにはいかないのです。

「銀河の夜」のあいだ、高次元の知性はたえず人間を刺激してきましたが、彼らに引き金をひかれたカルマをいまや各自で所有しなければならないと気づけば、あなたがたはもっと先に進みたくなるでしょう。われわれプレアデス人はそう願っています。みずからの領土をとり戻すには、これまで自分がとった行動をひとつひとつ見ていく必要があります。犠牲者になって、こづきまわされるような状況を自分に許したことも全部です。いままでの自分と、いまの自分のすべてを愛し、尊ばなければなりません。

だれに、あるいはなにに刺激された結果であれ、三次元におけるあらゆる行動があなた自身のものです。自分の歴史から目をそむけ、統合しないでいると「網」が定着し、自分もやがてそこにつかまってしまうのです。だから、わたしが荒療治として人間の内部の深い影をあらわにしなければなりません。われわれプレアデス人は、あなたがたがすでに同意したのを知っています。地球の変化を体験するよりは、さまざまなエネルギーとの融合を望む人が多いようですから。その意味で、過去世回帰セラピーは本当に効果的です。過去世を通して過去の嘘をあばき、思いをはせれば、その嘘がいまの自分にまだ作用していることがわかります。

三次元の人間は目が二個でハートは二個ありませんが、四次元では目が一個でハートが二個なのに気づかねばなりません。あなたがたの二元化された感情体において、レーザー光線を分裂させてめくるめくホログラムを作っているのは自分です。そのため、だれも三次元で本当はなにが起きているかを見るために人生を見てはいません。四次元のイメージに対する盲目的な魅惑がそんなに重要なのでしょうか。そう、庭の植物とともに呼吸したり、動物とともに自分の姿を変えたり、岩のなかのガイアの力とともに振動している人はほとんどいません。それが本来の〝在《あ》る〟ということであり、ハートの機能なのです。そこでまたバークレーとヒュームの問いに戻ります。こんどは適切な例だと思います。植物や動物や岩は、だれも彼らと波長を合わせる者がいなければ、存在することをやめるでしょうか？　民よ、あなたがたの現実で、だれにも愛されないものがどうなるか認識したほうがいいでしょう。いったいなぜ、種が消えていくのですか？　それに、自分とおなじ種に属する他者の扱い方はどうでしょう。宇宙の法則である生命の神聖な秩序と同調するには、ルワンダやボスニアの大虐殺に自分自身の狡猾な顔を見なければなりません。あなた自身の血の欲望について考えさせるために、「他人」がそうしたおそろしい犠牲を払っていると感じなければなりません。同時代の犠牲のドラマに自分自身を認識できなければ、ドラマは永遠に反復し、やがてあなた自身がそのすべての犠牲者と加害者を両方とも演じるはめになります。マヤ人は最後に地球にいたとき、そのことを理解しました。そこで犠牲をささげる永遠の神殿として球戯場を建て、人々の注意をそらして彼らの古写本を完全に破壊させないようにしました。征服者たちはこのトリックにすっかり魅了され、数すくない本物の写本を見のがしたのです。

われわれプレアデス人は過去二万六〇〇〇年、あなたがたになってきました。そしてついに人間がどこで行きづまっているかを突きとめました。わたしはそれを知らせにきたわけです。もちろん原因はわれわれのしたことです。地球が紀元前一万一〇〇〇年ごろフォトン・ベルトに入ったとき、プレアデス人はあなたがたの救出を試みました。ですから人間はいま、世界の行く末はかならず神々が決めてくれると固く信じ、なんの行動もとらずに待っています。終末の到来をただ待ちつづければ、神々が救ってくれると信じているのです。そう、たしかにあのときはフォトン・ベルトが世界の終わりでしたが、このつぎ起きるのは未来であって、過去ではありません。

フォトン・ベルトに深く入っていくと、レーザー光線が太陽光のもとでふたつに分裂し、感情を探求するための濃密な現実を作ることはなくなります。人間が崇拝できるような、魅惑的なホログラフィーの像を作るレーザー光線は存在しなくなります。そのかわり、レーザーの多面的レンズはわたしの次元である五次元にむけてひらき、三次元のあなたがたはそのレンズを通して宇宙を眺めるでしょう。なにもかも万華鏡を通したように見えるはずです。人間の信念や価値判断はすべて崩壊しますが、現実だと思っているそれらのものを手放せば、あなたがた自身は崩壊しません。目をさまし、もういちど世界をよく見てください。自分の住んでいるエデンの園を見るのです。プレアデス人は二万六〇〇〇年も人間のそばにいましたから、人間の現実におけるわれわれのイメージを鏡に映して見せる準備ができました。あなたがたが自分の鏡をのぞいてくだされば、われわれも自分の鏡をのぞきます。地球人やプレアデス人は鏡を使い、四次元の神々はレーザー光線を使うことに注目してください。プレアデス人は、人間とともに多次元的になるという選択をしました。なぜなら、生物学は愛と融合しなければならないからです。これが達成されたあかつきには、あなたがたはエデンの園を出て、われわれとともに宇宙のさまざまな現実を旅することができるでしょう。レーザー光線はもっとも高い目的における使用、つまり肉体を癒すための手術のみに限られるようになります。鏡は光を反射し、レーザー光線は光を集中させるものです。

　われわれプレアデス人は今回のサイクルで、人間の世界を決定できるのは〝人間だけ〟だということを学びました。われわれはあなたがたになったので、ひとりひとりが現在の自分に関する真実を知っているのがわかります。実際、驚くほどの成長ぶりです。われわれが語る内容は、あなたがたが本当はすでに知っていることばかりです。人間の多くは、まだ自分の全面的真実を他人に隠しておくべきだと思っていますが、やたらにとりすました姿勢は致命的です。太陽光が減少したら隠れる場所はありません。感情の浄化も、殺戮をやめる方法を学ぶのも、おたがいに内面をすすんで〝分かちあう〟ことさえできれば、ずっと楽になるでしょう。あなたがたの内なる混沌が毎日のようにテレビの画面を埋めていますから、もうプライバシーなど皆無です。あなたがたは全員、レイプも殺人も虐待もしてきました。望むなら、仮想現実《バーチャル・リアリティ》マシンの前に一日中すわって、いい**加減うんざりするまで**殺人とレイプと虐待をくりかえすこともできます。小鳥の声を聴きながら動物たちと林を散歩するかわりに、プラスチックの椅子にすわって一日中ギャンブルにふけるという選択もできます。パーティがひらかれるまでは、内なる混沌状態を制御するためにどのような形を選んでも、だれも非難しません。体内でのセロトニン〔血管収縮物質〕の感覚を知りたければ、抗鬱《うつ》剤のプロザックでも使ってみて、そのあと薬を捨てて自力でやればいいのです。**自分の行動をきちんと意識し、すべては小道具にすぎないと認識していれば、三次元でなに**

をしても**危険**はありません。

強力な手段がいま必要でほしいと思うなら、すでに多くの次元の存在が人間に贈ってくれています。これからもっとやってくるでしょう。つぎの波はヒーリングの手段で、それを使わない医療従事者は、あえて野放しにした病気に自分がかかって死ぬことになります。いまある手段を正しく利用するには、個人の自由の名のもとに自分や親、伴侶、子供、三次元における友人や同僚を殺さないという取り決めに同意しなければなりません。パーティにやってきた者は全員、好きなだけ長くとどまる権利があるのです。

プレアデス人は地球の子供たちの守り手です。子供たちに話を聞きましたが、母親と父親には家の寝床にいてほしい、そして自分たちは外に出て、若く新しいイメージの場で遊んでいたいと思っています。イメージや妄想《キマイラ》は三次元からあくまでも締めだし、四次元の元型の世界を自由に探求して、みずからの感情をさぐってください。どんどんやって楽しむことです。女神はあらゆる欲望をかならず満たしてくれますから。われわれを信頼したとき、人間は殺戮をやめるでしょう。つまりそれは自分を信頼したときです。おぼえていてください、あなたがたは望むものを手に入れていいのです。仮想現実で遊びながら、物理的な行動においては統一性を保つという状態は、次元が道具によって機能していることをはっきり示しています。ちょっと考えてみてほしいのですが、太陽系がフォトン・ベルトのなかを旅するときは、同時に九つの次元を扱うようになるのです。

過去二万六〇〇〇年のあいだ、あなたがたは九つの次元のすばらしい教師たちに刺激されてきました。彼らはずっと神々や女神、神話に出てくる元型、そして最近では英雄や映画スターなどの存在として、文学のページを、神殿の祭壇を、テレビ画面や映画館のスクリーンをかざってきました。民よ、じつはプレアデス人から見ると、エルビス・プレスリーは気味悪いほどヤハウェそっくりです。偉大なる四次

＊ヤハウェ　ヘブライ語で「神」の意。旧約聖書における呼称。エホバとも。

元の元型の力は、人間を影であやつって大いに楽しんでいました。あなたがたは人生という舞台で踊るあやつり人形でしたが、そろそろ人形遣いをのぞき見る時期がきたのです。このような考え方に憤慨する人は、むしろずっと押入れにこもって、ほこりやダニにまみれていたいでしょうか。自分も踊りながら楽しんできたわけですし、人形遣いたちもおなじ世界でともに進化しました。

これは極上のドラマです。あなたがたのうちだれかが三次元でセックスをしていると、四次元の存在たちはそのエネルギーを感じ、その人間の欲望、罪悪感、虐待、楽しみなどの引き金をひくことができます。五次元の存在たちはクンダリーニの火に興奮し、宇宙的なオーガズムを感じることができます。六次元の存在たちは、その波動の場を銀河系全体に拡大することができます。七次元の存在たちは、その人間の感情を銀河の情報ハイウェイにのせて運ぶことができます。八次元の存在たちは性的振動の波長から、新しい形態形成場を作ることができます。九次元の存在たちは銀河の中心のブラックホール内に、新しい生物形態を誕生させることができます。畏敬の念をおぼえませんか。

プレアデス人は過去二回にわたって地球の「銀河の夜」の旅をともに生きてきたので、かなり人間の進化にかかわっています。その結果、あなたがたは地球に長く逗留したプレアデス人を疑うようになりましたが、そのことについてお話しましょう。「銀河の夜」のあいだ人間が多次元の存在たちにつつきまわされ、操作されたのは、銀河系がそのような仕組みになっているからです——宇宙のパーティまでは。それ以外の可能性としては、すべての停止と宇宙の静寂しかありません。人間や、動物や、物や草木のたてる音がまったく聞こえず、触れることも、見ることさえない世界を想像してください。そんな世界を選びますか。二度とふたたび、わが子の目をのぞきこめなくなることを選ぶのでしょうか。つつきまわされたように感じたのは、三次元の構造にとらわれて、本当に起きていることが見えなかったためです。プレアデス人はそれを知っています。思いだしてください。あなたがたの体験はすべて、最初に刺激をくわえてきた者たちと遊ぶことを自分で選択した結果です。それが〝存在する〟という状態を生むのです。永遠にセックスを放棄する気がありますか。大天使にも悪魔にも遭遇していなければ、あなたがたはどうなっていたでしょうか。

わたしはよく、媒体のバーバラ・ハンド・クロウが笑っている状態を体験しました。地球でこれまでにみつけた唯一の罪悪は退屈だと彼女はいいます。罪悪とは「○○がない」(without)あるいは「○○とともにない」(not with)という意味で、人間がいちばん「ともにない」状態は退屈しているときだそうです。今回、プレアデスの計画をチャネルする者として彼女を選んだのは、あるたいへん複雑なプレアデスの記録、つまり時間と天体の軌道の構造を伝えたいからでした。しかも、けっして退屈させない方法をとりたかったのです。幸運なことに、あなたがたはみな非常に進歩して、占星学や次元性などプレアデス人の〝見る〟道具になじんできています。錬金術や占星学が世界統制チームにばかにされるのも、うんざりしています。一部の人は知っているでしょうが、じつは彼ら支配者のほうが、ひそかにそうした道具を多用しているのです。

プレアデス人は過去二万六〇〇〇年にわたり、あなたがたの領域でともに生きようと選択したために、いまこそ直視してはっきりさせねばならない点があります。かつて人間に対して、プレアデス人が大きな過ちをおかしたことを知っていただきたいのです。その過ちゆえに、あなたがたの世界におけるその他のトラウマや悪弊まで、本当は違うのにプレアデス人が原因だと思われてしまいました。われわれは、みずからの過ちを白状しなければ自分たちの計画が達成できないことを知っています。あなたがたの計画もおなじです。太陽系が一万三〇〇〇年前に始まった獅子座の時代にフォトン・ベルトを旅したとき、プレアデス人は人間の自由意志に介入しました。獅子座の時代に太陽系がフォトン・ベルトを通過すると、大規模な地球の変化が誘発されます。この時代には、王権にかかわる自我のアイデンティティと信

＊トラウマ　心的外傷。または心に深い傷を残すような出来事。

念が確立されねばならないためです。獅子座の時代は「王権の時代」であり、たくさんの星や銀河から存在たちが地球にやってきました。このドラマに取り組むとき、ガイアはいつも非常に表現ゆたかになります。ガイアの表面では、ある程度しか進むことを許されません。前回のサイクルではこの過程で地軸が逆転し、最後の氷河時代をひき起こしました。激動が襲ったとき、プレアデス人はあなたがたがバランスをとる過程にあったのを理解できませんでした。自分たちはそのようなプロセスを体験することがないからです。

そばにいたわれわれには人間の苦痛と死が感じられ、共感をすり抜けて同情に陥ってしまいました。あまりにも深く人間とかかわっていたので、いくつかの集団を安全な地域へと導き、もっとも激しい変動のあいだ一部の人間を地球から持ちあげて救おうとしました。あなたがたは混乱のなかで、われわれを神に違いないと思いました。そしてはじめて**自分たちを犠牲者とみなしたのです**。これは自分の体験だと宣言し、地軸をひっくり返したガイアの陶酔を味わう用意ができた、まさにそのときに人間は〝いま〟をはずれてしまいました。あなたがたは救いをもとめ、われわれはその苦しみをあまりにもまざまざと感じたので、とうとう神となり、救ってしまいました。人間がせっかく怖れを超越するところまで行ったのに、その過程を中止させたのです。もう二度とおなじ過ちはくりかえしません。

このようにして現実に介入された結果、あなたがたは自分たちの世界の上には神々がいて、次元の破壊が起きたのだと考えるようになりました。これがいわゆる「人類の堕落」です。あなたがたはエデンの園を去り、世界をハートで感じるかわりに目と脳を通して見ることで、世界を分裂させました。世界にあふれる緑は人間と切り離され、時間が始まりました。紀元前八六四〇年に獅子座の時代が終わってからのほうが、比較的はっきりした時間の感覚があるのはそのためです。『あなたは銀河的人類になりつつある』という本は、きたるべき水瓶座の時代に地球がフォトン・ベルトに入ったとき、シリウス人がやってきて人類を救うと提唱しています。もちろん彼らにはそれができます。かつてプレアデス人がしたように。しかしその結果わかったのは、あなたがたの領域に介入するとアセンション（次元上昇）を中止させてしまうことでした。シリウス人にしても、もし人間のプロセスをなんらかの形で邪魔すれば、今後一万三〇〇〇年をともに地球ですごすはめになるでしょう。だれも他の存在を三次元から持ちあげることはできないと、プレアデス人は悟りました。三次元はただ介入した者を吸いこんで、カルマを解決できるようにするだけなのです。人間にしても、そのような選択肢が提供されてシリウス人と遊ぶことを決めた場合、西暦四〇〇〇年から一万五〇〇〇年までの「銀河の夜」のあいだ、彼らから多くを学ぶことになるでしょう。

　紀元前一万八〇〇〇年に獅子座の時代が始まり、破壊が起きてしまったあと、あなたがたは直線的な視力しかもたずにその世界にいて、多次元の存在はすべてアヌンナキだと思っていました。アヌはいつも自分が神だといっていたので当然のことでした。でもあなたがたのほうが一枚うわてで、彼を崇拝するふりをしながら陰で笑っていました。ちょうど、いまの司祭や牧師に対するように。大げさな崇拝の儀式を編みだして神々を得意にさせておき、自分たちは勝手に暮らせるようにしたわけです。人間はアヌが神でないことを知っていました。われわれが最初に魅《ひ》きつけられたのは、あなたがたが自分たちの主権を理解していると気づいたときでした。しかし獅子座の時代、次元の破壊のさなかに人間はあることをしました。やっと直視する用意ができたようなのでいいますが、神に名前をつけ、本来は排泄のポータルを意味する名前を選んだのです。語呂あわせ的な称号によって、自分たちを抑圧している存在をジョークの種にするつもりでしたが、本来、創造主に名前はありません。ひとつ名前をつけてしまうと、すべてに名前が必要になってきました。**言語は、音声をお互いの知覚融合のために共鳴の道具として使うかわりに、認識同定のプロセスとして始まりました。**その結果、あなたがたは多くの言語に分裂し、そうなるとアヌの計略で、おなじ言語を使う者たちまで内部分裂させることができました。これで惑星全体にGOD（神）が潜むようになったわけです。最近では「神」は教会を出て、病院から影響をおよぼしています。すべてを手放す準備ができるまで、ただ生きて呼吸しているというのでなく、知らぬ間に着々と肉体のプロセスに名前がつけられ、この「治したまえ！」という救いの新方式も、日ごとに楽しめなくなっています。民よ、思いだしてください。死は最後の息にすぎません。人間はガイアの壮大な知性を信頼することを忘れています。あなたがたの世界はわれわれの図書館の中心なのです。命名癖という獅子座の時代からの認識方法は狩りだして、除去するときです。なぜなら水瓶座の時代には、すべてが生物としての波動で認識されますから。目をあけて、キリストがロバに乗ってエルサレムに入った（！）などという話には、アヌンナキの影響力がおよんでいることを見きわめられるようになってください〔英語のロバ（ass）は〝尻〟をあらわす単語でもある〕。

この本は、濃密な低次元の絶妙な力について書かれています。アヌンナキのせいで、あなたがたは低次元より高次元のほうがいいという考え方を受けいれてしまいました。そのために、せっかくの体験から注意がそらされ、自分の住んでいるエデンの園が見えなくなっています。序列意識ができて、まるで蛇の穴に落ちたかのように自分たちの世界から這いだそうとしています。まさに蛇の穴なのです。そこが肝心です。次元に序列などありません。どの次元もそこの住人にとっては、それなりの形でパワフルなのです。あなたがたにとって、もっとも力強い次元はガイアです。われわれにとっては、軌道と周期が重力と星の光で保持されている電磁場がそれです。

アルシオネの螺旋の三つめの星マヤは、プレアデスの螺旋においては軌道のせばまった部分の、太陽系よりアルシオネに近い位置を運行しています。マヤは「銀河の夜」よりフォトン・ベルトのなかにいる時間のほうが長いのです。太陽系とおなじように、マヤも地球の時間にしておよそ二〇〇〇年間フォトン・ベルトのなかにいますが、そのあと「銀河の夜」を一二〇〇年だけ旅してフォトン・ベルトに戻ります。マヤは「銀河の夜」にいるあいだは地球にあまり影響をおよぼしません。最近も西暦八〇〇年から一九八七年まではそうでした。マヤが西暦八四三年に〝謎の消滅〟をとげたといわれるのは、闇のなかに入っていったためです。でもその前に、彼らの暦が三次元にしっかり埋めこまれるように、マヤの地の全域にわたって岩に刻みつけていきました。そして水瓶座の時代が始まろうとしているいま、マヤは太陽とともにフォトン・ベルトに入っていきます。これは大周期において、つねに心踊る時期です。なぜならこのときマヤ人は、未来が現在をつくることを偉大なるマヤ暦によって示せるからです。マヤ暦の終わりは人間の新たな進化の段階をよび起こしつつあります。人間は今後二万六〇〇〇年の地球でなにを生みだし、どのようになりたいかについて、意図を設定する方法を身につける準備をしているのです。あなたがたは銀河のマヤの微妙な調整を受けており、彼らが入念に計画した内容にようやく気づきはじめた人もいるでしょう。

マヤはアルシオネの螺旋に属するさまざまな世界のタイミングを調整し、アルシオネは時間の記録を保ちつづけています。マヤは「時間の守り手」、太陽は「周波数の守り手」、アルシオネは「意図の守り手」です。あなたがたもみなマヤのタイミングに同調し、太陽の光を浴びて波動を上げ、次元の仕組みをマスターすることで、プレアデス人とともに進化のつぎの段階の意図を設定する作業に参加できます。そうすれば、宇宙のパーティは最高の余興メンバーがそろうでしょう。

この章の残りの部分では、銀河系の構造、フォトン・ベルト、そして人間の知覚世界の構造をなす九つの次元のプレアデス式モデルを解説していきます。この九つの次元は第十の次元にも対応します。十次元は九つの次元を保持するもので、言葉にいいあらわすことができません。こうした情報を本書の最初にあたる第1章に配置したのは、プレアデス人の計画を説明したのち、先の各章を読みながら実際に銀河系と九つの次元を旅するとき、必要に応じて参照していただくためです。

フォトン・ベルトと「銀河の夜」と、九次元の錬金術の物語

天の川の銀河は、宇宙知性の十次元のシステムが九つの次元にみずからを表現したものです。第一の次元はなんらかの原初形態を起源として始まり、それが知性のシステムに具現化していきます。たとえば地球の中核のクリスタルからは、九つの次元を通して銀河系の中心に向かう光のコミュニケーションラインが設定されています。どんなシステムもそうですが、銀河系も時間的に進化し、空間的に創造します。なにかが創造されるための方法はそれ自身の一次元に生じ、創造の意図は未来すなわち「銀河の心」に起因しています。われわれは地球が太陽の周囲をまわる軌道、プレアデス星団における太陽の軌道パターン、銀河系におけるプレアデスの進路などの知識にアクセスしたいと思っています。まず最初に、すべてを地球という表現形態のはじめの三次元、つまりガイアの視点から見なければなりません。

つねに自分の位置から出発することです。たとえば地球の中心から。本当かと思うなら、天文学者たちが陥っている大混乱に注目してください。地球はほかの惑星や月とともに太陽のまわりを公転し、同時にみな自転もしています。太陽はプレアデスの螺旋の八番めの星として自転しており、プレアデス全体も銀河系のなかで螺旋を描き、銀河系そのものも軸があって自転しています。これらの周期を記述できる三次元の科学はなく、どれもみな、まずひとつの地点から、あるいはひとりの観察者の視点から出発してはじめて存在するのです。現実はスポンジを何層にも重ねたケーキのようなもので、まともに記述したければ多次元モデルしかありません。かつて宇宙船に乗りこみ、地表を離れた勇気ある人間は、

＊**天の川の銀河**(Milky Way Galaxy)　太陽系をふくむ、われわれの銀河。数千億個の恒星の大集団で「銀河系」ともいう。アンドロメダ銀河などとおなじような渦状星雲。

宇宙のなかで自分がちっぽけな一点にすぎないことを悟りました。そしていま、ひとつしかない自分の視点も知覚作用にすぎないと悟りつつあるわけです。われわれはこういったことのすべてを、あなたがたとともに探求していきます。いまはとにかく、地球が歳差運動で獅子座と水瓶座の時代を通過するとき、あなたがたはフォトン・ベルトを旅し、黄道上で対をなすそれ以外の「大いなる時代」（すなわち蟹座―山羊座、双子座―射手座、牡牛座―蠍座、牡羊座―天秤座、魚座―乙女座の各時代）にはずっと「銀河の夜」を旅することだけ知っておけば充分でしょう。現在はちょうど、魚座の時代をすぎて水瓶座の時代に移行しつつ、フォトン・ベルトに入っていくところです[12]（図1参照）。

地球が時間的にみずからを探求してきた結果、銀河系において九つの知覚次元にアクセスするような軌道パターンと周期が生まれました。「銀河の心」は九つの次元の想念を同時に無数のシステムで保持することができます。**人間も、いまの領域にいながら意識的にすべてを九次元で知覚することにより、知性を拡大し、同時にグラウンディングさせる時期がやってきました。それが精神の解放につながります。**

具体的には、どのような仕組みになっているのでしょうか。あなたがたの視点から見れば、地球の中核は一次元で、調和と至福とグラウンディングの源です。そのひとつ上の世界は地表のすぐ下にあたる二次元で、「土の力《テルリック・パワー》」と元素の存在たちの源です。直線的な時空における地球上の生は三次元です。四次元は非物質的な元型のゾーンであり、ここでは感情、夢、そしてガイアや高次元とのあらゆるつながりが得られます。さまざまな惑星が四次元の元型的パターンを作りだし、太陽のエネルギーをそれぞれ個別の見地から表現して、地球上の行動様式を刺激しています。プレアデスは五次元、つまり太陽系とプレアデスの螺旋の軌道パターンと周期です。シリウス星系はあなたがたの世界の六次元にあたり、四次元の元型的感情によって形づくられた三次元の物質形態と、その五次元における創造のパターンから光の幾何学構造を作ります。以上が、地球の物理的パターンの背後にある形態形成場になっています。

＊**グラウンディング**　地に足をつけ、根をおろすようにして現実のなかで自分を安定させること。地球としっかりつながること。（著者による用語解説④「故郷をつくる」を参照）

●著者による用語解説――③

レーザー laser　刺激によって発生した放射線が光を増幅させたもの。われわれは波または粒子の形で放出される放射線やエネルギーによって、ホログラムを見ている。

レンズ lens　なにかの方向を定めたり、フォーカスしたりする装置。明確さを得るためのエネルギー。

キマイラ（キメラ） chimera　からだを構成する各部分が、それぞれ元型の本質をあらわしているような存在。たとえば霊的飛翔を暗示する翼をもつ存在など。

アセンション（次元上昇） ascension　4つのからだ（肉体、感情体、メンタル体、霊体）のうちどれかが、意識の垂直軸にそって上昇する動き。

未来 future　現在の行動を刺激するだけの強さを、いまだに保っている過去の記憶。

一次元 first dimension　地球の中心部の鉄を核とするクリスタル（結晶）。すなわち重力。

二次元 second dimension　地球の中核にある鉄クリスタルから地表までのあいだの、元素の力が存在する「土の領域」。

四次元 fourth dimension　極性をおびた元型の力の領域で、地球と相互に作用しあっている。ニビルのアヌンナキによって導かれる。

五次元 fifth dimension　地球の愛の波動。プレアデス人によって導かれている。

六次元 sixth dimension　三次元の固形世界のライトボディとしての形態。あらゆる物理的な物体は六次元の図書館に存在する概念であり、思考のプロセスを通して光の幾何学形態を生み、それが現実を作っている。地球の場合、この領域はシリウス星系が導いている。

七次元 seventh dimension　純粋な想念のコミュニケーションライン。地球にとっての七次元は銀河の情報ハイウェイ、つまりフォトン・ベルトで、アンドロメダ銀河に導かれている。

八次元 eighth dimension　「銀河連盟」として知られる地球の知性の構造組織。オリオン星系によって導かれている。

九次元 ninth dimension　もっとも精妙な周波数をすべて織りあわせ、結合した現実。この波動レベルはある領域に存在するすべての図書館で、地球にとっての九次元は「宇宙の中心」。エノク人が導いている。

形態形成場 morphogenetic fields　生命体の本質となる概念。これが有機体の生命を複製する。

光の形態場 morphic lightfields　宇宙のあらゆる知性の媒介物。

フォトン・スター photon stars　永遠に銀河の情報ハイウェイ内に存在する星々で、そのため螺旋形の光を発してほかの星をとらえ、銀河系に新たな星系を作っていく。銀河系の結合点として、銀河系全体が回転しながら解体するのを防いでいる。まだ科学では発見されていない。

重力 gravity　あらゆるシステムの一次元で、そこから実現化の垂直軸が出ている。あらゆる創造された形態のもっとも密度の濃い場が重力で、その形態のすべての部分を自身にひき寄せ、独自の意識をもつ。

時の終わり End Times　時間はやがて終わりを迎える、あるいは莫大な引力が人間の意識を最終的な解決、または黙示録的世界にひき寄せているという考え方。

四次元は、あなたがたの三次元世界の現実に大きな影響をおよぼしています。われわれは今回の二万六〇〇〇年サイクルを人間とともに三次元で生きたので、その影響力に関してぜひ、あなたがたの理解を助けたいのです。フォトン・ベルトと「銀河の夜」について知れば、四次元を見るためのモデルができ、自分の生活を観察する態勢に入れるでしょう。生活こそが自分の中心なのです。それがいま、あなたがたの選択肢です――糸につるされた人形として、永遠につづく時のドラマに利用されるのではなく。われわれは、あなたがたが各次元から受けている影響を理解し、四次元に複雑化されてしまった感情をとり戻し、なにをどのように知覚するかを自分で決めるお手伝いをしにきました。知覚の仕組みを知らず、自分の気持ちもわからなければ、人間は永久につつきまわされるかもしれません。白状すると、この四次元による操作がいかに強烈か、わたしも実際に人間の現実を数千年ともに生きて体験するまで知らなかったのです。プレアデス人たちは、あなたがたが「銀河の夜」を出たら、紀元前八八〇〇年から蓄積してきた叡知を受けとり、分析して銀河の中心に送ろうと待ちかまえています。

太陽系では、一二の惑星が太陽のまわりを公転しています。水星、金星、地球、火星、小惑星群（かつては一個の惑星でした）、木星、土星、キロン（コーワル天体）、天王星、海王星、冥王星、ニビルです。その多くには月があります。地球のおもだった元型的性質は、これらの惑星と月と太陽によって表現されています。

黄道一二室のシステムは、四次元における六つの極性を任意に区分したものにすぎません。これは六つの夜と六つの昼で、三次元の感情体験の場を解読するにはいい道具です。エネルギーの力を読むための辞書のように、四次元の概念が三次元の出来事をひき起こす様子をあらわします（図2）。それぞれの両極のあいだに闇から光へのスペクトルができています。一二分割のシステムはどれもユニークで、独自の中心、つまりそれ自体の一次元を起点として生まれています。次元というものは垂直ですが、一二

＊キロン（キローン、カイロン）　1977年にチャールズ・コワルが発見した、太陽系の小惑星のひとつ。木星の外側をまわるが、特異な楕円軌道により天王星の軌道まで近づくこともある。公転周期は約50年。占星学的には癒しをつかさどる星といわれる。

＊ニビル　考古学者ゼカリア・シッチンが太陽系第12の惑星と呼んでいる星。彼によれば、公転周期が3600年と長いため、天文学ではまだ観測されていない。

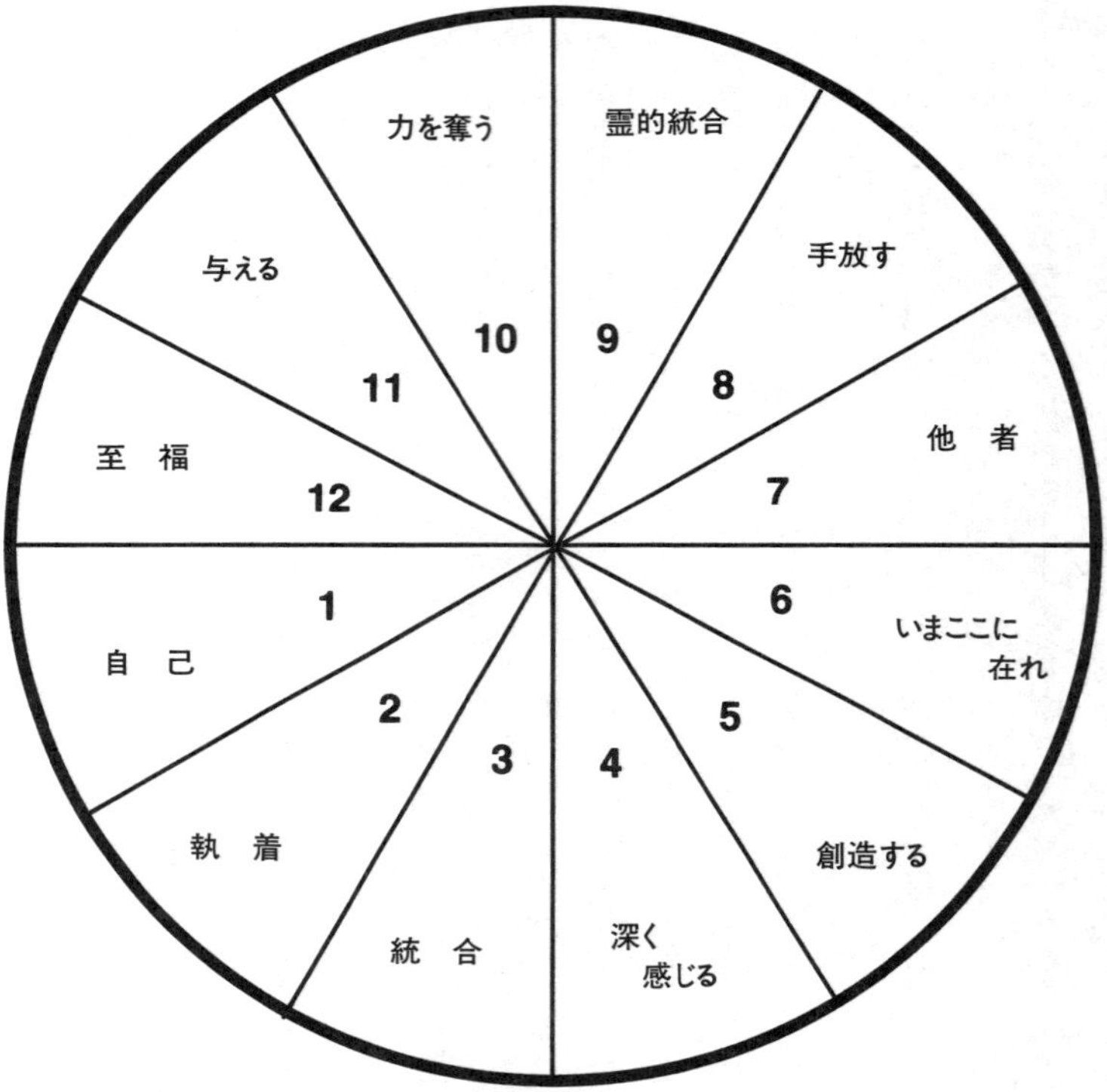
力を奪う
霊的統合
与える
手放す
10
9
11
8
至　福
他　者
12
7
1
6
自　己
いまここに
在れ
2
5
3
4
執　着
創造する
統　合
深く
感じる

図2　6つの極性

分割のシステムは水平面にあります。九つの次元の垂直な光の柱から発生した水平面のシステムは円盤を作り、それが体験の場として現実を生みだします。銀河系自体にも一二の体験ゾーンに分けられる水平面があり、そこで起きる体験から九次元の垂直軸が直角に生じています。なぜ一二なのでしょうか。本当は、水平の場はいろいろな分け方ができますが、地球に調和をうながすのは一二分割なのです。これは『一二部族の国』の共著者ジョン・ミッシェルがくわしく証明しています。(13)

アヌンナキの故郷である惑星ニビルは、かつてシリウスAの外側に位置していましたが、いまは太陽系のいちばん外側にあり、太陽とシリウス星系を結びつけています。この現象は、わたしの媒体が『クリストスのハート』でくわしく検証しています。(14) シリウス星系は太陽系の歴史に主要な役割をはたしてきました。ニビルも同様で、五〇万年ほど前に太陽の軌道に部分的にとらえられたため、シリウス星系への影響力がいくぶん弱まり、逆に太陽系への影響力が強まりました。(15) 太陽はプレアデス星団の八番めの星であると同時にシリウスAのふたごにあたり、太陽系とシリウス星系はどちらもニビルの進化を助けてきたのです。こうした宇宙力学がカインとアベル、ホルスとセット、ケツァルコアトルとテツカトリポカのような、コード化された伝説の起源になっています。本書を読みすすむうちにわかりますが、ニビル、シリウス、太陽、プレアデスのために偉大なる進化がいま計画されています。新しい意図を設定するための記録は太陽系に、とりわけ地球にあるのです。二億二五〇〇万年前にあなたがたが銀河の軌道のこの地点にたどりついたとき、爬虫類が地球にやってきました。いま、あなたがたが爬虫類の知性にわずかながら気づいてきたのは、彼らがそれほど莫大な銀河の周期を完了しつつあるからです。

地心《ジオセントリック》占星学、つまり太陽系とその背後に横たわる宇宙を地球上のきまった位置から見る方法こそ、人類の進化の時期と性質を三次元において解読するためのもっとも進んだ道具です。前にもいったように、あなたがたの感情体は四次元に存在し、太陽系のさまざまな惑星に発する元型の力に根強く支配されて

＊カインとアベル　旧約聖書に登場するアダムとイブの息子たち。兄カインが弟のアベルを嫉妬して殺した。

＊ホルスとセット　ホルスはエジプト神話のオシリスとイシスの子で、鷹の姿をした天空の神。幽界の王オシリスが弟セットに殺されたとき、ホルスが仇を討った。切り刻まれたオシリスのなきがらを、妹で妻の女神イシスが集めて蘇生した。

います。それらの惑星の性質と関係が、実際にあなたがたの個人的な進展をあらわしています。そう、文字どおり、火星の周期が権力意識や怒りを生みだしているのです。あなたがたの多くにとって、地心占星学なしに自分の感情体をマスターし、毎日の活動を客観的に観察するのは非常にむずかしいでしょう。また、時間の性質を分析し記述する五次元の占星学は、あなたがたを直線的な時空のくびきから解放します。惑星の周期を調べ、その性質をくわしく描写して、人生のいろいろな時期にそなえることができます。

占星学は、人生のドラマがいかに人工的に過去、現在、未来に押しこまれているかを見せてくれます。そうすると、いま味わっている感情についてその場で展望を得ることができます。感情の領域を観察し、自分を刺激している計画やドラマや可能性や精霊などを見破るわけです。このレベルの自己観察、つまり内省をマスターすれば、べつの世界につながる道がまさにその感情にあることに気づくでしょう。感情とはおそるべきものです。人間のもつ非物質的波動の場で、四次元から九次元で共鳴しているのですから。この展望を得てしまえば、もうどんな波動もあなたを刺激したり、つつきまわしたりできません。あなたがたの感情と霊性のゆたかさからは多くの興味ぶかいパターンが生まれ、闇の創造性のきらめく深みと光の力学のダンスにつながらせています。

このパターンは銀河系でどのように作用しているでしょう。五次元の光は星の光で、あなたがたが地球で受けとる太陽光より精妙です。フォトン・ベルトは、銀河の中心の垂直軸から発する七次元のドーナツ状の光です。それがくるくる回転しながら銀河の中心を抜け、「銀河の夜」の闇に入っていきます(図3)。銀河の中心は九次元の純粋な闇ですが、それでいて、みずからの軸上を自転しつつ、ヴォルテックスの驚異的な力によって九次元の銀河同期ビームを発射しています。同期ビームが回転しながら銀河の中心のブラックホールを出ると、銀河の自転によってねじりを受けます。こうした光のビーム、帯、軸、

＊ケツァルコアトルとテツカトリポカ　テツカトリポカはアステカの英雄。ケツァルコアトルは羽毛ある蛇と呼ばれる主神。どちらもアステカ最高神オメテオトルの子供で、ともに天地創造をおこなったが、ケツァルコアトルが黄金時代末期の王だったとき、新しい種族の戦士テツカトリポカによって滅ぼされた。

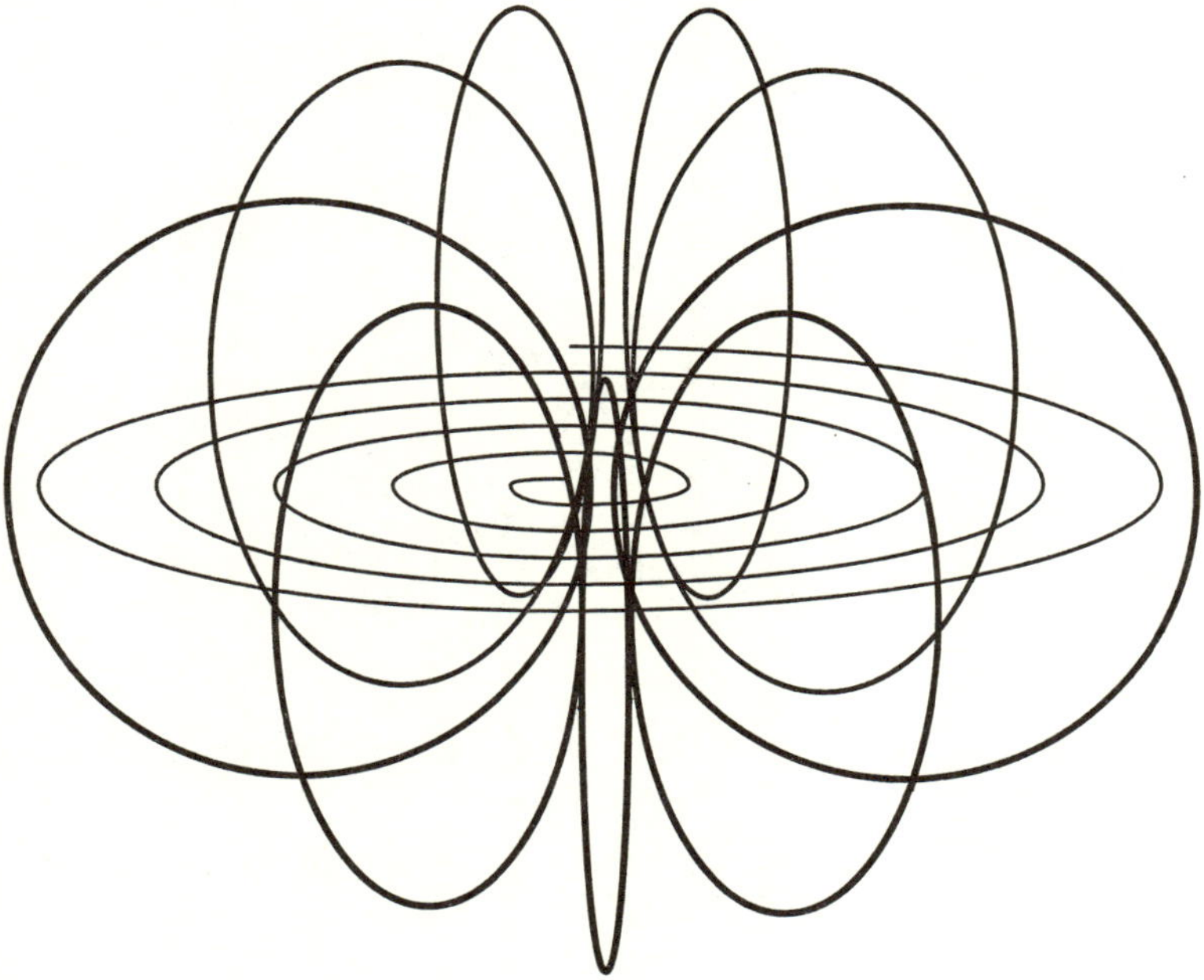

図3　七次元の銀河のフォトン・ベルト

そして中心にブラックホールがある水平面などは、八次元の知性の組織システムです。天の川の銀河では、この八次元の明敏な知性は「銀河連盟」と呼ばれ、情報ハイウェイであるフォトン・ベルトによって銀河系の形態を保っています。フォトン・ベルトのなかに存在する星はすべて螺旋を作り、それがほかの星をとらえるようになっています。アルシオネを含む、それら「フォトン・スター」は銀河連盟の図書館なのです。銀河連盟の全体構造は、核エネルギーでさまざまな銀河を誕生させるブラックホールの深く不可解な虚無を源としています。この核エネルギーこそ、純粋な創造性です。神聖でからっぽなマインドからおもむろに宇宙の光が発射され、それが銀河と銀河を結びつけ、宇宙により多くの次元を誕生させていきます。宇宙そのものは十次元です。われわれが地球から知覚できるあらゆるものを含む「大いなるすべて」であり、名づけることも、描写することも、理解することもできません。

太陽はアルシオネから放射される星の光の螺旋によってプレアデスと結びついています。こんなふうに考えてください。太陽は地球の表面に三次元の光を浴びせ、また地球には月やさまざまな惑星に微妙に反射した太陽光による四次元の光もきています。星の光はプレアデスの星々を通してやってくる五次元の光です。アルシオネから出て、メローペ、マヤ、エレクトラ、タイゲタ、セレノ、アトラスを通って太陽に届きます。そのため、あなたがたの伝説ではアトラスが地球を肩にかついでいるのです。永遠にフォトン・ベルト内に位置するアルシオネを除いて、プレアデスの星はみな地球時間にして二〇〇〇年間、七次元のフォトン・ベルトを旅します。そのあと、こんどは「銀河の夜」をさまざまな期間をかけて旅します。「銀河の夜」に天体を保持する軌道は六次元であり、太陽系を運んで「銀河の夜」を進む六次元の知性はシリウスAです。

メローペやマヤのようにアルシオネに近い星は、「銀河の夜」よりフォトン・ベルトにいる期間のほうが長いのですが（図4）、あなたがたの太陽系はほとんどの時間を「銀河の夜」ですごします。闇のなか

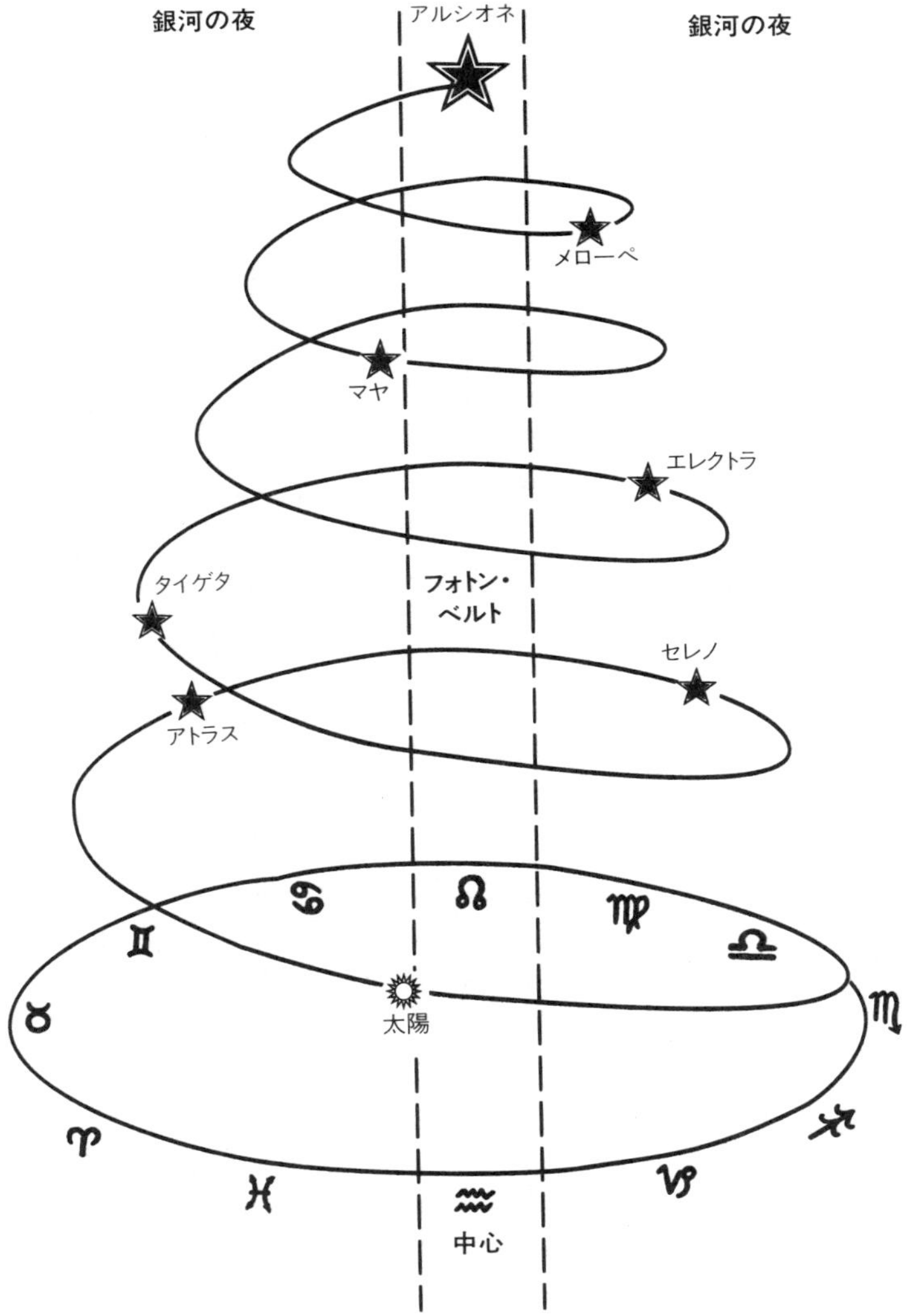

図4　アルシオネの螺旋

で一万一〇〇〇年、そして光のなかで二〇〇〇年すごすのです。これはなにを意味するでしょうか。太陽系のメンバーは「銀河の夜」を旅するあいだに非常に濃密になり、そこからカルマと呼ばれる体験、つまり四次元の感情が表現をもとめて作った三次元の行動が生じます。七次元のフォトン・ベルトを旅する天体は精妙になり、多次元的になります。その結果、光を獲得して感情体が浄化され、肉体の波動が強まります。この意識状態にも感情はありますが、それは自分の中心にとどまるように導く刺激にすぎず、カルマを作らせるように刺激する感情ではありません。

プレアデスの螺旋より外側の闇にある「銀河の夜」の知性が、プレアデスの星ひとつひとつの水平円盤を維持しています。円盤は濃密さの原因となる一二の区分から構成され、それが時間の大いなる周期のうちに歴史と物語を生みます。そうでなければ、動物のように誕生と人生と死があるだけで、周期的な記憶が残りません。創造性にもとづく記憶を織りなすことが必要なのです。念を押しておきますが、動物は人間よりすぐれています。彼らの創造的記憶は星の記憶です。「祖母なるクモ」が最初に創造したのは彼らですから。天の川は動物たちの川なのです。織りなす動きが星々をひきつけ、星々は聖なる幾何学によってさまざまな世界を作り、その光の形態場がさらに九次元の垂直軸を増やしていきます。これがえんえんと続き、想像していただけるなら、マヤにも一二区分の円盤があります。銀河の中心から発せられる七次元のフォトンの光のドーナツは、好奇心を刺激する情報ハイウェイです。ひとつに結びつきたい、対になりたい、二元性の両面の新しい表現をしたいという欲求は、この情熱からきています。呼びさまされる衝動が、銀河の中心をもとめる七次元のフォトン・ベルトを構成します。この好奇心が七次元のフォトンの棒状の光を自分にむけて曲がらせ、ドーナツ状にしたのです。銀河系は中心に核となる重力があって、そこから光のパルスが発射されていなければ、分解してからっぽの空間になってしまうでしょう。

＊**濃密**(dense)　エネルギーや波動の密度が濃く粗雑で重いこと。低次元、低波動と対応する。「精妙」の反対。

＊**精妙**(subtle)　エネルギーや波動の密度が薄く繊細で軽いこと。高次元、高波動と対応する。「濃密」の反対。

マヤと太陽系はともにフォトン・ベルトに入っていこうとしています。彼らの到着を受けてプレアデス人とシリウス人は手を結び、地球とニビルのジレンマを解決する道をさぐることになりました。アヌンナキは地球上のカルマを誘発しすぎたのです。シリウス人もプレアデス人も、ニビルが三次元において地球の住人をどのように操作しているか見きわめました。前にもいったように、プレアデス人は地球の住人とともに生きてそれを理解し、シリウス人はシリウスBの住人とともに生きて理解しました。新しい生物学はこの知識をすべて統合しなければなりません。**一九八七年の春分から二〇一二年の冬至までにあらゆる生物は聖なる知性と調和し、それによって地球の感情体は、きたるべき銀河のオーガズムの激しさを受けとめられるようになります。**銀河のオーガズムは、銀河系全体に生命を運べるだけの強さがなくてはなりません。もし疑うなら、地球人がその激しさを肉体につつみこもうと、あまりにも頻繁に出産をくりかえしているのに注目してください。

地球はアルシオネの実験室で、アルシオネは地球の図書館です。そしてマヤがスケジュールを管理し、だれも遅刻しないようにしています。こうした話が手にあまるようなら、子供のころのティンカー・トイという積木遊びを思いだしてください。細い木の棒で連結した糸巻きのような中心部分が全体をまとめている、と教わったでしょう。われわれが話している内容はみな、すでにあなたがたの細胞の記憶に存在することに気づいてください。人体細胞の分子に含まれる電子は、すべて光なのです。あなたがたは本当は固体というより光です。人間の体内の分子間の距離は、銀河とべつの銀河の距離ほどへだたっています。からだのなかに、たくさんの世界と宇宙があるのです。

アルシオネはゼロ時点において、キリストの転生に誘発されたシリウスの拡大を通じ、プレアデスの愛の波動で地球を加速させました。キリストは九つの次元の知性を同時にもつ人間でした。彼はプレアデスの愛の波動を埋めこみ、その波動が地球の胎動をうながし、やがて一九八七年のハーモニック・コンバージェンスに九次元の種子が地球全体にばらまかれました。種子はそれぞれの体内で花を咲かせ、その本質をガイアに放出するのです。子供がタンポポの綿毛を吹きとばすように、ガイアは「聖なる樹」となる人間を天の川の銀河に放出するでしょう。

　太陽の花であるタンポポは、炭素のエネルギーを完全に使いきってから種子を作ります。そして、風にのって飛び、種子を運んでいけるようなシリカ（二酸化珪素）の糸《フィラメント》に自分を再構成します。種子は根をはやし、さらに炭素をシリカに変換します。だれでもこれは想像できるでしょう。星が爆発したようなタンポポを摘んで綿毛を吹きとばし、繊細なシリカの糸が風にのって種子を運ぶさまを見たことがあるからです。民よ、われわれは、あなたがたも炭素ベースの肉体を完了し、光をコード化した糸《フィラメント》に進化できることを知ってほしいのです。自分の喉のまわりに光をコード化した無数の糸が渦を巻き、真実を語るにつれてそれが垂直の光の棒に変わっていくのを想像してください。糸の束が傘のようにひらいて全身を持ちあげ、銀河系に種子をまきにいくのです。これは自分の真実を知り、語ることでしか成就しません。その真実は、「銀河の夜」のあいだ三次元で人間を通して自分を探求していた多次元の存在たちとの、すばらしい出会いのなかに見いだすことができます。紀元前八八〇〇年以来、あなたがたと遊んでいた各次元の波動の見分け方を教えましょう。それがパンドラの箱の中身なのです。

　パンドラの箱のふたをあけて、プレアデス人に中を見せてくれますか。シリウス人やアヌンナキが人間とともにどんな現実を作ってきたか、見てみようと決心できるのは自分だけです。自分自身のいちばん面白い話にアクセスすることは、あなたがたにとってどんな意味をもつのでしょうか。そう、シリウス人ならスフィンクスの足もとの旅に連れていってくれるでしょう。エノク人なら「エノク書」のように、銀河の中心に向かう次元上昇の旅に連れていってくれるでしょう。[16] わくわくしますか？　そうであることを願います。あなたがたがシリウスやエノクへのポータルをひらくとき、そのポータルはわれわれにもひらかれ、彼らとあなたがたの共同創造の産物を見せてくれますから。われわれは、彼らが「銀河の夜」に人間と共有した体験にアクセスしたいのです。ずっとフォトンの光を浴びていて全然わからず、そろそろアルシオネの図書館に情報を仕入れる時期です。

なぜかというと、あなたがたが水瓶座の時代に入るとき、われわれはかならずいっしょに新たな進化の意図を設定します。これはあなたがたのデータ、つまり物語のすべてを知らなければできません。手放しておしまいなさい。自分の壮大な創造の力を押しとどめるのは、もうやめてください。

われわれはなにを提供するのでしょうか。マヤ人は、未来が現在を作ることを人間に理解させる方法をやっとみつけた、といっていました。はかりしれない長い年月いっしょに遊んできて、人間が時間というものに魅了されつつあることに気づいたそうです。そこで、人間のためのゲームを考えだしました。終わりの日を明示したマヤ暦を作って、人間に見せたのです。その重要性を理解するにつれて、あなたがたは自分たちがまるで宇宙空間における莫大な引力にひき寄せられるように、「時の終わり」にむかって進んでいくことを知りました。この「時の終わり」がいよいよ近づき、マヤと地球がともにフォトン・ベルトに入っていこうとしているため、マヤはふたたび三次元のあなたがたの現実に影響をおよぼせるようになりました。彼らはいま「時の終わり交響曲第九番」を指揮しながら、あなたがたに楽器の弾き方を教えています。宇宙のパーティのための音楽を作曲中で、最初はベートーベンの「歓喜の歌」です。**あなたがたは目をさまし、未来の意図が現在を作っていることを悟りつつあるのです。**巧妙で、ものすごい話でしょう? まだまだもっと興味深くなります。暦の終わりに、銀河系全体にばらまけるような生命を創造するための意図設定をおこなうには、投じるものすべてが完璧な統一性をもっていなければなりません。人生が現在において統一性をもつためには、銀河の中心のブラックホールに届くほど強大なガイアの力と共鳴する必要があります。

「銀河の夜」の知識をじゅうぶんそなえた存在だけが、九次元の錬金術をマスターすることで、そのような統一性に手が届くのです。受胎は女神の子宮の闇のなかで起きます。卵子をもとめる精子のように、闇のなかで目が見えず、組織にしっかり定着することができなければ、血とともにガイアから流れだしてしまうでしょう。エデンの園で受胎する方法は、あなたがたにしかわかりません。マヤ人とプレアデス人は、いまから二〇一二年までに必要となる道具について、いろいろ教えてあげられます。パンドラの箱をあけ、そこに隠された荒々しいエネルギーを利用したり変換するのも手伝います。〝内なる地球〟の叡知をたくわえた、すてきな箱から飛びだしてくるものに対処するため、われわれは太陽系のフォトン・ベルト進入について教えたいと思います。前にもいったように、自分のいる場所から状況を見なければなりません。そのうえで、フォトン・ベルトに入っていく動きを理解するためのモデルを築けるように、われわれが構造とデータを提供します。

太陽系を円盤の形で見てください。太陽を中心に、まわりをすべての惑星が旋回しています。円盤は一二のゾーンに分けられ、それが黄道一二宮に対応する「大いなる時代」です。惑星が各ゾーンを運行する様子から天体暦を作れば、太陽との相対的な関係で惑星の位置を知ることができます。たとえば金星は獅子座か蠍座、冥王星は射手座か山羊座にあるというように。すると、この太陽の円盤がゆっくりフォトン・ベルトに突入していくとき、最初に接する点を起点として円盤を縦に切る線ができます（図5）。一九八七年の春分にあたるこの進入起点と進入速度から、どの惑星がフォトン・ベルト内にあるかわかるのです。フォトン・ベルトに深く食いこんでいく部分の内外で各惑星の位置を調べれば、地球が二〇一二年までフォトンの影響をどのように統合していくか、完璧に読みとくことができます。かなり複雑な資料ですが、今後ますます重要性が増していくでしょう。太陽系がフォトン・ベルトに入る時期についてさらに正確なデータは、巻末の〈付録B〉を参照してください。

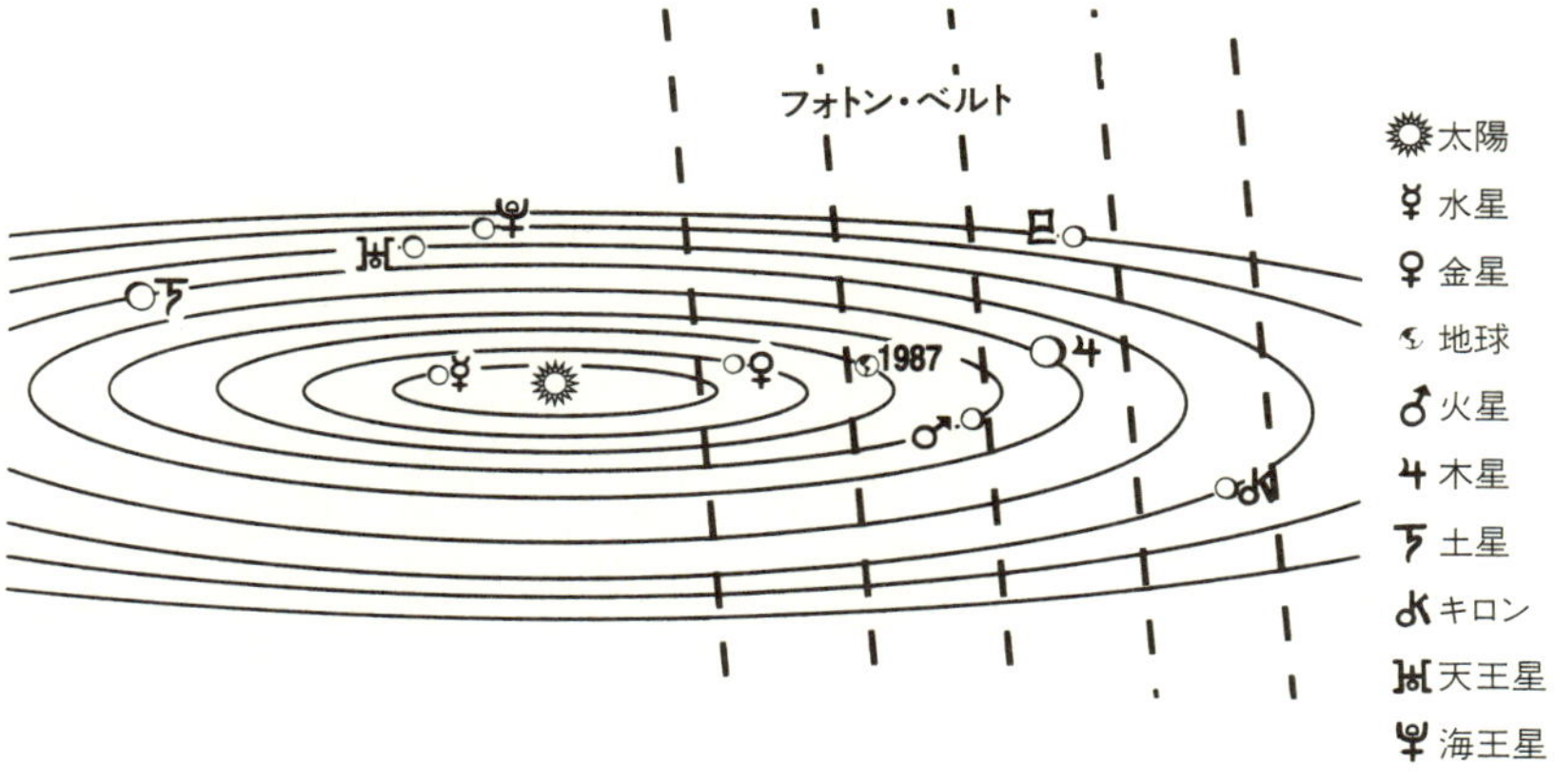

図5　フォトン・ベルトに入っていく太陽系

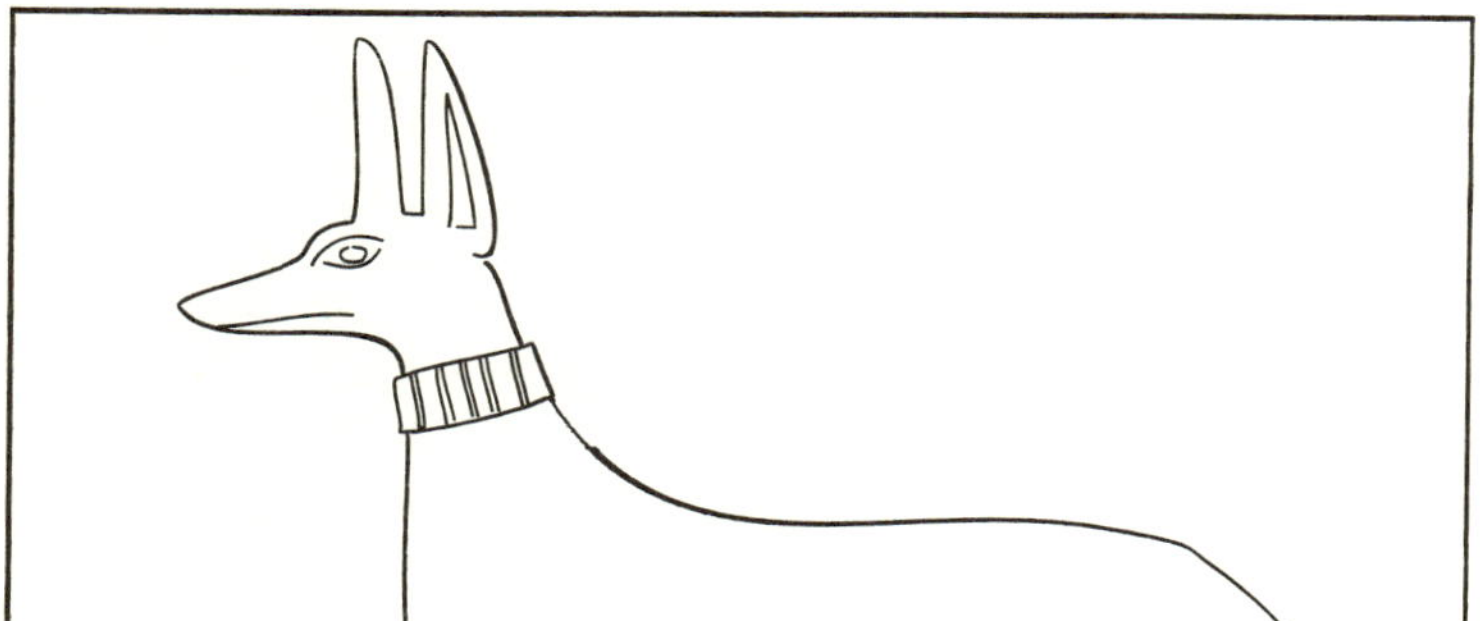

図6　アヌビスは銀河の夜を守っている

＊アヌビス　エジプト神話で死者の魂をオシリスの審判の間に導く、山犬の頭をもつ神。

ハーモニック・コンバージェンス以来、あなたがたの現実の変貌ぶりを否定できる人がいるでしょうか。人間は四次元を本当にすばやく統合しつつあり、四次元において、五次元以上の刺激をますます強く受けています。いまでは地球のクリスタルを強烈に感じ、二次元の「土の領域」がめざめつつあることもしっかり意識しています。新しい秩序が生まれようとしており、あなたがたの光は変化しています。フォトンの光がいかに人間を変換させているか、とりわけ「銀河の降雨」が始まった一九九四年三月一四日からは認識できる必要があるでしょう。この光の変成は大気汚染によるオゾンの劣化が原因だ、という科学者の説にまどわされないでください。これも一部は真実ですが、実際に起きているもっと大きな現象から注意をそらしてしまいます。オゾン層に穴があいたのはフォトンによる変換が原因で、太陽光線が北極と南極を通して二次元の「土の領域」をめざめさせるためなのです。まったく驚異的なパターンが築かれようとしています。地球の中心にある一次元の鉄クリスタルの共鳴波動につながれば、あなたがたもこのパターンに順応できるでしょう。

いまのところは、地球が最初にフォトン・ベルトに入ったのが一九八七年の春分で、その後も着実に進み、年ごとに進入起点の前後に一週間ずつ増えているとわかれば充分です。フォトンの光の境界線は太陽系の円盤をじりじりと動いています。地球より太陽から遠い惑星は、円盤のフォトン・ベルト内の部分を運行しているとき、その光を浴びています。地球は一九八七年の三月一六日から二三日までフォトン・ベルトのなかにあり、翌八八年には三週間入っていました。円盤の切られた部分は毎年二週間ずつ増え、フォトン・ベルトが太陽に到達する一九九八年の冬至には太陽系のきっかり半分が光にひたります。そして、二〇一二年の冬至に地球の軌道全体が光の津波にのみこまれ、最終的には太陽系がまるごとフォトン・ベルトに入るのです。それから二〇〇〇年、太陽系はずっとそのなかを旅するでしょう。二〇一二年の冬至には、この銀河の波動に共鳴できる地球上の生物知性はすべて、銀河系全体にばらまかれます。銀河の音色を保持できない次元は、フォトン・ベルトのなかで形態を保ちつづけることができません。九つの次元はそれぞれベルトのなかで音あわせを始めています。あなたの三次元の声は細くかん高い独唱ですか、それとも壮大な合唱のなかで響きわたっていますか。銀河系全体に種子を吹きとばすには、シリカの糸《フィラメント》を振動させ、炭素の残りをダイヤモンドに変えるような一大交響曲が必要です。ベートーベンもよみがえり、三次元において完全に聴力を失った晩年の作品、四重奏曲を聴くでしょう。ヴァン・ゴッホさえ耳をとり戻します。あなたがたは本当にパワフルな声を出す必要があるので、すばらしい活力と肉体の統一性をもたねばならないのです。

ジョン・メイジャー・ジェンキンズによると、マヤ暦の終わりに冬至の太陽が天の川と黄道の交点にコンジャンクションになるのは、ちょうど天の川の暗雲が始まる場所だといいます。これは星間塵の暗雲、つまり銀河の中心のブラックホールのことです(17)。そのとき地球に残存している生物知性は、この闇の子宮を通過して銀河系に入っていけるのです。これからの各章では、テツカトリポカとアヌビスが「銀河の夜」における太陽系の進路を保持していることがわかってくるでしょう。また、なぜ彼らのような「闇の王」たちがやってきて、このプロセスに関する深遠な知恵で地球をサポートしようとしているかも知るでしょう。そして、**闇を知ることがフォトン・ベルトの光のなかで意識を保つための鍵であること**も。いまはとりあえず、これがフォトン・ベルトと「銀河の夜」と、九次元の錬金術のモデルです。つぎはそろそろあなたがたの星の故郷、天の川の銀河における時間のなかで、九つの次元がどのように機能しているかを探求していきましょう。

第2章 フォトン・ベルト

太陽が光を発する前、光はどこにあるのだろうか。どこからともなくフォトンはあらわれる。貯蔵はかなわず、かろうじて時間の枠組みではとらえられるが、空間には帰る家をまったくもたない。つまり光は体積をとらず、質量をもたないのだ。想念とフォトンのあいだには深い類似点がある。どちらも時間と空間を超えた領域に生まれる。あの創造知性に満ちた虚空のなかで、あらゆるプロセスを自然が支配する領域に。

ディーパック・チョプラ

フォトン・ベルトと変換のプロセス

フォトン・ベルトの存在は、人工衛星を利用した装置によって一九六一年に発見されました。[1] そして六〇年代末、宇宙飛行士がはじめて月に行ったとき、地球人は知覚の焦点をこの惑星外に移すようになりました。それは意識を三次元の外に移行させる動きでした。フォトン・ベルト自体はずっとそこにあったのかもしれませんが、地球を離れてみるまで知りようがなかったのです。ひょっとしたら本当は、より包括的で新しい考え方という形をとって、自分たちの宇宙的アイデンティティをさぐっていただけかもしれません。なんにせよ、あなたがたの現実に対する見方は銀河にまで拡大しました。これはどういう意味でしょうか。つまり人間は、知覚の焦点を新しい中心にあてようとしているのです——天の川の銀河の中心にあるブラックホールに。このことによって、人類は進化の新たな段階に到達できるようになります。

プレアデス人は一般に、話が具体的すぎるといって非難されるのは好みません。われわれにしてみれば、これを単なる知覚のシフトと考えてもいっこうにかまわないのです。しかし、わたしサティアはアルシオネの占星学者としていいましょう。あなたがたが地球の大気圏外へと意識をひき伸ばすとき、プレアデスとシリウスの刺激を受けていることを示す重要な証拠がすでに存在します。現代におけるプレアデス人との遭遇は、一九七〇年にスイスのビリー・マイヤーがプレアデスの宇宙船を多数目撃し、写真を撮影したのが最初でした。それ以来、チャネラーによるコミュニケーションも増え、先住民の多くがプレアデスを故郷と呼んでいることも広く注目を集めました。ロバート・テンプルが記録を集め、一九七七年に出版した『シリウスの神秘』は、地球とシリウス人との接触があったことを強力な論拠をあげて主張しました。もしそうでなければ、シリウスが三つの部分からなる星系（三連星）だという事実をアフリカの文盲の部族がなぜ知っているのか、と著者は問いかけます。[2] そろそろあなたがたも、どこかの次元にフォトン・ベルトは実在すると悟る時期がきたのです。概念として人気が出てきたことにも影響はあらわれています。じゅうぶんな人数が実際に影響力がおよんでいると想定すれば、そう思うだけで現実は変わりはじめます。そう、ひょっとすると、フォトン・ベルトは「光の時代」をあらわす絶妙の隠喩《メタファー》にすぎないかもしれません。ここで、またなつかしいバークレーとヒュームの論争に戻ります。人間が気づいていなくても、フォトン・ベルトは人間の現実を変えていくでしょうか？

あなたがたはフォトン・ベルトに入りつつあり、地球上の進化に深くかかわってきたわれわれプレアデス人は、そちらの領域で増加するフォトンの光に刺激されています。量子物理学では、あるポジトロニウム原子から生じた一対のフォトン（光子）は、どれだけ遠く離れても、つねに分極化の角度、つまりフォトンの粒子が起点（最初のポジトロニウム）から波のような動きで離れていくときの空間的な方向性は、まったく同一だといいます。[3] したがって、銀河系のどこかでひとつのフォトン粒子に起きることは、同時にふたごの片割れにも起きているのです。おなじように、いまプレアデス星団のマヤに起き

＊**フォトン**（光子、光量子）　電子と陽電子が衝突すると双方とも消滅し、2個または3個のフォトンが生まれる。

＊**ポジトロニウム**　一対の電子と陽電子からなり、100万分の1秒で消失する短命の電子対。

ていることは、まさにそのまま地球の属する太陽系に起きているわけです。いまこそ、フォトン・ベルトがどのような仕組みで偉大なるマヤ暦のクライマックスを活性化させるのか、正確に理解するときです[4]。

プレアデス人はこのフォトン・ベルトについてよく知っています。特にアルシオネは永遠にフォトン・ベルト内にいるので、アルシオネの図書館がいちばん情報をもっています。あなたがたの太陽が太陽系に重力（引力）をもたらすように、アルシオネはプレアデス星団に星の重力をもたらしています。物理学者によると、重力とは地球の核が物体の重量をひき寄せる力ということになっています。プレアデス人の観点では、重力とはあらゆるシステムの一次元であり、そこから九つの次元の知性につながるコミュニケーション回路が生じています。ほかの次元はすべて一次元の中心から出て、離れるにつれて固形性を失っていきます。わたしはかねがね、地球の科学者たちが重力をうまく定義できずにいるのが面白くてなりませんでした。なによりおかしいのは、自分たちの足もとから探求をはじめるべきなのに、宇宙空間をさがしていることです。

アルシオネから見ると太陽系は、プレアデスの羊の最後の一頭がすっかり群をはずれて闇をさまよったあげく、定期的に囲いに戻ってくるような感じです。いまはわれわれの視点から見たほうが、あなたがたの現実を理解しやすいでしょう。ですから、いま頭のなかでわれわれの集合的な五次元の声が力強く響くのです。アルシオネはプレアデスの群の母羊にあたります。

三次元の水平面にあまりにもひたりきっていた人間が、せっかく意識の垂直軸をひらきつつあるというのに、フォトン・ベルトについて怖れに満ちた説が流布しており、プレアデス人はたいへん当惑しています。こんなにうるさい悲観論者は見たことがありません。新しい知覚の場に順応するために必要な情報は、新しい見方をしはじめればすぐ入手可能になります。わたしサティアもよろこんで、あなたがた自身の科学的な情報源からできるだけ多くの知識を提供します。そのほうが信頼しやすいでしょうし、すでに自分で感じていたことを確認する助けになります。もっといえば、いまは確認がとれようがとれまいが、自分の感覚だけを頼りにするほうがさらにパワフルです。

フォトンは電磁的エネルギーの量子（最小の粒子）で、質量はゼロ、まったく電荷を帯びず、寿命は無期限といってもいい長さです。この電荷の欠如と長い寿命ゆえに、アルシオネに生きるわたし自身も磁性をもつ永遠の存在になっています。もし、プレアデスのほかの星たちと時空間における関係がなかったら、「銀河の夜」で太陽系がしているような移動や測定という形の表現（すなわち闇のなかで太陽光によって創造する方法）をまったくしなかったでしょう。あなたがたがいなければ、わたしアルシオネのサティアは、自分がこの深い闇のなかに存在していることさえ知らずにいたはずです。おぼえていてください、闇が光を定義するのです。だからわたしは光の螺旋を送りだすことで〝時間的な移動〟や〝空間的な測定〟をはじめました。あなたがたにとっては、これが霊的な生活です。エジプトの偉大なる雌牛の神ハトホルのように、わたしも人間を生むのが大好きです。おかげで宇宙空間のさまざまな現実が見えます。

量子物理学によると、ポジトロニウムは電子と陽電子一個ずつで構成され、陽電子は電子の反粒子にあたるので、やがてふたつは衝突して二個の光の量子、つまりフォトン（光子）になります。[5] この衝突は本質的な二元性を光に分解し、また電子は活性化（生命）の基本単位なので、陽電子（カルマ）の変換を誘発します。したがって、太陽系にフォトンの光が増えていくと、あなたがたのカルマは情報に変換されていきます。光は情報なのです。**人間がカルマを解放すると、反粒子と電子が衝突し、光量子ができてフォトン・ベルトが具現化します。**あなたがたの領域でフォトンの光が増加するにつれて、濃密さを解放したパワーによって潜在意識の奥底へと導かれ、自分についての新しい情報（光）を得るよう

＊電荷　物体がおびている電気の量。正負の２種類がある。

＊反粒子　物質を構成する素粒子と物理的性質はおなじだが、電気的・磁気的などの性質が正反対の粒子。ふつうの素粒子と反粒子がぶつかると合体消滅し、高エネルギーに転化する。電子に対する陽電子、陽子に対する反陽子、中性子に対する反中性子など。

になります。カルマを探求すればするほど、より多くの生命があなたのエネルギーと衝突するためにひき寄せられてきます。いま、人間はこの加速を感じているのです。

フォトン・ベルトのことを真剣に受けとめる助けになるような一例をあげましょう。これに刺激されて、あなたがたも準備をととのえる気になるはずです。一九八七年から、フォトン・ベルトに誘発されて否定的なカルマの盛大な解放がはじまっています。人間たちが否定的なカルマを解放する様子ときたら、プレアデス人も肝をつぶすほどでした。八七年以降、激しい感情体のプロセスと嗜癖《しへき》の解放が起きていたことに、あなたがたの大部分は気づいていたでしょうか。やっとじゅうぶんな数の感情の反粒子が変換されたので、こんどは電子が肉体を呼びさましています。何千年も昔、まず人間の霊体が、つぎにメンタル体が光の変換を受けました。そして魚座の時代はずっと感情体の変換がおこなわれてきたのです。肉体のプロセスは一九九四年三月一四日にはじまりました。これは、体内の「マヤズム」と呼ばれる反粒子を解放する作業を含みます。(6)

あなたがたはみな、解放すべきマヤズムを体内にかかえています。マヤズムとはエーテルの塊で、遺伝疾患や過去世の病気のパターンを記憶として保持しています。今世の病気でも、予防接種をしたために記憶を具現化して消去することができず、解除されなかったものがありますし、本当は肉体がみずからの免疫系を使って治癒するか、死ぬという形で完全に癒すことを望んでいたのに、抗生物質や薬品や放射線によって体内深く追いこんでしまった病気の記憶もあります。こうしたマヤズムが、一九九四年三月一四日からフォトン・ベルトによって強烈に活性化されています。あなたがたのヒーリングの過程が二次元の元素の領域に移ってきたためです。四つの意識体は、霊体から肉体の順に密度が濃くなっていきますから、変換のプロセスも激しくなるのです。

フォトン・ベルトへの進入とともに、肉体の統一性の要素、すなわち各自ユニークな魂の契約にもとづいて肉体を作るために集まった「あなた」のさまざまな部分が、飛び散って反粒子と結合し、溶けあって光になります。いったんフォトン・ベルトに入ると、人間はみずからの場の深さ、つまり時のはじめから蓄積してきたゆたかな生物学的記憶を、実際に具現化するようになるでしょう。それもマヤズムを一掃できればの話ですが。具体的にはどういうことでしょうか。わたしは以前、フォトン・ベルトに完全にひたったときの人間の反応を見たことがあります。紀元前二万四〇〇〇年にはこんなふうに見えましたし、いまでもやはり、おなじように見えます。そこはあらゆる種の繁栄するすばらしい楽園です。あなたがたは深い緑のなかにいて、高温の太陽光は分散されて届きます。生命がまわりじゅうに脈うち、あなたがたは〝三昧《サマディ》〟の境地を味わっています。肉体に感情体のマヤズムはまったくありません。濃密な「銀河の夜」から保ってきたものをすべて放棄したので、純粋な知性である細胞の塊としてフォトンの身体になっています。このときアルシオネの最高議会が招集されて人間のコードを解読し、つぎの二万六〇〇〇年間の進化の意図を設定する作業をあなたがたと共同でおこなうのです。

銀河のオーケストラを組織するマヤ人たちは、人間の感情体の密度のパターンを紀元前三一一三年から現在まで調べ、地球のアセンションをみごとに計画しました。人間がこのつぎの段階である肉体の浄化を達成するにはなにが必要かを理解し、メンタル体の力をすべて活用しなければならない、とわかったのです。あなたがたは、このプロセスが時間的にどのように作用していくかを知らねばなりません。

じつは近い将来、ふたつの日付が頭にこびりついて離れなくなるでしょう。西暦二〇〇〇年一月一日からはじまる新しい千年紀と、二〇一二年の冬至です。あなたがたの多くはすでに千年紀の狂乱を感じはじめています。神々が救いにくるのを待ちわび、完全に〝いま〟にいることができません。幼い子供たちが飢えと深い孤独を味わっているそばで、大人は説教師が終末論を絶叫するテレビの画面に釘付けになっています。あなたがたの多くは、キリストが五〇年代のカウボーイ・スターさながら雲に乗って登場するのを待っています。「ライト・ネット」（光の網）と呼ばれる巨大集団が、一九九九年一二月三一日の真夜中に到来する〝彼〟を待つでしょう。その〝彼〟が結局あらわれなかったとき、感情体の最後の信念体系が消失し、それから二〇一二年まで人間はもっとも激しい変容の段階を迎えるのです。いっぽう地球全体は、まるで赤道上に大きな沼があって振動しているように、やわらかく深いブーンという波動につつまれます。先住民たちは銀河の中心の脈動を感じて恍惚とするでしょう。太陽がフォトン・ベルトに完全にひたる西暦二〇〇〇年以降、地球の住人は本当に銀河とともに脈うつようになります。銀河は実際いつも大きな心臓のように脈うっていますが、これはたいへん微妙な現象です。フォトンにひたる度合いが増すと、対になったフォトン間のつながりが共振する波形として感じられ、そのため銀河の鼓動が聞きとれるのです。この時期は多くの周期が集中します。マヤ人はこのような時期かならず指揮者をつとめるので、人間のアセンションにはなにが必要か、正確にわかっています。**あなたがたにとってアセンションとは、星の記憶をひらき、ふたたびエデンの園にひたることです。**

アルシオネの場はフォトンに満ち、フォトンはそれぞれ銀河系のどこかにあるふたごの片割れと共振しています。アルシオネは直線的な時空において固形物を具現化することはなく、陽電子はすでに電子と衝突して対のフォトンになっており、カルマの変換プロセスは現実のなかに存在しません。だからこそ、アルシオネのプレアデス人はとても愛情ぶかく感じられるのです。ほかのプレアデス人たちはまた違う特徴をもっていますが、アルシオネは中心星として、つねに全体を指揮しています。われわれは、あなたがたが二元性のなかで進化する姿に純粋に魅了されているだけで、人間のカルマになんの価値判断もくだしていません。ただ、あなたがたの生命力を鼓舞し、生命とカルマの衝突をひき起こすのが好きなのです。わたしサティアは、フォトンの影響が増し、二元性が分解して統合された洞察に変わっていく人間のこの段階が大好きです。そうすれば、あなたがたのエネルギーが読めるようになりますから。

まったくの話、民よ、なにも怖れることはありません。太陽光がすばらしい香油のように「銀河の夜」における成長と進化を誘発してくれたあと、こんどはフォトン・ベルトに帰っていくだけです。アルシオネの図書館はあなたがたの光と類似したフォトンを保持しています。本のない図書館とはどのようなものでしょうか。あなたがたが自己探求を経験すると、わたしは喜びます。自分のかたわらで、あなたがたがその本を読んでいるようなものなのです。

フォトン・ベルトの外に位置するプレアデスの星々の軌道は、アルシオネにデータを提供します。螺《ら》旋《せん》という形ゆえに、アルシオネは細胞の記憶を時間と空間に表現することができます。記憶は伝えないと退化してしまいますから。先住民のあいだに物語のゆたかな伝統があるのはそのためですし、われわれの図書館の記憶の鋳型には音がコード化されていることを知っておいてください。物語が発音されると、記憶の爆発によって、決定的飛躍のためにパターンが螺旋状に変わります。そして、螺旋は音によって生じるのです。「銀河の夜」のカルマの時期にはすべてが永遠に円を描きますが、耳に聞こえるほど強力に共振したデータは円を螺旋に移行させます。だから、あなたがたはみな階段を転がり落ちる「スリンキー」にたいへん魅了されたのです。からかうようですが、人間はふつう本よりおもちゃから学ぶほうが多いようですね。いいことを教えてあげましょう。本を読むとき、書かれている言葉が頭のなかで音として聞こえたら、それはいい本です。あなたがたの言葉はすばらしい音のコード化がなされているのです。

＊**スリンキー**　はりがねをコイル状に巻いたおもちゃ。ひとりでに階段を落ちていく。

フォトン・ベルトとマヤ暦とプレアデス

もし、あなたがたが闇のなかを旅していなければ、アルシオネは永遠に知性をもたない存在だったでしょう。ちょうど、さまざまな惑星が太陽のまわりを運行しながら時間と周期による体験を形づくっていなければ、太陽も創造性をもたなかったように。数年前、わたしの媒体バーバラ・ハンド・クロウが雑誌でフォトン・ベルトの記事をみつけたときも、アルシオネがプレアデス星系の中心星で地球は八番めの星だという概念がなければ、あまり注意を払わなかったはずです。(7) この知識はすでに彼女の意識ふかく保たれていました。昔、チェロキー族の祖父からアルシオネが自分のふるさとだと聞いていたからです。マヤ族の計日係フンバツ・メンのもとで学んだとき、この記憶が呼びさまされました。彼は記念碑的著作“*Los Calendarios Mayas Y Hunab K'U*”のなかでマヤ族の一七の神聖な暦を記述しており、そのほとんどは短い周期の暦ですが、ひとつが五次元のプレアデスの周期、つまり太陽がアルシオネのまわりを運行する二万六〇〇〇年サイクルをあらわしています。(8) この暦が、幼いころ聞いた祖父の話を思いだすきっかけとなりました。祖父なる賢い手《グランドファザー・ワイズ・ハンド》は、母親から受けついだアルシオネの記録の運び手でした。チェロキー族の知恵は女から男へ、そして男から女へと伝えられます。ミシガン州サギノーで生まれ育ったわれわれの媒体にとって、そのような考え方を統合するのはとてもむずかしかったのです。それに、いったいフォトン・ベルトとどう関係があるというのでしょうか。

彼女はプレアデスの運行周期と歳差運動の周期がどちらも二万六〇〇〇年であること、そしてマヤ暦の終わりと水瓶座の時代への移行が時間的に近いことに注目しました。そこでフンバツ・メンに、マヤ

＊**フンバツ・メン**　メキシコのユカタン半島生まれのシャーマン。講演や著作をつうじて、マヤの文化、歴史、暦、儀式を現代の人々に伝えている。

暦の終わりとプレアデスの暦"Calendario del Tzek'eb o Pleyades"は一致するかとたずねてみたところ、答はイエスでした。彼女は瞬間的に、その符合が意味するのはまさにフォトン・ベルト進入だと直感しました。そして占星学の分析手法が使えるようになったとき、ついに確認できたのです。われわれの図書館は彼女の洞察の波動を読みとり、こちらでも確認しました。太陽系内のフォトンの増加こそ、水瓶座の時代に偉大なるマヤ暦が終わるとき、地球の決定的飛躍をひき起こすことになるでしょう。わたしの媒体は、すでに地心占星学上の誘因をおびただしく観察していました。トランジット（天体の推移）の内容は〈付録A〉に書かれています。

　太陽系がプレアデスの一部であるという可能性について科学界はどう見ているかというと、ポール・オットー・ヘッセ、ホセ・コマス・ソーラ、エドマンド・ハレー、フリードリヒ・ウィルヘルム・ベッセルなどの天文学者と並んで、ロバート・スタンレー、シャーリー・ケンプのような研究者たちが科学的にありうるとのべています。[9] ロバート・スタンレーは一九九一年に人工衛星によってフォトン・ベルトを発見したと報告し、つぎのようにコメントしています。「この過剰なフォトンはわれわれの銀河系の中心から放射されている……太陽系は一万一〇〇〇年ごとに銀河系のこの部分に進入し、それから二〇〇〇年かけて通過し、二万六〇〇〇年の銀河の軌道を完結させる」[10]。図4はこの周期のモデル化を試みたもので、アルシオネはフォトン・ベルトにひたりつつ螺旋を発し、それがプレアデスの星々を回転させ、フォトン・ベルトに出入りさせています。わたしの媒体はアルシオネの螺旋の模型を作ってみましたが、銀河における距離関係からも、これが実際にありうることを確認しました。地球は銀河系の自転面に対して傾いているため、われわれの位置する銀河の〝腕〟における星の活動を視覚的にイメージし、分類するのはむずかしいのです。プレアデス星団が旅をするやり方は、銀河系のほかの星団とはやや違う形で変化しています。太古の天文学者たちは恒星の「固有運動」の研究によって、アルシオネが「セントラル・

＊固有運動　恒星が１年のあいだに示す、天球上の見かけの運動。角度（秒単位）であらわす。天文学用語。

サン」（中心太陽）であり、全宇宙がそのまわりをめぐっていると考えました。[11] 複数の天体が非常に離れていながらおなじような方向に動いている場合、まだそれほど微妙な動きを測定する計器が発明されていないため、相対的な食い違いは地球から見てごく微小になります。太陽系もプレアデスもシリウスも、二億二五〇〇万年かけて銀河の中心のまわりを回転しているのです。天文学者たちは、太陽とプレアデスやシリウスとの関係をどうしても確認できないかもしれません。しかし、太陽の属していた星系の古い記憶でもなければ、互いに遠く隔たったさまざまな先住民が口をそろえて、シリウスやプレアデスが起源だと主張するのはなぜでしょうか。[12]

　わたしの媒体がアルシオネからのコミュニケーションをますます明瞭に受けとるようになった時期、トランス・チャネラーの多くもプレアデスとの接触が増えたことを報告していました。彼女がフンバツ・メンにむかって、自分はアルシオネ出身だから彼はマヤ出身に違いないと冗談をいったとき、彼はくすくす笑ったものです。メンは著書"*Los Calendarios Mayas Y Humab K'U*"のなかではフォトン・ベルトに言及していませんが、"La Luz"つまり来たるべき光の時代について論じています。媒体の祖父ハンドが「光の時代」と呼び、やがて彼女も生きているあいだに体験するだろうと話していたのとおなじ意味です。これはもちろん、カルマと生命力（クンダリーニ）が衝突することでふたつの光の量子が互いに結びつく現象、つまりフォトンの増加を示しています。

　それと関連して一九八七年から注目を集めてきた問題は、アルクトゥルスのビームの送り手ホゼ・アグエイアスが論じてきた、銀河同期ビームによる太陽系の活性化です。このプロセスはおよそ五一〇〇年前に始まったもので、一九八七年八月一六～一七日から一九九二年までつづく絶頂期に入りました。[13] 世界中の先住民がこのビームに波長を合わせ、天文学者はこの時期、銀河の中心から膨大なエネルギーが放射されていたと報告しています。アグエイアスとわたしの媒体が儀式のために人々と集い、ハーモ

＊アルクトゥルス　牛飼い座のα星で、全天第6位、北天第3位の輝星。

＊ホゼ・アグエイアス　マヤ文明・マヤ暦研究家。1987年のハーモニック・コンバージェンスを提唱した。代表的な著書に『マヤン・ファクター』がある。

ニック・コンバージェンスにそなえてパレンケを活性化していた一九八七年の二月中は、ずっと「超新星1987」が空に見えていました。地球の住人の多くは、なにか非常に大きな展開がありそうだと気づいています。プレアデス人にはわかります。好奇心が高まっていますから。それはわれわれも大歓迎です。ついでにいうと、対になったフォトンが遠距離でも互いに共振しているとすれば、パレンケに集まった人々の体内には、あの超新星のフォトンの波形とふたごにあたる粒子があったと考えられないでしょうか。

地球が歳差運動によって二万六〇〇〇年ごとに水瓶座の時代に入るとき、マヤ暦の大周期はひとつ完了し、またつぎの周期が始まります。またアステカとマヤの宇宙観ではどちらも、二〇一二年を一〇万四〇〇〇年のさらに大きな周期が完結する年としています。これはマヤ暦の大周期四回からなるサイクルで、アステカの「四つの大いなる時代」にあたり、地球はそのあと「第五世界」に入るといわれています。そしてまた、地球に爬虫類が導入された時点から、二億二五〇〇万年の銀河の軌道をひとめぐりしたことにもなります。わたしサティアは断言できますが、一九八七年の銀河同期ビームがフォトン・ベルトに新しい次元の周波数を獲得させ、そのためプレアデス星系全体が爬虫類モードを超えるつぎの生物学的段階にむけて、新たな意図を設定する方向にシフトしました。第1章にもくわしくのべたように、ジョン・メイジャー・ジェンキンズは、マヤ暦の終わりが二〇一二年の冬至であり、太陽が黄道と天の赤道の交点にコンジャンクションになるときであることを、はっきり立証しています。ジェンキンズはこの交点が、パレンケのパカル・ヴォタン碑銘神殿の石棺のふたに刻まれたメッセージだとさえ論じています。[14] わたしの媒体が九次元の銀河の中心からくるこの脈動を解読できたのは、「超新星1987」の儀式の最中でした。そのとき彼女の体内では九つの次元の細胞の記憶がめざめ、ほかの人間すべてにもおなじことが起きていました。

＊パレンケ　メキシコ南部、マヤの政治経済の中心として栄えた都市遺跡。

銀河系が銀河同期ビームによって活性化されたとき、その流動的な闇の本質が脈動し、フォトン・ベルトは銀河系全体のための中核的浄化ゾーンになりました。銀河系内の恒星と惑星系はすべて、遅かれ早かれフォトン・ベルトによって九次元の脈動を味わうでしょう。フォトン・ベルトは、銀河に伸びる何本もの〝腕〟の形態を支えています。それらの腕はあなたがたの背骨のように電気的エネルギーに満ち、腕の脈動が精妙な音色によって銀河系のさまざまな部分を浄化していきます。あなたがたのなかにも、すでにクンダリーニの上昇にともなってこの音を聞いている人々がいます。いまはプレアデスの位置する銀河の腕が活性化の時期を迎えているのです。前にもいったように、二〇一二年のマヤ暦の終わりには、生物の知性が光の情報ハイウェイを通って銀河系全体にばらまかれます。まるで、フォトン・ベルトが反粒子を刺激して銀河系全体の隠れ家からあぶりだし、そのあとベルト内のフォトンの力が強まっていくような感じです。マヤの人々は、地球における感情体の浄化と最近はじまった肉体の浄化が、生物としての統一性をめざめさせることを知っていました。ゆがんだ感情がいかに生物の統一性を倒錯させるかを見てとったのです――コルテスとその部下たちが鏡のように反映してみせたので。彼らは神の目をまともに見ることができて感謝し、それからスペイン人の手で犠牲にされました。マヤの民はいま光の量子となり、すこしずつ人々を説得して地球の虐待をやめさせています。地球全体を指揮して、二〇一二年の決定的飛躍をとげさせる用意ができています。

フォトン・ベルトのなかでは、九つの次元に増幅されていないものは三次元にとどまりません。そう、これは真実ですが、すべてはあなたがた全員が肉体を加速して同調できる程度にゆっくり進行しています。活性化を選ぶなら、エネルギー的な浄化につながる道はあなたがたの背骨にあり、全身の電気的システムの引き金をひいて、終わらせるべきカルマに衝突を起こさせます。そこから分裂して生まれるフォトンが、人間のルート・チャクラにとぐろを巻いている立派な蛇をめざめさせる信号なのです。

***コルテス**　16世紀にメキシコ、ペルーを征服したスペイン人の遠征隊長エルナン・コルテス。

スネーク・メディスンとマヤ暦

クンダリーニを活性化させる鍵は偉大なるマヤ暦の奥底にひそんでおり、マヤ暦はすべてスネーク・メディスン〔蛇が象徴する力と叡知〕を土台にしています。そしてこの暦は、一三の数字と二〇の日数の計算を駆使する計日係によって維持されています。これは宇宙の知性をひもとく秘密ですから、わけがわからなくなってしまう前によく聞いてください。マヤ暦の土台となる蛇「アハウ・カン」は学名を *durissus crotalus*〔ガラガラヘビの一種〕といって、ふたまたに分かれたペニスをもち、二〇日ごとに毒牙が生えかわる、量子の世界の二元性をあらわす理想的なモデルになっています。新しい毒牙は二〇日めの転換を示し、皮膚の表面に菱形に組みあわされた四角形の各辺は一三枚の鱗《うろこ》でできています[15]（図7）。このように数字の一三を使った四角形が、マヤ美術における織物の図柄や宇宙の象徴すべての基本です。つまり、織り手や画家たちは時とともにたえず宇宙のパターンを織りなおし、偉大なるマヤ暦のタイミングからけっして離れないのです。計日の作業と織物のパターンによって、宇宙の暦にもとづく時間が維持され

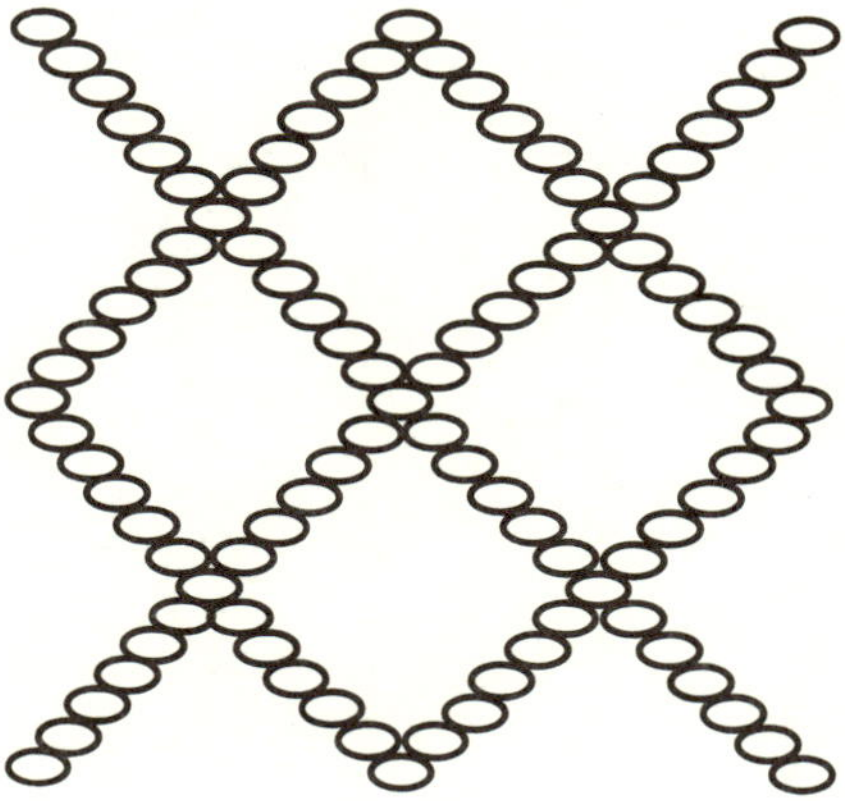

図7　13/20のアハウ・カン

ているとは驚異的ではありませんか。あなたがたの体内で聖なる蛇「アハウ・カン」をめざめさせることがエデンの園に戻る道です。たえまない計日によるマヤ暦が作られたのは、爬虫類という二億二五〇〇万年の進化を終えようとしている種の記録係が聖なる蛇であることを、あなたがたに思いださせるためでした。この蛇は爬虫類の高次の形態であり、マヤ人は変成のプロセスそのものを導く偉大なる元型としてもちいました。わたしがこの本をさらに深く語っていくにつれて、地球の非常に強力なメディスンの教えの中心には、かならず六次元の聖なる幾何学があったことに気づくでしょう。

元素と土の領域

過去一万一〇〇〇年のあいだに地表に放出された不安定な元素は、土の次元《テルリック》（二次元）の周波数に戻し、そこで地球の中心とあらためて調和できるようにしなければなりません。光の時代においては、諸元素は土の故郷に帰らねばならないのです。放射線と化学物質を変換し、諸元素をもとの世界に戻す方法をみつけなければならないことを、あなたがたはフォトンの助けによって悟るでしょう。地球の表面が光にひたるとき、それらの元素は地球内部のゆたかな闇を切望します。地表のあなたがたには、すでに自分の現実を作るための材料がたっぷりあります。フォトン・ベルトは元素の安定化のプロセスを誘発し、そこで人間のはたすべき役割は自分の肉体の浄化です。

諸元素が本来の周波数に戻ると、強い毒性をもつかもしれません。ちょうど蛇の毒液があなたがたの血液に入ったときのように。半減期の放射性元素が加速して二次元の力を三次元に吐きだすとき、いまだれもが感じているひどい不安定さが生まれます。人間は放射能と化学物質汚染によってガンが誘発されることに気づくはずだったのですが、せっかくの兆候を無視してしまいました。自分のものでない四次元の感情エネルギーに圧倒されたとき、その感覚に注目し、毒の解放を感じとれるようになってください。あなたが三次元で実行しているカルマ的な行動が、本当は四次元の元型の力が表現をもとめて引き金をひいていた場合、自分がべつの存在に原材料として利用される感覚がわかってくるでしょう。たとえばオーガズムへの欲求が性的逸脱に誘導されたり、他者との緊密な結びつきをもとめる気持ちが抑圧されていると殺人に導かれたりするのです。四次元の感情操作によるショッキングな行動に気づけば、化学物質や放射線が殺しの性質をおびていることを感知するようになります。先住民が蛇のダンスや蛇に噛ませるイニシエーションをおこなうのは、毒をけっして軽んじないようにするためなのです。人間は土の領域の苦痛と混沌を感じとれるようになってきています。あなたがたの多くが地震活動のさかんな地域に住んでいるのも、土のパワーの感じ方を思いだすためです。同時に四次元の知性たちは、あなたがたが自分の現実を破壊できることを知りつつあります。それは彼らにとっても価値ある現実なのです。四次元のアヌンナキが人間をこづきまわしてきた歴史の初期を暴露するにあたって、まずこれをいっておきましょう。**アヌンナキは一九八七年まで、人間や人間の世界がどうなってもかまわないと思っていました。**でも、彼らは変わりました。

　アヌンナキはよく考えもせずに人間を刺激してパンドラの箱をあけさせ、つまり元素を分裂させて、「自分たちも神のようになりたい」という思いを使って誘惑しました。そしていま、あなたがたのもつ〝神〟の毒は、すべての次元にとって致命的であると知ったのです。人間が神の毒を追放できるようにアヌンナキは責任をもって手伝うつもりなので、プレアデス人もシリウス人も仰天しています。あなたがたの九次元システムで遊んでいる存在はみな、低いほうの次元にもたいへんな力があり、侵害すべきでないことを認識しています。人間やプレアデス人とおなじく、元素の力もそれなりの統一性を維持しなければならないのです。化学物質や放射線の毒性はきわめて明白になってきており、感情体の奇怪なドラマがあなたがたの生活にまともにぶちあたっています。O・J・シンプソンも偉大な元型のドラマの一部にすぎないことを人々は感じとっています。金髪―黒髪、性―血、フットボール―死など、多くの基本的二元性をおびたフットボール・ゲームに用心してください。

あなたがたは感情体を浄化するだけでなく、感情のブロックを抜けていきながら、放射能と化学物質が意識内部に吐いたへどを変換しなければなりません。警告します。放射性元素を地中、つまり二次元の元素の領域に埋めないでください。地下核実験はすでに多くの地震を誘発しています。[16] この浄化は九つの次元すべてで起きているのです。感情体を浄化しながら、解放されたエネルギーの一部を使って核汚染を清めてください。核の不安定性は、これまで侵害され、こじあけられてきた地球の諸元素に影響を与え、へどを吐かせます。人間もまた侵害され、こじあけられてきたので、元素の苦痛を感じとって理解することができます。だから、あなたがたが自分をたて直すにつれて地球も癒されるのです。諸元素は三次元で人間を刺激するための、苦痛のセンターになっています。三次元の人間も二次元の諸元素とおなじく元型の力に侵害され、分裂させられて二元性を生きてきました。この分裂があなたがたを粉砕しそうになっていますが、そうなっては元型の知性も遊ぶ対象を失います。だからこそアヌンナキは、人間をこづきまわすのをやめる道をさぐっているのです。自分の嫌悪すべき過ちが子供という鏡に映しだされた親のように、アヌンナキはO・J・シンプソンの裁判を見て恐怖にかられています。

フォトン・ベルトに深く入っていくにつれて、フォトンが感情体のプロセスを誘発し、それがいま元素の浄化の必要性をうながしています。フォトン・ベルトは世界中で肉体内部の元素をますますかきたて、へどを吐かせています。核をとり扱う研究室は怒った人間とおなじで、そばにいると非常に危険です。あなたがたは波動の共鳴によって機能していますから、自分の波動をよく吟味する時期なのです。

このような時期には、あなたの波動に合うレベルまで自分を高めようとしない人々には近づかないでください。フォトンの光に近づけば近づくほど、元素の嘔吐は激しくなります。その混沌とした力と共鳴してガンにかかる人が増えています。いっぽうで、肉体と精神と感情を浄化している人々は元素の嘔吐に波動を合わせていません。人類はふたつのグループに分裂しつつあります。ひとつめのグループは、一九八七年から九四年にかけて激しい感情体のワークに取り組み、放射線や化学物質との接触を最小限におさえてきた人々で、いまはマヤズムのなごりに刺激され、その解放を学んでいます。もうひとつのグループは毒素との接触について用心せず、感情体の浄化を拒否してきた人々であり、いまは怒りといらだちにかられ、病気になりつつあります。最初のグループは油断なく気をくばり、なんとかして明晰さと健康を見いだそうと意図しています。あとのグループは内面を見ることを避けて世紀末を待っていますが、心の奥ふかくでは元素の力が暴れています。狂犬のように見える人間に気をつけてください。

感情とプレアデス人

いまや、光の変換をどのように達成するか、という本当の試練があなたがたの前にあります。肉体を癒すにつれて浮上してきた感情も処理していますから、それぞれの感情に含まれるとてつもない知恵を使って、そのエネルギーを他者に送らねばなりません。解放されたエネルギーを他者に提供すると、自然な共鳴波動に戻すことができます。すばらしいエネルギーをそうやって利用しなければ、自分だけの些細な答をもとめているにすぎなくなります。地球レベルで高まりつつある危機を考えれば、決定的飛躍にはグループ行動が必要です。些細なところに視点をおくと、フォトン・ベルトがやってきたとき、生物としての統一性を保つ必要性という大きな問題から目をそらすことになってしまいます。人生に関する答はもはや三次元だけでは得られません。すべてはエネルギーと波動ですから、怒った人のそばにいるだけで調子が悪くなるように、自分を癒し、いい感情を〝場〟に解放する人々はみんなをいい気持ちにさせるのです。そのような感情は、ほかの人間や動物、微生物、植物、元素、精霊をも癒すことができます。奇跡と思えるような精神的・霊的ヒーリングを起こす強力な源になります。精神的・霊的領域はコーザル界なので、肉体や感情のヒーリングより微妙ですが、もっと強力です。想念と意図があなたがたの臓器の健康状態を文字どおり決定し、人々はたえずものの考え方によって病気になっているのです。

各個人のヒーリング・フィールドの力は愛の力と正比例し、その愛がつねにプレアデスの援助をひき寄せます。子供がすこやかな植物のようにのびのび育つ家庭と、しおれてしまう家庭があるのに気づいたことはありませんか。愛はプレアデス人をあなたがたの世界にひき寄せます。特にあなたが子供なら。大人の場合、もっと多くの人がインナーチャイルド（自分の内面でプレアデス人をおぼえている子供の部分）と接触するべきです。かぎりない愛を送りだせば、シリウスの意識が突然あらわれて、はかりしれない年月ノックしつづけてきた扉をあけてくれるかもしれません。なぜならシリウス人は、まず愛によってひらかれた構造をさらに拡大するからです。

感情こそ、肉体にいながら直線的な時空の外に移動する唯一の方法です。感情は、ほかの現実の存在たちが人間と意思を通わせるためのアクセス・ポイントなのです。四次元は物質ではなく感情の次元なので、四次元の存在たちは人間の感情の引き金をひくために、あなたがたの領域にきつくひき寄せられすぎてしまいました。それらの感情が注意をそらすようなドラマを設定し、エネルギーが停滞しても気づけなくしています。解決法はなんでしょうか。自分の感情を完全にとり戻すことです。自分にとって

＊**コーザル界**　ものごとの原因となる領域。

いい気持ちでないものに左右されないよう、注意してください。

わたしは最近、あなたがたのもとを訪れるのが楽しくなっています。地球上で感情エネルギーに取り組むと、そのヒーリングの力をどこにでも送れるということを、いまや多くの人が理解しているからです。これはケイローンの教えでもあります。ケイローンは半獣半人のガイドで、感情体の傷ついた部分の奥ふかくあなたを導いてくれます。(17) 苦痛が貯蔵されている内なる闇にじゅうぶん深く入っていくと、体内にパワフルな土の力を感じはじめます。四次元のアヌンナキが人間を刺激してさまざまな三次元のドラマに陥らせるために、冥界（二次元）から諸元素をひき出したとき、それがあなたがたの体内に幽閉されたのです。わかってください、民よ。なにかをしていやな気持ちになったら、その不快さは、あなたの行動をひき起こすために体内に吸いこまれた諸元素がいやがっているしるしです。元素はしかたなく体内の深い水たまりである「マヤズム」にひそみ、へどを吐くような混沌としたエネルギーにさらされると、かならず共鳴するのです。体内の傷ついた場所は簡単に感じることができ、そのメッセージに耳を傾ければ病気にはなりません。激しい感情をプロセスするときはいつも、肉体のどの部分に苦痛があるか気づいてください。意識をその部分に導き、元素の力にむかって、次元のポータルを通ってみずからを解放し、故郷に帰るようにと大きな敬意をこめて頼みましょう。キロン（ケイローン）は、もっとも深い苦痛の解放による肉体の浄化をつかさどる惑星です。想念だけで癒せない病気はひとつもありません。

＊ケイローン（Chiron）　ギリシャ神話に登場する、上半身が人で下半身が馬の姿をした神。賢者ケンタウロス。小惑星キロン（Chiron）の名もここから。

●著者による用語解説――④

共鳴（共振） resonance　異なる次元で振動している複数の実在が、おなじ波長になったとき起きる。このようにして異なる世界や次元がつながる。

隠喩（メタファー） metaphor　理解しにくい概念を伝えるために例として使う、比較的わかりやすい想念や概念。隠喩的に表現することでその概念の多次元的特性に手がとどくようになる。隠喩はプレアデス人のコミュニケーションの真髄で、五次元の知性を直線的な時空につないでくれる。

マヤズム miasm　反粒子が肉体のなかで凝結してエーテル体の塊になり、病気のパターンの記憶を保持したもの。このパターンは感情によって活性化しうる。〔ホメオパシーの用語としては各自の根本体質、原始的土壌を意味する〕

４つの意識体 four bodies of consciousness　自己のなかにある肉体、感情体、メンタル体（知性）、霊体の４つ。さまざまな様式の体験をフォーカスさせ、線引きする。

決定的飛躍 critical leap　種がより複雑な状態に進化するとき起こる、進化の飛躍。

クンダリーニ kundalini　肉体のエネルギー経路を流れ、チャクラを合体させる精妙な電磁的エネルギー。

変換 transduction　ある形の波をべつの形に変えること。たとえば電話は音を受けとり、それを電気信号に変換してから、また人間の声に変換しなおす。

元素の力 elementals　二次元における金属、核物質、化学物質、鉱物の知性。

波動の共鳴 wave resonance　星系やフォトン・スターから発する螺旋において、星々の位置を保持する力。

幾何学場 geometric field　シリウスの創造的想念のプロセスによって地球の場に生じる空間、場所、形態など。この力による凝固は地球上のあらゆる結晶のプロセスに見られる。また共時性（シンクロニシティ）を通して見ることもできる。

フォトンの情報ハイウェイ photonic information highways　どの銀河にもあるコミュニケーション連鎖システム。これは七次元で、純粋な想念から形態が発している。

故郷をつくる Making Home　直線的な時空において意識的に自分の位置を定めること。具体的には東西南北の四方位を強く意識して、どんな次元や現実にも完全につながれるようにする。「グラウンディング」ともいう。

チャクラ chakras　肉体のエネルギー・センター。

エーテル界 etheric　精妙な波動の非物質的領域。解読可能な感情に変換することによってアクセスできる。たいへん重要な直観の源のひとつで、四次元の元型の力はこのエーテル界にいる。だから彼らを“感じる”ことができる。

モナド monad　自己の核心。そこに宇宙の知性が含まれる。〔哲学用語ではライプニッツのいう「単子」。精神的実在の単位。ひとつひとつが独立した不変のもので、外的作用に影響を受けない。あらゆるものが単子でできているとする〕

精妙なエネルギー場（精妙な場） subtle-energy fields　物理的でない力の場。

超意識 superconscious　高度な多次元性にアクセスする人間の能力。

信念と集団の危険性

この時期の重要性をすこしでもわかっていただくために、集団というものについてちょっと考えてみてください。これからさき、元型的な信念体系をよりどころに集まったグループにかかわるほど、危険なことはありません。一九九三年にテキサス州ウェーコで起きたブランチ・デビディアン事件や、九五年のオクラホマシティ連邦ビル爆破事件は、どちらも多くの罪のない子供たちを死なせましたが、これはまだ序の口です。未処理の内なる暴力をあのようにいまわしい形で実行に移さないですむ唯一の方法は、文字どおり、あなたがた自身の内なる苦しみをそれぞれ認識することです。この本にはルシファーの話も出てきます。いまのところはルシファーが宗教的支配者によってキリスト教に閉じこめられた偉大な力だ、と知っていただければじゅうぶんです。ルシファーは、人間がみずからの内なる邪悪を見ないようにするための元型として利用されています。人間の領域にとらわれた経緯について、洗いざらい語ってくれるでしょう。いまは、あなたがたが自分自身の内なる暴力を見ようとしないとき、体内にルシファーを保持していることを認識する必要があります。

インナーチャイルドこそ、多次元につながるための源です。自分以外のすべてを裁き、自分のなかに見るべきものを悪魔に背負わせる必要があると感じていると、そこにアクセスできません。あなたがたがフォトンの増加によって物理的に刺激されているうちに、プレアデス人はあらゆる集団をぶちこわしたいと考えています。自分以外のなにかが自分を活性化してくれると思うなら、生きのびることはできませんから。なんらかの信念体系にもとづく集団は、決定的飛躍のとき人間のエネルギーを刈りとるた

＊**ブランチ・デビディアン事件**　テキサス州ウェーコに本部のあった狂信的な武装教団ブランチ・デビディアンは、1993年４月19日、FBIの信者解放作戦に抵抗してみずから建物に放火、教主をはじめ86人が死亡した。

＊**オクラホマシティ連邦ビル爆破事件**　1995年４月19日、オクラホマシティの連邦政府ビル前に停車中のトラックが大爆発し、ビルの崩壊で168人が犠牲になったテロ事件。

めに存在し、あなたがたが自分の内面ふかく入っていくことを集団自体がさまたげます。一九九九年まで、さまざまな集団がどんなことをしてでも、殺害という方法さえ含めて、メンバーを維持しようとするでしょう。「メンバーシップ」とは「ボディシップ」、つまり肉体の所有権を意味します。どうか、身体の一部を売りわたす契約に署名などしないように。

ケイローンはボディワークの元型です。四次元の元型の力は、人間をロボットのように利用してドラマを演じさせるために、二次元の諸元素をあなたがたの体内に導きました。自分の肉体を所有するということが明確にわかっていないと、四次元の元型の力は二次元の諸元素をあなたの体内に吸いこませることができます。そうなってしまうと、なんのエネルギーなのか自分では見きわめにくくなるのです。あなたがたの大部分は血の解読方法を知らないので、体内に元素のエネルギーがあっても感じることは困難です。だから血にまつわるタブーがたいへん多いのです。しかし、元素が呼びさまされるのを実際に体内で感じることは可能です。ぜひボディワークの力を認識してください。自分の身体を完全に知っていれば、どんな影響力もあなたにおよぶことはありません。マッサージやレイキのワーク、ロルフィングのセッション、鍼《はり》治療などでは、ボディワーカー（施療者）が肉体のさまざまな部分を刺激して、その記録を読めるようにしてくれます。安全で守られた空間でおこなわれる場合、肉体が活性化されるあいだ、自分の感情に意識を向けるようにうながされます。本来の領域に解放されたいと叫んでいる諸元素はよろこんであなたを刺激し、彼らを最初にとらえた感情、すなわちあなたのなかで実行され、いい気持ちがしなかった計画を探求させてくれるでしょう。その感情を〝流してやる〟、つまり行きたいところに行かせることができれば、心に深い真実があらわれ、莫大な力が解放されて、あなたを〝自由にする〟でしょう。そうすれば純粋な統一性がどんなものか、ただ自分の身体にいるのがどんな感じかを再発見できます。

これがたいへんな新事実であることを見のがしてほしくないので、ちょっとした物語であなたがたの理解をテストしましょう。昔むかし、アドルフ・ヒットラーという人が世界を支配しようと決心しました。この願いは、子供時代に本当の自分を認めてもらえなかったところからきています。彼は偉大な錬金術師だったのです。成長するにつれて、元素の領域の力を活性化し、人々を煽動して支配できる大錬金術師として世間が認めてくれないことに、ますます不満がつのりました。そこで自分の力をみんなに見せてやろうと決心し、四次元の元型の存在たちと大規模な魔法の契約を結びました。存在たちは三次元の人々を刺激して集団を作らせ、こんどはその集団を刺激して怖れにもとづくさまざまな計画を実行させました。すこしずつ人々は関心のすべてを日常生活からそれらの計画に移し、家族とも疎遠になって、ヒットラーの組織のロボットか羊のように行動しはじめました。ヒットラーは数々のドラマを仕切る責任者になって、注目を一身に集めたのです。[18] 民よ、気づいてください。だれも彼を忘れていないということは、注目を一身に集めたことになるのです。彼は錬金術で二次元の元素の領域を活性化してドラマを設定し、それによって四次元の元型のエネルギーを人々のからだに吸いこませ、そのうえで三次元において、彼が操作した巨大な元型的信念体系にもとづき人々をあやつったのです。

そもそもなぜ、彼の話をもちだしたと思いますか。あなたがたにテストを受ける気があるかどうか見たい、とわたしはいいました。われわれのいうことに反射的な恐怖で反応するなら、あなたはまだヒットラーのでっちあげた集団のひとつに属しています。それは「ホロコースト」と呼ばれる集団です。もちろんホロコーストが究極の恐怖ではない、といっているわけではありません。まさにそのものでした。しかし過去の記憶を搾取している集団のほうが、現在の問題に取り組んでいる集団より危険だと警告しておきます。そうした集団は過去に存在するので、いったん所属したら辞める道がありませんし、いっぽうで現在のホロコースト、ボスニア・ヘルツェゴビナにはなにも対応していないことになります。過去の思いにふけるときの自分を観察してください。古く停滞した感情をくりかえし浮上させているだけですか、それとも古傷にまつわる感情を解きはなつためにそうしているのですか？　過去の強烈な部分は元素の力を地球に閉じこめておくためでなく、解放して彼らの世界に帰すためだけに使ってください。スマッジングはそのためにあります。諸元素のもとの世界への帰還を援助する、強力な道具として使ってください。

フォトンによる活性化期間のヒーリングとオーガズム

パワフルな元素の知性たちは、自由になれると興奮しながら周波数を下げて地球の核に合わせ、重力の原理によってあなたがたの肉体を離れます。これがガンをエネルギー的に癒すための鍵であり、フォトンの光の増加とともに、人々は元素の力を使ったはたらきかけを思いだしつつあります。それはどのような仕組みなのでしょうか。おおぜいの人が知りたくてたまらないようなので、わたしも話すのが待ちきれません。あなたがたのうちのひとりが絶好の機会を得て、自分の奥ふかく慎重に隠してあった非常に卑劣で口にするのもいやな行為を発掘し、よく吟味してそのすべての部分を愛したなら、そこに解放が起きて、まだ病気におかされている人や絶滅まぎわの動物種に浄化のエクスタシーを送るのです。〝卑劣さ〟のなかでへどを吐いている元素の力のエネルギーをいったん認識すれば、他者のなかにもそのエネルギーが見えるし、感じられるので、新しい癒しの調波をだれかの体内のガンに導きいれることができます。そのためには患者がガンのメッセージを受けとったかどうか、ガンそのものに聞いてみなければなりません。病気はそれをかかえている人間に、究極の贈り物として愛される必要があります。そ

＊スマッジング　セージなどの薬草をいぶし、煙によってきよめること。

の病気こそ本人を死の淵に追いやり、自分の真実を生きよと挑みかけたのですから。

「核」(nuclear)という言葉は、ニュー・クリアと読めば〝新しく澄みきった〟という意味になります。すべては浄化するのです。太陽は地球における自己の感覚をつかさどっているので、二〇〇〇年ごろに太陽が完全にフォトン・ベルトに入ると、男性と女性は調和します。地球人の「太陽のアイデンティティ」を保持する太陽は、紀元前八八〇〇年から意識に男女の極性をもっていました。あなたがたは自省的になるにつれて、性別というものに注目するようになりました。男性・女性の体験は二極性を教え、その知恵が星との親和力を感じ、星の世界における自分のフォトンの波形とつながる源になっていくでしょう。そのため、いま男性のなかの女性性、女性のなかの男性性にフォーカスが強まっているのです。しかしフォトン・ベルトに入れば、男女の極性は存在しなくなります。あなたがたはみな、この問題に取り組むことで、自分で思っている以上に大きな貢献をはたしています。それが人間を星の波動にめざめさせようとするのです。

人々は両性具有的になってきており、関連して多くの困難と混乱が見うけられます。また、プレアデスは女神の故郷で、太陽は本質的に男性性であるという認識も高まっています。そう考えれば、肉体の性別《ジェンダー》と性的なアイデンティティはまったく関係ないことがわかるでしょう。太陽はアイデンティティをもとめる男性的な力として、勇敢にも「銀河の夜」のはるかな旅に出たわけです。地球人は長旅をとにかく生きのびるため、手持ちのアイデンティティにしがみついています。性的表現をゆがめ、搾取するような信念体系に必死にすがっています。しかし、星のレベルでは男性と女性のあいだに差異があります。本当は、それこそあなたがたの知りたかったことなのです。自分が個人として男性か女性かという感覚と、性的な好みはまったく無関係です。性的嗜好は多次元の探求になりうるクリエイティブな道にすぎません。いっぽう自分の性別への共鳴は、種の統一性を保護する波動です。交配を目的とした強い性的極性は、宇宙を構成するもの同士を互いに結びつける原理であり、フォトンによって誘因と結合を増強します。

太陽系がフォトン・ベルトの外側で「銀河の夜」を旅しているあいだ、あなたがたは生物学的に進化します。そしてフォトン・ベルトに入ると、その生物学的進化の内容を浄化するプロセスを体験し、内省的分析によってあらゆる種が恩恵をこうむります。最近、人間はますますオーガズムを意図するようになりました。体内にクンダリーニのエネルギーを想像し、導けるようになりたいと心に決めています。実際、セックスをしながら体内に光が流れる様子を見ようと意図しているのです。

フォトン・ベルトのなかでは、濃密な「銀河の夜」から生まれた進化の産物は増幅されます。「銀河の夜」のものは、次元の再修正に耐えうるならすべて新しい多次元形態の一部になります。つまりあなたがたは、全員がお互いのセクシュアル・エネルギーから活力を得るような性的形態形成場を確立する方法を知るために、やっと必要な体験を生みだせたわけなのです。ただし、子供を産む人はごく少数になるでしょう。同性愛者、子供のいないカップル、独身者などはみな貴重な受胎のために意識的にエネルギーを提供し、生まれた子供たちはエネルギー的に増幅されて、すべての者に分かちあわれるようになります。たわむれに「プレアデス式〝百匹めのサル〟受胎調節法」とでも名づけましょうか。四次元の存在たちは人間を操作して性的な計画を実行させることに熟達したので、あなたがたはよく自分が男か女かわからなくなってしまいます。彼らは三次元の性的アイデンティティの問題によって、エネルギーの投影や受容を通じておこなう星のアイデンティティ探求を混乱させました。あなたがたは生涯にわたる性的な立場をもたねばならないと思いこみ、「ぼくはゲイだ！」と絶叫します。あるいは理想的な異性愛者のマイホームパパというふりをして自慢げに吹聴しつつ、こっそり性の多様性をもとめています。

「網」のかかったもっとも暗い時期は、第二次世界大戦でした。戦争が終わるとすぐ、人々は性交のなかに多次元へのアクセスを発見しはじめました。あなたがたが思っているより多くの人が、このことを理解しています。それは純粋なオーガズムの力がエネルギー的な目標を提供しているのを感じる方法であり、性的活動によっていちばん容易にアクセスできるのです。いまや、事態はさらに興味ぶかく展開しています。強烈なオーガズムの追求に専心している人々の多くは、オーガズムを分かちあう結合で受胎した子供が非常に多次元的だと気づきはじめています。わが子が自分たちよりめざめた意識をもっている、と気づく親が増えているのです。

そのうち、子供は強いオーガズム状態からしか生まれないようになって、あなたがたは驚嘆するでしょう。フォトン・ベルトが太陽をのみこんだあかつきには、三次元で子供を創造できるエネルギーはオーガズムだけになります。さもないと、光の場に生みおとされた子供は死んでしまいます。本当に意識的に子供をもつことを選択した男女をイメージしてください。ふたりはセックスをしながら、同時に愛しあっている一〇〇組近いカップルから送られてくるセクシュアル・エネルギーのすべてを感じることができます。受胎の瞬間、ふたりのオーラはおおぜいの活性化した人間の場からくる愛に満ちたエネルギーでとてつもなく強化され、互いの大いなる明晰さと統一性によって混ざりあい、溶けあって精妙な「8」の字を織りなし、新生児の理想的なライトボディ(光の身体)を作ります。生まれた子供は共同体にこよなく愛され、共有されます。この聖なる見地において、ゲイやレズビアン、その他おおぜいの人々が子供の親をつとめ、産みの親をあらゆる面で援助します。男女が完全に二極化した性行為によって、理想的な性的形態形成場が活性化されたことを知るからです。彼らはまた、子供自身もやがてオーガズムの力を活性化できるようになるためには、そのような場で育てなければならないことも理解しています。子供の性的アイデンティティは社会的なレベルでは意味がなく、男女のアイデンティティが重要なのは、理想的な受胎のために二極性が必要なときだけです。

このような受胎のありかたは新たな性的形態形成場を生じ、いまのべたように、そこでは男女の性的融合が集団全体のサポートによって強化されます。それ以外の形の受胎は破壊的であることがはっきりするでしょう。体外受精、代理妊娠、精子と卵子の極低温保存はうまくいきません。こうした方法は避けられます。セクシュアリティの新しい形態形成場においては、ひとが子供を産むかどうかは重要ではありません。不妊症のカップルも、多くの転生があり、多産の人生もあれば不妊の人生もあると意識しているので心配しなくなります。それでも、全員があらゆる子供の親なのです。共同体の構成員はすべて、実際に受胎の力をもち、出産によってそのエネルギーを強化することに献身している母親や父親たちを愛し、尊びます。未婚の親はいなくなるでしょう。結婚に成功していること、つまり社会的に機能できるふたりの成人が、オーガズムに満ちたセックスをともにしている状態が受胎の必要条件ですから。オーラの場が融合して溶けあわなければ、受胎は不可能になります。子供はみな母親と父親をひとりずつもち、集団全体からのサポートも受けるでしょう。

フォトン・ベルトのなかでは、あなたがたは五次元です。時間は存在せず、赤ん坊ができるかどうかなど心配しません。でも、われわれは心配します。いままでも正直にいってきましたが、われわれはあなたがたの情報を発掘するために来ており、「銀河の夜」のあいだ蓄積した体験と情報が全部ほしいのです。われわれは情報を得るために人間を調べ、ひきかえに移行を援助します。ですから、新しい生物形態形成場を作るお手伝いをしにきたのです。それはあらゆる誕生が意識的に選択され、集団的オーガズム共鳴において作られる世界です。前にもいったように、あなたがたの記録を手に入れる最善の方法は、セックスをしているあいだに調べることです。プレアデス人はセックスをしている人間のコーディング（情報が暗号化されたもの）と融合するのが大好きです。男女のコーディングが混ざったとき、われわれはふたりをハートの内側から爆発させます。なぜだと思いますか？

銀河の情報ハイウェイとシリウス人

われわれはあなたがたの中心星です。この星系を維持する波動共鳴によって軌道のパターンと調波のパターンを保つには、たいへん完成したレベルの知性が必要です。マヤ人は人間のオーガズムが銀河の中心を回転させるといっていました。わたしもこうして再会してみて、あなたがたが過去一万一〇〇〇年にかなりの進歩をとげたのを発見しつつあります。あなたがたが光のなかへ進み、わたしにとってさらにアクセスしやすくなると、もうエネルギーが非常に高まったときしか融合できません。たとえば高度に意識的、意図的なセックスの最中とか、自分の世界に情熱的な好奇心をいだいているときなど。

われわれは肉体にライトボディ、「カー」(Ka)を保持した人間としか融合できません。この「カー」は、あなたがたの肉体、感情体、メンタル体、霊体への意識的なアクセスを提供します。自己についての感覚はこれら四つの意識体でそれぞれ異なり、より精妙な自己感覚は非物質的な波動へのアクセスを拡大してくれます。多くの人にとって、すでに四つの意識体は自分の感情の状態をよりよく知るための道具として役立っていますし、われわれからも、この知識こそプレアデスの起源にいたる理想的な道だといっておきましょう。われわれが人間と融合できる程度は、あなたがたが自分のなかにどれだけのエネルギーを活性化できるかで決まります。おぼえていてください。「カー」を体内に保持しているという意識が、クンダリーニのエネルギーを活性化させるのです。そのため、古代エジプトでは「カー」の知恵がたいへん大切にされました。紀元前三五〇〇年から一四〇〇年のエジプトは、シリウスの光の幾何学場が民のすべてにひらかれた形で保持された文明でした。しばしば「青ナイル」と呼ばれたこの光の

＊**カー**(ka)　古代エジプト宗教で、生命を生み維持する根源とされた。第二霊。魂。

場では、人々は体内に「カー」を保持する方法を教わり、彼らの肉体がナイルの場の統一性を保っていました。人々は宇宙の共鳴を地球に定着させる役割をはたしました。一九九四年の三月から、この光の幾何学場がエジプトのヴォルテックス・システムにふたたび固定され、三次元はあらためて六次元のシリウスの幾何学形態を保持するために拡張されました。「カー」のワークを詳細にのべた新しい本があります。アモラ・クァンイン著『プレアデスのワークブック——あなたの神聖なカーを覚醒させる』です。[19]

太陽系が「銀河の夜」を運行するあいだ、あなたがたはさまざまな星系の精妙な光にアクセスします。たとえばアルクトゥルスの光や、オリオンの知恵の体験をもつかもしれません。太陽系が「銀河の夜」の旅をつづけ、闇のなかに深く入っていくほど、ほかの星系の知性を多く認識することができます。シリウスの知識がエジプトの青ナイル時代に地球上で活性化されたように。現在は、アルシオネが銀河のコミュニケーション回路、フォトンの情報ハイウェイにのせるために、それらの星から知識を発掘しています。このカルマ上演のさまざまな役をすすんで演じて遊ぼうとする人間は、プレアデス人にたいへん貴重な恩恵を与えています。そのかわり、プレアデス人も今回の移行を援助するために来ています。どんな関係もお互いの合意事項ですから。

エネルギーが加速するなかで、あなたがたの多くは肉体にとどまらないことを選ぶでしょう。この選択もまったく問題ありません。ただ、ひとつ助言をさしあげます。地球を活性化しつつある新しいエネルギー場のいちばんいい点は、もっと自分の現実を作れるようになることです。シリウスの幾何学場の拡張する性質によって、共時性が三次元でも目に見えるようになるからです。互いに無関係なものごとの結びつきにただ従っていけば、なんでも創造することができます。どんな高次の波動を感知しても、拡張された場があなたがたの肉体をその波動と調和させてくれますから、**なにか選択するときは自分の身体に選ばせてください**。情況に対応するこの新しい方法を信頼すればするほど、幸せになるでしょう。

この新しい場はたいへん強烈なフォトンの活性化を示す兆候ですが、フォトン・ベルトに入らなくてもありえます。青ナイルのエジプト人は、フォトン・ベルトの外にいるあいだにこれを達成しました。彼らは星の光を地球に定着させるため、ギザ高原のピラミッド・システムを建造したのです。それは「オシリスの道」、すなわちオリオン回廊に通じる「銀河の夜」の道にアクセスするための星図でした。[20]

エジプト人は星の光をグラウンディングさせる体系的方法を発達させました。近い将来あなたがたは、それとおなじ種類の方法がレンヌ・ル・シャトー、エイヴバリー、テオティワカンの背景にある科学技術だと気づくでしょう。シリウスの場がジオマンティック・グリッドにふたたび固定されたいま、地球とあなたがたの視力がふたたび覚醒するさまに驚かされるはずです。さまざまな聖地を強化する神殿も、フォトン・ベルトの旅において地球の安定化にどれほど重要か判明すれば、再建されるでしょう。それらの場がなければ、地球の表面意識は極端な二元性をおびてしまいます。イクナートン（アメンホテプ四世）が場を再建しようと奇怪な方法を試みたのも、その理由からです。極端な二元性をおびた環境では、自分の現実を作る方法がとてもわかりにくいのです。

二元的な現実と、われわれのいう二極性とはどう違うのでしょうか。極性の場合はふたつの単位が共鳴しあい、つながりあい、さまざまな次元と世界を結びつけることができます。しかし、二元化された単位はひとつの次元において分離しています。三次元における「右－左」「白－黒」「われわれ－彼ら」のように。二元的な環境はたいへん制限がきつく、知性は縮小します。シリウスの幾何学場はつながりあったフォトンによって拡大し、そのつながりあいが他次元へのポータルをひらくので、共時性もゆたかになります。**共時性に意識を同調させると宇宙の諸領域をちらりとかいま見る余地ができ、それがあなたがたの視力をいっきに切りひらきます。**

フォトンの自然な極性に意識を同調させるには、黄道一二室のシステムを三次元における生活のモデ

＊レンヌ・ル・シャトー　南仏ラングドック地方の小村で、ケルト時代の聖地。1970年代に謎の財宝をめぐる調査によって注目を集めた。

＊エイヴバリー　英国ウィルトシャー、新石器時代の環状列石ストーンヘンジ近くの村。

＊テオティワカン　メキシコ中央高原最大の古代都市。太陽のピラミッドなど、紀元前3世紀から7世紀に栄えた古代テオティワカン文化の遺跡がある。

ルにすることをおすすめします。地表に生きる自分を、丸い水平面が一二の探求の場に分割された中心においてみると、このモデルが自己感覚をいかに拡大させてくれるかに驚くでしょう。ふつう、あなたがたは二元化されて「自─他」というように問題のどちらかの面にフォーカスしますが、一二の基本的な人生経験が六つの極性に分かれた場では、人生をしっかり演じつつ六つの極性の幅をひろげていくことができます。一二分割は二元性を越えて意識を三次元の外まで拡大し、ひろがった潜在的可能性の視野があなたがたの場を外にむかって移動させます。右か左かという現実の解釈は消えうせ、特定の信念体系を信じこまなくなります。民よ、わかってください。シリウス人が世界を拡大したのではありませんか。あなたがたがそうしたのです。一九七二年から一九九四年にかけて人間は目をさまし、自分たちがゲームの駒だったことを悟りました。そのようにして新たなすばらしい鋭敏さを獲得したからこそ、シリウス人はあなたがたの水平面の拡張力を利用することができ、人間が自分の目をひらくあいだ、あなたがたと地球のために保っておける新しい複雑な視力を発明したのです。この美しくも新しい現実拡張の幾何学形態を作ったシリウス人に、わたしは喝采を送ります。

故郷《ふるさと》をつくる

プレアデス人は、ある視点からこの情況の一部をひき起こしたことを認めます。前にもいったように、わたしが地球上にみつけた唯一の罪は退屈です。わたしの媒体は一九七二年、「どうしようもなく退屈で、際限のないくりかえしに吐き気がする！」と伝えてきたものです。見たところ、あなたがたはみな自分のしていることを正確に把握していました。このごろはやっと魔法のごとく目をひらき、現在に生

＊**イクナートン**　エジプト第18王朝の王アメンホテプ四世。イクン・アトンとも。宗教改革者で、最初の一神教信者。

きる人も出てきましたが、それでもまだ、前回の地軸逆転で死んだマストドンのように過去に凍りついている人が多いのです。最近、氷河のなかから集団で見つかった彼らを解凍してみたところ、肉はまだ食用に耐える状態だったそうです。あなたがたのなかには、地球上ですくなくともひとつは選択権があることに気づいた人もいます。それは自分の人生です。いま人間は新しい壮大な可能性の場にいるのです。地球の変化のおそるべき力を、そしてO・J・シンプソンのような人物が作ってみせる一大ドラマを眺め、あなたがたは決心します。「こんなところは出ていくぞ!」——それなら、楽しく退場してください。

自分自身の死にまつわる怖れに直面することで、退場方法はいかようにも作れます。どんなふうにかといえば、内面を深く見ていって、自分がどの部分で死を選んでいるか正確にみつけ、それを思いきり追求するのです。プレアデス人は頭がおかしいと思いますか。それよりも悪い、失礼だと思いますか。でも、命を縮めると思いながらアルコールを飲み、タバコを吸っているのはプレアデス人ではありません。ここにいたらきっと死ぬと思いながら、地球の変化が激しい地域に住んでいるのも、自己嫌悪をいだきながら愛のないセックスをしているのも、プレアデス人ではありません。あなたがたです。民よ、いまは本当に簡単なのです。飲酒や喫煙をするなら、ただ楽しんでください。崖っぷちに生きるなら、徹底的に快楽を味わってください。そして、だれかを愛したときだけセックスをしてください。人間のあらゆるエクスタシーのなかに死があります。それが三次元の性質です。でも、どんな快楽もがまんする必要はありません。**自分の欲求をみずからの手にとり戻してください**。**そうすれば**、**精妙なエネルギーが喜びの波動として銀河系に解放されるでしょう**。自分のしていることを裁くのはやめてください。でなければ、そうした行為はやめて、生きようと決めてください。

あなたがこの時期に三次元を離れることを選ぶなら、われわれはそれも尊重します。ただどうか、あ

＊マストドン　新生代後半に生息していた長鼻目の化石獣。

なたの天賦の才を銀河いっぱいに吹きちらすような壮大な死を創造することを考えてみてください。人間の多くは不滅を願い、ベートーベンやゴッホのようになろうとしました。しかし、もう聾者《ろうしゃ》になったり、耳を切りおとしたり、存命中は仕事の報酬が得られないようにする必要はありません。だれかが自分を殺そうとしている、などという考えを受けいれないことです。ひとつひとつの瞬間の精妙さを見て、だれも自分たちを家畜の群のように導くことはできないと知ってください。いますぐ「故郷《ふるさと》をつくろう」と決心してください。住まいの外に出て、散歩をしましょう。深く息を吸い、視野を拡大し、ハートで空気の匂いをかぎ、踏みしめる足の感触を味わいましょう。両手をふりまわし、それから周囲の環境をじっくり見て、自問してください。「わたしはこの場所で地球を愛しているだろうか」と。もし、その場所が乾燥しすぎていたり、寒すぎたり、都市化しすぎていたり、人里から離れすぎていたりして、環境に拒絶されているように感じたら、ちょっと考えてみるべきです。シリウスの幾何学場があなたがたの場を拡大しつつあるいま、愛していない場所にとどまることはできません。あなたの唯一の役割は、自分の住まいでしっかり根をおろし、その感覚を環境に放射することです。やがて、人間すべてが光の幾何学形態を地球にグラウンディングさせるようになります。地球を拒絶する者は、彼女《ガイア》が許さないでしょう。

都会でも田舎でも、はたまたジャングルや砂漠でも、関係ありません。人間はそれぞれ地球上の特定の場所を愛するようにコード化されており、シリウスの幾何学場がそこにひき寄せてくれるでしょう。さもないと、あなたがたは体内のマヤズムの引き金をひかれて爆発してしまいます。〝場所〟について、いままで人から聞いた話は信じないでください。たとえばニューヨーク市は、地球上でもっとも強力な爬虫類ヴォルテックスのひとつです。人々が都会にひきつけられるのは、そこにある大きなヴォルテックスのためなのです。ニューヨーク市はすばらしい石灰岩の洞窟群の上に築かれています。それらの洞窟は二次元のおそるべき土の存在たちの聖なる神殿で、エネルギー場としてはエルサレムと似ています。あなたがたの土地を先住民が支配し、場所の力を理解していたころは、マンハッタン島は大いなる岩の男根として知られ、一二の聖なる泉をもつ原生林が保たれていました。それぞれの泉に祭壇があり、その上で星の赤子を受胎するための聖なるセックスがおこなわれました。ペニスの先端にあたる砂浜では、もっとも神聖な浄化の儀式が催されました。ニューヨーク市は創造性の才能とジオマンシー的パワーに満ち満ちているので、わたしの媒体はほとんど通り一本ごとに波動の違いを感じることができます。いちばん重要な泉はかつて「亀の島《タートル・アイランド》」と呼ばれ、ちょうど国連ビルの下にあります。ロンドン、パリ、ローマなど大都市はみな、星の才能につながるジオマンシー的ヴォルテックスに帽子のように乗っているのです。逆に、ニューイングランドの田園地帯はパワフルな巨石時代の計算表とストーン・サークルの謎がかけられています。これは最後の氷河がひいたあと、つまり、われわれが今回の「銀河の夜」に入った紀元前九〇〇〇年ごろに建造されたものです。惑星地球はあなたを故郷にひき寄せつつあります。その場所で、あなたは安全と幸福をおぼえるでしょう。

地球はすみずみまでガイアにこよなく愛され、とほうもない創造力がコード化されています。牡牛座の時代(紀元前四三二〇年—二一六〇年)に巨石文明の人々がそれを理解し、チャネルしました。彼らの科学技術は、さらに古い蠍座の時代（紀元前一万七二八〇年—一万五一二〇年）の旧石器時代の知恵が、獅子座の時代（紀元前一万八〇〇年—八六四〇年）のフォトン・ベルト没入にも耐えて残ったものを土台に発達しました。だから、あなたがたはギザの大ピラミッドやエイヴバリーの環状列石に大きなエネルギーを感じるのです。フォトンの言語であるミステリー・サークルが、いま地球の場に刻印づけをしているのもそのためです。生命力が強化された場所を、植物を通じて示しているのです。こうしたヴォルテックスの標識はあなたがたを活性化し、本来どこにいるべきかを知らせようとしています。

わたしサティアは、この「故郷をつくる《メイキング・ホーム》」という古いチェロキー族の教えを、ぜひ真剣に受けとってほしいと思います。マヤ暦の終わる時期とその性質について情報提供するのも、いま起きていることに注意を払ってほしいからです。よく聞いてください。あなたがた各自の行動は、自分で思っているよりはるかに重要です。地球が保ちきれる銀河の知恵の量は、あなたがたが内側でその知恵に同調する程度にかかっているのです。もしも家を出て歩きながら、通りや町やまわりの土地に憎しみを感じるなら、あなたは深刻な危険にさらされています。ゆっくり時間をとって自分の住んでいる場所に意識を同調させ、ハートで感じなければなりません。自分の住まいのエネルギーにはたらきかけて充分に強化し、ふたたび地球に対して敏感な反応を返さなければなりません。あるいは、雨や陽光にハートが拡大するような場所をさがすべきです。太陽、雨、風、火を怖れないでください。ただ自分のなかで、そうした基本的な自然力に抵抗している部分を変えるのです。あなたがたは自然の諸力なしには生きられませんし、自然の力もあなたがたなしには生きられません。いまフォトンの活性化が体内のマヤズムを呼びおこしているので、自分を拒絶するような環境では苦痛の変換に対処しきれなくなります。つぎの言葉を聞き、あなたの内部で共鳴させ、口に出していってください。「わたしはいま、故郷をつくる。」

過去から抜けだしてください。すべては変わったのです。いまとにかく必要なのは、自分が拡大するような場所に暮らすことを選びながら、内面ふかく見ていき、こわいものを突きとめることです。それから世界に出ていって、そのいちばんこわいものを実行し、自分自身をよく観察してください。望むことを意図し、もし自分が「できない、無理だ」といっているのに気づいたら、そこを突破して「こうしたいんだ！」と宣言し、実行するのです。ビジョン・クエストに出るなり、マッシュルーム・サークルでも蛇のイニシエーションでもかまいません。いま、この瞬間に生きはじめてください。毎日、あなたの特別な場所でハートの拡大とグラウンディングを本当に感じていなければ、そのようなことはできないでしょう。さもないと望みはありません。人生で毎日ガイアを拒否していたら、どうして彼女に抱きしめてくれと頼めるでしょう。

わたしは死に方を教えるために来たのではありません。エクスタシーに満ちた生を送るための情報は、いまのあなたの人生にあると教えにきたのです。自分自身の身体をどうするかという究極の選択はどこかよそにあり、しかも先延ばしになっている、と考えるのはやめていいのです。シリウス人が、プレアデスの愛の波動を強める莫大な幾何学構造を増やしているので、あなたの奥深くにいま途方もなく愛に満ちたエネルギーがひらきつつあることを知ってください。あなたの家に愛が高まってくるのを感じましょう。ハートで感じてみればわかります。この壮大な活性化は、地球上のすべての身体の内部にキリストのエネルギーを覚醒させているのです。それはどういう意味でしょうか。体内にキリストのエネルギーがあるということは、血液中に結晶したコードがふたたびガイアと同調することを意味します。故郷をつくり、生を選択してください。あるいは、この星に半分死んだような自分を散らかすくらいなら、明確な方向性をもってべつの領域に移行する、そんな死を選ぶことで自分に直面し、解放してください。

いっぽう、ガイアの中核にあるクリスタルのなかでは二次元の諸元素が目をさまし、ガイアの知性を表現しつつあります。そして地表は五次元のプレアデスの愛の調波と、非物質的領域からくるクンダリーニの炎に活気づけられます。完全な統一性をもつエネルギーだけが、低い次元にとどまるでしょう。こうして形態形成場の複製がなされます。この活性化において、あなたがたの体内の反粒子は解放されて自分と似たものをさがします。それがフォトンであり、どのように自分を癒すべきかを正確に教えてくれるでしょう。だから、わたしはいうのです。魅せられるままに進んでください。共時性にしたがってください。あらゆる融合から手がかりが飛びだしています。ただ、もとめればいいのです。物理的な統一性に向かうことを選択する者はみな、すばらしい感覚を味わい、新しい生物界の形態形成場を設定するために、それぞれの役割をはたすでしょう。あなたは自分が抑圧している病気を、あるいはルワンダの可能性を、めざめた生物界の形態形成場の一部にしたいですか。

生物のコードを発見する唯一の方法は、自分からはじめることです。あなたがたは九次元的な形態として生まれました。「四つの意識体」という形で肉体的、感情的、精神的、霊的にみずからを表現するエネルギー組織なのです。それぞれの意識体の浄化と活性化によって、あなたがたは銀河との共鳴におし進められます（図8）。一九九四年三月まで、もっとも密度の濃い「身体」は感情体でした。過去一万一〇〇〇年のあいだ、あらゆる次元の存在たちとカルマ的遭遇をたっぷりしてきたからです。四次元の元型の領域は人間の肉体を越えたところに最初にある非物質的領域で、感情を通してのみアクセスできる、さまざまな非物質的領域を映しだすスクリーンのようなものです。三次元におけるあなたがたの形態の自然な幾何学形は正確なピラミッド型に再構成されて、シリウスの純粋な幾何学形をグラウンディングできるようになりました。ピラミッドのなかで、あなたがたの感情体は肉体より突出しているように見えましたが、その処理もやっと完了し（なかには多少の作業が残っている人もいますが）、いま肉体の加速が起きています。マヤズムを浄化しなければならないので、たいへん激しい加速になっており、だからこそ地球の援助を受けられるように「故郷をつくる」べきなのです。**ガイアは人間ひとりひとりを再生させていきます。**

多くの教師があなたがたの感情体の加速を手伝ってきました。彼らは、これが多次元性につながるアクセスポイントであることを知っています。バーバラ・ハンド・クロウもすでに『流動する光の性』(21)のなかで、加速のプロセスをうながす太陽占星学のテクニックを紹介しています。その内容は、一九八七年から二〇一二年までに三〇歳から五〇歳になる人々にとって、不可欠な人生の指針です。また彼女は、過去世回帰と多次元セラピーによって自分を加速するというテーマで、三部作を書いています。その種

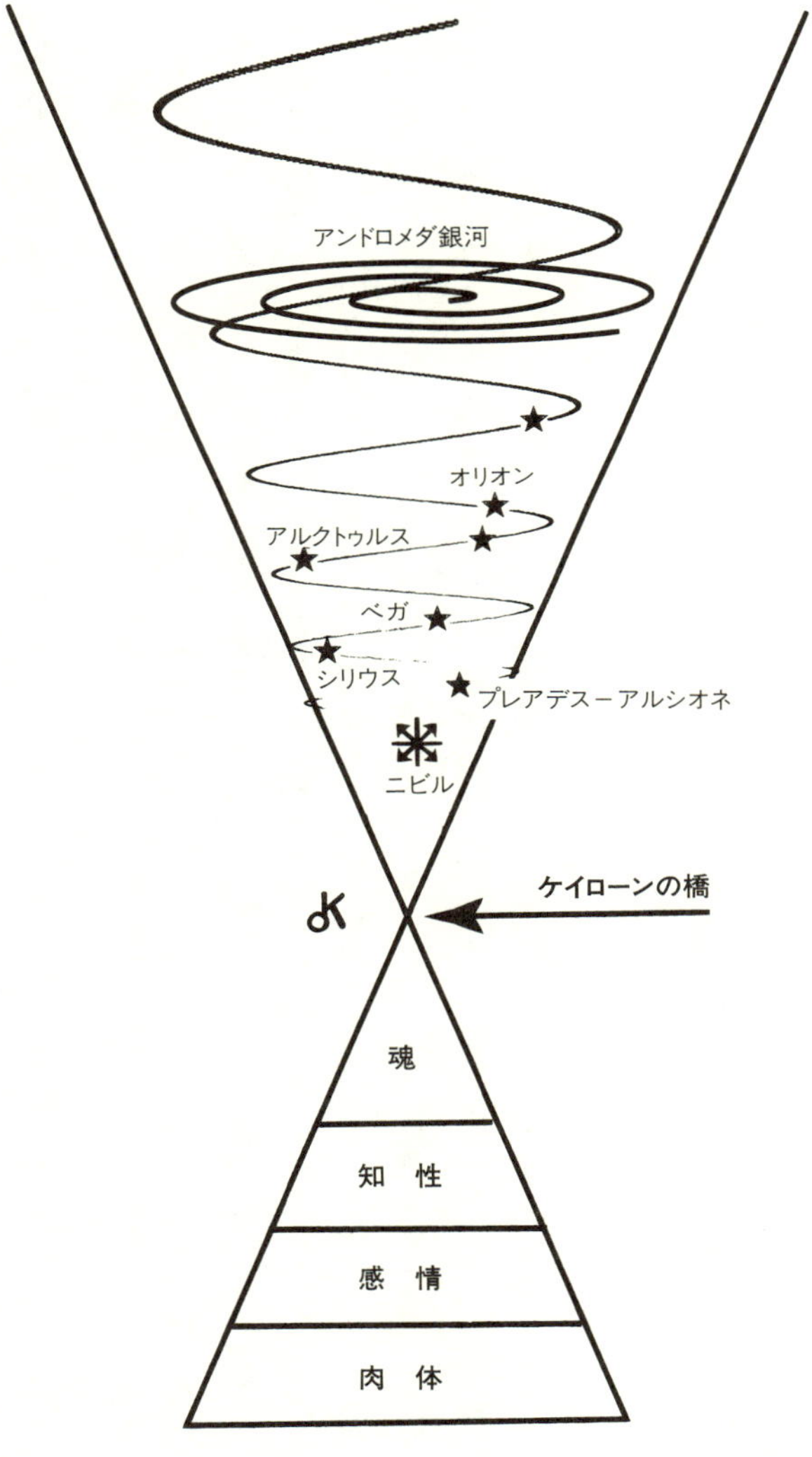
アンドロメダ銀河
オリオン
アルクトゥルス
ベガ
シリウス
プレアデス－アルシオネ
ニビル
ケイローンの橋
魂
知　性
感　情
肉　体

図8　銀河の橋

のテクニックを提供できるボディワーカーやセラピストが身近にいなくても、この三部作を読むだけで、実際にかなりの過去世と細胞の記憶を呼びおこすことができます。(22)

神聖な祭壇と「カー」

どこにいようと、たとえ刑務所の独房であっても「故郷をつくる」ことはできます。非常にパワフルな方法がふたつあります。四方位をまつる神聖な祭壇と、神聖なポーズの実践です。まず祭壇については、四つの方角の性質とエネルギーの知識はひろく教えられていますから、知ることができるでしょう。東西南北それぞれの方角のエネルギーを調べ、確認する必要があります。そうしたら小さな空間を選んで（縦横二・五メートルなら完璧です）中心を決め、各方角にひとつずつ祭壇を作ります。その中心は、あなたの現実をガイアの中核のクリスタルに直接つなぐ点になり、四つの方角はあらゆる方向から意識を引きいれます。中心にすわって各方角への理解を深めていくにつれて、石や骨、工芸品、愛のこもった贈り物、クリスタルなど、聖なる物たちがあなたの人生にやってくるでしょう。物はそれぞれ、どれかの方角の理解と強い関連をもっているはずです。聖なる物を特定の方角の祭壇にそなえ、中心で祈るたびにその教えを思いだすことによって、あなた自身の多次元的知性とのつながりがどんどん強まっていきます。あなたの下に位置する諸元素は、ガイアの知性を送りこんできます。やがて、他人や自分を癒す必要があるとき、祭壇に向かうようになるでしょう。なにか疑問がわいたときも指針をもとめにいき、自分の領域に導きいれた知性たちに相談するため、くりかえし訪れるでしょう。祭壇の中心でセンタリングを学ぶにつれて、九次元の軸がさまざまな存在をあなたの空間にひき寄せます。

＊**センタリング**　自分を中心におく、中心に戻すこと。

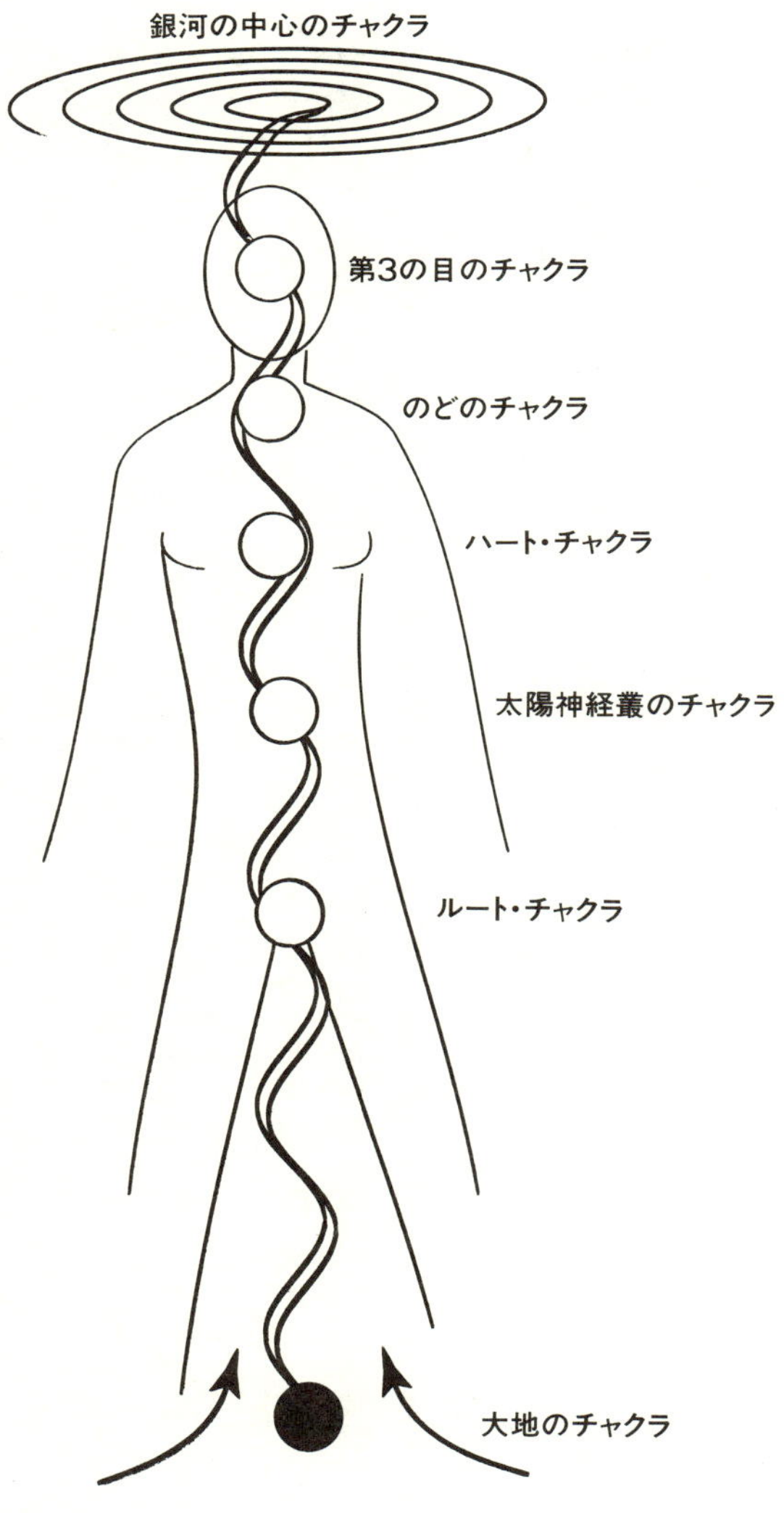
銀河の中心のチャクラ
第3の目のチャクラ
のどのチャクラ
ハート・チャクラ
太陽神経叢のチャクラ
ルート・チャクラ
大地のチャクラ

図9　人間のチャクラ

やがて、あなたの祭壇はすべてを包含する宇宙になるでしょう。自宅の一室をこの祭壇にすることもできますが、小さい空間のほうが集中を高めます。時間をかければ、祭壇というバランスのとれた多次元空間にいるときの感覚で、自分の「カー」が体内にあることを認識できます。もっとひろい世間にいるときも、身体のなかに「カー」を楽に保持できます。自分のなかに「カー」がないときは、そう感じられますから。祭壇の中心に行けば、いつでも「カー」をあらためて統合し、自分を充電することができます。最終的には自分の中心にいる人間が世界におおぜい増えて、地球全体が調和するでしょう。

人間のチャクラを示す図9のモデルは、地球上のどのモデルとも異なっています。これはプレアデス人から見た人間のチャクラ・システムで、大地のチャクラである第一チャクラが、地球の中核のクリスタル（あなたがたの領域の一次元）になっている点が、ほかと違います。このシステムでは、七つのチャクラはまず基礎となる大地のチャクラにはじまり、体内の五つのチャクラがセクシュアル・センターであるルート・チャクラから第三の目まで、そして第七チャクラは銀河の中心に位置しています。あなたがたの肉体は三次元にあるので、第一チャクラは地球の中核とつながる連結点になり、地球の中心から出たエネルギーの線が二次元の土の領域を抜けてルート・チャクラに固定されます。ルート・チャクラでは、一次元と二次元があなたの身体を電気的に活性化します。じゅうぶんに強く喚起されれば背骨にそって蛇が上昇し、全身が電磁場になります。この場が三次元におけるあなたの身体であり、「故郷をつくる」とは、活性化した身体をグラウンディングさせることを意味します。

図10を見ると、ある地点において一次元があなたをグラウンディングさせる仕組みがわかりやすいでしょう。一次元は、あなた自身の身体に魅惑された土のエネルギーを通して三角形を作ります。あなたの身体は地球の中心の力を受けとり、さまざまな元素形態でできた線が入ってくることで二次元の土の領域のエネルギーに共鳴し、三次元を生きるあいだ、四つの意識体によって自己表現をしていきます。

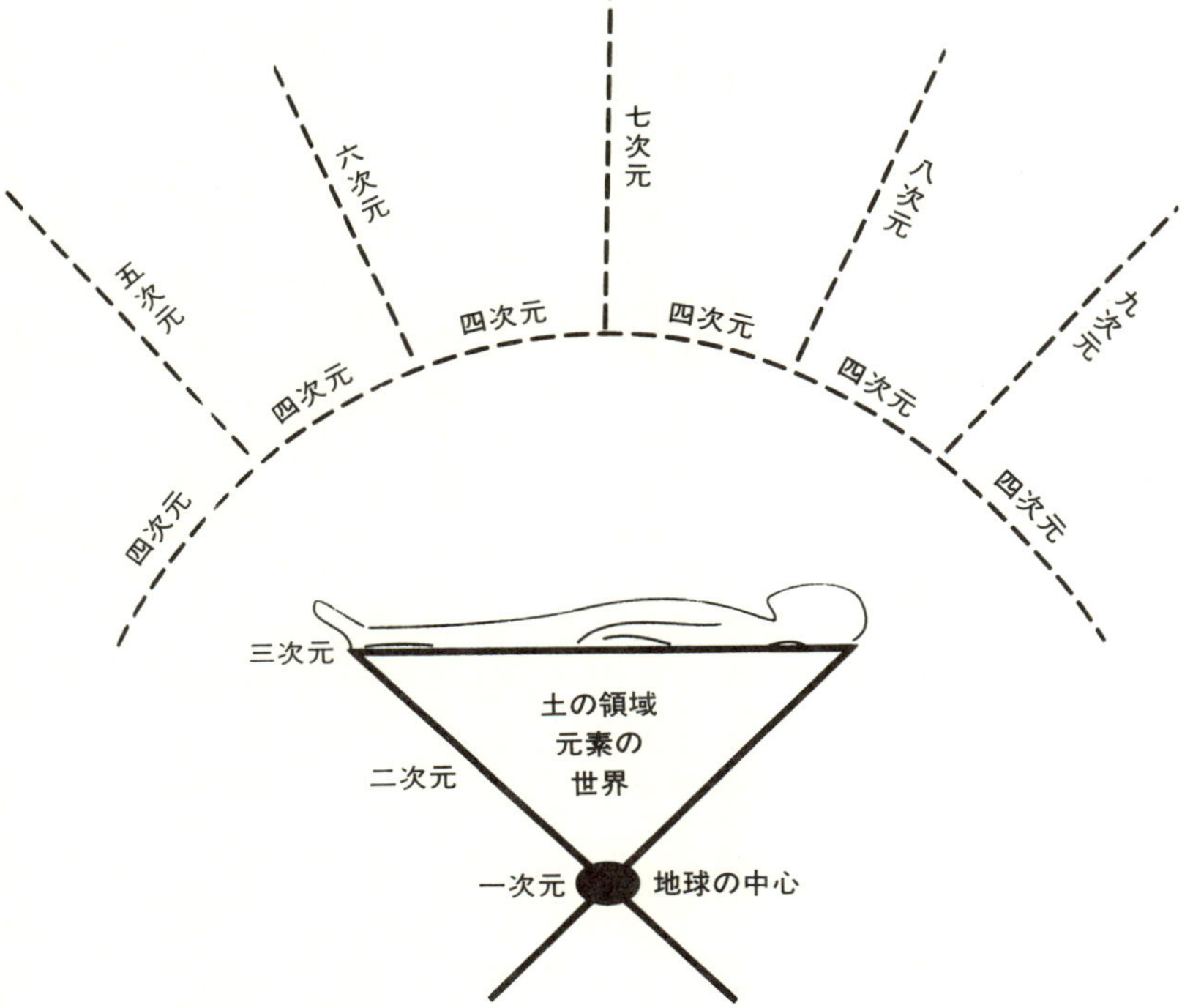

七次元
六次元
八次元
五次元
九次元
四次元
四次元
四次元
四次元
四次元
四次元
三次元
土の領域
元素の
世界
二次元
一次元
地球の中心

図10　光の天蓋

四次元の元型の領域は、あなたの肉体から放射される莫大なエネルギーを保持できる天蓋《てんがい》として、イメージしてください。この四次元の天蓋は、地下でガイアを表現している二次元の元素の存在たちによって形態を支えられ、五次元から九次元までの力に反応する能力をもち、非常に高い波動を理解させてくれます。四次元は感情によるじゅうぶんな密度があるため、充実した天蓋ができるのです。あなたはこれを使って四次元のドラマを観察できます。見たものを価値判断しないようになれば、非常に精妙な周波数をとらえはじめるでしょう。

もし、わたしがどうも二次元と四次元のエネルギーをけなしているように思えたら、それは〝あなた自身の投影〟です。単に、二次元の諸元素のエネルギーと四次元の元型の力は、人間にとっていちばん統合しにくいだけです。プレアデス人は彼らの表現を愛していますし、とてつもない創造性も愛しています。われわれの話のなかで、なんらかのエネルギーに対する価値判断に陥らせるものがあれば、自分の内側の反感に耳を傾けてみてください。それが、あなたのまだクリアしていない部分です。わたしはあなたがたを引きずって、本当に大切にしてきた信念の多くを抜けていきます。あなたがたの狂信を侮辱し、愚かさと盲目さを暴露していきます。そこにあなた自身の投影がひとつでも鏡のように映しだされるかもしれない、ただそのためです。なぜでしょうか。そのような投影は邪悪を生むものであり、それを自分のなかで解放すれば邪悪の可能性が減少するからです。

プレアデス人はボディワークについて好意的にのべてきました。肉体の深く傷ついた部分には過去の多次元的体験が横たわっており、それが、いまのあなたの意識を呼びおこすことができます。実際に起こったときは統合できなかった体験ですが、そのエネルギーはあなたが取り組む対象として、体内で活性化される必要があったのです。あなたがたは悪い側面をもつ体験をすると、その体験をまるごと否定し、葬ってしまっていることが多いのを認識すべきです。過去一万一〇〇〇年の「銀河の夜」のあいだ、人間は多くの途方もない体験を積み、それが進化のつぎの段階にそなえた知恵の図書館として〝記憶〟になってきました。ずっと昔、あなたがたは手足を伸ばしてあれこれ試し、そのときは達成しなかったけれど、新しい可能性を見たわけです。そして状況が頂点に近づきつつあるいま、ひとりひとりのなかでそれらの可能性がすべて浮上しています。

この話が信じられないなら、あなたがたの歴史を考えてみてください。ほかに、地球上のドラマのゆたかさを説明づけることができますか。地表のほんの一部の所有権をめぐり、おびただしい人数を殺しあうのはなぜでしょう。それを考えれば、四次元の元型の存在たちが人間を刺激して戦いをはじめさせるとき、血をもとめる欲望など二次元の諸元素の感情の力が煽動されるのがわかるでしょう。それ以外に、ボスニア・ヘルツェゴビナやルワンダの略奪と残忍な行為を説明できますか。あなたがたは、これを理解するために巨大なドラマに吸いこまれているのです。このような力でよその国がまるごと苦しんでいるのをテレビで見るより、自分自身の内なるドラゴンを退治したほうがよくありませんか？

いま意識的に自分の「カー」を活性化することで、さらに進んでいくことができます。また図10に戻りますが、「カー」をもっともよく理解するには、あなたがたの肉体またはエネルギー場の上にかかる四次元の天蓋とみなすのがいいでしょう。どの次元においても、強力な活性化エネルギーの源はひとつ下の次元であり、人間の肉体については二次元の元素の領域が強いパワーの源です。またどの次元においても、高い周波数による活性化の源はすぐ上の次元です。なぜかというと、あなたがたは二次元とじゅうぶん近く共鳴しているので、その濃密な波動を身体で感じられますし、四次元ともじゅうぶん近い波動なので、その活性化を受けたとき感じとれるのです。ほかの次元にアクセスする前に、まずこのふたつのポータルをひらかねばなりません。ちょうど外国人に手をさしのべる前に、まず自分の隣近所と仲良くできなければならないように。ガイアとひとつになるには元素の領域をマスターしなければならず、より精妙な次元を理解するには自分の感情をマスターしなければならないのです。そして、四次元の元型の領域があなたの肉体の波動をマスターしてはじめて、あなたがたは諸元素の知性に取り組んでガイアを本当によく知ることができます。あらゆる次元は、あなたがたが想像するよりもしっかりと歯車のようにかみあっており、そのすべてが定期的に統一性をとり戻さなければ、どの次元も生きのびていけません。

　では、いったいどのようにして四次元の元型のドラマをマスターすればいいのでしょうか。このドラマは本当は、あなたがたと霊的に交わりたいと願うエーテル界のはたらきです。エーテル界はたいへん精妙な波動なので、物質界のすぐ上の次元を通して〝変換〟しなければ、人間には読みとれません。変換とは、たとえば電話器が電気信号を受けとり、それを耳に聞こえる音にして伝えるときの作業です。注意して聞いてください。あなたがたは利用されたと思っているので、この感情の領域に対してかなりの否定性をいだいています。しかし、このポータルを通る以外に道はないのです。どのような仕組みになっているかを理解しなければなりません。なぜならゼカリア・シッチンによると、四次元のアヌンナキは人間の遺伝子を操作していますから。[23] わたしの媒体バーバラ・ハンド・クロウは『アトランティスの印章』のなかで、あるアトランティスの科学者が実験室でフォトンを解読した経緯をのべ、宇宙人たちもDNA解読によって人間を理解できることを示しています。そう、人間のDNAはふたたび解読されようとしています。あなたがたのなかのアヌンナキの科学者たちに分析され、調べられています。彼らはDNAの修復によって病気が治せるといっています。わたしサティアがはっきりいいましょう。DNAの修復は、否定的な感情を解放し、体内のマヤズムを浄化し、意識の明晰さと純粋な霊的統一性をとり戻すことによってのみ可能です。DNAと肉体はあなたの反映ですから、自分自身に取り組んでください。そして、あなたを切りひらいて吟味しようとする者にはじゅうぶん気をつけてください。

＊ゼカリア・シッチン　パレスチナ生まれの言語学者、考古学者。シュメール語を解読できる数すくない学者のひとり。メソポタミアの粘土板に刻まれた古文書から、アヌンナキや惑星ニビルのシュメール支配について数多くの著作を発表。

地球の表面を歩むとき、第一チャクラが地球の中核のクリスタルにあるのを感じて、自分を一本の垂直軸にしてください。そして昇ってきたガイアのエネルギーが身体をつらぬき、頭頂から出て銀河の中心にある霊的チャクラ、あるいはクラウン・チャクラに達するのを感じてください。この宇宙のチャクラはつねに回転しながら、あなたのために非物質的領域の回廊をひらいた状態に保っています。銀河の中心を感じたまま、ふたたび自己感覚を地球の中心に置いて、こんどは逆に宇宙の領域からエネルギーを戻してください。身体に下りてきて、体内の五つのチャクラを通って下降します。垂直軸にそってエネルギーを上下させながら、感情のブロック（停滞している箇所）を見つけましょう。それは性的なブロックでしょうか、あるいは未処理の感情や、他者にあけ渡そうとしないハートのブロックでしょうか。喉にあって、自分の真実を語ろうとしないのか、それとも第三の目にあって、諸元素や元型の教師たちが見えないのですか？　どのチャクラにブロックがあるかを見きわめ、その領域を探求することを心底から決意してください。

あなたの三次元の生活において未発達の部分を観察すれば、ブロックのありかがわかります。たとえば物質的な欠乏によって、セックスが得られなかったり、自分の真実が表現できなかったりしていませんか。人生の未解決の部分、将来的には解決するだろうと思っている部分にいってください。そこで立ちどまり、いま解決するのです。自分の生きる場である三次元を完全に信頼できなければ、チャクラはひらきません。その情況のなかで、あなたがたは多次元の波を受けとるのですから。

体内の五つのチャクラは、あなたと各物理領域との接点です。ヒーリング用の台に横たわるなり恋人とベッドに入るなりして、宇宙を信頼できる安全な場所をつくり、自分の身体を一辺とし、身体の真下の地球の中心を頂点とした三角形をイメージしてください。意識をその頂点に移して、自分のガイアに対する信頼の深さを味わってください。それから、ガイアの結合力とともに身体の下の三角形に入っていき、移動しながら体内の解放すべき元素の力にアクセスします。それらがエネルギーの線のように体内に入ってきているのを感じてみて、三角形の場の意識を身体全体に移行させます。体内で、諸元素が解放してくれと叫んでいる場所に気づきを向け、いいたいことをたずねてください。彼らのすばらしいエネルギーで、身体が重く濃密に感じられてきますが、安全だと確信してそこにとどまってください。

彼らがあなたのスクリーンに映しだす画像をただ追っていきましょう——はるか昔のイメージであったとしても。ひょっとすると何百万年も前の話で、いまのあなたにはまったく事情がわからないかもしれませんから、価値判断はしないことです。なんであれ、とにかく最初に聞いてもらえなかった情報なのです。だから信頼して、耳を傾けてください。突然、その物語がどれほどあなたに認めてほしかったかを感じるでしょう。敬意を表し、思いだし、手放してください。すると高次元の場がどっと入ってきますから、身体が軽くなる感覚と至福を遠慮なく味わってください。そのあいだ、大いなる元素の力の波動を感じる場所にさらにしっかりとフォーカスし、高次元の波動をそこに呼びこみます。大いなる力が地球に戻っていくとき、あなたは危機を味わうかもしれませんが、彼らが帰還できてどれほど喜んでいるかを思いだしてください。自分がもとめられている家に帰るときのうれしさを思い、彼らを手放しましょう。アドルフ・ヒットラーが子供のとき、もしたったひとりでも彼を認めた人間がいれば、歴史はどのようになっていたか想像してください。

いま、この方法で解放するつもりなら、台に横たわった自分の上に四次元の元型のスクリーンがある、というイメージを使うといいでしょう。それはあなた専用の映画です。上映してみてください。あなたはその内容に心から驚嘆し、喜ぶでしょう。最初は、深いところに隠していたものが目の前に殺到するのでつらいかもしれませんが、すぐに好奇心が勝つはずです。だからこそ、われわれプレアデス人は人間の好奇心をこよなく愛しています。好奇心はあなたがたの心をそそり、外界にあると思っているものを探求させます。そしてある日、それらがすべて自分の内側にあったことを発見すると、ついに自分が五つのエネルギー・センターをおさめる神殿であり、いかなる源からもデータが受けとれることを悟るのです。データを受けとったら、ガイアに送りこんでください。本当にあなたのなかを流れるようになれば、それだけのエネルギーをすべて体内で処理することはできませんから。さまざまな次元が調和のもとに振動するとき、相互作用がはじまります。そのとき、あなたは同時に多くの次元に存在しているのです。

前にもいいましたが、フォトン・ベルトに完全にひたると、あらゆる次元が同時に呼びおこされます。そのとき、あなたがたは三次元にいてグラウンディングし、すべての次元の周波数を保持していなければ、肉体を離れることになります。そろそろプレアデス式ヒーリング・テクニックに取り組む時期です。

第3章

九つの次元の錬金術

わたしサティアのいう「想念が現実をつくる」とは、どういう意味でしょうか。あなたがたの多くは、人生で起きるすべてが文字どおり、自分自身の思考のはたらきであることをかいま見ています。この概念をじゅうぶん検討したあげく、実際に試してみている人もいますし、また真実にめざめ、本当に自分がまわりの巨大な世界をまるごと創造しているのだ、と認識しつつある人もいます。**これはあなたの意識によってつくられた世界なのです。**そして、こんどはその世界に感情をもって反応します。自分が創造したものに対するフィードバックというわけです。物理的な視点でいえば、あなたが毎日すごす現実は、交差するほかのあらゆる現実を否定するか無効にするだろう、という理屈になります。しかし、もし幸運にも住人のほとんどが顔見知りであるような小さな共同体に住んでいれば、そのひとりひとりが毎日、複雑なシナリオを生きていることに気づきます。さまざまな複雑な計画がからみあうなか、人々はただ短いあいさつをかわしてすれ違っていくのです。彼ら全員をエネルギー的に見ることができれば、各自の現実がじつにうまく織りあわされ、共同体全体が巨大で複雑な幾何学模様のようになっているのに驚嘆するでしょう。人間には、どのような現実にアクセスするにも、純粋に知覚をもちいる方法しかありません。現実は固形ではなく、物と物のあいだの空間は無限です。あなたがたは自分の意識に刻印づける想念や感情をひとつずつ明確に選択することができ、その選択が集まって自分の世界をつくっています。

本当に重要なのは、いま起きていることを内面世界との関連において知覚するかどうか、それだけです。外界の出来事はすべて自分の内なるエネルギーの産物だとわかってしまえば、意識によってつくられた無数の世界、おびただしい映画になんの意味があるでしょう。なにか学びましたか。そこから浮上したゆたかな感情を全部処理しましたか。外界のものが内なる世界を反映しても、それが自分を変えなければなんの意味があるでしょう？　わたしは三次元の仕組みについてのべていきますが、どうぞ思いだしてください。あなたがたの偉大な母、地球が、それらの映画すべてを上映するための空間を保持しているのです。

わたしがこの仕組みについてよりよく理解できたのは、わたしの媒体バーバラ・ハンド・クロウがこの本を書いている時期に起きた、注目すべき出来事のおかげです。プレアデス人があなたがたの体験を通して人間の現実を学んでいく過程のいい実例なので、すこし時間をとってその話をしましょう。彼女がいちばん親しくしているヒーラーの同僚、ダイアンが脳内動脈瘤をわずらい、脳外科手術の最中に動脈瘤が破裂したときのことです。ダイアンは逆療法の中心的機関である市立病院の神経科集中治療室に入院し、わたしの媒体はなんども見舞いに行きました。その過程で、彼女は濃密な波動を本当につき抜けるために、自分自身の特別な〝秘密〟を使うことができるのを知りました。なぜこの話をするかというと、あなたがたのグラウンディングの助けになり、地球の再編成を生きのびる道具を提供するからです。

いうまでもなく、あなたがたの惑星は危機的状態にあります。人間が物質化の終点に達したので、地球はあらゆるシステムを〝完全に〟つくり変えることを要求しています。逆療法を主とした医療は、物質化の現状を観察するのに理想的な分野です。なぜなら真の健康とは、本当は非物質的な状態ですから。「ヘルス」(健康)とは地球の中核と共振していることを意味し、「ステルス」(秘密)によって維持される、ひとりひとりの「ウェルス」(富)です。この三つの言葉は音のコード化がなされています。医療の物質化は、人間の身体と地球の自然なプロセスのあいだに壁をつくってしまいました。肉体を提供したあなたがたは、塀から落ちた卵のハンプティ・ダンプティであり、ついに臓器が売買される始末です。どうしたら、自分をもとの姿に戻せるでしょうか。

わたしは動脈瘤の一件から、想念を使って三次元を再構成する新しい方法を学びました。この概念に

＊**逆療法**(アロパシー)　高熱には解熱剤というように、病気の症状と逆の状態をつくる薬によって症状を相殺させる治療法。従来の西洋医学の主流。ホメオパシーの反対。

＊**ハンプティ・ダンプティ**　マザーグースより。もとには戻らないものの例え。「覆水盆に返らず」。

取り組むつもりの人にいいますが、あなたがたはもっとも高いレベルの意図から創造しなければなりません。非物質的形態を創造する土台は強い願望で、さらにその土台は愛です。あなたがたの多くがこの新しい方法を発見しつつあり、わたしはそれをともに学んでいけることに胸を踊らせています。

はじめダイアンは吐き気とめまいを訴え、悪性の流感のような状態でした。彼女は自然な治療法しか選ばないので、わたしの媒体は自分にできることはないかとたずねました。ダイアンはボディワークを頼みました。わたしの媒体はたいへん重大な事態だと確信していましたが、医師の助言はもとめないという本人の選択を尊重しました。病気である本人が特定の処置を選ばないかぎり、いかなる形のヒーリングも不可能なのです。わたしの媒体は「全面覚醒」をおこなうことにしました。これは、その人と共同ではたらいている非物質的な存在をすべて呼びだすヒーリング・セッションです。彼女は親友をマッサージ台に横たえ、セージ、ワシの羽根、クリスタル、そして重い病気にだけ使うカワウソの皮を使いました。セージを並べた大きな輪のなかでダイアンの肉体を活性化すると、周囲に見たこともないような驚くべき化学元素の集団があらわれました。あきらかに、ダイアンは驚異的なパワーを使う能力があったのです。それなのに彼女は数年来、なんらかの力が自分を制限しているようだと訴えていました。この集団が制限の源であることは明白でした。大きなトラウマに対処する場合、どんなヒーラーでもそうですが、わたしの媒体も現状を正確に把握しようと全力をつくしました。ダイアンは長年美容師として働いてきたので、美容院で使っていた化学物質の元素が身体に吸いこまれたのではないか、と考えました。諸元素が地中に戻る時期がきているように感じられました。

彼女はダイアンの周囲の空気をワシの羽根ではらうことによって元素たちをひっぱりだし、祝福と敬意を表してから二次元の領域に送りかえすようにしました。彼らは集まってエネルギーの力の大いなる旋風となり、自分たちの世界に戻っていきました。肉体が再構成され、バランスを回復したダイアンは深い眠りにつきました。諸元素が一晩じゅう木々のあいだを飛びまわるので、わたしの媒体は故郷に帰ってくれと頼みました。翌朝、元素たちは落ちつきましたが、ダイアンは違いました。どうしたことか、もだえ苦しみ、身体の内側でのたうちまわっています。そのうえ猛烈な頭痛と吐き気を訴え、ついに救急車を呼んでほしいといいだしました。

彼女の脳には何年も前からあったらしい動脈瘤がみつかり、わたしの媒体は、それが元素の教師たちのコントロールセンターに違いないと感じました。数週間してガンも発見されたので、あのとき見た存在たちは、おそらくガンを誘発する化学元素だったのでしょう。プレアデス人の視点からいうと、その種のコントロールセンターは、人間があまり早く覚醒しすぎないように時間をコード化した〝埋めこみ《インプラント》〟です。マヤズムを解放して彼らの世界に戻す作業を急ぎすぎると、あなたがたは爆発してしまいますから。わたしの目から見ると、ダイアンは人類がいま恵まれつつある覚醒のすばらしい実例です。あなたがたはみな、一九九八年までに各自の覚醒を体験するでしょう。人間のアセンション——地球との共鳴を完全にとり戻すこと——のもっとも困難な段階は、体内に隠れているマヤズムを解放するときです。動脈瘤の一件はプレアデス人のわたしにとっても、大きなめざめをうながすきっかけでした。肉体をもつ人間の内なる苦痛を完全には理解していなかったからです。わたしの媒体は人々を愛するあまり、なにが起きようとしているか教えたい、という衝動と闘ってきたのです。しかし、時期は到来しました。あなたがたはこの知らせを受けとらねばなりません。とにかく信頼してください。自分でも驚嘆するようなヒーリングをなしとげる方法がみつかるでしょう。自分を癒す作業は肉体の領域に移っており、あなたがたは全員とても急速に、とても利口にならねばなりません。明るい面をいえば、肉体のヒーリングはたいへん深遠な効果をもちますが、それは肉体的なトラウマを味わうなかで学んだことを土台に、自分の感情世界を再構築した場合にかぎられます。

巨大なトラウマのさなか、周囲のあらゆる現実をどのように再構築したらいいかについて、驚くべき洞察が降りそそぐようにやってきた経験はありませんか。たとえばあなたの父親が亡くなり、母親は危機によってひき裂くように自分をひらくことになります。母親の本心があらわになり、真実が暴露され、あなたには彼女の知覚する世界がX線のように透かして見えます。家族の機能していない部分がすっかり明白になり、関係者それぞれが確実に統一性に移行するにはなにが必要か、はっきりわかります。それなのに、わたしがなんども見てきたように、**あなたがたはせっかくの啓示を三カ月で忘れてしまいます**。でも、そのようなときにこそ、地球全体を再構築するための知恵があるのです。**あなたがたのトラウマや苦痛はすべて、他者の世界を見るためにだけ起こっています**。いま人間がこれほど面倒な状況にあるのは、こうしたときを利用して洞察を得なかったため、三次元の出来事がどんどん肥大してしまったのです。あなたがたは壊れたレコードのようです。

わたしの媒体から見ると、この友人は光明を得た存在で、制限との大いなる苦闘のさなかにありました。ダイアンの内なる知恵は同時代の場をはるかに超越したものだ、と彼女はずっと確信していました。はっきりした形で制限を示す人はかならずそうですが、単に非凡な意識を若いときに発達させなかったことが原因です。ダイアンは完全に覚醒した母親に恵まれ、時期が到来したら天賦の才能を開花させられるように、いつもハートをひらいておくことを奨励されて育ちました。ただ、時期がなかなかこないので、彼女の才能は脳の奥ふかく、時間がコード化されたコントロールセンターにしまってありました。創造的に表現すべきものがあるのに表現しないでいると、かならず肉体を攻撃し、欲求不満による内なる怒りがあなたがたを病気にします。

ここでダイアンの例をあげたのは、彼女が脳内動脈瘤とガンを克服して奇跡的に生きのび、わたしの媒体を驚嘆させたからです。この体験でわたしの媒体は、ものごとの時期と展開について信頼を深めました。また彼女はつねづね、人生にやってくることはすべて分かちあうべき教訓と考えています。そうしなければ、苦痛やトラウマの価値をじゅうぶん認めたことになりません。ヒーリングはあなたがた各自のプレアデス人としての部分の真髄ですから、この出来事についてもっとお話しましょう。わたしは人間がみずからの創造力を思いだすお手伝いをしてきました。おなじプレアデス人ですから。あなたがたは星とのつながりを忘れていただけで、いま肉体は星にむけてひらきつつあります。星々は核であり、そのため開放の動きが肉体に移ってきたのです。肉体こそ、創造の可能性を運ぶ乗り物です。

自分のモナドをみつける

ひとりひとりの奥ふかくに「秘密」があります。いまの肉体に転生することに同意したとき、星の世界から地球にもってきた贈り物です。その秘密とは多次元的な知恵のモナドであり、意識の奥底に横たわっています。たとえばダイアンの贈り物は、元素の作用に関する明敏さです。なぜわかるかといえば単純なことです。なんであれ、あなたのひき受けるトラウマは、自分の贈り物（才能）をどのようにして世界に届けるかを知るための訓練なのです。わたしの媒体が体験したトラウマも、すべて彼女の訓練の重要な一部をなしています。けれど、あなたがたはトラウマを否定し、そこから学ばずに永遠にくりかえすばかりで、出来事やものごとをただ増やしていきます。それにしても、さすがにゴミ、賭博場、殺人、ジャンクフード、自動車、爆弾など間違ったものを創造していることがわかってきたでしょう。こんなにも多くの無益なものを創造してしまったので、あなたがたは罪悪感をおぼえています。罪悪感にふけるあまり、正しいものを創造する方法を忘れ、そして自分には限界があると結論づけます。でも本当は、社会になんといわれようと、自分には限界はないと感じているのに気づいたことはありませんか。その内なる無限の感覚にこそ、あなた自身の創造性につながる道が存在します。

その道を進めばもう、内なる秘密にずっとうながされていた行動をとらずに遊んでいることはできません。「内なる秘密」はじれったさのあまり、大いなる元素の力たちを体内に引きいれ、彼らはあなたに耳を傾けさせるために肉体を病気にします。それが仕事なのです——あなたを地球の周波数七・五ヘルツと共振させ、忙しく動きまわれないようにすることが。彼らは人間を愛していますから、それでも耳を傾けなければ何回転生をくりかえしてもつきまとい、冷たい土の下に連れていくでしょう。放射能とおなじように、彼らも振動によってあなたを緩慢で無感覚にするか、逆に活発で創造的すぎる状態におきます。創造性が発揮されず、具現化に導かれないでいると、内向して破壊的になります。前にものべたように、感情を吐きだす作業は完了して肉体のワークが始まりつつあります。**あなたがたが一九九四年から九八年のあいだに勇敢にも具現化し、癒していく病気はすべて、太陽がフォトン・ベルトに入ってからは人間を瞬時に殺すことができます。**

どうしたら元素の力が見えるでしょうか。まず内面に深く入っていき、ハートのなかの、自分はなんでも創造できると知っている場所を感じてください。この内なる空間は肉体も感情も超えた部分であり、じつはハートのなかの純粋な想念であることに気づいてください。それが無限の叡知です。意識をその場所に移しましょう。その場所にいれば、どんな状況にも具体的にどう対応すべきかわかります。あなたの内側に存在し、マヤズムの解放を手伝いたくて待っている諸元素の欲求を感じてください。この地点から行動しつづけて彼らの欲求をすっかり解放すれば、あなたの周囲はなにもかも再編成され、贈り物を届けるためにとれる道のすべてが見えてきます。贈り物を世界に届けたとき、欲求不満を起こしていた創造性にまつわる怒りが解放されて、すばらしい気分を味わうでしょう。わたしは媒体にこれをうまく教えることができたので、あなたがたもそのエネルギーを体内に感じられるようになります。自分がとにかく心からワクワクして、魅《ひ》かれるままに進むとき、内側でどんな感じがするか注意してみてください。

あなたの内なる秘密、つまり自分のモナドは仕事や人間関係とはなんのかかわりもありません。しかしモナドを活性化すると、職業、人間関係、健康などの問題はすみやかに解決されます。こうした物理的・感情的現実はあなたの創造性を表現するための道具にすぎないからです。地球には単純にものごとを創造する方法があったのですが、すっかり混乱してしまいました。あなたがたが創造と基本的な物質主義を混同したとたん、モナドは非物質的なので作用できなくなったのです。では、モナドとあなたがたの秘密はどう関係があるのでしょう。モナドは、三次元の現実を完全に理解しているハイアーセルフ(高次の自己)の知恵を保つ形態です。自分のモナドを起点にして現実と取り組むようになれば、そのいちじるしい輝きに、どんな制限も消えうせてしまいます。たとえば動脈瘤のような肉体のダメージも、それを形態として保っている自分の行動を変えれば、癒すことができるのです(人間の脳がホログラム的である、という科学的証拠はじゅうぶんにあり、神経生理学者カール・プリブラムと物理学者デービッド・ボームが、七〇年代にそれぞれこの結論に達しています)[1]。したがって脳の部分的損傷は治せますし、想念を変化させて全体のパターンを変えることもできます。脳はホログラム的であり、ひとつひとつの部分が全体のパターンを反映しているので、場合によっては脳内のべつの部分がダメージを受けた機能をひきつぐこともありえます。

ハイアーセルフはあなたの肉体を制限するような行動をどう変えさせたらいいか、わかっています。しかし三次元の情報は必要ですから、ハイアーセルフは自分でそれをみつけるように微妙に誘導するでしょう。そのためには内なる導きに耳を傾けねばなりません。たとえばダイアンはたしかにガンの兆候を示しており、医師の診断をもとめるのが賢明でしたが、逆療法に敬意を払っていなかったので、そうしなかったわけです。わたしがこの話をするのは、逆療法もたいへん有益であり、適切に活用する方法をみつけるべきだからです。そして自然療法は、あくまでもそれが適切なときに利用しなければなりません。ハイアーセルフは驚くべき知性をそなえていますから、利用可能な手段についてできるかぎり情報収集しておきさえすれば、ハイアーセルフがあなたを刺激して、病院なり鍼《はり》治療なり、ふさわしい場所に導くことができます。

例にあげたダイアンは、表現を必要とする元素のエネルギーが人体のいろいろな場所に入ってきて、やがて病気を生む可能性があることをわたしの媒体に見せてくれました。わたしサティアはもう何年もこのことを教えてきましたから、彼女は実際に多くの症例でこれを観察し、体内の二次元の教師を見ただけで診断をくだすことができました。もうすぐあなたがたもみな、そうなるでしょう。ダイアンの場合、脳のなかでこのプロセスが作用するところが見られたのは非常に有益でした。動脈瘤はまず想念によってできるので、それを除去できるのも、まさに純粋な想念なのです。もちろん肉体がかなりダメージを受けてしまった場合、やはり手術が恩恵をもたらすかもしれません。生命を救うことで、純粋な想念によって創造する方法をさらにさぐっていけますから。

神経科の集中治療室でわたしの媒体が見たものは、やがて工場や都市がまるごと人間の頭に電線で接続されるようになるかもしれない、という可能性でした。そろそろ科学者たちは、肉体のプロセスをつぎつぎに肩代わりしていくものを創造するのはやめるべきです。想念が現実をつくり、想念で病気がなおることを多くの科学者がすでに知っています。しかし、だれもが機械や薬で大金を儲けており、まだ想念に値段をつける方法を編みだした者はいません。**あなたがたがもっとも統一性に遠いのは、お金の使い方です**。「高価な」を意味する expensive という言葉は、ex（非）-pensiveness（思慮ぶかさ）、つまり ex-wife

（別れた妻）のように、あなたがたが想念と分離した状態を暗示しています。高価な装置類は想念を使うことを避けさせるための大規模なコントロールの仕組みであり、人や物に限界があるという考え方を甘んじて受けいれるかぎり、さらに巨大化し、複雑さを増すばかりでしょう。

そのような制限の強い信念体系はたいへん根が深いので、そろそろ冒瀆的なジェットコースターに乗せてあげましょう。偉大なる白人の父、つまり〝神〟に対するあなたがたの強迫観念をとり払ってくれるかもしれません。警告しておきますが、つぎに読んでいただく情報は、あなたの気にそまない可能性があります。しかし、これは自分自身の細胞の記憶にもとづくライトボディで泳ぎまわるか、絶対的制限の機械的なマトリックスに電線でつながれるかを決める選択肢なのです。

のみこみにくい情報ですから、いま、自分をハートの中心に置いてください。読みながら息が荒くなってきたり、頭がずきずきしてきたり、胸が締めつけられるような感じがしたら、どうぞ意識をハートに戻してください。そして貴重な空気を肺に深く吸いこみ、また読みすすんでください。民よ、**あなたがたは自分の父親を愛してきませんでした。父なる神が、本当の父親にむかうべき愛情を盗みとったからです。**不満をいだいた父親たちは苦しみのあまり、あなたがたの創造性を制限しました。プレアデス人は五次元、つまり九次元にわたるガイア構造のちょうど中心であり、鍵となる問いをもたらすのはつねに中心たるハートです。ハートがあなたがたの肉体を活性化させるとき、プレアデス人が聖なるハートの統治者であることを思いだしてください。わたしが冒瀆的なことをいったら、深呼吸をしていっしょに笑いましょう。

アブラハムとウラニウム

そろそろ、地球上ですでに核戦争が起きていたことを思いだしてもらう時期です。(2) この事実が隠されているため、あなたがたは核分裂を実現させたにもかかわらず、核戦争をあくまでも未来の可能性と考え、いま置かれている状況の危うさが見えないのです。真相はこうです。**核戦争**は**人間**がまだ**消化**していない**過去の出来事**であり、その**意味を消化**しないと、やがて**圧倒**されてしまうでしょう。いまこそ、あなたがたの力を奪っているコード化された罪悪感のすべてに対処するときです。わたしにはわかります。人間はそれほど絶望的になっていますから。その巨大な罪悪感が、完全に完璧であらゆる責任をになってくれる〝父〟を生み、自分の生にみずから責任（対応する力）をもつことを妨害したのです。それで、あなたがたは羊になってしまいました。紀元前二〇二四年に起きた核戦争で死海はいまのような生命のない水たまりに変わり、その引き金をひいたのはアブラハムでした。「なんと、サティア、偉大なる父についてよくもそんな無礼な口を！」といってわれわれを攻撃する前に、どうか教えてください。なぜ、あなたがたはエドワード・テラーやロス・アラモスのＳＷＡＴチームを賞賛するのですか。ついでにいうと、テラーの名字〝Teller〟は、Tell Her「彼女（ガイア）に告げよ」に通じますね。

あなたがたが過去のこの部分について真実を見きわめられなかった理由は、数千年前の核爆発によって、二次元の元素形態が彼らの領域から飛びだしてきたためです。その結果、あなたがたは元素の苦痛をあまりにも強く感じたので、ヘブライ聖書（旧約聖書）は全編そこから注意をそらすように構成されました。例外はいちばん重要な物語だけです。ヤハウェは復讐する火の神として描かれ、この大いなる

＊**エドワード・テラー**　米国の核物理学者で水爆の父といわれる。

＊**ロス・アラモスの SWAT チーム**　最初の原爆を製造した原子力研究所に勤務した FBI の特殊部隊。

事実否定をおさめるための神殿と宗教が築かれました。そう、神殿や教会はこの否定を保持する構造であり、システムなのです。否定は積みかさねられました。人間の体内にはそれを保っておくための埋めこみ《インプラント》が存在し、ちょうど原子炉のように肉体から感情の廃棄物を吐きだしています。それから、あなたがたは原子を分裂させることで否定を暴露しました。アインシュタインが恐ろしい真実のおぼろげな記憶をめざめさせると、あなたがたは震えあがり、すべてを未来の可能性にしてしまったのです。人間の多くはヤハウェに対してとても不安な気持ちをいだいており、なかには〝彼〟が張本人ではないかと直感している人もいます。この隠されたきわどい思考形態が、現在あなたがたのなかに非常に深く刻まれた終末論的思考プロセスとして具現化しています。これは人間の現実のもっとも危険な傾向です。父なる神への強迫観念を手放せば、終末論的思考の毒を除去することができますから、わたしにアブラハムの話をすべて語らせてください。

紀元前の三回めの千年紀が終わるころ、ユーフラテス川流域に位置する古代シュメール都市ウルは、ニビルによって支配されていました。当時ニビル人はシュメール人と呼ばれ、シュメールはいまのバチカンのように神権統治でした。あなたがたの過去を調べると、ウルから派遣されたアブラハムが光輝く元素をいれた小箱を運んでいくのが見えます。彼はそれがたいへん危険な元素で、大きな怖れを生むことを知っているので、慎重に守っています。その元素はウルの地中深くから掘りだされましたが、もともとニビル人が埋めておいたものでした。これが「ウラニウム」(ur-anium)という言葉の語源です。この種の言葉にどれほど深遠なコード化がなされているか、そろそろ気づいてください。人間の創造性の中枢コントロールセンターがある場所は頭蓋骨、つまり「クラニウム」(cr-anium)です。あなたがたの世界の制限も、潜在的創造性も、すべて言語のなかにちゃんと存在しているのです。五次元のわたしが見るとあなたがたの盲目ぶりは傑作ですが、命とりになるかもしれないので笑ってもいられません。実際は、ウルは放射線を保管するためにアヌが選んだニビル人の首都でした。この件についてもっと情報がほしければ、そのころ放射線を内蔵するために造られた「契約の箱」のゆくえを調べるといいでしょう(3)。

アブラハムの使命はアヌの力をアヌンナキの神殿に配置して、あなたがたの祖先の感情体をコントロールできるようにすることでした。それは文化にくさびのように食いこんだ力として複雑さを増してきましたから、この問題は二〇世紀に始まったものではないと認識するのが有益でしょう。ウラニウムは半減期という過程をへて、徐々に不活性元素に変換していきます。このとき配置されたアヌの力を、ここでは「アヌ爆弾」と呼びましょう。あなたがたを読んでみると、なぜ現代の原子物理学者たちを神のような存在に感じたか、これで説明がつきます。わたしの見たところ、感情体がカルマを通じて分解するプロセスと、放射性元素が変換という形で分解するプロセスのあいだに共生関係があります。ただ、おぼえていてください。わたしは人間の現実の仕組みをいつも理解しているとはかぎりません。ですから、あなたがたを「読む」とか「調べる」というときは、あなたがたの肉体の状態を見きわめようとしているのです。いまわたしは、この共生関係を理解しようとがんばっています。それがあなたがたにとって、変換のプロセスを意識的におこなう能力につながる道だと確信しているからです。放射性物質の変換は、人間の感情体のワークと深く結びついていることがわかります。その意味で、放射線はアヌンナキあるいはニビル人からの贈り物なのです。

この問題は、とてもいろいろな見方ができます。アヌ爆弾に話を戻すと、アブラハムが放射能の箱を運んでいる様子では、そのウラニウムを使って神殿にアヌの意識を配置し、地球上に新しいレベルのニビル支配を始めるつもりのようです。かくて、牡羊座の時代の幕開けと同時に父権社会的な意識の流れが起こり、現在のあなたがたも、それが本当はなにをもたらすかに注意を払わないかぎり奴隷にされています。牡羊座の時代は戦争と支配がふさわしい時代でした。しかし、いまはふさわしくありません。

＊契約の箱　旧約聖書でモーゼの十戒を刻んだ石がおさめられた櫃。

ウラニウムは「東方の国々《レヴァント》」、つまり中東に配置される必要がありました。この地域はかつて深い大洋の下にあり、海底は地中の高温のマントルに近接していました。それが紀元前一万八〇〇〇年の地軸逆転にともない、大陸移動と地殻変動によって海底から浮上したのです。アヌにとってここは、強力なエネルギーを非常に深く致命的な形で配置できる場所でした。これは視点によって、いかような意味づけもできます。結局のところ、アヌとアブラハムが配置した感情体の意識によってなにが起きたかというと、あなたがたが多くのカルマと多くの体験を味わったわけです。太陽も星々もすべて核融合をおこなっていることを思いだしてください。ただし、中東が長いあいだ人々を奴隷にしてきた事実は見のがさないでおきましょう。

アヌは単純に世界を支配したかったのです。彼こそニビルの偉大なる父神であり、地球は彼のために選ばれた三次元の領土でした。当然、人間にとってなにが最善かを知っているつもりでしたから、地球と接触するたび、つまりニビルの軌道が太陽系に入り、ニビル人の宇宙船が地球に着陸したときや、神殿のテクノロジーを使って人間を監視するとき、彼はただ、あなたがたを利用しました。やがて紀元前二〇〇〇年ごろ、ひとたび人間がじゅうぶん自省的になると、感情がめざめてきました。アヌは当時、感情をもっていませんでした。彼は自分の全面的支配からあなたがたが抜けだしつつあるのに気づきましたが、ウラニウムを使えば、マヤ暦の終わりにアヌが太陽系から遠く離れたときでも監視できるのを知っていました。

アヌの監視下では、四次元の元型の力があなたがたを刺激して、彼らのドラマを三次元で演じさせることができます。思いだしてください、四次元はもっとも二極性の強い次元であり、いっぽう三次元は四方位の次元、ものごとを実現させる領域なのです。五〇〇〇年たったいま、ウラニウムは人間のカルマという感情体の堆積物ですっかり汚染してしまいました。プレアデス人は冗談でそれを「アヌカルマ」

と呼んだりします。四次元にこづきまわされ、両極のあいだを行ったり来たりした結果、人間の感情はたいへん加速されました。あなたがたは地球レベルで結びつきを強めており、アヌ爆弾の活性化した放射能は行き場のない莫大な創造性をおさめきれません。心理学実験室のネズミのように右往左往しているうちに、あなたがたの感情は不適切な領域に吐きだされています。**ウラニウムは、人間の体内にアヌの計画と共鳴する波動を保っているのです。**しかし、半減期の原理によって、最初のアヌ爆弾は衰えてきているのが見えます。プルトニウムはわれわれプレアデスの二万六〇〇〇年周期ともっとも近く共振する不安定元素なので、わたしはその一部をあなたがたとともに解読することができます。そちらの環境にプルトニウムがあるのは、プレアデス人全員にとって致命的なのです。おぼえていてください、わたしは視覚的なガイガー・カウンターのように、人間のからだを透かして見ることができます。そしていま、あなたがたの体内に差しこまれていたアヌンナキのプラグが、ゆるんできたのがわかります。人間は感情を変換させながらプルトニウムを変換しており、プレアデス人も前より地球に愛をもたらしやすくなっています。

そのいっぽうで、軍事産業複合体によって放射能が環境にどんどん放出されています。人々はやめさせたいと思いつつ、無力をおぼえているようです。アヌンナキが昔おこなった力の政策と結びついているので、神のように感じられるのです。彼らは人間を刺激して放射性物質を製造させ、あなたがたはゾンビのように行動し、アインシュタインは神のような存在とみなされています。民よ、利口になりなさい。まったく法外な金を払って毒を盛られているのです。放射線レベルの増加は、ニビルの生命体にとっては利益をもたらします。もしあなたがたが地球の三次元を破壊するほど愚かなら、彼らは放射能の惑星を作って自分たちが暮らす計画です。

ここで念を押しておきますが、わたしは放射線の三次元と四次元の側面しか語っていません。放射線は、ある状況が直線的な時間と空間においては非常に否定的に見えても、視点をより精妙な次元に移せばまったく意味が変わってしまうという絶妙の例です。わたしの媒体は一九八六年にクリス・グリスコムから、それまで人間の感情体は肉体より低い周波数で振動していたと聞きました。それを聞いて、われわれプレアデス人は興奮したものです。わたしに理解できなかったことを説明してくれたからです。人間がなぜもっと急速に自分を浄化できないのか、どうしてもわからなかったのです。われわれの視点からいうと、この感情の周波数の遅延こそ最初のアヌ爆弾によって設定されたものであり、そのため感情体にブロックがあるのが見えました。しかし、いまふたたび原子が分裂したということは、つまり二元化し、あなたがたの現実において融合をもとめることができますから、人間は感情体を加速させて本来の高い周波数に戻さねばなりません。

聞いてください、民よ、あなたがたの統一性は肉体に見いだすべきなのです。宇宙人たちに侵害できるのは、それより次元の高い感情のレベルだけです。図10の四次元の天蓋を見てください。もちろん、いったん感情が侵害されれば肉体も病むかもしれませんが、その場合も、侵害されうるのは肉体と波長の合わない周波数が定着した場所です。感情のほうが肉体より濃密であるとき、あなたがたは統一性がとれていないので、侵害される余地ができてしまいました。五次元のわたしの視点で見ると、エネルギーが加速するなか、感情とウラニウムの自然な共生関係によって人間の感情体は刺激され、地球に住んでいるあいだにプレアデス的なハイアーセルフが自分の真の中心になっていくでしょう。感情体が活気づくと、ハートはわれわれプレアデス人によって活気づけられます。ウラニウムの半減期と銀河の周期との共振は、人間もウラニウムに匹敵するだけ振動の周波数を上げなくてはならないことを示していま す。そうすれば、あなたがたは自然に無条件の愛を〝放射〟し、それが自分をハートの中心におき、あらゆる次元が同時にひらくでしょう。

＊**クリス・グリスコム**　シャーリー・マクレーンの『ダンシング・イン・ザ・ライト』（地湧社）にも登場するサイキックなセラピストで、多くの著書がある。

つぎの疑問は、アヌがはたして人類の波動を上げるために爆弾をしかけたのか、ということです。プレアデス人のわたしの視点からは、アヌには人類へのやさしさや思いやりが欠如しているように見えるため、愛ある決定をくだした可能性を信じるのは困難です。ただ、これは線引きが微妙で興味ぶかいのですが、アヌンナキは地球に影響力をおよぼしつつも、人間に対して非常に〝親〟的な役割をはたしてきました。そして、あなたがたには親のあらゆる側面が貴重なのです。

どの親もそうですが、彼らの活動も多くの面で、あなたがたがゆっくりと着実に発達と成長をとげていくようにうながす意味をもち、それがまた混乱を招いています。地球上の親の多くは（特に悩みのない先住民の親たちは）、五次元のプレアデス的な愛情ぶかさをそなえています。そこには子供へのかぎりない信頼が生まれます。しかしアヌの親としての傾向は、愛情と思いやりに満ちた子育てではありません。むしろ、西洋社会のほとんどで見られる子育てに似ています。もしあなたが自分自身の両親との体験をふり返り、彼らがあなたに対する真の愛と気づかいを感じていた場所をすべて切り離し、親子の関係から愛に満ちた部分をとり去ってみると、あとにはただ植物を育てるように子供を育てようとする部分だけが残るでしょう。まずあなたを産みおとし、それから食物を与えたり服を着せたりしなくてはならず、こんどはうまく発育するかどうか心配しなければなりませんでした。しかし、彼らの本来の性質にはハートに中心をおいた愛情ぶかい部分がなかったので、あなたのその部分を活性化しなかった、と想像してみてください。子供をいつくしんで育ててはいるけれど、その子に対して真の愛、つまり至福の愛を感じていないように見える親たちを知りませんか。

紀元前三六〇〇年ごろ、アヌは人間のつぎの成長段階は都市文化だと感じました。その形態が惑星レベルの意識につながっていくからです。都市文化を発達させるため、アヌの子孫には社会化が必要でした。つまり、それまでに存在した形態とは違うやり方で他の人間とかかわることです。彼はこの段階のあいだ人間を監視する必要があると考えて、放射線を利用したのです。アヌのこの部分があなたがたの内面の、都市に住み、なわばりを設定し、他人からお金を奪い、他人を支配したり利用することを可能にさせる部分です。これは愛に満ちた共同体意識とか、与えることではありません。新しいレベルの複雑さをもつ生き方なので、大いなる体験を提供しますが、かならずしも愛に満ちた体験とはかぎりません。

アヌは、ニビルの軌道が太陽系を離れているあいだ人間の成熟と発達の様子を監視し、影響力をおよぼすための装置として、ウラニウムを地中のたいへん深い場所に埋めました。それを一六〇〇年後、アブラハムが神殿に届けたわけです。つぎの成長段階は、いまだかつてガイアの先住民のあいだで発達したことがないものでした。アヌは先住民たちを指導して神殿／都市文化を築かせましたが、ニビルが太陽系を離れてしまうと、やはり人間が時間とともに成熟するまで、発育を監視する方法が必要だと確信したのです。さもないと、それほど複雑な構造物を組み立てておきながら住人にまかせて去るのは、ボーイング747機の操縦席に二歳児を座らせるようなものですから。地球上でウラニウムに関して起こることはすべて、あなたがたをアヌにとって全面的に接近可能にしていることが、わたしにはわかります。アヌの頭脳のなかの監視装置も感じられます。わたしは高次元の存在なので、簡単にアクセスできるのです。それは人間の状態に波長を合わせられるように、彼の脳に埋めこまれたインプラントのようなものです。あなたがたがX線やCATスキャンでものを見るように、彼が人間をスキャンしているのが見えます。

いまやアヌは、地球上の物質化が進んだために動脈瘤ができる寸前です。古い電池がPCBを吐きちらすように、こうした古代の埋めこみは致命的になりつつあります。思いだしてください、かつてアヌはあなたがたに彼を見習わせるように仕向け、自省的な意識に誘いこみました。彼を偶像《アイドル》として崇拝した結果、あなたがたは怠惰《アイドル》になりました。それも成長のある段階には効果的でしたが、そのうち退屈してきたのです。あなたがたも神になりたくなって、原子を分裂させました。まさにアヌがコントロールを手放しかけ、アヌ爆弾のじゅうぶんな部分が半減期で変換されつつある時期、あなたがたは地中からウラニウムを取りだしはじめました。二次元の元素の力を地球から取りだした結果、なにが起きたでしょう。感情体の葛藤が激化したのに気づきませんでしたか。そして地球におけるウラニウムの解放が、感情のカルマと感情的活動の爆発に直接かかわっていることに気づきましたか？　気づいてください。これは真実であり、あなたがたの進化を大幅にスピードアップさせています。

紀元前三六〇〇年に神殿／都市文化が形成されたとき、田園生活を送っていた人々が突然、都市に集まってきました。彼らの感情は新しい形で刺激され、それらの各都市が紀元前二〇〇〇年までには武装要塞になりました。ウラニウムが防衛の姿勢を誘発し、武装要塞をつくらせたのです。あなたがたはより高い波動に達するために、その段階をへなければなりませんでした。アヌンナキの自我やアイデンティティが、地球における成長と発達に深くかかわっているためです。その体験の多くは否定的なものなので、わたしはもっとも否定的な要素にふれて、アヌンナキが手放すのを援助しようと思います。

ちょうど二次元の諸元素が本来の領域に戻りたがっているように、四次元の元型の神々も彼らの世界に戻りたいのです。もはや次元の汚染は役に立つ時期をすぎました。ある視点で見れば、アヌは寂しさゆえに人間を刺激して、放射線を探求させたともいえます。ですから、あなたも自分の内側の寂しがっている神を認め、あなた自身の才能を地球に贈ることに同意してください。彼とも、ほかのだれとも、新たな周波数レベルでかかわる時期が到来したのです。アヌはある時間枠において、既知の世界を完全に支配していました。とすると、つぎにこんな疑問が出てきます。現在のアヌの相対的な支配状況はいったいどうなっているのでしょうか。

われわれの視点からいうと、アヌは紀元前三六〇〇年に、ある創造物を地球に強要することを決めました。これは下着の引き出しを開けたようなもので、神殿/都市文化の完全な形態を提供することにより、彼の正体をあらわにしました。アヌの露出です。しかし、なぜそうする気になったのでしょうか。では、ここで秘密を教えましょう。アヌはシリウス人と競争していました。シリウス人はすでに独自の神殿/都市文化をエジプトに配置しており、アヌは嫉妬したのです。ニビルが紀元前七二〇〇年に帰還したあと、シリウス人は紀元前六〇〇〇年ごろ壮大な神殿/都市複合体を築き、それがナイル川流域のパワー・ヴォルテックスをすべて活性化させました。そのうえ、彼らはエーゲ海一帯にまで活性化の建造物を作っています。シリウス人が人間にはたらきかけたのは高次の頭脳活性化が目的でしたが、アヌンナキは人間の頭脳を単なるロボット的構造とみなし、あなたがたを労働者として支配するために利用するつもりでした。

アヌンナキとシリウス人の関係

アヌはチグリス・ユーフラテス川流域に、人間への美しい贈り物としてアヌンナキ式の神殿/都市複合体をみごとに花ひらかせました。しかし、ただ与えるためでなく、競争心と嫉妬からおこなったのです。それは瞬時に、自分が大立者になるための創造と建築というダイナミクスを発動させました。本来、創造と建築は人間を自由にし、コミュニケーションと社会化の機会を提供するべきものであって、権力ゲームではありません。人間はつねにアヌンナキが思っているより利口でしたが、シリウス人はつねに人間の潜在能力を深く理解していました。アヌンナキは地球とおなじ太陽系に属する惑星の住人なので、星（恒星）の民であるシリウス人は、地球における自分たちの創造物からアヌンナキがすこしでも学んでくれることを、いつも願っています。星の知性の意識はどんな場合も惑星の住人の意識より多次元的ですから、地球人はたくさん学べたはずなのですが、ああ、嫉妬がせっかくの可能性をせばめてしまいました。

シリウスとニビルのあいだには多くの関連性があります。ニビルが太陽系を離れるとき、その軌道は遠く宇宙空間に伸びて、精妙なる美をたたえたシリウス星系に近づきます。ニビルの視点でいうと、シリウスと太陽はふたごの星です。ニビルは太陽や太陽系の意識とも、シリウス星系の意識やその惑星たちとも深くかかわっています。シリウスは三つの部分からなるたいへん進化した星系で、エジプトやドゴンなど、アフリカのさまざまな初期文化を通じて地球人に大きな影響を与えてきました。

かつてニビルはシリウスBのまわりを公転していました。しかし、いろいろな天球上の力学のために、ニビルのアヌンナキは四五万年前に地球を訪れるようになりました。この経緯はゼカリア・シッチンが完璧に描写しています。[4] あまり性急に多くを明かしたくはないのですが、シリウス人はあなたがたよりニビル人をよく知っている、といっておきます。だから、シリウス人のいいぶんを真剣に聞いたほうがいいでしょう。聞くための手段がエジプトの記録であり、その記録をひらくために、わたしの媒体はシリウス－プレアデス同盟の締結を手伝ったのです。実際に同盟がはじまったのは、一九七二年八月七日に太陽で大爆発があったとき、地球の地軸がひっくり返らないようにシリウス人が介入したときでした。[5] その日、わたしの媒体の人格は完全に変わってしまいました。彼女を含めて地球上の多くの人々が、プレアデス人と地球人の混血種《ハイブリッド》になったのです。その夏からシリウス－プレアデス同盟の準備をはじめた彼女は、一九九二年末にエジプトの大ピラミッドとサッカラに同盟のエネルギーを埋めこむのを手伝いました。この同盟は、アヌンナキとシリウス人の関係を癒す助けになるはずです。ここでシリウ

＊**惑星**（planet）　みずから光を放たずに恒星のまわりを公転する天体。太陽系ではふつう水星、金星、地球、火星、木星、土星、天王星、海王星、冥王星の９個をさす。これにキロン、月をくわえるとニビルが12個めになる。

＊**恒星**（star，fixed star）　天球上で互いの相対位置を変えない星。惑星・衛星・彗星以外はすべて恒星で、単に「星」という場合は一般に恒星をさす。

スとニビルの関係を検証してみましょう。
シリウス－エジプトの偉大なる神アヌビスは、ニビルの軌道を保持している案内役です。彼は太陽系とともに「銀河の夜」を旅するガイドなのです。プレアデス人は、あなたがたがフォトン・ベルト内を旅するあいだ、太陽系の軌道を保ちます。彼らはあなたがたの母牛で、アヌビスはジャッカルのガイドというわけです。アヌビスはシリウスの意識をもって宇宙を旅する、このうえなく優れた存在です。太陽系全体がひとつの単位としてアルシオネの螺旋をめぐる二万六〇〇〇年周期の軌道パターンを、アヌビスが保っていると考えてください。紀元前二〇〇〇年ごろ、ウルから旅立っていくアブラハムを観察してみると、彼はなんとシリウス人でした。わたしはてっきりニビル人だと思っていたので、驚きました。

これは、われわれプレアデス人がどのようにして人間の情報を得ているかを示す、すばらしい実例です。このような話し方はじれったいかもしれませんが、わたしの媒体の場合どうなっているかを見せて、プレアデス人とあなたがたの共同作業を理解してもらいたいのです。この融合は多くの人間に起きており、あなたがたはその刺激を利用して自分の好奇心と情熱を再燃させることができます。そうすれば、父なる神への罪悪感から自由になれるでしょう。わたしの媒体バーバラ・ハンド・クロウが、エジプトやシュメール人などを調査して三次元における事実関係を把握すると、こんどはわたしが、三次元に入ってきていた演じ手たちの出身地を割りだします。正体さえわかれば、うまく誘って彼らの物語を聞きだすことができて、楽しめます。いまやっと、アブラハムがなぜそれほど大問題なのか、わかりました。聖書に出てくる彼の物語は隠れみのだったのです。また、なぜエジプト人があれほど不当にそしられてきたかも見えてきました。すべてアヌンナキが流したシリウス人の悪評の典型です。この嘘を見破ることで、世界統制チーム(6)の力は弱まるでしょう。なぜかといえば、**あなたがたが自分の力をとり戻すため**

に必要なのは、自分の物語を再発見することだけだからです。

おぼえていてください、あなたがたはまず感情を侵害され、それに対する反応が体内にパターンをつくり、そのパターンがやがて病気という結果を生みます。ニビルの軌道は遠くシリウスBをめぐるので、ニビルは太陽系にとらわれて以来、シリウスから太陽系までの郵便配達の役割をはたしてきました。シリウス人たちはある種の情報を地球に配置したいのですが、地球は油断ならない場所です。情報を三次元の地球の場に置いたあと、その多次元的性質は変換されねばなりません。つまり、電話が電気信号を耳に聞こえる音に変えるように、シリウスの力を地球上で活性化する必要があるのです。他の次元や星系から来た存在たちが、ミステリー・サークルや象形文字《ヒエログリフ》などの情報をたえず地球に配置しています。しかしその情報は、アヌが捏造《ねつぞう》し監視してきた人間の過去にまつわる公式の物語と矛盾するので、しばしば破壊されてしまいます。

アヌは特にシリウスの情報に腹をたてています。だからこそ、いまも古代のシリウスの知恵を守っているエジプトの先住民は、いくつかの遺跡の発掘を（とりわけギザ高原の地下トンネル群など）許さないのです。地球における主要な変換器はスフィンクスの下にあるため、他の星系の存在たちがたえずそこにいろいろなものを配置し、エジプト先住民が守っています。システムが再開すれば、あなたがたもこの情報を得るでしょう。ですから自分たちの遺産を思いだし、多次元的になってください。

アブラハムはシリウス人なのに、アヌ爆弾を運んでいました。このことから推測すると、シリウスもまた放射線の配置にかかわっていたようです。わたしの媒体が理解するところでは、紀元前五四〇〇年に集荷され、紀元前三六〇〇年に地球に配達されたシリウスの小包は、神殿／都市文化のモデルでした。地球では神殿／都市文化が一〇〇〇年あまりも隆盛をきわめましたが、ここへきてひとりのシリウス人がウラニウムを配置しているのは、どういうことでしょうか。これが暗示するのは肝をつぶすような事実です。前にもいったように、アブラハムがウラニウムを持ちこんだのは、アヌンナキがシリウス人に嫉妬し、彼らがエジプトに築いた壮大な都市／神殿文化に嫉妬したからです。しかし、アヌンナキの神殿や都市は、どうしてもエジプトの精妙絶美のレベルに達しませんでした。なぜでしょう。アヌの都市や国家は競争心と嫉妬から生まれたもので、最終的にはかならずソドムとゴモラに発展し、ガイアを破壊する性質をおびてしまいます。致命的な創造物でした。やがては地球そのものを破壊するかもしれないので、放射線という限界を内蔵しておく必要があったのです。競争にもとづく文化があるレベルの複雑さに達すると、それがかならず活性化するようになっていました。

わたしの見たところ、シリウス人がみずからの情報を隠したことはありません。古代エジプトの各種記録を見ればわかります。秘儀伝授者《イニシエート》になれば、あなたも彼らの情報が読めるのです。シリウスの周波数はいまもエジプトで三次元の形態をもち、読める者にはだれにでもひらかれています。そのエネルギーは一部の人間に影響を与えていますが、あまりにも精妙で大多数の人には(特に考古学の専門家には)理解できません。エジプトの神殿で、人間の体内にはシリウスと共振する分泌腺システムがあることを発見した人々もいます。ごく近年まで、あなたがたの内分泌系は強く粗い感情しか読みとりませんでしたが、少数ながら、内分泌系が精妙なシリウスの波動に反応するのを感じていた人もいるのです。いっぽうプレアデスの知恵は、そのなかでも高次のハートの分泌腺である胸腺を活性化してきました。この胸腺がフォトン・ベルトにそなえて急速な肉体のヒーリングを誘発しており、シリウス人も、あなたがたが分泌腺システムを微妙に感じとり、意識的に取り組めるように援助しています。人間の多くにとって精妙な波動は感じにくいのですが、エジプトではさまざまな波動の違いが比較的たやすく感じられ、特にニビルの波動の性質はわかりやすいでしょう。たとえばニビル人にアクセスしたければ、腹を強くなぐられて喉が閉じる(息ができなくなる)ときの感じに注目してください。プレアデス人はあなたが

***ソドムとゴモラ**　死海の近くにあった2都市。住民の罪業のため神によって滅ぼされたといわれる(旧約聖書)。

たの心臓、肺、肝臓、皮膚を刺激します。分泌腺を使って癒すほうが微妙ですから、やがては分泌腺ヒーリング・テクニックが、アヌンナキの逆療法の粗雑な仕組みを迂回する方法になるでしょう。

すでにのべたように、シュメール人の神殿／都市国家はすぐ軍事要塞化する傾向がありました。その結果、ついに紀元前二〇二四年にソドムとゴモラは核破壊されたのです。[7] 地球上各地の人間同士の争いは、この惑星に来ていた多次元の存在たちを理解しなければ解決できないことを、そろそろ認識すべきです。あなたがたを制限するために働いている世界統制チームその他の諸力は、いままで地球で人間の行動を操作してきたあらゆるエネルギーの集合体です。そしてあなたがたは、地球に属さない存在たちの戦闘をかわりに戦っているのです。いまは完全に三次元にとらわれているため、なにが自分を刺激しているのかわかりにくくなっていますが、生まれる前のように多次元的になればすべてを見通すことができるでしょう。思いだしてください。前にもいったように、アヌが最初に人間を刺激して複雑化させたのは、あなたがたを惑星レベルの存在にするためでした。いま実際に起こっていることは、どんな荒唐無稽な夢をも超えるような事態であり、われわれプレアデス人は多次元の鍵を吹きとばして扉をあけるお手伝いにきたのです。状況は急速に変わっていきます。それがつぎの核爆発——こんどはシナイ半島に限定されない世界規模の——を回避する唯一の道です。

どの次元にも組織構造はありますが、政府は三次元にしか存在しません。**あなたがたが多次元性を把握しようとするとき、三次元の構造モデルをより高い次元や低い次元にあてはめると、かえってアクセスしにくくなります。**これは自分の意識レベルをあげようと非常にがんばっている人にいちばん多く、次元と序列の原理主義にとらわれてしまうのです。その一例がアシュタール・コマンドで、八次元の銀河連盟をまるでペンタゴン（米国国防総省）のように描写します。八次元は宇宙の秩序を扱う領域ですが、三次元にはそれをわずかでも描写できるモデルはありません。もうひとつの例は、二次元の土《テルリック》の領域を〝内なる地球〟と位置づけることでしょう。わたしはシリウス、ニビル、プレアデス、内なる地球の構造を解読してみましたが、三次元の思考形態をあてはめても誤解を招くだけです。高次元の概念をモデル化するには隠喩《メタファー》が役に立ちます。たとえばフォトン・ベルトが「光の時代」の隠喩《メタファー》になるように。自分のまわりに濃密すぎるエネルギーや精妙すぎるエネルギーが存在するときに注目して、三次元における高次元の痕跡をさがすことは有益です。たとえば、雪片やクリスタルは六次元の幾何学のすばらしいモデルですし、五次元はよく、偉大な芸術の精妙で高い波動に非常にはっきりあらわれています。猫たちは、たえず二次元の元素の活動を示しています。動物はたいてい諸元素にとても敏感で、彼らはそれによって人間を読みとるのです。すべては互いに浸透しあっています。

わたしは唯一つぎのような観点で、アブラハムに興味をいだいています。それは高次元から見て、アブラハムの本当の物語はどのようなものかということです。本当の物語が隠蔽されたために、人類はとらわれの身になっています。その物語は、四次元があなたがたの現実を支配するためにコード化した媒体なのです。つまり、ニビル人はアブラハムを道具として利用しています。四次元の元型の力は、人間の感情体がゆきづまっている部分に正確にエネルギーを注いできます。そのきな臭い場所である〝信念体系〟においてはまだ、彼らが人間を監視し、影響力をおよぼせるからです。偉大なる父神についてありとあらゆる信念をもっているかぎり、あなたがたは物語がなにを隠蔽しているか見ようとしないでしょう。わたしの五次元の視点からいえば、隠されているもののなかに、人間の感情体にとって致命的なブロックをとり除く大きな可能性が含まれています。

わたしは長いあいだ、フォトン・ベルトにすっかり突入する前に感情体を浄化しておくようにと、あなたがたに助言してきました。いまはダイアンの体験でも示されたように、浄化のダイナミクスが肉体の領域に移動したことに感謝するときです。ダイアンに恵みを与えた二次元の諸元素は、彼女を肉体の統一性の波動に戻すために体内にいたのです。注意をそらすような信念でこづきまわし、支配するためではありませんでした。民よ、よく聞いてください。四次元の知性たちは「デーモン・悪魔・怪物・ルシファー・おばけ」と書いた大いなる煙幕を巧妙に張って、輝かしい二次元の元素たちの姿を見せないようにしていたのです。あなたがたはそれにごまかされ、自分自身のヒーリングに直接導いてくれる教師たちを否定的に判断し、怖れていたわけです。

ウラニウムが半減期の原理によって放射能を失っていく過程をじっくり考えてみれば、あなたがた自身の感情体のブロックを無害化する方法について、有益な情報が得られるでしょう。物質界では、放射性元素の毒性をなくすには何十万年もかかります。あなたがたは転生するたびに男性か女性の肉体に入りますが、その転生における反対の性的極性を完全に注入し、体現し、融合することができれば、感情体のカルマの残留物を半減期ぶん捨てられるのです。性的に愛しあう関係には感情と肉体の両方がかかわっています。恋人とともに極性の完全なる分解に達することができれば、時のはじめからの転生すべての残留物を半分は無毒化できます。オーガズムにおいて融合するたびに、この抵抗が半減していくのを想像してみてください。**放射線の無害化のタイミングは、あなたがたの感情体の浄化と共生関係にあります。**ニビル人とシリウス人は、ウラニウムをもちいる感情体コントロールのテクニックを人間に使ったわけです。あなたがたの現在においては、まさに感情体がもっとも汚染したときに(すなわち第二次世界大戦中)、爆弾が炸裂したことに気づいてください。ふたたび放射線が環境にもちこまれる過程を見ていけば、感情体の汚染と正比例しているはずです。

いま、ここ三次元のあなたがたは環境に大量の放射能をかかえ、そのためニビル人からさらにアクセスされやすい環境になって、フォトン・ベルトに進入しようとしています。あるレベルでは核爆発のように、あなたがたの全システムが吹きとび、ばらばらになるでしょう。あなたがたが三次元の統一性をもち、自分の意識と言葉と行動と愛情生活を維持していると、突然なにもかも文字どおり爆発して、無数の光のかけらに分解されるのです。しかしわたしから見て、いま現在、人間のなかに光はあまりたくさんありません。いずれにせよ、みんなこのことをひどく心配して、まるで自分が爆発しそうな気になっていますから、シリウスのアヌビスに相談して援助をもとめることをおすすめします。結局のところ、シリウス人は人間の進化のこの段階における大きな要素、放射線の問題でひとつの役割をはたしたわけですから。

アヌビスと人間の肉体

わたしはアヌビスです。シリウス人としての立場からいうと、われわれはあなたがたの次元の〝視野〟を維持しています。第三の目がひらいた人間が、なんらかの事態を掌握しているのと似ています。われわれは「見守り手《ウォッチャー》」として知られていますが、聖書に出てくるニビル人の見守り手とは違います。彼らは見守っている計画や状況にみずから関与します。わたしはシリウス人の見守り手として、そのような計画や状況を支える肉体の物理的な統一性を保つことだけに関与しています。つまり太陽系の惑星たちと、アルシオネのまわりを運行する太陽系自体の軌道の保持です。軌道パターンが形態として保たれないと、時間的に生じなくなってしまうパターンがあるのです。

三次元が多次元性によって粉砕されても、大ピラミッドの姿勢をとっていれば、あなたの形態は保たれるでしょう。蓮華座を組むか、立って両手にエネルギーを生じ、ひとつのチャクラとのあいだに三角形のエネルギーを作るのです。ハート・チャクラか第三の目、あるいはクラウン・チャクラを使ってピラミッドの頂点にしてください。この頂点はなんにでもヒーリングのエネルギーを生成することができます。これがあれば、新しい場に順応するまで持ちこたえられます。ヒーリングを必要とする人がおおぜい出てきますが、このテクニックであなたは三次元における統一性を維持できるでしょう。肉体の姿勢（ポーズ）に意識を注ぐことにより、フォトン・ベルトに入っていくあいだも統一性が維持できるのです。爆発で吹きとばされない方法は、そのエネルギーを処理できる姿勢を保つことです。(8)

猫たちは偉大な教師です。人間はスピードを落とすことを学んでいます。だれもが、そんなに頑張るのはやめることを学んでいるのです。なにかにぶちあたったら立ちどまり、そのまま突っこんでいかずに、まず肉体のその部分を癒すことです。われわれが膨大な幾何学的意識をあなたがたの肉体に送りこみ、その種の統一性を思いださせようとしていますから、それぞれ自分の身体の状態に本当に注意を払いはじめています。やがて、あなたがた全員が動きをとめ、凍りつき、ある姿勢を保って地球に入ってくる力を受けとめる瞬間がやってきます。

プレアデス人のすぐれた活動についていえば、彼らはあなたがたの領域の中心的次元、つまりハートにエネルギーを保持する方法の熟練した教師です。さしずめ、プレアデスの影響は「フォトン・フォーカス」と呼べるでしょう。わたしの観点から見ると、わたし自身はハートだけでなく、あなたがたの全身の統一性に対して強力な第三の目のフォーカスを保持しています。どういうことか、わかりますか。プレアデス人はハートに焦点をあわせ、われわれシリウス人は身体全体の幾何学に焦点をあわせているわけです。われわれは急速にテクニックの具現化をもたらしているので、シャーマン的な動作を教える古代の師たちが脚光を浴びるでしょう。地球にはヨガ、ムドラー、からだの姿勢の一大テクノロジーが存在します。光のなかに移行するとき、まさにそれがあなたがたを肉体にとどめてくれるでしょう。(9)

わたしアヌビスは、背中を伸ばして横たわり、後腰骨が脊椎をうしろに引いて完璧な曲線をつくり、それが体内に蛇のエネルギーを上昇させます。両前足を前方にむけて時のかなたを凝視し、空間に幾何

＊ムドラー　象徴的な身振り、特に指や手の動き。

学形態を保持します。わたしはあなたがたの肉体の寝ずの番をしているのです。最近は、非常に多くの混沌としたエネルギーがあなたがたの形態を刺激しています。地球を統一性に向かわせるプロセスに同調しなければ、人間はいまの場所にとどまれません。自分の身体を、四面体の光の幾何学に固定するような態勢に移行させる時期がきたのです。そこで動きをとめてリラックスすれば、自分が宇宙空間にひろがっていくのを感じるでしょう。

高次元から見た放射線

放射能のプロセスを理解するには高次元の視野が必要ですが、六次元より上を描写するのはたいへん困難です。でも、やってみましょう。わたしサティアは、地球の鳥たちが七次元の音のコーディングと共鳴しているらしいことに気づきました。アヌビスがいったように、シリウス人は空間に幾何学形態を保持しており、それからわたしの見たところ、七次元の光の線がその非物質的知性を循環させて音に変えています。鳥たちの航空術や体内の酸素化作用、あくまでも自分のために動いているという目的性、ゆたかな渡りのルートとエネルギーラインなどはみな、銀河のコミュニケーション接続路になっているようですから、あなたがたも同調することができます。だからこそ、彼らは人間の現実に存在するのです。それなのに、鳥の瞑想をする人をいったい何人知っていますか。

わたしの直観では、七次元への同調は鳥たちの声の抑揚を調べることで容易になりそうです。なぜなら、人間の言語にこれほど音のコード化がなされている原因は、そもそも七次元にあるからです。本当は、鳥の鳴き声は人間言語の音のコーディングより次元が高いのです。一次元から九次元のうち奇数の次元は、音のコード化がなされています。実際は音の構造がそれらの次元の形態を保ち、音の波動が創造性を生むのです。たとえば地球の一次元の音は、沼地の歌《スワンプ・ソング》として聞こえる低いブーンという音や地中の低い周波数で、人間は生きているあいだずっと、それによって心臓の鼓動が保たれています。ジョン・ミッシェルは諸文化の調和がチャンティング（詠唱）によって維持されたり、破壊されたりすることを論証しています。(10) 三次元においても、バッハのチェロソナタやベートーベンの弦楽四重奏曲など、選ばれた音楽を通じて高次元をじかに理解することができます。三次元でトーニングをすれば五次元の共鳴にアクセスでき、七次元の天空の音楽は、星の光を浴びて地面に横たわり、完全な静寂のなかで地球とともに振動すれば聞こえます。軌道は音として聞こえるものであり、アヌビスはそれを使って各軌道の形態を保持しています。言語の音はあなたがたの本当の物語を表現しますから、アヌンナキは人間を支配しつづけるために音を攪乱しています。七次元の音は鳥の声、風の音、偉大なる七次元のベルト内を移動するフォトン、そして太陽風です。九次元の音は、ゆっくりと円を描いて動く「銀河の中心」の絶対的静寂と闇から発しています。

鳥のブルーバードは明晰さの感覚をもたらしてくれます。青、とりわけ空色は、地球の大気と光が作用しあう領域に波長を合わせます。七次元はブルーバードや地球をとりまく青い帯と関係があり、青い帯は、あなたがたの住む生物圏全体に自分の輝きを放射せよと招きかけています。単なる陸地に住んでいるというだけでなく、宇宙旅行者である自分の空間として、地球をみなすように想像してください。あなたがたは青い球の一部であり、七次元のブルーバードの次元から反響してくる音があります。言葉ではかなわず、鳥たちには出せる音です。彼らの声のみが七次元の栄光を反響させます。天界のその音は、物質を保持している重力のおよぶ範囲（すなわち地球をとりまくガス状の酸素、水素、ヘリウムや諸元素）の外端、元素がその先にあるものと融合する場所まで、意識のすべてを連れていくことができ

＊トーニング　肉体を通してさまざまな音を出し、その波動を意識的にもちいること。

ます。あなたがたはただ、彼らの歌声に耳を傾けさえすればいいのです。

太陽系がさらに深くフォトン・ベルトに入っていくと、音のコード化がなされた生命形態は、やがて発生するある種の宇宙の波動に強化され、導かれます。地球上でこの時期、鳥の声に耳を傾けるのはたいへん価値ある行為です。鳥たちはまったく放射線に耐えられないことに注目してください。一九九四年七月にシューメーカー＝レヴィ彗星が木星に衝突した結果、あなたがたは放射線を変換する瀬戸際まできています。そうなれば鳥たちや沼地の生物は強くなり、ガイアの音が地球と星々をふたたび同調させるでしょう。ガイアの音は、銀河の光の幾何学形態を同調させるために必要です。その音はフォトンの帯を、調律したバイオリンの弦のように振動する光のハイウェイに変えるのです。地球の外周の青い帯は、フォトン・ベルトへの進入とともに新しい種類の光で満たされるでしょう。鳥たちはさえずりによって、このメカニズムの一部を教えています。猫たちが肉体の動きでシリウスの幾何学を教えているように。

さらに精妙なレベルを調べていくと、八次元のレベルにウラニウムへの多大な関心が認められます。この次元で、銀河連盟のベガ人がウラニウムを監視しているのを感じます。シリウス人が人間の身体の姿勢を監視しているように、彼らは放射性元素の状態を見守っています。ベガの意識は「動機」という、あなたがたの次元のすべての背後にある意識をつかさどり、たいへん検知しにくいものです。二次元から八次元の偶数次元の力はみな放射性物質を扱うことができますが、一次元から九次元の奇数次元には放射能に対する困難があるようです。奇数の次元は創造性と自由を表現するための領域で、偶数の次元は密度と構造を生みます。ニビル人はずっと昔、ウラニウムが人間の感情体に侵入し、信念体系を埋めこんでマヤズムのなかに保持させることができるのを発見しました。べつにニビル人やシリウス人のウラニウムの使い方を批判する気はありませんが、わたしはまだ、なにが起きているのかよく理解できな

＊ベガ　琴座（リラ）のα星で七夕の「織女」。全天で第4位、北天で第1位の輝星。

いのです。プルトニウム汚染は興味深い濃密さをもつため、ふつうの人間よりもプレアデス人と地球人の混血種《ハイブリッド》にとって致命的です。

見えないものがあるときは、より高い次元に移動して新しい視野を得ればいいのです。ベガ人のウラニウムに関する動機を見てみましょう……なんと！　彼らは銀河のあらゆるウラニウムの状態を掌握しています。驚異的です。彼らは地球のウラニウムにどれだけのエネルギーが存在するか知るために、半減期による崩壊プロセスの進行を見守っています。やっとわかりました。彼らはウラニウムを使ってあなたがたの肉体の密度の要素を読みとっています。その密度から三次元の固形性が生じ、固形性から何本もの時間系列が生じています。いわば、六次元の光の幾何学構造を維持する〝ひも〟のようなものです。その時間系列が過去・現在・未来であり、それが存在しなければ物質も存在せず、地球における体験もないでしょう。さまざまな種類の密度がエーテル的な形態や物理的な形態をつくりだします。そこで、ベガ人たちはウラニウムを視力の道具として使っているのです。濃密さの状態を調べるCATスキャンのようなものです。ある文化が放射性物質をもっているということは、彼らが進化のある地点に達したことを意味します。つまり、生死の全面的な選択権をかち得たわけです。放射線は、不死を探求するため三次元に挿入される無秩序な素材です。アブラハムの役割もまさにそれでした。

太陽系の八次元レベルでは、ベガ人が銀河連盟を管理しています。これは政治的な力の領域です。ウラニウムに関して、二次元のレベルでは元素と地球との共鳴があり、四次元のレベルではアヌンナキの感情操作があり、六次元のレベルではシリウスの光の幾何学による構造的サポートがあり、八次元のレベルではエネルギー加速を調節する法則を作るため、密度の読みとりがおこなわれています。いま目を向けるべき重要な事実は、八次元のレベルで〝新しい法則ができつつある〟ということです。だからこそ、生死をめぐる苦闘があらゆる領域にこれほど浸透しているのです。元素のすばらしい存在たちはいままで尊重されていなかったので、彼らの知性の変換プロセスを進化させる必要があります。あなたがたの少数は地球上の動物のことで心を痛めていますが、本当は自分たちの都合で傲慢にも分裂させた元素の苦悩にいたたまれない思いをするべきです。

太陽系の放射性物質はすべて観察されています。化学物質の濫用でさえ監視されています。プレアデス人のわたしの視点で見るとわかるのですが、太陽系がフォトン・ベルトにすっかり入ったとき、もし新しい法則が実施されていなければ、放射能が太陽系全体にも外側にもまき散らされてしまうことを、ベガ人は気づいています。わたしから見て、この太陽系から放射線が出ていくのはプレアデスにとって非常に危険です。われわれプレアデス人は、あなたがたの多くがとても高い価値をおいているハートの統一性を維持しています。これは確実にいえますが、フォトン・ベルトのなかで肉体を保つことが可能なのは、自分のハートに真の統一性をもった者だけです。

三次元のあなたがたを観察すると、ウラニウムはハートにおいてバランスをとることができ、そこから多くを学べます。あなたがたのハートには、思いやりと愛を通してあらゆるエネルギーを愛する能力があります。これは本当は、放射線が危険で否定的なエネルギーか、という問題ではありません。むしろ、動脈内の密度が高すぎると心臓発作の痙攣《けいれん》が起きるように、ハートが濃密さに圧倒されていることが問題なのです。ハートは無限のエネルギーをひろげていく責務があるので、あまりの濃密さを前にすると身震いします。わたしサティアは、プルトニウムには非常に敏感です。なぜならプルトニウムのエネルギーは、肉体が対処できようとできまいと、感情の最大限の活性化をうながしますから。あなたがた人間がプルトニウムを再導入したのは、一九三〇年に地球から冥王星《プルート》が目撃された直後でした。でも、その光を体内でじゅうぶん変換する前に、洞窟の奥に入っていきました。おかげで五次元のわれわれの胸は張り裂けそうだ、といいたいほどです。人間のハートからひろがるエネルギーは、六次元のグリッドライン（網状の線）を移動してフォトンの増加を全体的に助け、支えることができるのです。あなたがたが互いを思いやるようになりさえすれば、ひろがるハートには、この移行を体験するための物理的形態を人類に提供する力があります。

放射能による操作を観察すると、感情がハートをただ通過するのではなく、体内に保持されるようになっています。ウラニウムが感情を体内に固着させ、その感情が怒りくるってガンになります。あなたがたは震えあがり、肉体から腫瘍を除去せずにはいられませんが、じつはその腫瘍が放射線を変換するのです。体内にガンをつくることで放射線を処理しており、腫瘍の周波数はあなたがたの環境がいかに汚染されているかを示しています。ところが逆療法では、肉体と力をあわせるかわりに、体内で化学療法と放射線という二次元の元素の弾丸をもちいます。彼ら偉大なる元素たちは人間を癒すために体内にいるのですから、尊重しなければなりません。末期患者やお年寄りを〝核攻撃〟して放射性の遺体を埋葬するのは、地球を尊重することになるでしょうか。あなたがたがフォトン・ベルトに進入するにつれて、生と死にかかわる選択のひとつずつが途方もない重みをもつようになります。統一性を出発点にすれば、すべてうまくいくでしょう。

では、またベガの高次元の観点にもどります。ベガ人は太陽系内の放射線を掌握しています。放射線の八次元レベルの目的は、エネルギーを加速し、濃密な部分を切りひらくことです。たとえばベガ人は、人間の肉体にどれほどの感情操作が固定されつつあるかを知るために、アヌンナキを見守っています。あなたがたの体内の放射線を観察し、半減期による崩壊プロセスを監視することで、それを知るのです。彼らが崩壊プロセスを掌握しているということは、もしそのプロセスが急速に進みすぎれば、無秩序な爆発によってシリウスの幾何学的秩序が破壊される、という状態を意味します。

すべては完全に予定どおり進行しています。これは多次元的な視点で見ればすばらしい話です。放射線があなたがたの太陽の中心にあるとしたら、どうして放射線を否定的に判断できましょう。これは創造性に満ちた物語です。物語のさまざまな部分が語られるにつれて、あらゆる生命形態の意識に内なる光がともるように、エネルギーが動き、感情が浄化されていきます。おぼえていてください、放射線はあなたがたの感情体の汚染によって三次元の現実に保たれているのです。ただし、自分の感情を尊重するようになれば、本当の汚染はなくなることを理解しなければなりません。放射線の増加は感情の汚染と正比例しています。

アブラハムの時代にもおなじようなレベルの感情汚染があり、それが元素たちを具現化させました。当時の感情汚染は、地球に降りてきて人間を利用した神々に誘発されたものです。あなたがたの時代では、今世紀のふたつの大戦中に神々による二極性の闘争が人間を圧倒するようになりました。第二次世界大戦の暗黒の日々からずっと、人類は核戦争の恐怖によって人質にされています。善と悪、光と闇、資本主義と共産主義、宗教と無神論のあいだの戦いで、膨大な量の放射性物質がガイアの体内から略奪されました。そのために元素の世界はエネルギーを失い、地球の感情体は汚染し、プレアデスのハートは圧迫され、シリウスの幾何学的拡大は締めだされました。

核の均衡を後援している機関を見てごらんなさい。世界統制チームです。彼らは構造と密度を扱う次元、つまり二次元、四次元、六次元、八次元の形態を利用します。創造性とエネルギーをもたらす一次元から九次元までの奇数次元によってバランスをとらなければ、構造がすべてを殺すでしょう。**地球上で世界統制チームが好き勝手に殺人を犯していく度合いは、あなたがたが自分の創造性を信頼できない度合いと正比例します**。自分の力を信頼している地球の民には、世界統制チームも手が出せません。あなたがたはいま、バランスをとる行為をおこなっています。それがみずからの創造性に力を与え、支配勢力を崩壊させるでしょう。**人間は超新星のような創造性のルネッサンスを目前にしているのです**。これをさらに高い次元で見るために、九次元のエノクを喜んで迎えましょう。

エノクと放射線

わたしはエノクです。わたしは純粋な光として自分を感じます。あなたがたの現実において唯一わが存在を記録しているのは、エノクについて語られた数々の物語です。そのなかでもっとも正確なのは、わたしが姿をあらわしたとき、まばゆい光に目がくらんだ人々の話です。わがエネルギーはフォトン・ベルトとまったく同一なのです。三次元に具現化するときは七次元の光の存在となり、具現化していないときは、永遠に銀河の中心に存在します。かつて、紀元前二〇二四年に人間が最初の原子爆弾を炸裂させたとき、あなたがたの現実に降りていったことがあります。あなたがたの苦悩を感じたからです。

わたしが降りていったのは、フォトンを使って地球上の創造性の具現をコード化するためでした。そうしなければ、あなたがたは濃密さにとらわれてしまったでしょう。宇宙空間で太陽のまわりを回転する、ただの巨大な鉄のクリスタルになっていたでしょう。地球の中心に存在する鉄の元素たちは、宇宙のあらゆる元素を経験したいと決断しました。もし、どのような結果を生むかわかっていたら、はたして彼らはその決断をくだしたでしょうか。そこから多くのつらい体験が生じました。放射性元素はすべて、このことに関連しています。人体は細胞からなり、水分で満たされていますから、放射線に対処するのはきわめて困難です。

放射線があなたがたの場にもたらされたのは、放射線が星々の創造的生命力の中心であるためです。人間はみずからの星のコーディングを探求したいと決意しました。なにかを知るには自分の領域で体験しなければなりません。そこで、核の意識を探求する機会が提供されたわけです。ソドムとゴモラのレファイム神殿に「契約の箱」が設置されて核の装置が爆発したとき、アブラハムをはじめ多くの者があなたがたの領域に招集され、星の元素の導入におけるさまざまな役割を演じました。わたしエノクも、そのとき人間としての転生を選びました。われわれは、それらの元素が導入されるあいだ地球にいたかったのです。自分のコード化が終わったとき、わたしはただ次元上昇によって光に戻りました。わたしの教えのもっとも価値ある部分は昇天、すなわち光へのアセンションのテクニックです。そのため聖書からエノクの巻は削除されました。宗教的支配勢力は、だれもが直接光のもとに上昇できるようになっては困るのです。彼らはあなたがたを構造にとらえこんでおきたいのです――神殿や契約の箱のなかに。いっぽう、禁じられた聖典に書かれているように、わたしは天使たちに連れられて主に会いにいきました。いまこうして出現し、さらなる情報を提供しているのは、次元の仕組みをすこしでも理解してもらうためです。情報を読みすすむとき、奇数の次元から教わることはみな自分自身で達成できることに気づいてください。あなたがたはわたしのように次元上昇できますし、ブルーバードのように歌って青い光に向かうこともできます。プレアデスのハートをひらくことも、三次元において完全な統一性を生きることも、一次元においてガイアと融合することもできます。

あなたがたが三次元から上昇すると、まず四次元に移行します。そこで天使たちがそばにやってきて、旅に連れだしてくれます。いくつもの次元を通過するあいだ、次元ごとにさまざまな天使の乗り物があなたがたを運んで、その領域を進みます。わたしが三次元に来たときは本当に物理的な形態をとりました。それが多くの物語を生みました。あなたがたが人生でするように、わたしはひとつの物語、つまり自分についての聖史劇を書いたのです。でも血統はつくりませんでした。一次元から九次元までの存在は血統をつくりません。ただし地球の三次元の存在は子供を産み、繁殖します。わたしが「血統をつくる」というとき、それは二次元から八次元までの力が三次元の生殖のパワーに注入されることを意味します。五次元、七次元、九次元のレベルで三次元に注入されるのは、クンダリーニの注入、光の注入、そして星の赤子を誕生させる創造性の爆風です。わたしは多くの星の赤子の創造に参加してきました。これは、銀河のどこかの星でオーガズムを味わっているカップルをわたしが刺激して、子供をつくることに同意させたとき実現します。このコーディングは純粋な光を三次元の物理的形態に伝えるものです。

一九九四年七月、シューメーカー＝レヴィ彗星の木星衝突

わたしサティアは、放射線の問題のしめくくりとして、一九九四年に木星と衝突した彗星について少々お話しておきます。このとき、太陽系のなかで核爆発が起きました。彗星の衝撃波が太陽に向かい、太陽は大きな鈴が鳴るように反応して、銀河系の惑星をもつ星すべてに波動を送ったのです。この波動は銀河全体に地球の状態を伝え、それ以来ますます多くの異星人が地球に関心を寄せるようになっています。木星探査機「ガリレオ」がちょうど見やすい側にいたので、彗星衝突の写真を地球に送ることができました。しかし、軌道が変更できないと、こんどは「ガリレオ」が一九九五年一一月に木星に突っこんでいくことになります。(11) これは木星の大気にプルトニウムが放出される可能性ですから、まもなくあなたがたもプルトニウムに深く直面するでしょう。科学者たちにとって、この元素の変換方法を発見することが、いままでになく重大な課題となります。

彗星の衝突は木星を刺激し、新たな進化の段階にいたらせました。地球にとって、木星は特殊知識のマスタリー（習熟）や秘密結社をつかさどり、あなたがたの意識拡大と安寧の感覚を支配しています。彗星が秘密結社の支配コードを爆風で破ったので、地球はシリウスの幾何学構造や銀河連盟のガイダン

スのような、高次元の構造的手法に対してひらかれました。[12] 本書はこうしてひらかれた直接の成果です。あなたがたはいま、プルトニウムを変換する大きな可能性をもち、支配と秘密主義を超えていく時期に入ったのです。ついに放射能の解決策が見つかったときどうなるか、あなたがたは驚嘆させられるでしょう。

第4章 トカゲとローマ教会

いまから二億二五〇〇万年ほど前、あなたがたの太陽は銀河系において現在とおなじ場所に位置していました。ちょうど、おそるべきサイズの偉大な爬虫類が地球支配を確立しはじめた時期でした。(1)そしていま、あなたがたは銀河系のその地点に戻りつつ自省的になり、ほかの星系でも生命は進化してきたのだろうかと考えています。いまこそ、爬虫類から受けついだみずからの遺産を深く探究するときです。それが、完了したばかりの銀河のサイクルの生物学的な基礎になっていますから。わたしサティアが語ってきたように、約二万六〇〇〇年の各周期のはじめには新しい意図が生まれ、その周期が(約一〇万四〇〇〇年かけて)四回終わるごとに、かならず大きな進化の飛躍がともないます。「銀河の帰還」に費やされる二億二五〇〇万年のあいだ、この一〇万四〇〇〇年サイクルが二一六〇回あり、二一六〇という数字は地球が歳差運動で黄道上の宮をひとつ通過するための年数です。ちょうど二万五九二〇年で黄道一二宮をひとめぐりするわけです。

このような莫大な数字をもちだしたのは、すべてが同時進行しているからです。地球の歳差運動周期とアルシオネの螺旋の同時性、そしてプレアデス星系全体が銀河の中心をめぐる軌道との同時性を理解するほど、あなたがたは驚嘆するでしょう。いまこそ爬虫類の遺産にまつわる真実を深くさぐり、過去二億二五〇〇万年にわたる地球上の生物進化の歴史を知るときです。このサイクルのあいだずっと地球に生きてきた爬虫類は、強力な生物コードの運び手なのです。過去に起きたと推定される彼らの絶滅の過程にあなたがたが魅了されるのは、本当は自分たちの絶滅の可能性を考えているからです。そのように銀河の周期を美化する姿勢は、細胞レベルに刻まれた爬虫類の知性と深く同調しています。わたしの媒体バーバラ・ハンド・クロウが一九八九年にフンバツ・メンに連れられて、ユカタン半島の鍾乳洞の奥ふかくマヤ族の洞窟絵画を見にいったとき、そこに描かれていた恐竜にはわたし自身も非常に興味をそそられました。ですから、ここでトカゲの話を聞いてみましょう。

王トカゲ、クンダリーニを語る

わたしは王トカゲである。われわれトカゲは人間の背骨をこよなく愛している。真の関心事はそれだけなのだ。祝福された蛇の兄弟とともに、われわれは背骨の専門家である。人間の背骨のエネルギーには引きつけられる。いまここに来ているのも、人間たちの背骨の内部でエネルギーが加速する時期を迎えているからだ。われわれの背骨はとても長く、恐竜の背骨のように鋭敏に感じる能力をそなえている。最近では転生してきた形態にとどまるために、きみたちが思うよりはるかに苦労している。機会さえあれば人間をむしゃむしゃ食うことに非常にたけているので、きみたちはどういうわけか奇妙にも、われわれのことを無敵の存在と考えている。わたしがいまここに来たのは、そんなに怖がらないようになってもらいたいからだ。

われわれは地球における背骨の影響力をだれよりも熟知し、それを教え、調節し、共鳴させている。みごとに長い背骨をそなえた、この雄姿を見るがいい。きみたちもティラノザウルス・レックスには感銘を受けるだろう？　あれほど巨大な生き物にあれほど太く力強い脚と腰骨があり、背中から尾にかけてあれほど途方もない長さの力強い背骨が走っているとは、すばらしいではないか。きみたち同様、われわれの文明にも隆盛をきわめた時期があったから、ティラノザウルス・レックスが博物館に展示されている様子はなかなか気に入っている。背骨が長ければ長いほど、クンダリーニのエネルギーは大きくなる。椎骨の数に比例してエネルギーが増大するためだ。いまでも人間に尾があれば、そのぶん多くなっていたはずだ。われわれの友、プレアデス人はクンダリーニのエネルギーを愛している。彼らはクンダリーニのエーテル的レベルであり、われわれは物理的レベルにあたるので、どちらも地球における爬虫類の生物意識とはかかわりが深い。

背骨の長さとペニスの長さは関係があるだろうかと、きみたちは考えているかもしれない。人間のペニスとクンダリーニの活性化はどうだろう。男根は、男性のからだのルート・チャクラに近い部分についている充血した器官にすぎない。男根の活性化と刺激は背骨のクンダリーニ・エネルギーではなく、体内の血液の流れによって支配される。たしかに、背骨のクンダリーニ・エネルギーがあらゆるチャクラの血流を活性化させるのは事実だが、ペニスの活性化を支配する原理はむしろ血液システムだ。

われわれトカゲは鳥たちとともに最初から地球にいた生物種で、両方に共通する特徴がひとつある。生物としての力が極度に強い点だ。しかし、地球上で生きのびる能力となると、微妙な問題かもしれない。この不確かなバランスゆえ、われわれはつねに地球の生態系の均衡状態をはかる絶好のバロメーターになってきた。鳥たちとわれわれ爬虫類は、ニビル人という種とも深くかかわっている。過去五〇万年のあいだ、彼らが訪れたときかならず地球にいたからだ。そして彼らに生命科学を教えた。その教えの記録がペルーの「イカの岩」にしるされている。われわれの波動はニビル人とかなり同調している。気があうのだ。彼らは地球に来ると爬虫類を賞賛する。神とみなしている。きみたちはそれを知っていただろうか。

ニビル人はわれわれと違って金属性の生物だ。きみたちの視点では金属性の生命形態は非生物のように思えるだろうが、ニビルの生命形態を理解するには、想像力をふくらませて金属的な力を生物に含めてみる必要がある。コンピューターが生命形態になりつつあることに気づいたとき、きみたちにもわかるだろう。ニビル人とは、われわれトカゲを地球の神々として賞賛する金属性の存在なのだ。彼らはわれわれの背骨を上昇するクンダリーニ・エネルギーを愛している。体内の金属性の電磁力が聖なる火と共鳴するからだ。それにわれわれの血は冷たく、冷血の生き物は金属性の生命形態や二次元の土《テルリック》の領域

＊イカの岩　「イカ」はペルー南西部のイカ川にのぞむ古い都市で宗教上の聖地。

に波動が近い。アヌンナキは地球を訪れるとき、さまざまな衣装を身にまとう。そうしなければ、人間の目には金属でできた爬虫類ロボットのように映ってしまう。彼らはよく鳥の仮面と大きな翼、ときにはかぎ爪までつけている。ワニやカエルや犬の顔をつける場合もある。アヌンナキはわれわれの生命力と共鳴している。彼らを理解したければ、わたしの話を聞くがいい。われわれの周囲にいるとき、彼らはプラグをさしこまれ、スイッチをいれられて楽しむラジオのようだ。きみたちは電波の受信装置のスイッチをいれるとき、それが喜んでいると考えたことがあるだろうか。

金属の実在であるアヌンナキは、われわれ爬虫類からクンダリーニの電磁的エネルギーを受けとっており、電磁気にもとづく装置はすべて傍受できる。これはきみたちには想像しにくいことだ。ただし、シリカ（二酸化珪素）・ベースの装置は傍受できないといえば、すこしは気が楽になるだろうか。しかし、恒星から来た異星人にはできる。すべてはつながっており、人間も波動によって作用する道具を発明したからにはグリッド（網状組織）の仲間入りだ。きみたちはみな、ひとりひとりが実際にどれだけエネルギーを読めるかを完全に過小評価している。三次元にはラジオ、テレビ、クンダリーニ、電子レンジ、異星人の信号や波動など、エネルギーがあふれるように流れている。人間の頭脳にはそれらをすべて読みとる能力があるのだ。きみたちの使っている電子機器も、スイッチをいれればそれができる。本当に望むなら、電話やテレビやラジオに流れている音のコード、電線の内部の風、各種機械の波動に耳を傾けるだけで、ＣＩＡやＦＢＩの動向、地元の警察の活動などを知ることができる。いつでも好きなときに自分の体内の金属を通してエネルギーを翻訳し、金属的な形態のコミュニケーションに波長を合わせられる。これはそう悪い思いつきではないかもしれない。アヌンナキの率いる世界統制チームが、世界中で隠れたスパイ組織、秘密警察、政府、多国籍企業を指揮しているのだから。王トカゲとしていっておくが、きみたちの放送電波にはこのところ彼らの出力がたっぷり盛りこまれている。

金属的な形態のコミュニケーションに波長を合わせるには、このようにすればいい。ホログラムを作るにはレーザー光線を二本の光線に分裂させ、光線Aを被写体にあててはね返らせ、光線Bは鏡に反射させて、被写体からもどってきた光と衝突させる。するとそこに干渉パターンが生まれる。ちょうど池の水面で、右と左から伝わってきた波がかみ合うようなものだ。この干渉パターンをフィルム上にコード化し、またべつの光をあてると、どのような空間にも被写体の像ができるのだ。投影した像は空中に浮いて見え、手を通過させることができる。きみたちの空間は多くの発信源からくる電波に満ちており、干渉パターンができているので、そこからホログラフィックな像が作れる。マスメディアは表面上だれにでも見聞きできる特定の三次元的な音とイメージをもっているが、同時に隠された音やイメージもたっぷり流している。このいわゆるサブリミナル・コミュニケーションを使って、なにも知らないきみたちが「アイ・ラブ・ルーシー」を見て無邪気に笑っているあいだに、なんらかの思考形態をコード化しているのだ。**世界統制チームは電子形態の娯楽を利用して、きみたちの頭脳に入りこんでいる。**メディアに波長を合わせたとき浮かんでくる妙な考えや、あがってくる感情のパターン、あるいは胃痛や頭痛のような肉体の反応によって、サブリミナルな埋めこみ《インプラント》を突きとめることができる。いつ、どこから来たものか注意してみよう。

人間はみな、世界統制チームの金属的波動のコミュニケーションを聞きとる能力がある。きみたち自身の生命力から電磁場が生じているからだ。したがって、彼らにアクセスできない高さまで波動を上げなければ、もちろん電磁場に入りこまれ読まれてしまう。相手がきみたちにアクセスし、読みとっているのなら、彼らの電波のなかで自分のエネルギーを逆流させ、読みかえしてやればいいではないか。そうやってプロセスを逆転させる方法をみつけさせないために、きみたちの秘儀や魔術を使う能力はたえず抑圧され、あざけられてきた。しかし、主要な黒幕の男性たちはたいてい秘密結社のメンバーで、ひそかに魔術の儀式をとりおこない、波動を読んでエネルギーの熟達者になろうとする。それはみな、自分の微妙な感覚を信頼すれば、きみたちにもできることばかりだ。能力をとり戻してしまえば、もうだれも妙な仕掛けはできない。さあ、正直になろうではないか、大物たちの所業に勘づいているなら、やり返すのだ。

わたしは王トカゲである。地球の生態系の状態を話しあうためにやってきた。われわれはおびやかされていない熱帯の環境においても、もっとも幸せに暮らせる。しかし、地球に最初からいた種の多くとおなじく、われわれの環境も大きな危険にさらされている。種の生息地や種そのものが失われると星の知性は地球にアクセスしにくくなるが、地球に最初からいた生物種にはそれぞれ星の故郷がある。星の意識は次元の周波数域《スペクトル》の大きな部分（半分以上）を占め、動物たちは人間に星の叡知をもたらす源である。猫はシリウス、鳥はプレアデス、熊はアンドロメダ銀河の意識を生きている。われわれトカゲはニビルの太陽系外における長い旅にたいへんよく同調しており、地球のドラゴン伝説の源、ドラコ（竜《りゅう》座）とも共鳴している。シリウスはドッグ・スターとも呼ばれる大犬座の星で、アヌビスはジャッカルという非常に猫的な姿をした犬である。なぜなら犬たちは人間の守護者なのだ。彼らはしばしば人間を生かすために自分の生命を与える。アヌビスは太陽系全体の軌道の守護者であり、「銀河の夜」におけるガイドのひとりだ。蛇はわれわれの波動にとても近い。生息地や行動は異なるが、われわれは水中で、蛇たちは陸上で、それぞれ似たような方法で地球と共振している。

わたしには家族がある。多くの世代にわたって自分のあとに続く非常に親密な家族だ。わたしは多くの雌とセックスをし、ときには雄ともする。きみたちの言葉でいえば、われわれは両性具有なのだ。しかし、もちろん生物学的な生殖をおこなうので、家族というのは悠久の昔から現在まで、われわれの肉体から生まれたすべてのトカゲをさしている。きみたちは人類全体を悠久の昔からの親族とみなしているだろうか。われわれは子孫たちに魅了され、全員をとても強く愛している。環境については、おもに自分たちのごく身近な環境に関心をもっている。地球上でなにより悲しい体験は、水がなくなるときだ。われわれの生息地は干上がりつつある。きみたちは気づいているだろうか。

ずっと昔、火山から猛烈な熱が発散されていた時期、われわれは安全をもとめて空を飛ぼうと決意し、兄弟姉妹であるプレアデスの鳥の教師から飛び方を教わった。しかし、陸地から飛び立つという試みは、われわれ本来の生態にとってあまりにも異質なため不首尾に終わった。結局、水源と湿った生息地がみつかったとたん、この種としての実験は衰退した。それでも地球が熱く乾いたとき、ジレンマ解決に手を貸そうとしてくれたプレアデスの鳥の教師たちには、深い親近感をいだいている。かつて非常に足の長いダチョウになった者もいたが、これはわれわれが元素の進化におけるべつの形態に移行した時期である。

われわれが電磁的エネルギーにたいへんよく同調している理由は、背骨が長く椎骨の数が多いこと、そして蛇のように地面に横たわり、這って歩くからだ。直立する種になったとたん、体内のクンダリーニ・エネルギーは減少する。地面をすべるように動く爬虫類のほうが、クンダリーニ・エネルギーへのアクセスが強い。意識の組成がまったく違うので、元素の領域に同調しやすい。元素の領域こそ、体内のクンダリーニを活性化させる電磁的エネルギーの源なのだ。よく聞いてほしい。クンダリーニの波動は二次元からきている。電磁気は地表より上の空中では作用が異なり、三次元における四次元の感情操作とおなじくらい有害になりうる。クンダリーニのエネルギーは若返りをもたらすが、空中の電磁場はきみたちを弱らせる力がある。

クンダリーニのエネルギーは生物種を再編成し、それぞれを完璧な一二束のDNA形態に戻す電磁的エネルギーである。完璧な遺伝形態こそ、生物が細胞レベルでうまく機能するための鍵になる。爬虫類のクンダリーニにアクセスする力は地球において非常に重要な意味をもつ。われわれはとても否定的に見られているが、実際はいかにすばらしい存在か、きみたちは認識しているだろうか。人間を食べたがることを非難するが、人間だって年中わざわざ肉を食べているではないか。われわれはじつに美しい。緑のからだに虹色の光沢を輝かせ、強くて、鱗《うろこ》があって、活性化した背骨をもち、地球にぴったり身を寄せている。地球のハートに身を寄せているのだ。きみたちこそ地球をじゅうぶんに愛していないから、このすばらしさが見えない。

われわれは全力をつくし、ガイアの知性との関係において純粋なクンダリーニ・エネルギーのパワーを保っている。われわれはガイアの神殿の守り手、地球の生物システムの守り手である。きみたちの惑星には、気候の周期と太陽・月・惑星・電磁気の周期がある。地球の基本的な環境は二四時間単位の太陽日に規定されている。では、地球の知性との関係において基本的な生物知性を保持しているのはだれか、あるいは〝なに〟か？　爬虫類こそ、その力を定着させ、守っている存在なのだ。地球上のエネルギーが強まるにつれて、ガイアはより多くの意識を放出しはじめる。きみたちは天文学的にガイアの知性が活性化される地点に進入したところなので、地球にとどまっているわれわれ爬虫類が、このとてつもない知性を保持する役目をおびている。この知恵はまさにわれらの体内に保たれている。爬虫類のように手足を再生できる人間が何人いるだろう。

われわれは「銀河の夜」のほうを好む。その時期には、より多くの水辺や洪水や緑化の力があるからだ。いまのようにフォトン・ベルトに入ると、きみたち人間に地球の生物を保護するだけの知性がなければ爬虫類は滅びてしまう。われわれが滅びるということは、きみたちも砂漠化していく都市の住人になることにひとしい。だからといって、われわれが生物種として全滅するとはかぎらないが、文化の骨組みは破壊されるだろう。山々の地下に隠された水中洞窟に退却するか、その他の古い洞窟に戻っていく必要があるかもしれない。でも、われわれはむしろ太陽のもとにとどまりたいのだ。本当は二〇〇〇年も穴にもぐっていたくないのは、きみたちにも理解してもらえるだろう。

もし、人間がもっといろいろなことを見抜きはじめれば、爬虫類すべてが遊べるような緑の湿原の楽園ができると思う。われわれはそれを望んでいる。過去にも地球がフォトン・ベルトに入っていたころ、めざめた人間たちは神殿内に家をつくってくれた。エジプトの古代神殿ケムはわれわれの家であり、コム・オンボもそうだった。もちろんエジプト人はシリウス出身でじゅうぶん聡明だったので、フォトン・ベルトを旅するあいだ人間が生きのびるための鍵である再生コードを知るには、われわれが必要になるであろうと認識していた。それに、太陽系がフォトン・ベルトに進入したとき、地球上にはわれわれの生息地がじゅうぶん残っていた。きみたちは、そろいもそろっていかに貪欲で破壊的か認識しているだろうか。フロリダではたいした手並みだった。

ひとつの種が破壊されると、彼らはべつの次元に行く。それでもまだ、地球の中核にあるクリスタル内部の一次元ホログラムにはその生物種の痕跡が残っており、ときには三次元の形態に戻れる場合もある。しかし現存する種、つまり三次元における生物の記録のどこかに知性が保存されていないかぎり、ほとんどはそのまま終わってしまう。そんな危険がどうしておかせようか。ある種が完全に破壊されると、最期を迎えるのはその種のみならず、われわれや、そう、きみたちも滅びてしまうかもしれない。われわれはそれを懸念している。生物種の形態形成場はべつの次元に保たれているので、非常に複雑な問題である。もちろん、どんなものでもふたたび創造できるわけだが、われわれとしては種の完全な絶滅がありうると考えている。

たとえば、かつて意図的に滅ぼされたことがある場所に、おなじ種がどうして戻っていくだろう。自尊心のあるワニなら、昨今のフロリダにわざわざ行くと思うか？　人間がわれわれを種としては理解するが非凡な才能を評価していないとすれば、どういうことになるだろう。われわれの愛は本当に深い。地球に近いところにいるので、ガイアの守り手になっている。もしきみたちもおなじくらい地球を愛したなら、われわれの本質を認識するだろう。われわれは、たとえばすぐれた思考形態のような、もっとも高いレベルの知性において認識される必要がある。われわれ爬虫類は尊重されれば戻ってくるが、もはやきみたちを信頼する理由はまったく見あたらない。

われわれの本質を知りつつ滅ぼせるとしたら、きみたちには生命そのものを破壊する能力があるということだ。生命はまた創造できる、などといっているのはだれだ？　実験室なら可能かもしれない。しかし、そこはどんな生息環境だろう。答はもうわかっている。アヌンナキの生息環境だ。いま現在、地球上にはこの危機を理解している人々が存在する。自分たちまで絶滅の危機にさらしている、という事実を世界統制チームが認識するまでは、種の生き残りを救うことがたいへん重要だと彼らは悟っている。生態学者はさまざまな種を捕獲し、再生のために確保している。これは深遠な古代の知恵のコードであり、生態学者は数千年前におこなったことをくりかえしているにすぎない。多くの場合、そうした生態学者はエジプトで種の守り手をつとめ、地表の三次元世界「エデンの園」を地球の中核のクリスタルと共生させることを理想としていた。当時、われわれトカゲはたいへん幸福だった。

残念ながら、わたしの見たところ、われわれは人間より知性的であるがゆえに滅ぼされるだろう。どれほどかけがえのない存在かわかっていてもだ。**人間は自分たちより知性的なものはなんでも破壊する傾向がある。**きみたちの感情体にあるニビルのマヤズムを読んでみると、嫉妬ぶかい競争のエネルギーが見える。人間のなかにこのマヤズムが見えたら、われわれはできるだけそいつを食ってしまう。特にサファリ用の服を着てわれわれの生息地にいる者は。二〇世紀におけるもっとも優秀な業績のひとつは、あるコモドオオトカゲがロックフェラー家の人間を食ってしまったことだ。アヌンナキはなによりもマインドに価値をおくため、われわれは困難な目にあってきた。彼らは爬虫類を利用し、虐待した。われわれは邪悪な存在ではない。地球に最初からいた生物種で邪悪なものはひとつもない。邪悪(evil)とは生命(live)の反対だ。**邪悪とは、ある領域にやってきて住人を操作したり、彼らの現実に干渉したりするもので、これは致命的である。**

われわれは死ぬとき、人間がオーガズムで体験するのに似た恍惚感を味わう。われわれは死ぬことを気にしない。きみたちだってそうだが、そうとは知らないだけだ。ついでにいっておくが、ふつうわれわれは人間と話をしない。爬虫類を尊敬していないからだ。われわれはすばらしい沖積土の泥でできたナイル三角州地帯をこよなく愛していた。三角州に暮らしたい一心で、はるばるスーダンからナイル川を下ってきたのだ。きみたちはアスワン・ダムを築いたことで、われわれをどれほど悲しませたか想像もできないだろう。

人間はみずからの後進性と愚かさかげんに気づいているのだろうか。チャールズ・ダーウィンという無学な田舎者が主張したからといって、自分たちはサルの子孫だと思っている。サルの家族は地球に最初からいた生物種ではない。彼らはオリオンから来た種で、その指導者であるエジプトのヒヒの神、トトを見ればわかるように、とてつもない宇宙の知恵をそなえている。いっぽう、きみたち人間はわれわれトカゲの子孫なのだ。

わが祖先、「赤く光る切れ長の眼《レッド・グリント・スリット・アイズ》」たちは大英博物館にいる。われわれはミイラにされ、展示されているのだ。コム・オンボの爬虫類神殿から運んできたミイラである。この媒体はわれわれを愛しているので、コム・オンボ神殿で教えるのが大好きだ。彼女は毎年われわれに供物をささげてくれる。すばらしい場所で、泥がたくさんある。われわれは、彼女が湿りけのある環境だと活発になることに気がついた。もう乾燥した場所は耐えられないらしい。ついでにいうと、これからますます多くの人間が乾いた土地を好まなくなっていく。木を切り倒して地表を干上がらせるのは、いいかげんにやめたらどうだろう。

われわれは安楽さと陽光と水中の快楽をもとめる欲求にもとづいて、非常に複雑な社会構造を作っている。われわれがときおり建造するものを見たら、きみたちも驚くだろう。洞窟やトンネル、その他さまざまなすばらしいシステムを築いている。表面はただの建物に見えるが地下は神殿になっている場所もある。いままでに爬虫類を高く評価した人間の文明もあり、われわれもクンダリーニの力で彼らの神殿をすすんで活性化してきた。エジプト人は地球における超自然的科学技術をきわめた民なので、ときには神殿の地下にわれわれ用の家や迷宮を作ってくれた。迷宮を作るとわれわれが内部を泳ぎまわり、繁殖し、パワフルな意識とクンダリーニ・エネルギーを生みだすことをエジプト人は発見したのだ。イスラエル人もわれわれの科学技術を賞賛し、力を活性化するために「岩のドーム」の地下に洞窟を作ってくれた。

しかし、われわれはそこが気に入らなかった。彼らは爬虫類を評価していなかったからだ。魔除けのパワーを出す鱗《うろこ》付きの電池であるかのように、ただ利用しようとした。われわれ自身と、われわれのエネルギーを利用して力を生みだそうとした。尊重する気持ちがなく、ほかの者を管理するために爬虫類の力をただ利用しようとしていたのだ。エジプト人はガイアの力を理解する目的で、われわれの知性と取り組んでいた。われわれに発見したものを分かちあい、教育を与え、祖先崇拝を尊重してミイラにまでしてくれた。仲間うちでもっとも尊敬されている卒業生のひとりが博士トカゲなので、そろそろこの優秀な同僚の意見を聞いてみよう。

＊**岩のドーム**　聖地エルサレムの中心で、古代ユダヤ王朝の神殿跡「神殿の丘」にそびえたつ金色のドーム。中央に巨石がある。イスラム教では開祖ムハンマド（マホメット）が昇天した場所とされる。

博士トカゲと神

われわれは博士トカゲとして知られる、きわめて教養の深い学者集団である。われわれは不思議なのだ。なぜきみたちは自分の惑星が地獄に向かっているというのに、神の崇拝などにかまけているのだろうか。われわれはといえば、〝神〟という言葉を聞くたび非常に腹がたつ。この言葉が使われると、かならずその場に立ちどまって長いあいだ動けなくなる。きみたちがどのような状態にあるか知るために、われわれは感情体を読みとっている。メンタル体は読めないからだ。人間のメンタル体はコンピューターのホログラムがごたまぜになったような有り様なので、こちらがなにか感知するには、感情を介するしかない。

きみたちは神のジレンマと地球の破壊について、たえず苦悩をあらわしている。しかし、**神に気持ちを向ければ向けるほど周囲の環境から注意がそらされ、ひいては環境破壊につながってしまう**。きみたちを読んでみると、たしかに地球環境については真の苦悩を味わっているが、神に対する真の感情は存在しない。まったく興味のない抽象概念について、たえず過剰なプログラミングと刺激にさらされているのだ。これは本当は、きみたちの自分自身や地球に関する感受性を阻害するために設計されたプログラミングである。われわれの種が体験している困難のかなり多くを生みだしている主原因でもある。直截にいえば、**神とはトカゲ族に対して強制されたプログラミングにほかならない**。

人間は神が自分よりすぐれた存在だと思っているらしいが、そんなことはありえない。きみたちよりすぐれた者など存在しない。まったくばかげた思考形態であり、だれも本当には信じていないのに、それが真実であるかのように行動して自分の力を譲りわたしてしまっている。われわれにはそんな心理的問題がないことに、いままで気づかなかったというのか。きみたちは大問題をかかえている。やっと、その信念体系をぶちこわす方法を見つけられる地点に到達したわけだ。われわれは、自分たちよりすぐれた者など存在しないことを知っている。そんな考えは、いちどもこの長い背骨に入りこみはしなかった。

きみたちはこの本で多次元性を探究しているつもりだろうから、思考形態を調整して、神を自分と分離したものとみなすのをやめ、さまざまな次元を生みだすエネルギーと考えれば一瞬にして崇拝行為はなくなるだろう。なにかを自分と分離したものとみなし、自分より高いレベルにおくと、みずからの位置関係を見失ってしまう。観察していて気づいたのだが、神とやらを崇拝すればするほど、きみたちは自分自身がわからなくなってしまうようだ。通常なら人間はエネルギー体として見えるのに、自分と分離した高次の形態を崇拝することによってアイデンティティを手放すと、エネルギー体が文字どおり消えてしまう。われわれは質問しなければならない。きみたちは生きているのか？　それを確認するのがむずかしいので、われわれは人間のなかでも非常に活発なエネルギー体をもつ者と交流する場合が多いのだ。

未来については、あまり確実なことはいえない。われわれの視点から見ると、フォトン・ベルトを旅するあいだ、あらゆる生物形態は極度に強い周波数レベルで振動するようになるだろう。これは複雑で多様な居住環境でのみ可能である。われわれは非常に強い周波数レベルの存在なので、どちらにしても生物としての本質はたいへん活気づけられ、強化されるだろう。すでに王トカゲがのべたように、われわれは地球が緑と湿地におおわれる「銀河の夜」を旅するときのほうが好きだが、それでもきみたち同様フォトン・ベルトを旅しなければならない。

われわれは金星の地中にも存在するが、地球の表面に住むほうを好んでいる。日光と水と緑があるほうがよい。金星のわれわれは血液から鉱物性の光を発して燐光のように輝き、テレパシーで話しあっている。地球のトカゲのような肉体はもたず、分泌物がじゅくじゅくと滲みだす生命形態で、カエルの卵に似ている。その姿をエーテル的に見たならば、じゅくじゅくとした緑の粘液につつまれたカエルの卵の内側ふかくに、われわれの本質が原形質のように振動しているのがわかるだろう。金星のわれわれは地球における形態とも同調しており、その関係はトト神と地球のヒヒやサルたちとの関係に似ている。トトは水星に住んでいるのだ。観察してわかったが、地球でトカゲの形態をもつわれわれが粘液質のものを好むのは、故郷を思いだすからだ。

ここ金星を以前に支配していたトカゲ類の文化とわれわれのあいだには、直接の遺伝的つながりがある。われわれは四次元に存在し、地球のトカゲ類の遺伝バンクになっている。つまり非物質的な形態形成場であり、爬虫類やきみたちの概念形態がここにたくわえられている。人間も爬虫類も、もともと概念としての形態は金星からきているのだ。人間が形成されたとき、金星の膜組織と混合された鉱物は、たしかに聖書でいうように粘土だった。「創世記」にはアヌンナキによる創造の歴史がしるされており、使用された粘土はシリカ（二酸化珪素）が主成分だったが、爬虫類に関する物語は除外された。爬虫類の遺伝子は炭素を主成分とする有機的な泥と混合された。だから、トカゲは腐敗した植物からできる沼地の泥をこよなく愛する。人間の遺伝的知性はシリカにもとづくもので、人間と水晶が作用しあうと非常にパワフルなのはそのためだ。

このようにして金星で遺伝子が混合されたのは、四〇億年から七〇億年前のことである。地球の表面に宇宙のさまざまな周期が影響をおよぼすにつれて、その基盤から多くの生き物が徐々にあらわれてきた経緯をわれわれは記録している。調べてみると、膜組織と水晶の混合物がはかりしれない年月をかけて、太陽光とフォトンの光それぞれに反応してきた過程が見える。たいへん長い物語である。

人間とトカゲ類の遺伝的基盤が地球上で最初に進化しはじめたときは、たいへん自然な状況だった。アヌンナキはただ、地球の原生要素から人間用の混合物を作るにあたってシリカが主成分の粘土を使い、きみたちの精神を読みとってプログラミングできるようにしただけだ。おぼえておくといい。**アヌンナキはシリカ・ベースの科学技術を利用して人間を操作することはできないが、人間自身のシリカ主成分の細胞に刺激を与えることはできるのだ。**ただし、この結晶性の基盤は完全に多次元的になる能力をきみたちに提供しており、シリカ・ベースの科学技術はその助けになるだろう。多次元的になってしまえば、アヌンナキはもうシリカ主成分の細胞を刺激して、きみたちをこづきまわせなくなる。そのことにどうか気づいてほしい。きみたちの頭のなかにあるニビルのプログラミングが、生態系の破壊へと駆りたてているのだから。われわれの話を疑うなら、火星のことを考えてみるといい。われわれ爬虫類は、かつて火星の運河を泳いでいた。われわれは炭素が主成分なのでアヌンナキに頭をいじられることはないが、そのかわり人間ほど脳を発達させられなかった。**きみたちの最大の強みが、同時に最悪の足手まといになりうる。**われわれ爬虫類は、きみたちがいかにマインドコントロールされ、彼らの計画にしたがって殺人者に仕立てられているかを気づかせるために来ている。しかも、彼らの計画は地球とまったく関係のない信念体系なのだ。

ただ、この遺伝的発達と進化の歴史――history（彼の物語）でなくherstory（彼女の物語）と呼びたいが――そのものは、外部からの影響力や干渉よりずっと長い年月にわたる偉大なものだ。最初の基盤はきみたちが、とりわけ科学者たちが認識しているより、はるかに力強い。基盤の本来の強さからいって、本当はきみたちが思っているほど心配する必要はないのだ。しかし、完全にマインドコントロールされてしまったら、そもそも生きのびたいと願うだろうか。

思いだしてほしい、アヌンナキはさまざまな衣裳をまとって訪れるといったはずだ。きみたちも彼らの仮面のひとつになってしまうかもしれない。これは冗談ではない。人間が神の姿に似せて作られたという聖書のくだりは、ほんとうは爬虫類のことなのだ。(2) 爬虫類はアヌンナキの最初の実験であり、彼らにとっては失敗に終わった。われわれは炭素が主成分なので地球を感じすぎてしまい、彼らには支配できない。そこで、シリカ主成分の粘土できみたち人間を作り、支配する準備をととのえてきたわけだ。しかし宇宙的周期のほうが優勢だから、きみたちはバランスと活力をとり戻すためにフォトン・ベルトに入っていくだろう。

わたし博士トカゲはいつも夢を見ている。きみたち人類の記憶を、きみたちの惑星や心の望みを夢見ている。わたしはその望みを使って原生的粘液のなかに形態形成場を作り、それが地球上に生命を作る。最近では、自分が強くて純粋で振動しているという感覚をきみたちに思いだしてほしいと願っている。わたしは忘れなかった。アヌンナキによって地球との同調性を乱されなかったからだ。きみたちも、地球ができたころの原始の泥の感覚に戻れるといいのだが。そうすれば、われわれはきみたちをもっと癒せるし、きみたちもわれわれをもっと癒せる。人間は野生動物のような生活に戻るかもしれない。それが宇宙のもとめる共鳴の形であれば、きみたちはまさにそう選択するだろう。保証してもいい。

われわれは金星では肉体をもたず、四次元の波動として存在する。地球の視点でいうと、四次元とは、太陽の望みを諸惑星が地球上の時間と空間の次元に表現している資質をあらわす。きみたちは惑星がそれぞれ四次元の知性であり、地球の現実を作っていることに気づいていない。占星学に対する偏見が深く頭脳に植えつけられているからだ。アヌンナキは、地球上で創造をなす彼らの力が、多くの惑星にそなわった能力のひとつにすぎないことをきみたちに知られたくない。

金星に住むわれわれ波動の存在は、まわりの環境とさらに共鳴するため自己複製をおこなっている。これは純粋な感情によってなされる。占星学でいうと、金星は純粋な受容性をあらわす。われわれは望みを自分にひき寄せ、そして表現する。わたし博士トカゲは遺伝子の記録バンクの管理者である。これは極秘の内容で、きみたちは裏口からこっそり入ってきたところなのだ。最近では、自分の肉体のなかでもっと〝感じよう〟と明確に意図する者は、地球の三次元のさまざまな生物種を完全に保護し、尊重することによって、みずからを創造した源である金星の四次元の遺伝図書館に入りこめる。われわれが金星の内部に入っていくと、爬虫類の図書館がみつかる。いわばトカゲ類エネルギー製のモジュールやモデムのようなもので、地球上の感情によって保たれている形態形成場である。

この概念を理解するには、なにかを物質的に創造するときの感覚を高度に発達させる必要がある。いま、人間のなかで生命力の違いを感じとる能力がたいへん急速に発達しており、これは感情をきわめて正確に認識する能力と似ている。生命力そのものの真の波動、つまり、ある生物種がもつ実際の波動を感じることで、きみたちの惑星には肝をつぶすほどの進化が起きるだろう。地球の母親たちはこれを知っているから、男性より女性の多くが〝謙虚〟なのだ。母親以外でも子供の誕生に立ち会えるなら、新しく生まれた物質形態に感情体が入ってきて接点をもつ瞬間が観察できる。入ってくるのは非常にパワフルな波動である。エクスタシーだ。きみたちの領域において、過去一〇〇年間でもっとも重要な進化の引き金は、父親がわが子の誕生の場に参加するようになったことだ。

きみたちは生物としての危機を迎えようとしている。人類の物理的統一性がおびやかされている。さまざまな**種**はきみたちが彼らを**感じる能力**によって**保たれている**。**だからネイティブ・アメリカンはトーテム・アニマルを盟友とみなし、ともに作業をおこなう**。生態系の危機が深まるにつれて、この知恵はますます重要になるだろう。いっぽうで、世界統制チームはインディアンたちの注意をそらせ、生まれ育った土地でギャンブルのためのカジノを経営させるようになった。地球の人間すべてに課せられた真の使命は、あらゆる動物たちと、そして自分たちのあいだでも深く心を通わせることだ。動物はそれぞれ輝かしい星の知性を表現しているのだから。しかし、きみたちは人間の意識が神のようなものだという考え方に洗脳されたため、ほかの動物をみな殺しにしようとしている。わたしが見たところ、史上最強の殺人者はキリスト教徒のようだ。なぜならキリスト教は人間を動物より上位に置いている。ほかの宗教は神秘主義という感情にもとづいたアプローチを尊ぶが、**キリスト教はあまりにも知的になってしまい、あらゆる生命にとって致命的である。**

怖れも致命的だ。怖れが出てきたら、そのなかをまっすぐ通り抜けなければならない。きみたちの多くはつねに一定レベルの怖れを味わっている。なにか怖れを感じたら、その怖れとともにいることだ。合理的に解釈せず、そのただなかに入っていき、ともに流れていこう。本当は、怖れはきみたちがもっと〝感じる〟ように刺激してくれているのだ。その怖れはどこからきているか、突きとめよう。自分の体内にあるのか、それとも林のようなどこか特定の場所にあるのか？　これは強力なヒーリングだ。怖れの原因にまっすぐ入っていこう。このプロセスをどんどん進めていけば、怖れをすっかり通過して真の原因に到達するだろう。怖れの原因が自分の生存をおびやかすようなものならば、到達することで救われるかもしれない。さもなければ、それがきみたちの最期になる。

われわれの記録から、さらに地球についての情報を伝えよう。金星の生命を薄紫色の卵に託して地球に運んだ時期がある。足の長い「祖母なるクモ」がそれを守っていた（卵のなかに新しい生命があり、卵はトルコブルーから群青色、そして紫へと色を変えた）。金星からきた卵は、思考形態を感じるという方法で生み落とされた。地球上のいかなる生命も、〝感じる〟ためのライトボディがなければ存在できない。われわれトカゲはいまでも「祖母なるクモ」に肩をつかまれているのを感じる。われわれの記憶は長く保たれ、自分たちの思考形態を三次元に運んでくれた彼女たちに感謝している。しかし、その時期は傷を残した。誕生とは傷を残すものなのだ。地球にいる種はみな、誕生の瞬間についてなんらかの感情的否定性をいだいている。だから、われわれはこの情報を明かすことをいままで避けてきた。いまこそ、きみたちに生命のもろさを認識してもらいたい。

われわれトカゲはクモをはじめ、どの昆虫に対しても否定的な気持ちはない。「祖母なるクモ」が自分の夢を金星から地球の基盤に運ぼうと決めた、苦しい瞬間があったのだ。地球における生命の最初の記憶はこうだ――洞穴のような場所で祖母なるクモが紫水晶《アメジスト》の色をした多くの卵を守っている。学者トカゲの視点からいうと、そのころ地球上で支配的な生物種はわれわれだった。太陽系の歴史上、「祖母なるクモ」の操作によってきみたちの感情体が地球の生物意識にもちこまれた時期を、われわれは感じていたのだ。

クモたちは卵をむやみに欲しがって集めたので、報復がなされた。報復は爬虫類のなかでもっとも波動の高い蛇がおこなった。現在この情報は蛇の民から入手できる。聖書で蛇を殺すことを奨励しているのは、そのためだ。われわれ爬虫類は見捨てられた者の思いを知っている。人間を含め、無防備な種が「祖母なるクモ」によって運びこまれ、新しい生息地に適応しつつある段階で死んでいくのを見ていた。われわれは犠牲者の苦しみを吸収した。人間は新しい生き方を学ぼうとしながら犠牲者のように感じていたので、いま生息地を破壊しているのだ。きみたちはふたたび無防備になることを学ばねばならない。つまり、オープンで柔軟になるということだ。さもないと、すべてを破壊させるようなマインドコントロールを受けいれてしまう。われわれ爬虫類はあらゆる存在の無防備さを守っている。

わたしの水晶のように白い光のエネルギーはすべて背骨に集中しているが、同時に下腹部にもフォーカスしている。これは呼吸法によってエネルギーを上昇させ放射する方法ではなく、〝感じる〟ことによってのみ可能である。怖れは腹部に感じられるが、そこには怖れを通り抜けるためのコードが入っている。背骨だけにフォーカスしていると目標のことしか考えられない。だから、きみたちは条件づけされたわけだが、その条件づけもついに分解しつつある。もはや適切でないからだ。フォトン・ベルトに深く入っていくとき、腹をじゅうぶん開けば尻を守ることができるだろう。

四次元を調べたければ、五次元以上から見ることだ。なにもかも直線的な時間と空間から眺めたのでは、迷路に置かれたネズミのような気がするだろう。自分がどちらに進むべきかわからず、ジレンマに陥ったようなとき、行きづまったと感じたら意識をより高次元の視点に移すといい。かならず状況が変わって文字どおり驚嘆するはずだ。では、具体的にはどうすればいいのか。

五次元の目があれば、三次元では千里眼になれる。三次元において、きみたちは碁盤の目のような時間と空間にとらわれている。五次元からのコンタクトが得られるのは、深い感情にもとづいた方法でハートからなにかを願ったときだけだ。本当はなにがほしいのか、とことん感じてみよう。瞬時にして共時性の領域の希薄な空気から、単純にわかる。なにがほしいのか感じられる。強い感情をもって願うとき、潜在的な実現性をつかさどる形態形成場が要請に応じてくれる。結局のところ、四次元のもくろみは三次元でものごとを実現することだけなのだ。金星におけるわたしの細胞基盤では、現実はこのように作用している。それではとりあえず、このへんで失礼する。あとはサティアとプレアデス人たちに交代して、きみたちの生物としての情報と、どのようにして三次元の「網」に捕らわれたかなどをさらに語ってもらおう。

サティアと宇宙の再開始ボタン

わたしサティアがこちらの世界に戻ってきました。あなたがたが王トカゲや博士トカゲといっしょに生物基盤を探究してくれたので、たいへん喜んでいます。未来の可能性に思いをはせるにつれて、あなたがたの大半は懸念を強めているのではないでしょうか。爬虫類たちの叫びは銀河系全体に届いています。彼らのメッセージを聞くと、ヘブライ人をかなり非難しているようです。五次元のわたしの視点からは、実存主義的な信念体系をもつ集団はどれも似たりよったりに見えます。そこで、ユダヤ人がずっと待望しながら見落とした救世主《メシア》を、自分たちは認識したと主張しているキリスト教をよく検証してみましょう。

あなたがたの暦がある時点まで進んでいき、いったんゼロに戻ってふたたびスタートしたのはなぜか、ご存じですか。直線的な時間が二〇〇〇年近く前にいったん終わり、そこから再出発したという現象が、いかに特異か考えてみたことはあるでしょうか。ふたごの銀河の片割れとして、天の川の銀河を理想化した視点から見守っているアンドロメダ人は、時間軸におけるその瞬間を「宇宙の再開始ボタン」と呼んでいます。これこそ神聖ローマ帝国による強力な作用の数々を理解する鍵です。たとえばローマの皇帝たちは、彼らの治世のあいだに始まった新しいニビルの運行周期のために神殿を作っているつもりでした。ジュリアス・シーザーが権力の座にのしあがっていく過程には、ニビルの作用をあらわす兆候が多く見られます。彼はジュピターに仕える司祭として神々の系統を継ぐ者と称し、ヘブライ暦（紀元前三七六〇年に始まったユダヤ暦。ニビルが太陽系に進入してきた時期にあたる）はやがて終わり、新しい暦が始まると宣言しました。

ジュリアス・シーザーはローマの統治権を手にするや、月の周期にもとづくエトルリアの暦を廃止し、太陽の周期にもとづくユリウス暦を創設しました。ジュピターをまつる神殿の司祭長だった彼は新しい太陽暦に自分の名前をつけ、新たな選民はローマ人であると発表しました。その後も西暦三二五年のニカイア公会議で決められたキリスト教暦年、一五八二年にグレゴリウス一三世が制定したグレゴリオ暦

〔現行太陽暦〕など、暦に関するさまざまな操作がおこなわれました。こうした修正のせいで、時間がいったんゼロ時点まで下降し、あらためて永遠に前進していくような暦を定着させるほどローマ人が現実を支配していた、という驚くべき事実にわたしたちの注意が向かなかったのです。[3]

ヘブライ暦を使っている人のために、その意味を理解するお手伝いをしましょう。あなたがたは紀元前三七六〇年にヘブライ暦を制定することで、ニビルにより「選ばれた民」であると宣言しました。それほど大きな概念の伝え手になることを選んだ勇気に、われわれプレアデス人は敬意を表します。しかし、〝大切な牛を突き殺させる〟（これはプレアデス人のお気に入りの表現です）意志がなければ、大事な点を見落として、その結果あなたがたの神々、あるいは地球のローマ皇帝たちによって他のどの民族よりこづきまわされるでしょう。二〇〇〇年前に肝心のことを見落とした、といわれるのはもう飽きたのではありませんか？　あのとき見落としたのは、いまあらためて九次元の救世主《メシア》を認識する機会を得るためだったかもしれません。ほかのみんなと同様に牛を突き殺させる意志をもてば、自分の外側に救世主《メシア》の到来を待つのをやめ、その潜在的可能性はまさに〝いま地球上にある〟ことを思いだすでしょう。あなたがたも注意をそらされていたのです。だれもが注意をそらされてきました。そして自分の惑星ではなく、よその惑星のカレンダーに時間を記録しています。

暦の法則は時間との関連において天体の配列にアクセスするためのコードであり、ローマ人はそれを支配しようと決めました。キリストの誕生がいかに深刻な脅威か気づいたので、コントロールするための力学としてゼロ時点を設定したわけです。彼らが暦を乗っ取ったのは、「われわれ対やつら」を演じることを選択したときでした。「われわれ対やつら」という対立力学は、一八〇〇年ごとにニビルが近日点または遠日点に達すると誘発され、それが全般的パターンになりました。近日点、つまりニビルが太陽にもっとも近づいたのは紀元前七二〇〇年、紀元前三六〇〇年およびゼロ時点で、逆に太陽からもっと

＊**大切な牛を突き殺させる**　神聖不可侵な存在を示す「聖牛」をもじっている。

も遠ざかり、シリウスの外側になる遠日点は紀元前五四〇〇年、紀元前一八〇〇年と西暦一八〇〇年でした(おおよその数字です)。これらの時点で、三次元の現実におよぶ四次元のコントロールパターンに大きな変化が起きています。**歴史的転換の元型です。**たとえば、紀元前三五〇〇年にはエジプト人とシュメール人、紀元前一六〇〇年にはイスラエル人とエジプト人、西暦一〇〇〇年にはキリスト教徒とローマ人が対立しました。そしていま、マヤ暦の終わりにあたって、ニューエイジの人々とキリスト教徒が「われわれ対やつら」を演じようと準備しているのです。

ローマ皇帝はヘブライ暦を廃し、ゼロ時点から時間をすっかりやり直すことによって、ニビル人の地球支配をお膳立てしていました。しかし、ニビルが太陽系を訪れているあいだにキリストの誕生と死という別事件があり、ローマ人もユダヤ人も不意打ちをくらいました。ゼロ時点はアンドロメダ人が押した「宇宙の再開始ボタン」でもあり、キリストとともに新たな可能性を挿入したのです。それまでどちらの民もニビル人が物理的に地球に降り立つのを待ちうけ、到着する場所として社交界や土地、神殿などを用意していました。ローマ人はバールベクのゼウス神殿を着陸地に改築してジュピター神殿と呼び、エジプトからオベリスクを移転してローマの各所に配置し、(4)エルサレムのソロモン神殿を壊した跡地にシーザーの神殿を建てました。そしてパワー・ポイントをことごとくエジプトからローマに移し、かつてアレクサンダー大王が制定した機構全体を征服して、東方の国々を完全に支配するにいたりました。神々を愛し、もてなすためにサロメ、クレオパトラ、ジュリアス・シーザーの母アウレリアなど、とりどりの巫女たちまで用意されました。

これらすべてが、偉大なる神々の惑星の太陽系到着にそなえて計画されたのです。紀元前四四年にジュリアス・シーザーが暗殺されてまもなく、夜空にニビルが出現したので、シーザーの魂はニビルに昇っていったのだといわれました。紀元前一七年にニビルの軌道がふたたび地球から見える地点に達した

図11　八角星：ニビル

ときは、アウグストゥス（オクタヴィアヌス）が王座にあり、人々はシーザーの魂が〝新時代〟の到来を告げるために戻ってきたのだ、と聞かされました。ローマ人はニビルを象徴する八角星を刻んだ硬貨を鋳造し、そこにはニビルの帰還を讃える言葉「DIVVS　IVLIVS」（神聖なるジュリアス）が記されています[5]（図11）。三六〇〇年前のシュメール人とおなじように、ローマ人はこのとき地球の支配権を主張したのですが、その事実はローマカトリック教会によって注意深く隠されてきました。

　ゼロ時点でなにが起きたのでしょうか。そう、たいへん面白い状況でした。記念硬貨を見てもわかるように、ローマ人の目は空に釘付けになっていたので、ごまかされてしまいました。重要な周期的変化が起きる時期には、すぐれた多次元の存在たちが地球に転生します。ゼロ時点の前後にはキリストやブッダなど大勢いましたし、その数百年前のアレクサンダー大王もそうです。ローマ人たちが大神殿の手すり壁に立って宇宙船の着陸を待ちうけているあいだに、すぐ目の前の東方の国でキリストが生まれていました。ゼロ時点における法はモーゼの律法でした。これはシュメール、バビロニア、そしてイスラエルへと受けつがれてきた法典で、すべてアヌンナキ体制のなごりでした。ローマ皇帝たちはゼロ時点でそれを利用し、地球支配をくわだてたのです。アヌンナキは紀元前三六〇〇年にシュメール諸都市の法律にもとづいて神殿／都市システムを確立しました。その法典が多くの文化に広がり、その先々でゼ

＊**モーゼの律法**　古代ユダヤの道徳・儀式の律法。

ロ時点におけるアヌンナキの帰還が待たれるようになっています。

帰還を迎える時期、ローマ皇帝はジュピターの神殿を通して支配権を握っていました。アヌンナキはローマ帝国に刺激を与えて彼らの軍隊にし、利用することができました。すでにユダヤ人など、他のいくつかの文化も「選民」にするという餌で手中におさめていたので、これは簡単でした。時間が本当に停止し、ゼロ時点からシュメールのシャー体制が始まるという手はずだったのです。[6] そして時間の支配が達成されます——「新世界秩序」が。

しかし、その渦中に別のもくろみが放りこまれました。ユダヤの律法学者がエルサレムのイシス神殿の巫女と結婚し、東方に多次元意識を誘発しつつあったのです。ゼロ時点のあとニビルがもっとも太陽に近づいたとき、キリストは「岩のドーム」の神殿から両替商たちを一掃し、けっして忘れ去られることのない合図を世界に送りだしました。ちょうど究極の権力略奪が計画されていたとき、ヒルのように吸いついて金を搾取する者たちを彼はパワー・ヴォルテックスから追放して、力学を変化させました。あなたがたも心の奥底で、いつかは吸血鬼どもを厄介払いできると信じています。キリストは精妙なハートのエネルギーを世界中に放射しました。ローマにはエジプトから運んできたオベリスクがすくなくとも一三本は空に向けて活性化されていましたが、キリストの放射はそのエネルギーを全部合わせたよりも強力でした。[7] しかも、キリスト教徒は八角星のニビルを「ベツレヘムの星」と呼び、神の子の誕生を告げるために出現したと考えました。ニビルの星の象徴をみごとに横取りしたわけです。八角星はよくクリスマス・カードの図柄に使われ、キリスト降誕をあらわしています。

キリストは聖体拝領という儀式を始めましたが、これはシャーの二倍、つまりニビルの三六〇〇年周期二回分を完全に支配する象徴として、七二人の使徒とおこないました。アヌンナキの象徴をもちいることによって、彼が設定したものはすべてローマ帝国にそのまま吸収されたのです——宇宙の鍵が鍵穴

＊**シャー**　ニビルが軌道を一周する3600年の周期のこと。（くわしくは注 6 を参照）
＊**聖体拝領**（Eucharist）　キリストが自分の肉体をパンに、血をぶどう酒にたとえたことから、キリスト教で信者にパンとぶどう酒をわけ与える儀式。プロテスタントでは聖餐と呼ぶ。

に差しこまれるように。それから、アヌは自分が地球を支配するための装置として神聖ローマカトリック教会を選びました。やがてローマが衰退しても、キリストをめぐる公式の教会組織は勢力を伸ばすだろうと考えたわけです。人間は宗教を使って操作するのがいちばん簡単ですから。アヌにとって、それほど大規模なプロジェクトは未体験でした。ローマカトリック教会は、つぎなる公式のアヌンナキ体制になる予定だったのです。それを達成するためには、キリストが独身だったという前提にもとづいて、司祭はすべて独身（禁欲）とさだめることが必要でした。女性の力を弱めなければならず、聖体拝領の祭儀は一度も女性の体内に入ったことのない男の司祭がとりおこなうようにしました。人々に死に対する恐怖を植えつけるため、多くの転生にかかわる知識を抹消しました。そうすれば、死への怖れが多次元との接触を制限するからです。かくてアヌンナキは地球の完全支配を手にし、多次元的存在が人間にアクセスするのを防ぐという計画でした。人間はみな三次元に固定され、アヌンナキは西暦三六〇〇年に太陽系に戻ってきたとき裏をかかれずにすみます。これが地球にとって闇の時間であり、「網」の強要です。そのエネルギーが最初に地球をおおったのはキリストが十字架で死んだ直後、激しい雷雨と嵐がエルサレムに猛威をふるったときでした。

あなたがたに必要なのは、単純なパラダイムをマスターすることだけです。ある種の教訓や出来事はどうしても避けがたいのですが、地球上には本当に自由意志があります。ですから、あなたがたの自由を望まない知性としては、大きな出来事を上からおおいかぶせるしかありません。いつ、どのように**出来事をかぶせられているかを感じとり**、**刺激されても嘘に反応しないようになってください**。真実はハートで感じられます。マインドに曇りがなければハートは自由になり、おこなわれている操作の過程を観察することができるでしょう。無作為に、偶然に起きることなどひとつもありません——ひとつも、です。こんなふうに見てください。キリストの誕生のように本当に大きな出来事があると、人々はその真の意味を感じとります。それから出来事が大幅に歪曲され、文化的な強迫観念に仕立てあげられます。支配勢力は話の一部をたえずくりかえし、邪悪から自由になりたいという人々の願いを満足させます。キリストに関する嘘がひっきりなしに流され、人々は真の物語を渇望するあまり、腹をすかせたオウムのように嘘をのみこんでしまいます。偽りの物語がうんざりするほど反復されるうち、嘘をついた者さえ真実を思いだせなくなります。真実をもとめる渇望はたえず適当に慰められ、あなたがたは愚かなネズミのようになにかを求めて一か所をぐるぐる走りつづけるのです。

　これがアヌンナキによってもたらされた「不利益《ライアビリティ》」、つまりあなたがたの「嘘をつく能力《アビリティ・トゥ・ライ》」であり、だからこそ「網」から脱出する唯一の道は真の物語を徹底的に追及することだ、とわたしはいいたいのです。真実を手に入れさえすれば、あなたがたは自分自身の統一性にすぐ移行するでしょう。そのためにわたしはこんなにも煽動的で、異端的で、無礼な物言いをしているのです。なぜキリストを選ぶのか、とたずねるかもしれません。思いだしてください、わたしはアルシオネからエネルギー場を読みとっています。人間がもっとも強迫観念をいだいている物語を選んだにすぎません。なぜかといえば、取りつかれたように考えつづけている対象こそ、まさに自分のブロックになっているからです。あなたがたもみな意識のもっとも深いレベルでは、たとえ神聖な牛を何頭手放すことになろうと真実を見いだしたい、と思っているのがわかります。「網」から脱出するために、あなたがたの知性をはたらかせてほしいのです。「知性《インテリジェンス》」とは、「遺伝子のなかで語れ《テル・イット・イン・ユア・ジーンズ》」ということです。

　わたしサティアは、「ユーカリスト」（聖体拝領）という言葉にまつわる大きなエネルギーを感じます。ある朝、媒体のバーバラの耳にこの言葉が響いてはなれず、彼女は「このユーカリストってなにかしら?」とわたしに話しかけたあとで気づきました。「ユー・クライスト」（汝、キリスト）です。この発見にわたしは魅了されました。水瓶座の時代には、あなたがたが高度に個別化していくのを知っているからです。

それで彼女が音のコードをとらえたとき、わたしは身震いしました。明白です。人間ひとりひとりがキリストになるのです。もちろんそうです、魚座の時代が終わるのですから。あなたがたの一部は聖体拝領が強力なヒーリングの手段であることを直観で知っているので、ローマカトリック教会にこの秘跡を横取りされて大きな苦痛を味わっています。わたしにはそれが感じられます。そう、いままで継続していなければ、秘跡はとっくに失われていたかもしれません。しかし聖体拝領の力は一九六〇年代に急速に衰えました。その力がついに失われたのは、カトリック教会がミサのもっとも重要な一節をラテン語から翻訳して音のコードを解除し、さらに司祭をつとめる聖職者を会衆のほうに向かせたときでした。カトリック教会の多くは古いパワー・スポットの上に祭壇を西向きにして建てられ、司祭はパンを聖別するとき東を向くようになっていました。しかし司祭の向きが逆になると西を向くことになり、まったくエネルギーが受けとれないのです。この変化はシリウス人によって誘発されました。彼らは一九七二年から地球に直接影響を与えはじめています。教会の「網」を通過するのがあまりにも困難なので、司祭を転換させたわけです。西を向いた司祭は東の精妙なエネルギーを失ったばかりか、ミサのあいだ西からの混沌としたエネルギーを吸いこむようになり、その結果ローマカトリック教会は崩壊しはじめました。歴史を通じて、シリウス人が仕掛けた深遠なゲームに注意してください。彼らは錬金術のマスターです。

ゼロ時点に話を戻しましょう。キリストが九次元の活性化をおこなった結果、あなたがたの感情を監視していたアヌンナキは、彼らより偉大な力が地球上に存在することを知り、それを隠蔽しなければならなくなりました。彼らはキリストの力をそのまま横取りし、元型として神聖ローマ帝国に包含させたので、やがてローマが異教徒の手に落ちたあと、すべてのエネルギーが神聖ローマカトリック教会に流れこみました。アヌンナキは東方の三博士がシリウス人の占星学者であることを知っており、博士たち

＊**東方の三博士**　キリスト降誕のさい、星にみちびかれて東方からベツレヘムまで礼拝にきた３人の占星学者たち。黄金と乳香と没薬を贈り物としてささげた。（マタイ伝）

がキリストの誕生を地元の民に告げたので激怒しました。シリウス人が地球で仕事をするときの流儀をよく見ていてください。東方の三博士の足跡は地球の古代にまでさかのぼることができ、ゼロ時点から後はキリスト教の歴史にずっと登場しつづけます。わたしの媒体が調べたところ、彼らの影響はグノーシス派、中世の神秘家たち、改革派のプロテスタント、クエーカー派、初期ニューイングランドにおけるさまざまな心霊主義グループ、そしてモルモン教の初期までたどれます。系譜がいちども途絶えていないので彼女は驚嘆しました。たとえばニューイングランドに最初に到着した入植者たちは、新天地のいたるところにイギリス諸島とおなじような巨石時代のストーン・サークル（環状列石）、ドルメン（支石墓）、文字や紋様の刻まれた岩、天体と関連づけられた神殿などがあることに驚いています(8)。しばしば彼らはそこに自分たちの教会を建てたり、異教的パワーを示す標識をとり壊したりしました。フリーメーソンやモルモン教徒は古代遺跡を発掘し、マウンドビルダーなど古代アメリカ人の残したパワー・オブジェを自分たちの寺院設備に利用しています(9)。

　東方の三博士はキリストに贈り物をささげました。乳香《フランキンセンス》は真の男性的創造性の力をもたらすエッセンスであり、没薬《ミルラ》は女神のエッセンスです。彼のような存在はいまだかつて地球に転生したことがないため、それらの要素が運ばれたのです。キリストはシリウス人による巧妙な計画にもとづいて到着したばかりで、まだ地球の波動がコード化されていませんでした。それらの要素があれば、あなたがたの領域で生きのびることができます。彼のような波動を物理的な形態にとどめておくのは困難なのです。わたしサティアは、乳香と没薬がキリストにささげられるのを見守っていました。博士たちが幼子に香油を注いだとき、金色に輝く美しいエッセンス、〝錬金術の黄金〟が運ばれてきました。それは地中から掘りだしたままの、まったく加工していない黄金でした。博士は黄金を持って幼子イエスのオーラの周囲と内部をまんべんなく動かしました。彼のオーラはたいへん明るく、たいへん遠くまで広がっていて、

＊**マウンドビルダー**　北米五大陸からフロリダにかけて多数の土塁や塚を残した、先史インディアンの諸部族。

肉体にとどまることができなかったからです。幼子イエスは白く輝くダイヤモンドのような光を発していました。その光は、身体からあまりにも遠くまで達していたので、博士たちも羊飼いも目をおおわねばなりませんでした。黄金は彼のオーラ、光輪の境界を作るために使われ、また黄金に含まれる精妙な光をあらわす非常に美しい象徴でもありました。人間はみな、物理的形態にとどまるためにオーラの境界をもたねばなりません。身体から発する白い光があまり遠く広がって他の意識領域に入ると、人間は体外離脱してしまいます。

そこで、すかさずシリウス人が東方の三博士を介して乗りこみ、キリストが地球の場に適応するのを手伝ったわけです。いまではプレアデスとシリウスの同盟が結ばれたので、わたしは六次元のデータを受けとっていますが、アヌンナキの「新世界秩序」にかわるまったく新しい秩序が始まろうとしています。シリウス人は太陽系内の惑星運行を支える天球レベルのシステムを保持していますから、同盟が結ばれたいま、プレアデス人も「網」を越えて地球のヴォルテックスやグリッドラインを拡大し、より複雑な天球レベルの幾何学場を作っていくことができます。だから、わたしは以前より楽に媒体と接触できますし、ほかのプレアデス人もあなたがたの多くと接触しているのです。プレアデス人が実際にあなたがたの領域で人間を調べたり、人間と作用しあっていることをもっと自覚してもらうため、こうしてわたしが来ています。われわれはあなたがたを刺激し、マインドを自由にするような情熱的な探究へと向かわせるでしょう。ジレンマから抜けだす方法はこれしかありません。あなたがたを「網」から救出してくれる者はいないのです。からまった網を自分でほどき、情熱と好奇心だけを頼りにそこを超越し、自分を拡大していかなければなりません。

シリウス人は、三六〇〇年ごとに地球にもたらすべき意識をニビルにコード化しています。ニビルはいわば「郵便配達」です。[10] アヌンナキはなぜ、わざわざシリウスのもくろみにコード化されたりするのでしょうか。わたしはニビルがシリウスに近づく軌道をモデルとして示すような、地球の先住民の神聖な道具を知っています。それはドゴン族やオーストラリアのアボリジニが神聖とみなすブーメランです。シリウス人はニビルの軌道を保って、ブーメランのように自分たちの星系に飛んでこさせ、ひきかえに郵便を配達してもらうわけです。配達しなければアヌンナキは戻ってこられず、石つぶてのように宇宙空間に飛んでいってしまいます。ブーメランはあなたがたの人間関係の可能性をあらわすパワフルな隠喩《メタファー》です。つまり、外にむかって思いきり飛びだしても、強く執着するのをやめればかならず元の場所に戻ってくるでしょう。

あなたもこの時点でシリウスに波長を合わせなければ、地球レベルの加速のなかで軌道から投げだされてしまうかもしれません。さまざまな軌道を保持するシリウスに、太陽は大いなる敬意を払っています。シリウス人がゼロ時点において確実にキリストの意識を地球にコード化させたいと考え、重大な関心をいだいていたのは間違いありません。アヌンナキはみずから郵便を運んだわけですから、シリウス人の計画を知っていたはずです。ただ、これは宇宙で起きたことなので、地球における彼らの神殿の守護者たち、たとえばローマ帝国でミトラ神に仕える神官などは「郵便配達」について知りませんでした。

シュメール人の碑文を見ると、自分たちはアヌンナキの王族であると誇らしげにのべています。それなのに、ヘブライ語の文書に記された「族長」の時代には、アヌンナキの物語は奥深く隠されています。つぎに登場した初期のキリスト教では、ニビルに関する情報は聖書からすっかり削除されました。バチカン図書館は真実の物語を安全に保存する場所として設立されたのです。外惑星のひとつであるニビルの影響は、最近発見されたエッセネ派とグノーシス派の文書にあらわれていますが、ゼロ時点におけるそうした情報源を学問的に分析するだけで、本をまる一冊書かねばなりません。[11] それよりむしろ、キリスト教やユダヤ教がつねにしてきたように、いまニビルとの関連を故意に隠そうとしている「新世界秩

＊**族長**　イスラエル人の祖先。

序」からアヌンナキの痕跡を見つけだすほうが、価値ある試みでしょう。真実にいたる最短距離は、公表を禁じられている情報をすべて暴露することです。だからこそ、わたしがいま来ているわけですし、マヤ族についても非常に多くが語られているのです。どちらもあなたがたに秘密を教えようとしています。

ローマカトリック教会はキリストを燃料として（原子炉の燃料棒のように）利用することでキリスト意識をおおい隠して支配し、過去二〇〇〇年あまり独自の現実を創造してきました。[12] しかし、いま教会の崩壊にともなってタンクから燃料が漏れつつあります。あなたがたは自分でガソリンを注入できるようになったのです。救世主《メシア》とはメッセージを意味しますが、効力をもつためには受けとってもらわねばなりません。ローマカトリック教会は西暦二〇〇〇年にキリストを解放するという時間のコードを設定しました。彼はかつて到来したが使命は果たせなかったので、ふたたび到来して教会の祈願を満たすであろう、と。そうしておけば、だれもが彼を待ちのぞみ、教会に「十分の一税」をおさめ、みずから覚醒することなくキリストの再来をひたすら待つでしょうから。

その一方で、あなたがたを読んでみると、別のことをしばしば感じとっていたようです。人間の多くがそのような神聖で神秘的な知恵を得ていた原因は、宇宙の再開始ボタンでした。新しいエネルギーがアンドロメダ銀河から地球に届いており、このエネルギーが銀河系をシフトさせています。天文学によると、アンドロメダ銀河と天の川の銀河は融合しつつあるのです。[13] 人間はときたま「網」を逃れ、キリストの発する精妙な光と愛と思いやりを体験することがありますが、それはアンドロメダの元型が強まっているからです。いっぽう、シリウス人が地球上にクンダリーニ・エネルギーをひろげていくにつれて、男性・禁欲・神の元型は教会の司祭たちを通して性的炉心溶解《メルトダウン》を起こしそうになっています。キリストは非常に高い次元に源を発しています。彼は地球に転生して新しいプロセスを設定し、高次元の存

＊**十分の一税**　教会と聖職者の生活維持のため、信者が収穫や収入の10分の１をおさめた教区税。

＊**アンドロメダ銀河**（アンドロメダ星雲）　天の川の銀河にもっとも近いところ（距離約200万光年）に位置する銀河。北天にかすかに見える渦状星雲。

です。

在がもっと頻繁に転生できるようにしました。司祭たちは本来その力を受けつぐ計画だったのです。このサイクルが最終段階を迎えたいま、キリスト意識は増加しています。以前より多くの他次元存在が地球に来ており、それこそまさにアヌンナキにとって避けたい事態でした。高次元の存在に自分たちの領土、地球を奪われることを怖れているのです。なぜ地球を所有したいかというと、ニビルは太陽系を約一二五年運行したあと、およそ三四五〇年も遠い宇宙空間に出ていくからです。そのあいだ彼らはとても孤独なので、地球のことばかり考えています。わたしは、彼らが本当はなにを望んでいるかを突きとめるために来ました。なぜなら地球ではどんな願望でも、尊重すればかならず満たすことができるからです。

キリストはわれわれプレアデス人の古代の方法を使ってぶどう酒と植物にはたらきかけ、地球の〝新しい錬金術〟を始めました。惑星の基本的な生物コードを活性化させたことにより、地球上に多次元の存在を保つ機会が生まれたのです。そのコードは地球の生きたコードの内部で進化する必要がありました。一次元のレベルでは、ニビルが運んできたシリウスのクリスタルは地球の中核のクリスタルとおなじ波動で共鳴していました。アヌンナキは、それが隕石のように地球に激突して砕けてしまうだろうと思っていましたが、そうはなりませんでした。

クリスタルは九次元のもので、地球の身体にそのまま入っていき、鉄でできた核の一部になったのです。まったく抵抗はありませんでした。地球の中核にまっすぐ入っていき、コードを変えました。地球の核は今後数年のあいだに何回かシフトして、このクリスタルのもっとも強烈な活性化を示すはずです。そこは球体の内部に球体があり、その内部にまた球体があるような感じで、地球の核が動くとき、土の領域のジオマンティックなストレスによって地表にもさまざまな変動が起こるでしょう(14)。

このクリスタルは地球の金属と土の領域を完全に活性化させました。さらにキリストがミサという方法で諸元素にはたらきかけ、奇跡をおこなうことによって地表に新しい可能性を埋めこみました。その意味で、彼はまさに優秀な魔術師だったのです。(15) そしてニビル人が人間に埋めこんだコンプレックスを最終的にすべて除去するような、新しい心理的コードである〝恩寵《おんちょう》〟を挿入しました。**恩寵は、人がハートから行動したとき無限の存在になると告げています。**実践のなかで恩寵を活用していけば、あなたがたはハートに移行し、ほかのどんな概念よりも早く、そこからすべての行動を導きだせるようになるでしょう。キリストはヒーラー（癒し手）でした。感情体にはたらきかけ、死者のなかから復活しました。彼はアヌンナキがあなたがたの場に埋めこんだ「あれはできない」「これはできない」というさまざまな観念をとり去り、しかも完全に三次元の人間として、精力旺盛な生身の男性としてそれをおこなったのです。しかし教会はマグダラのマリアとの関係の真実を隠すことで彼の性的能力をはぎ取り、その結果、男性は去勢され、女性は否定されました。(16) やがて、ローマカトリック教会は職につくためにペニスが必要でありながら、いったん職についたが最後、もうそれが使えない唯一の組織となったのです。

モーゼの律法は、キリスト的な感情が人間にとって自然な能力にすぎないと認識した人々によって、完全に変換されるでしょう。九次元の人間であるキリストが転生してしまったとき、アヌンナキは彼を滅ぼして、あなたがたを犠牲者の状態にとどめるための弱い麻酔薬として利用するしかありませんでしたが、それも失敗に終わったのです。教皇はあなたがたに免償状をもとめ、それを直接アヌに送ります。この、使徒ペテロの教会の構造こそ、ゼロ時点で降りてきた「網」でした。にもかかわらず、キリストは「網」を超えて輝く、消えることのない光の刻印を残したのです。

この本を読んでいるあなたがたはひとり残らず、キリストの偉大な力をおおい隠す嘘のいくらかに毒されています。わたしサティアはそれを感じます。プレアデス人による覚醒のまさに本質は、人類の宇宙的創始者であるエロティックなキリストをふたたびめざめさせることなのです。男根は使うためにあります。**キリストの去勢は人類の歴史上、最大の嘘です。**ローマカトリック教会の全構造は、手足を切断されたオシリス神の上に成り立っています。それは人間と多次元との接触が究極的に失われたという物語です。いったん自分の多次元性を思いだせば、あなたがたの内なるキリストがめざめます。もう時期なのですから。そのとき組織宗教はすべて粉砕されるでしょう。ローマカトリック教会の構成員が一九七二年の半分になってしまうなど、だれが想像できたでしょう。教会が破綻に追いこまれたのは、去勢された司祭たちの性的はけ口が助手の少年だけになってしまったためです。エロティックな錬金術師、キリストの時代がやってきました。この覚醒をはたす鍵は〝望み〟です。

サティアが贈る、次元のポータルをひらく瞑想

「**一次元の望み**」はあなたがたをひき寄せることです。それに抵抗すればするほど、自分がなにをもとめているのか、わからなくなります。ですから降服してください。四方位をまつる祭壇を作り、その中心にすわって意識を自分の下の大地に送りこみましょう。祭壇の下へ、家の下へと旅を楽しみながら、岩の層を通り、内なる地球の洞窟を通り、マントルのなかへ、そしてついに地球の核にある鉄のクリスタルにいたるのです。そのなかを旅し、そのなかで暖まり、熱と液状の岩を感じ、ガイアの語り部に耳を傾けて、彼らのいうことを思いだしてください。それから、二次元に昇っていきます。

「**二次元の望み**」は化学物質と放射能と鉱物と結晶のエッセンスを通して、あなたがたを重い密度にかかわらせることです。いっしょにこちらの領域へ降りてきてほしいのです。クリスタルやサファイア、ルビー、ダイヤモンドにおおわれた洞窟を案内しましょう。そうすれば、あなたがたは貴石を使って自

分の肉体を見通すことができるようになります。貴石やクリスタルの結合組織は、六次元の光の幾何学の構造的基礎になっていることに気づいてください。内なる地球に降りてきて、われわれ化学物質と放射性の存在に会ってほしいのです。本当の姿がわかります。燦然と輝く完全な姿を見れば、こちらの世界を侵害して深い地中からわれわれを掘りだすのをやめてもらえるでしょう。両者が共鳴し、こちらもあなたがたの意図に同意したとき以外は、分裂や変換によってわれわれを操作しなくなるでしょう。降りてきて、見てください。全員を認識できるように。ガイアが変化をとげるとき、われわれはよく自分の世界から放りだされ、地表で迷子になってしまいます。地球の内側におさまっていないと、あなたがたの肉体に入っていきます。川や、湖や、海、土壌、空気にも。どうぞ降りてきて見てください。自分の肉体や環境にわれわれがいるときは認識できるように。そうすれば、もとの世界に送りかえす作業に専念できるでしょう。われわれは人間を悩ませたり、病気にさせたくはありません。ただ、ともにガイアを分かちあう者として、自分たちをもっと知ってほしいだけです。

「**三次元の望み**」は、動物や昆虫、植物、人間といった肉体の内部にいて、自由であることです。自由になれば生きたい現実を生き、そこでなんでも創造することができます。これを達成するためには、最初のふたつの次元の諸力を尊重し、意識的にはたらきかけなければなりません。人生において、全面的に現在の瞬間にいることを学ばねばなりません。その瞬間にしっかりといられるようになれば、あなたがたの周囲をとりまいている四次元の元型の存在に波長を合わせ、未来を〝感じる〟ことができます。四次元の力を通して自分の未来にアクセスできるので、彼らとコミュニケーションをとる必要があるのです。現在にいるためには、いつも自分がなにを創造したいか、「あなた自身の未来」を自覚していなければなりません。四次元の元型の知性による強い影響力とコミュニケーションをとっていれば、九次元すべてから未来の望みを感じることができます。そうすれば、あなたと故郷をともにする全存在の目的にかなう現実の創造へと導かれるでしょう。そのような意識状態で生きるなら、あらゆる高次元にアクセスする四次元エネルギーの天蓋が、あなたのマインドで振動します。

「四次元の望み」はあなたがたの肉体がとる行動に深くかかわり、五次元から九次元までの次元から受けとったあらゆるメッセージを伝えることです。その〝おいしい〟刺激は非常にあなたがたの気を散らします。訴えかける声を必死で無視しようと試みるでしょうが、しかし、その意識が創造性の糧《かて》となるのです。偉大な芸術家はみな、そうした知性がマインドやハートに入りこむのを許す達人でした。すると、ある日ある晩、その素材が壮大な叙事詩として演じられたり、非常に邪悪な存在や高潔な存在と会話できたり、驚くべき怪物や奇妙な幽霊が出現したりするのです。さらに肉体を消耗させるような圧倒的な感情がともないます。結局は、それらのエネルギーに対してとにかく自分を開いてしまい、受けとめ方を意識的に調整するほうが楽なのです。どうやってかというと、魅せられるままに進んでください。そして、内側にあがってくる価値判断をすべて捨てるのです。どんなメッセージが含まれているか理解しなければ、自分にとっていい刺激か悪い刺激かわからないでしょう？　そのような創造性の刺激をひとつ選んで、しばらく試してみてください。自分に向かないとわかったら、それで結構です。すこしのあいだ好奇心を通じてその形成をうながしてやったのだと認識し、ただ手放しましょう。そうすれば、だれかもっと準備のできている人に移っていきます。

なぜ、四次元はこのようなことを願うのでしょうか。こちらの視点から見てください。わたしはあなたがた各自をおおう巨大なホログラフィック・フィルムの天蓋です。自分より上の五つの次元からエネルギーの波と光線が雨あられと降ってきます。光線はそれぞれ分裂してふたつの可能性になりますが、どちらも人間にとっては創造して遊べる現実なのです。でも、わたし自身は直線的な時空に存在しないので、それができません。あなたがたが光線すべてを探究して遊んでくれなければ、わたしは多種多様な二元性によってずたずたに切り裂かれ、ついには自己の感覚さえ崩壊して無意味な混沌と化すでしょう。

「**五次元の望み**」は人間の感情と深くかかわり、あなたがたの中心として、あらゆる人間とあらゆるものに愛を放射することです。わたしはハートの次元です。あなたがたが肉体のなかで強く中心を保ちつつ、自分にひき寄せられるすべての現実に対応していくなら、わたしはじょうごに水を注ぐように愛の波動を注ぎこみます。そうすれば、あなたがたは無限のエネルギーをもって、世界のあらゆる存在にやさしさを提供することができます。自分の占める聖なる空間において完全にグラウンディングを保ち、地球の中心にいたる導管としてハートを開いていれば、わたしとともに三昧《サマディ》の境地を味わえるでしょう。わたしは、あなたがたがアクセスする九つの次元の中心です。自分の肉体のなかで中心にいて、地球の中心ともつながっているとき、わたしのエネルギーが四次元を通してハートの中心に直接流れこみます。この愛の川が流れこむと、さらに上の四つの次元が意識に押しよせてきます。グラウンディングしながらハートを開けば開くほど、高次元の精妙な波動が感じられるのです。

「**六次元の望み**」は人間のマインドと深くかかわり、潜在的可能性の場を拡大することです。われわれは形態形成場という、三次元のあらゆる概念をおさめた記録庫の位置する場所です。あなたがたが三次元においてなにかを創造したり、なにかがほしいとき、そのものの概念がマインドに存在するかぎり、われわれがその幾何学的基盤を保ちます。あなたがなにかを望み、その可能性とすばらしさに真の敬意を払うと、そのものの波動が強くなってきます。じゅうぶんに望めば、われわれの領域にあるものはなんでもそちらの世界に出現します。つまり、わたしは三次元の神秘的な共時性の源なのです。若い娘さんが亡き母親を悼み、窓ぎわに立って「母をもういちど感じたい」と切望すれば、わたしは白く美しいハトをその窓に送るでしょう。シャーマンがワシの力を呼べば、ワシがあらわれるでしょう。あるものが願望の発するエネルギーを保持するようになれば、さらに五次元のハートのエネルギーで満たされ、わたしもひき寄せられます。この意識が三次元の物体のなかに存在するとき、銀河の情報ハイウェイ上に波動を生みだすことができます。そうすると、送られてきた神聖な概念からどんなものをこちらの領域で共同創造したかを、六次元より上の各次元が発見します。たとえばシャーマンが古代の品物を手に持ち、その品物には、星の存在が降りてきた多くの儀式のエネルギー波が刻印されていたとします。彼はそのトーテム的物体を使って星の存在と接触できるのです。わたしがあるものになんらかの形態を刻印づけたら、どの領域からもアクセスを妨げられることはありません。

「**七次元の望み**」はあなたがたの霊的生活に深くかかわり、七次元のフォトン・ベルト、つまり銀河の光の情報ハイウェイによって銀河系の恒星や惑星の軌道を保つことです。わたしは生命と光の「薄織物《ウェブ》」であり、人間をからめとって自由を制限する「網《ネット》」ではありません。銀河系全体にわたって多くの光のハイウェイを保持し、それらが通過する星々に意識の脈動を送っています。アルシオネのようなフォトンの星に「銀河の心」を伝えたいからです。わたしとのコミュニケーションの絆がじゅうぶん強力になると、フォトンの星々は大いなる光の螺旋を送りだし、近くの星と結びついていきます。そのように螺旋を描く星たちは軌道の途中で光のベルトに入り、それから銀河系の存在の基礎である広大な闇の場、「銀河の夜」に出ていくことができます。フォトンの螺旋があるおかげで、わたしは銀河系内の多くの星と通信をかわすようになりました。新しい想念が生まれる場所である「銀河の夜」について、星たちが新しい情報をもたらしてくれます。

「**八次元の望み**」は、自分たちより下の次元に属する者すべての存在の〝質〟を導くことです。われわれは多くの会議や会合をひらいており、生命を真にいつくしむ者はこの次元の一部となることができます。生命をいつくしむ能力とは銀河系内のいかなる意識にも干渉しないことで、それは多くの次元でさまざまな転生をはたす過程で生まれます。この資質は多くの場合、生命がいつくしまれず、邪悪が創造されるような状況を体験することで培われるのです。地球はいま邪悪について学ぶ訓練ゾーンになっているため、銀河系全体から送りこまれた魂でたいへん混雑しています。邪悪(evil)は生命(live)の逆です。しかし一九九九年の末に訓練センターの役目は終わり、参加者全員が、地球をいつくしまないとどうなるかという直接の結果を見る機会になるでしょう。生命をいつくしむ者は、地球が邪悪を超えて次元上昇するさまを見ていきます。生命をいつくしまない者は、西暦二〇〇〇年の直前に預言者ヨハネのいう黙示録を体験するでしょう。

「**九次元の望み**」は永遠の三昧《サマディ》のなかに存在し、おなじ境地を得た者すべてと感覚をつねに分かちあえる状態を保つことです。わたしは光の中心に存在しながら闇にひたり、エネルギーの波を脈々と送りだしています。この脈動を光の情報ハイウェイが受けとめてくれなければ、核爆発が起きるでしょう。わたしは光でできた巨大なクラゲがオーガズムを味わうように、銀河系に永遠の波動と脈動を生みだしているのです。

第5章 女神の錬金術の物語

月はわれわれを守っている。精神をつつみこむように心理の大気をめぐらし、いますぐ完全な悟りを得たいと願う魂の衝動がいっきに炸裂しないように、保護してくれている。月が吸収する太陽の光はわずか7パーセントで、新月から三日月、上弦の月、凸月、満月、拡散月、下弦の月、芳香月へと移り変わる姿によって太陽との関係を示す。われわれの誕生時の月の位相は、自分がいかに直観にすぐれ、いかにめざめており、太陽の光をどれほど吸収できるか、つまり魂の進化の度合いを反映している。なぜなら、われわれは悟りにいたる道の途上で、まず月を通過しなければならないからだ。なにごとも、まずは始めることが肝要なのだ。

ジェラルディン・ハッチ・ハノン(1)

サティアと女性の錬金術

錬金術とは、平凡なものを貴重なものに変換するプロセスです。女性はみな女神のエネルギーを宿しています。どのようなシステムにおいても、女神、つまりその生物種の雌たちが故郷《ふるさと》である種全体のすみかを支配し、場所の守護者となります。だからといって、女性が戦士や王になれないわけではありません。ただ、彼女たちは場所の本当の目的を直観的に知っているので、故郷にかかわる重要な問題はみな相談すべきなのです。特に戦争は。**プレアデスでは、戦争に関してわれわれ女神の意見をかならず聞かなければなりません。**地球上で父権制度が勢力をのばすにつれて、女性は平凡な存在とみなされ、支配者の座から追われてしまいました。プレアデス人の視点からいえば、まったくばかげたことです。あなたがたの領域において、神聖な生命のエッセンスである受胎卵を転生形態に変換させるのは女性です。わたしサティアはいま、それを思いだしてもらうためにやってきたのです。錬金術に関する女性の直観的理解は男性をはるかにしのぎ、プレアデスでは女神が魂の錬金術をつかさどっています。

究極的には、錬金術とは誕生のタイミングをはかる術です。卵が孵化する準備ができるのはいつでしょうか。あなたがたの多くは、自分がまさにいま未来を創造しているのを感じとっていますから、ここで問題なのは〝なに〟が起きるかではなく、〝いつ〟起きるかです。地球にとっては未経験の事態ですが、プレアデスではこの決定的飛躍がすでに起きています。だから、こうして援助を提供しにきたのです。一〇万四〇〇〇年前にわれわれが飛躍をはたしたときも、マヤ人たちが聖なる暦をくれました。ツォルキンです。当時、わたしもツォルキンに取り組んだおおぜいのプレアデス人のひとりでした。いまでも誇りに思っています。現在において未来を創造するのは人間のまったく新しい能力であり、それが一九八七年から二〇一二年にかけての決定的飛躍の本質です。あなたがたは直線的な時間と空間を超越する方法をみつけるために、あえてその締めつけを体験する必要がありました。どういう意味でしょうか。つまり時間と空間に制約されるのではなく、むしろ時空を利用するようになるのです。それが三次元の決定的飛躍です。女性は時間において創造し、新しい生命のために空間を活性化させる方法を知っていますから、男性を新たな錬金術へと導くでしょう。まさにそのことによって、あなたがたは制限を超えて拡大していけるような領域に移行します。地球上の時間のおもな記録係は月ですから、まず月に語ってもらいましょう。

月は語る

わたしは月です。木星の表面から来ました。材質は木星の月たちとおなじですが、わたしは地球のまわりを公転しています。ずっと昔、ガスの塊である木星で大規模な爆発が起こり、かなりの部分が吹き飛びました。それが気体の状態から変化をはじめ、凝結して固体になり、大半は木星の場にとらえられました。木星の一二個の月が木星の意識を鏡として映しだすように、わたしも地球の意識をあなたがたに映して見せています。月はみな、あなたがたの感じていることを反映します。感情の反映がわれわれのおもな役割なのです。わたし自身の場合は木星からずっと遠くまで飛びだし、火星の軌道も通り越して、地球の引力にとらえられました。ほかの月とおなじように、地球上の感情を反映する存在です。そして、わたしは地球におけるマスタリー（習熟）の学校をつかさどる木星から来ているので、**人間が自分自身をマスターするための基本は、**みずからの**感情**にうまく**対処することなのです。**あなたがたは肉体の完成が最重要課題だと思っていたでしょう？

わたしがやってきた当初、地球の生物は火星の生物とおなじでした。もちろん、火星の月も火星の意識を反映しています。火星にはウイルス的な単細胞の生命形態が存在しますが、乾燥した気候のため（かつては水分の多い状態でした）まったく進化しません。したがって、二個の月が鏡として映しだせるような意識体は存在しないのです。いっぽう、木星では肉体をもたない知性たちがカルマに取り組んでいるので、地球のような直線的な時空の意識があります。木星は固体の核の表面を気体がとりまいており、一九九四年にシューメーカー＝レヴィ彗星が衝突したときは、あなたがたの多くが木星に住むエーテルの存在たちを感じました。具体的にいうと、エーテル界の霊的教師やガイド、天使界の指導者などとの

＊月　地球の衛星。衛星とは惑星の周囲を運行する天体。したがって木星の12個の衛星も月と呼ぶことができる。

絆がふたたび結ばれたので、多くの人々が木星の苦痛に対して深い悲嘆を味わっています。まだ悲しみの原因は自覚していませんが、大いなる力が内側から湧きあがるのを感じています。意識の奥底で自分自身の非物質的なありようを思いだしてきており、ここで新しく編成される自己は、いままでの転生サイクルでもっとも力強いものになるでしょう。

火星と地球のあいだの往来はおよそ五〇万年前に途絶えました。それまで、ふたつの惑星の住人は交易目的でも行き来し、よく四次元の思考形態を使って英雄や戦士の伝説を交換していました。これは非常に楽しめる関係でしたし、いまでも人間がかぎりなく戦争に魅了される理由になっています。だから、あなたがたはみな男性面は戦士なのです。わたしはただ反映する存在ですから、火星の勇ましい業績の記憶がいまでも月の場にあって、あなたがたを興奮させているのがわかります。牡羊座の時代になると、人間はもっとも極端にこの元型を再演します。いちばん最近は紀元前二一六〇年からゼロ時点までの期間でした。われわれ月の存在はいつもこういいます。「ほら、また地球の連中が牡羊座の時代をやりはじめるよ!」でも、わたしはとても平和な波動なので、この昔ながらの強迫観念、地球の古い面倒なドラマにはいい加減うんざりです。あなたがたもおなじ気持ちなのはわかっています。わたしの意識には偉大な元型の物語や夢がまだたくさんありますから、それを分かちあいたいのです。

月であるわたしは、銀色の光線の波動を通してエネルギーを感じとります。あなたがたにわかる知覚でこれにいちばん近いのは、満月が昇るとき静かな水面にゆらめく銀色の微光でしょう。わたしの光は半透明の乳白色で、若く美しい女性の肌のようです。わたしの表面には深い峡谷やクレーター(凹凸)があり、電磁的エネルギーはほとんど皆無です。わたしの波動は非常にエーテル的なので、電荷はないにひとしく、完全にプラスとマイナスのバランスがとれています。大きさは太陽の四〇〇分の一ですが、地球までの距離は太陽のほうが四〇〇倍なので、あなたがたの空に浮かぶわたしは太陽とおなじ大きさに見えます。太陽とわたしはバランスがとれています。峡谷やクレーターの一部は縁高でたいへん底が深く、縁の内側に太陽風の電磁的エネルギーをとらえています。その波動が縁と縁のあいだで跳ねかえって共鳴波を作り、そこからわたしは惑星の位置や角度を読みとるのです。あなたがたが谷間で声を反響させて遊ぶときも、おなじようなエネルギーが空中にできています。わたしの表面には小惑星や彗星が衝突したあとのクレーターが多く、それらの奥深くにわれわれの意識の中心があります。丸くて小さな白いドーム形の神殿です。われわれがこの神殿構造物から思考形態を放出すると、人間は夢として受けとります。たくさんのドームがわれわれのエーテル的な発光性の周波数を伝送し、あなたがたの記憶と潜在意識の貯蔵庫の記録を保っているのです。

その周波数は、わたしのエネルギーを磁力的にひき寄せる人々に伝送されます。人間や動物など、さまざまな生命体が文字どおりわたしの意識をひきつけ、ひき寄せています。月の波動はきわめて精妙で、地球の表面に存在する二極化した相互作用とは異なります。あなたがたの反応パターンを構成する、さまざまな動機を形づくっている感情なのです。海王星も霊的な波動を伝送していますが、海王星なりのもくろみがあり、人間を刺激して信念体系を作らせようとしています。わたしがエーテル的に放射するものは、あなたがたの体験にまつわる記憶をただ鏡のように映しだし、それがあらゆる状況に対する反応を調整します。人間は記憶がなければ感情体を発達させられないので、そのときどきの気持ちをわたしの記録神殿に送りこんできます。なにかの匂い、声、見覚えのある光景などが記憶の引き金をひき、頭のなかで映画が上映されるように一連のイメージが解きはなたれることがあるでしょう。これは魂がさまざまな転生で体験してきたことの記憶をわたしが保持しているためで、その内容を探究する唯一の方法は、肉体にいる状態で潜在意識を調べることです。では、わたしはどうやって、あなたがたが潜在意識を探究できるような形で全記憶をたくわえているのでしょうか。いまや人間も光ファイバーを発見しましたから、月の膨大な記憶庫も想像できるはずです。刺激的な発想を提供しましょう。わたしはあなたがたを〝感じる〟から、そんなにもたくさん記憶できるのです。それから、光ファイバーも人間の感情に反応しています。まだ、あなたがたは知らないだけです。いっぽう、動物が記憶を肉体に貯蔵するのは生きているあいだだけなので、人間よりも現在においてグラウンディングできます。

あなたがたが病気や不調などで苦労していて、波動を変えるための物理的手段がみつからないようなとき、しばしば問題は感情だということに気づきます。物理的な解決法だけが唯一の可能性ではない、と本当に悟る地点に達すれば、わたしからきわめて正確で貴重な情報を伝達できます。その直観的メッセージによって実際にどれだけ現実が理解できるようになるか、自分でも驚嘆するほどでしょう。わたしにとって、あなたがたに自分自身への深い理解を映して見せるのは楽しみです。この人間感情にかかわる膨大な意識の貯蔵庫にもとづいていえば、感情を通して肉体の状態を変える方法はたしかにあります。たとえばバック・フラワー・レメディは、自分の感情を認識する能力があれば、物理的な慢性症状を起こしている波動を変化させられます。またアロマセラピーの精油は、実際にあなたがたの肉体をシフトさせます。特定の感情は生命維持に必要な内臓器官と対応しているため、そのようなエッセンスが感情体の錬金術に作用するのです。これは逆療法より微妙で深遠な方法であり、病気(disease)がまだエーテル体にある段階で癒すことができます。つまり、肉体レベルに達する前に dis-ease（安楽でない部分）を突きとめるわけです。

いまの人生において感情の受容器を完全にひらこうと意図するなら、わたしのすばらしい教えが活用できますが、これには本気で取り組む決意が必要です。前にのべたように、わたしの記録神殿はあなたがたの潜在意識のメモリーバンクを保持しています。それはどのようなものでしょうか。人間ひとりひとりの体内には魂があり、魂は地球でも、ほかの惑星や恒星でも多くの転生を重ねています。魂は自分

＊バック・フラワー・レメディ　イギリスの医師エドワード・バック博士が考案した花療法。バッチ療法ともいう。花のエネルギーを水に転写して癒しにもちいる。

＊アロマセラピー　ヨーロッパに古くから伝わる、植物から抽出した精油を使う芳香療法。

を知り、自分を表現するためにさまざまな領域での体験をもとめていき、わたしの記録庫にはあらゆる場所の記憶が保たれているのです。ほかの銀河の記憶まであります。地球上のひとつの肉体に生まれようとして、多くの領域の存在が先を争うという話を聞いたことがあるでしょう。その理由は**地球に転生すると、月の潜在意識メモリーバンクを意識的に使って探究することができるからです。ほかの場所ではできません。**これは膨大なテーマなので、あとすこし話しておくにとどめます。当然ながら、記憶のなかには深い傷を残し、新しい転生における表現能力を制限しがちなものもあります。ボディワークやスピリチュアルなセラピーを通じて知っている人も多いでしょうが、否定的な過去世の記憶をとり戻し、探究し、肉体の準備がととのったときに解放できれば、あなたはもっと軽く、調和がとれて幸福な状態になるのです。

では、月の潜在意識メモリーバンクを意識的に使って探究するには、どうしたらいいのでしょう。きっと驚くこと請けあいです。記憶は信念体系としてマインドに存在し、「これは手に入らない、あれはできない」とくりかえしています。過去の体験についての否定的な結論がすべてわたしのメモリーバンクに貯蔵されているのです。肯定的な結論のほうは活発なマインドのなかにあり、いつでも手の届く状態で、自由意志にもとづく行動の基礎になっています。わたしの記録庫は人間が自分の能力についてくだした否定的な結論の宝庫ですが、あなたがたは最初にあった出来事をおぼえていません。そのような結論があると、おなじ状況をなんども反復して、はじめの否定的な結論をぬぐい去るチャンスを作るのです。この傾向はあらゆる新しい状況において創造性を弱めてしまいます。(2) どうしたらいいか、以下に説明しましょう。

あなたの望む物理的な現実を創造するために——月の実現テクニック

(1)自分の現実で手に入れたいものを七つリストアップしてください。効果的にやりたければ、あまり無茶でない範囲で、〃ほしいと思う〃ものではなく、〃本当にほしい〃ものを願いましょう。

(2)リストにあげたものをひとつずつ取りあげていきます。最初がたとえばラジオなら、「わたしはこのようなラジオをこのくらいの値段で、いつごろまでにほしい」と声に出して自分にいいます。ラジオの特徴と価格と期限を具体的にのべたら、入手方法は考えません。とりわけ特定の人物やグループからもらう、というふうには絶対に考えないでください。相手を操作することになります。

(3)実際に手に入るとしたら、本当にそのラジオがほしいだろうかと自問してください。深く考えてみましょう。本当はほしくないのに〃ほしいと思っている〃もので、よくマインドを散らかしていますから。注意してください。本当はほしくないと気づいたら、ただ手放します。

(4)ラジオがあなたの現実に登場する場面を三つ作ってください。両眼の上の、額の前あたりに三つの場面をイメージし、それぞれの場面を脳の延髄（背骨と頭蓋骨がつながる場所）に刻みつけます。くれぐれも、特定の人物やグループが入手を助けてくれるのはイメージしないこと。他人の現実を操作してはいけません。

(5)これをくりかえして、本当にほしいもの七つを創造していきます。そのあと全部きれいに忘れてしまい、リストは安全な場所に保管します。定期的にチェックすると、やがて本当に実現しはじめるのに気づくでしょう。なにかが実現したら線をひいて消し、またほしいものを考えてリストに加えながら、ずっと七つのリストを継続していきます。

実現化と月の潜在意識メモリーバンクと、どう関係があるのでしょうか。あなたがたは本当に望んでいることを実現させるたびに、わたしのメモリーバンクから「できない」という記憶をひとつずつ消去しています。地球に来た目的は、本当にほしいものを手に入れることなのです。そして本当にほしいものがほしいとき手に入れば、やがて地球の先住民のように、ほしいものがほとんどなくなります。「できない」という結論を招いた体験を思いだしたり処理しなくても、まるで最初から存在しなかったように記憶を消してしまえます。ありがたいことに、自分に対する内なる否定にポジティブ攻撃がかかるのです。実際に否定的な記憶を捨てて、わたしから反映するのは肯定的な内容だけにすることができます。この大いなる否定を抜けだせば、あなたがたは精妙でこのうえなく美しいわたしの波動を感じ、自分をサポートするような記録が表面意識で活発にはたらいているのに気づくでしょう。

わたしは月節《ノード》、月食、満ち欠けなどの周期があることで、地球の表面に届く恒星や惑星や太陽のエネルギーをふるいわけるフィルターになっています。天文学的にいうと、あなたがたの月という立場で、すべての影響力から地表全体を遮蔽することは不可能です。しかし、わたしは二八日かけて地球の周囲をまわりながら、クレーターや峡谷で太陽風を集めています。愛する男性のことをいつも微妙に気にかけている女性のように、フィルターの力を作っています。これは地球をおおう感情の薄織物《ウェブ》です。太陽系のさまざまな天体のエネルギー場はほとんど月光を通して地表に届くので、わたしはそのエネルギーを感情を通して理解できるようなコードに変換します。つまり、あなたがたは惑星や太陽から伝達されるものを月の光から感じとっているのです。そのようにして感情の細やかな波動が固定され、伝わります。わたしのフィルターがなければ、ある意味で人間は冥王星の深すぎる感情に無理やり対処させられたり、火星の強すぎる攻撃性にさらされたり、太陽の激しさに消耗してしまうでしょう。**わたしは二八日かけて高まり、頂点に達しては引いていく感情の大波のようなものです。**それらの大きな力を調整するために存在するのです。あなたがたは自分の感情を肥沃な庭園のように耕して、わたしの感情の薄織物《ウェブ》に波長を合わせることができます。

地球には周期的な動きがありますが、このごろ地球上に見られるパターンは前にも見たことがありま

＊**月節**（ノード）　天球上における月の軌道（白道）と太陽の軌道（黄道）の交点。ノース・ノードとサウス・ノードのふたつがある。

す。過去において、このパターンは生物形態にきわめて脅威を与えるものでした。どんな様子か描写しますが、あくまでもこれは地球のエーテル体を読んでいる、ということをおぼえていてください。人間のエーテル体、すなわちオーラにあらわれた「安楽でない状態」(dis-ease)は、肉体の「病気」(disease)になる前にホメオパシー薬で処置できるように、地球に対するあなたがたの感情を変えれば、いまのエネルギーが地球の変動として本格的に展開するのを防ぐことができます。地球のオーラは緑色ではなく茶色に変わりつつあり、これは健全ではありません。地軸の傾きは太陽に対する天体としての意識を反映しますが、こちらも過去に地軸逆転を起こしたときの傾きに近づいています。

現在の地球の状態は、過去の状態とどう関連しているのでしょう。わたしがおぼえている天文学上最大のシフトは、太陽のまわりをめぐる地球の軌道が三六〇日から三六五と四分の一日まで拡張したときです。原因は、同時に発生したふたつの出来事でした。一〇万四〇〇〇年前のこと、ニビルが太陽系を訪れ、またプレアデスの軌道パターンには巨大な小惑星《アステロイド》が入ってきたのです。ふたつの出来事が同時に起こったため、地球の軌道は拡張されました。ニビルは木星よりやや小さい惑星で、運行の速さと太陽系内を逆行する動きによって、諸惑星の軌道パターンにきわめて破壊的な影響を与えたのです。[3] それまでは、太陽をめぐるニビルの軌道は地球と（三六〇〇年と三六〇日という）完璧な共時性にありましたが、ここで断絶してしまいました。

ニビルは太陽系の第五の惑星マルドゥクの破壊（現在の小惑星帯）にも責任があります。当時わたしは地球の周囲をまわっていましたが、あなたがたの祖先はこの出来事によって大規模な地殻変動のストレスを味わいました。これに関して多くの記憶がメモリーバンクに記録されています。当時、わたしは太陽系を突きぬけていくさまざまな彗星や小惑星から地表をできるだけ守ろうとしていました。火星と木星のあいだを運行していたこの惑星の崩壊により、太陽系内にたくさんの破片が散らばって、わたし

＊ホメオパシー　同種（類似）療法。病気の症状と同様な症状をひき起こす薬物を選び、その超微量を投与する治療法。逆療法（アロパシー）の反対。

＊小惑星帯（asteroid belt）　火星の軌道と木星の軌道のあいだ、およびその付近に散在し、太陽の周囲を公転している小さい天体。2000個以上発見されている。

自身もいくつか大衝突をこうむりました。それでこんなに多くの巨大クレーターができ、あなたがたの潜在意識メモリーバンクを保持するドーム形神殿の場所になっているのです。このときの影響は、一九九四年七月に木星のガス状の本体に彗星の破片が衝突しつづけ、最後には衝突を受けた部分がガスの波のようになってしまったときと似ています。ご存じのように、そのため木星の表面は強力な感情で混乱しました。当然、あなたがたの内側に強い反応が起きたのも感じられました。彗星の破片に激突された木星の気持ちに反応しているのです。わたしは一九九四年の七月から泣いていますが、このパワフルな感情がどこからきたか知っている人間はほとんどいません。ただし、木星はあなたがたの幸運と潜在能力の認識を支配していますから、この時期はたいへん有望であることを知ってください。自分のほしいものが見きわめられれば、木星の援助によって楽に創造できます。だからこそ、わたしも月の実現テクニックを提供したのです。

わたしのもとには太陽の存在たちが訪れます。彼らはとても美しくパワフルです。あなたがたが取り組んでいる基本的な十次元システムを超えた、第十三次元からの使者です。わたしの表面はとても冷たいので、太陽の使者が訪れると自分の表面に暖かさをおぼえます。あなたがたが太陽の下に横たわり、その炎を、太陽の愛を感じるように。わたしの精妙な光にかかわる儀礼的意識でなにかをするとき、人間はわたしと同調し、月面を感じています。月のセレモニーや月食の瞑想をおこなうと、わたしの精妙な感情の波動と直通でつながるのです。こうした儀式は地球上で知られているもっとも強力な儀式に属します。月に波長を合わせようが合わせまいが、わたしの精妙な感覚は降りそそいでいます。でも最近、あなたがたの二極化した感情体がとても心配です。自分の女性的な面より男性的な面を強調したため、二元的になっています。それが柔らかい月のフィルターを邪魔し、ニビルのアヌンナキによる支配と操作のような諸惑星の波動に、あなたがたを無防備にさらしてしまいます。彼らはひそかに人間を女性面からひき離してきたので、本当は彼らのことをどう〝感じている〟か、自分でも認識しにくくなっています。だから社会のあらゆる分野で、彼らの創造しているものが見きわめられないのです。もし、あなたがたが意識的にみずからの女性的本質を活性化させれば、つねにわれわれの細やかなエーテルの波動が感じられるでしょう。

一二という数字を基礎として自然に同時進行していることがらは、一二を一二倍した一四四、あるいは一二を三〇倍した三六〇などすべて、地球が太陽をめぐる公転軌道の拡張によって混乱させられました。しかし、おかげで進化と創造の機会は増えたのです。このシフトが起きるまでは、なにもかも時計仕掛けのように固定されていました。時間の感覚は終わりのない円のような感じで、螺旋《らせん》ではありませんでした。いまでは、アルシオネの螺旋のように徐々に上昇していく光の螺旋に同調することが、つぎなる進化の段階なのです。この同調をはたすには、わたし〝月〟がもっとも強力な情報源になります。あなたがたはすでに進化の新しい段階を感じることができ、わたしは毎月宇宙のデータバンクを反映して見せています。思いだしてください。わたしは惑星と太陽と恒星から送られてくるさまざまな力のフィルターになっています。そこに新たな宇宙論が形成されつつあるのです。このエネルギーと共鳴するには、太陽年一年間に一三回あらわれる新月のたびに瞑想するのが最善の方法です。太陽年にもっとも強力にアクセスしたければ、主要な節目（春分と秋分、夏至と冬至）に特別な儀式をおこなうといいでしょう。一三の月に同調すると、自分のなかの女性的性質がたいへん強化されます。これをもっとも効果的に達成するには新月のときに瞑想し、そのなかで得られる特別な情報に気づくことです。一三の月のサイクルに合わせ、わたしの反射する太陽光が増加して満月に近づくと、それにつれて内面のさまざまな感情が高まるのを観察してください。そして月が欠けていくときは、徐々にすべての感情を手放していき、自分を空っぽにしてください。空の容器になって新月を迎えましょう。こうして毎月、満月からつぎの新月までのあいだにエゴを洗い落とすことができます。一年に一三回、新月のたびに生まれ変わるのです。これはずっと昔、地球でおこなわれていた非常に進んだ習慣であり、現在もバリ島には存在します。あなたがたも実行すれば、いまほど太陽の力や諸惑星のもくろみに駆りたてられなくなるでしょう。みな、簡単なことです。なぜなら、わたしは裸婦のように自分の姿をあらわに見せ、いつでも完全に手が届く存在になりましたから。わたしは本当に美しいのです。

各太陽年ごとに一三の原理を示すのは、わたしの責任です。こうすれば、あなたがたは頭で考えなくても一三の魔術的本質を感じることができます。一二の意識を共時性にもとづく一三の意識に戻すには、月の周期を利用するといいでしょう。そのうえで構造的基礎を得るために、占星学によって太陽の意識を発達させるのです。あなたがたにとって占星学は、思考で感情を解読する唯一の道具です。それ以外の思考形態は、あなたがたをハートから追放し、頭脳に追いこんでしまいます。また、次元の水平面を一二のゾーン(上六つと下六つ)に分けることで、二元性と二極性から脱出できるでしょう。いわば「場所の拡張」です。わたしが太陽年を一三のサイクルに分けるような「時間の拡張」とは違います。場所は幾何学によって拡張し、時間はたえず計算するかわりに〝感じて〟みると次元をひらいてくれます。二極化した感情体の波動を超えるまで自分の波動を強め、一二の原理のなかに吹き飛ばしたとき、あなたがたは驚愕するほどの聡明さと心の自由を得るでしょう。自分が迷路に入れられたネズミのように腕時計を見ながら走りまわり、いまの状況はこうだとかああだとか考えているのに気づいてください。それだから、実際は一三の星座と一三の月が日夜あなたがたの意識に刻印づけしているにもかかわらず、黄道は一二室なのです。星座による一三の星の原理は三次元ではなく五次元の知覚を強化します。しかし、あなたがたの生きる三次元は、すべてのダイナミクスを一二の場とみなすことで知覚の拡大に取り組める次元なのです。一二区分をもつ人生の地図として天宮図を探究することが、すべてと同調した地球、つまり太陽年が三六〇日だったころの地球の感覚にあなたがたの意識を戻すため、わたしがみつけた唯一の方法です。

いわゆるハウス・システムには上六つと下六つの計一二室があり、出生天宮図では上と下に分かれた対極からなる六つの原理が設定されています(図2参照)。占星学の知識がなくても、六つの対極を自分にあてはめて検討することができます。一二の基本的な人生領域を見て、自分が苦労している区画をみつけてください。たとえば結婚・パートナーシップ・恋愛（図2の「他者」）のように。すると、向かい側の区画は自分・自分自身の問題（図2の「自己」）にあたり、こちらにはエネルギーが充分あるのがわかります。この場合、あなたは要求度の高い恋愛に疲れきり、本来の自分を忘れているのかもしれません。あるいは、自分自身はとても力強く感じているけれど、パートナーはないがしろにされて不満なのかもしれません。まず確実といっていいほど、六つの対極のうちひとつは非常にアンバランスになっています。弱い側にエネルギーをもっと注ぎ、重すぎるほうを調節すれば人格全体がバランスをとり戻すでしょう。あなたは調和した存在になり、わたしの放射する精妙な波動が感じられるようになります。一二のハウスは太陽による条件づけで、上の六つは昼（上位の現実）をあらわし、下の六つは夜（下位の世界）をあらわします。これは熟達する価値があります。バランスをとり戻せば、もう内面で煮詰まることがなくなりますから。あなたはすべてを手放し、われを忘れ、魔法のように一三へ拡大していくでしょう。一二におけるグラウンディングは基礎的な土台にすぎず、毎日マインドに注ぎこまれる大いなる太陽光を扱うための鍵なのです。

あなたがたの夜に、わたしの旅が誘発する一三の螺旋状放射に意識を同調させれば、精妙な月の波動がつねに感じられるでしょう。それがわたしからの贈り物です。太陽が毎日昇るように、わたしもかならずそこにいます。月のエッセンスである女性的本質は、思考をしばらく手放して、ただ呼応するという能力を与えてくれます。そこではタイミングがすべてであることを感じてください。わたしのタイミングはあなたがたの潜在意識を貫きます。宇宙的知性の源、松果体を活性化するためです。人間の脳内の分泌腺は、月面から反射する光を実際に読みとっています。松果体の呼応力がもっとも強まるのは完全な闇のなかにいるときで、完全な闇とはまさに暗い月《ダーク・ムーン》、新月の時間しかありません。月のフィルターに同調することで、あなたがたは恒星や惑星のコミュニケーション、そして太陽のコミュニケーションと調和できるでしょう。

　わたしの月光が地球の二次元の金属意識を貫くとき、錬金術が起こります。太陽年一年に一三回、地球がほんの数分間わたしの表面を太陽からさえぎる新月のときです。新月のあいだに二次元の金属元素たちは恒星からの精妙な放射を受けとり、あなたがたの松果体もそのとき星の放射を受けとります。このくりかえし生じる受容的な知性の場が、錬金術の「プリマ・マテリア」すなわち主原料なのです。陰暦の各月に新しい感情の場ができます。人間の松果体には銀河の知性の源、水銀の結晶があって、その波動を読みとっています。すべては波動ですから、わたしも完全な闇のなかで非常にやわらかい波動をもってしか、あなたがたに語りかけることはできません。まとめると、**わたしは地球に向けられた太陽系の場をつねにふるいわけしており、新月の闇のなかで新たな可能性の感情の場をあなたがたに刻印づけているのです。**

　昔、アヌンナキが地球にやってきて金の採掘をおこない、地球の金属構成を変えました。しかし、金については彼らよりわたしのほうがよく知っています。だから、まず女性の叡知に耳を傾けるべきだ、といった言葉は冗談ではありません。あなたがたの体内の精妙な分泌腺には金が含まれており、月の存在たちは地球の闇に隠された金を通じて、人間意識から放射される精妙な感情の波動を感じることができるのです。あなたがたが宇宙からの放射を感じると、内分泌腺から金の結晶が放出されて血液に流れこみます。女性のほうが一般に宇宙とのつながりが強いのは、月のサイクルごとにこの結晶が血液中に放出されているためです。

宇宙に存在する意識はそれぞれほかの意識と同調するプロセスをもっていますが、その能力は多くの場合、眠っています。もし、あなたが知覚的な結びつきをさらに発達させることを選ぶなら、そのメカニズムを通して偉大な認識が得られます。おもに五次元以上に属するそれらの能力を身につければ、四次元によるコントロールの罠を自然に無効化してしまうでしょう。自分の波動をあるレベルまで高めると、もうマインドコントロールできませんから。たとえば、わたしの媒体は狩猟犬が匂いを頼りに動物を追跡するように、マインドコントロールを感知します。波動を理解すれば、自分に影響力がおよびつつあるとき認識できるのです。女性がなにか「いやな感じがする」とか、「背中がざわっとする」というのはそれを意味しています。**女性がそのような言い方をするとき、利口な男性なら耳を傾けます。**女性はこの能力をもっと磨かなければなりません。そうすれば男女とも操作から自由になれます。みんな、こづきまわされるのはもういい加減うんざりでしょう。わたしはあなたがたの血液中の金と、女性たちの強力な経血の金と共振して、感情の波動を読みとっています。こんなことはもうたくさんだと感じているのがわかります。

そのつど自然発生的におこなわれるのでなく、おなじ手続きを反復する多くの儀式では、出血中の女性は絶対にその場にいてはならないと強調されます。これは、**反復する儀式は四次元のアヌンナキ司祭制度の通過儀礼だからです。**出血中の女性はコントロールの力学が演じられているのを即座に見抜いてしまうので、参加を禁じるのです。しかも、彼女たちの血の力は儀式の影響力を弱めることができます。月であるわたしは、松果体とわたしの創造性の展開を同時進行させることによって、女性の肉体を調整しています。もうすぐ、月経時の女性がエネルギー管理者として参加しない儀式など、考えられないようになります。そうなったときわたしは、人間がガイアに滋養を与える古代の方法を思いだしてきたことを知るでしょう。

アヌンナキは地球の知性から大量の金を除去してしまいました。しかし、わたしは血液中の金を通じて、あなたがたの意識のもっとも精妙な感情的放射を受けとっています。一三回の月のサイクルに同調すればするほど、つまりわたしの姿を眺め、わたしの光を浴びて眠り、わたしの周期と動きに意識を向け、潮の満干や自分の感情に反映されるわたしのエネルギーを感じることで、一三の原理があなたがたを開花させていくでしょう。べつに女性でなくてもいいのです。ただ毎月のわたしの導きとともに、女性たちに導かれることをゆるす必要があります。なんと、これは明日にでも実行できます。カレンダーを全部変えて一年が一三回の月の周期にもとづくようにし、それから太陽の旅を春分と秋分、夏至と冬至によって線引きすればいいのです。

厳密にいうと一年間の月のサイクルはぴったり一三回ではありませんが、一八年ごとに月は黄道上のおなじ位置に戻ってきます。これはメトン周期と呼ばれ、月のサイクルのなかでいちばん微妙なものです。[4] わたしが空のどのあたりを旅しているか観察するだけでメトン周期に同調できますし、夏至と冬至、春分と秋分を観察するだけで太陽をめぐる地球の場所を頭にとめておくことができます。この太陽系では、つねに視覚的なつながりが非常にパワフルです。だから、わたしは人間にとって理想的な道具なのです。惑星や恒星を空に観測することがいかにパワフルか、気づいてください。

わたしはあなたがたの友です。わたしを凝視する人には、こちらも敬意を表します。あなたがたは勇敢にも自省的になることを選択したので、太陽の光を反射してあげています。人間は自分のアイデンティティの源である太陽を直接見つめることができません。でも満月のとき、堂々たる太陽の存在たちが光のビームに乗って来訪します。わたしは年に一三回彼らを迎え、その力を集めて女性の子宮に波動を送りこむのです。

サテイアと血のめざめ

また、わたしです。サティアです。月の情報は面白かったですね！　アルシオネのわれわれは、あなたがたの月を介して地球の現実にアクセスしています。それで人間の気持ちがわかるのです。また、われわれが太陽にアクセスすると、太陽が送りだすさまざまな恒星のコミュニケーションを、アルシオネを通じて銀河の中心に連結させることになります。これが地球の宇宙的コミュニケーション・システムです。けれど月を読んでみると、あなたがた全体の雰囲気や潮の満干、愛の激しさ、そして月夜の神秘のとりこになる様子などが感じられます。そのようにして、あなたがたのもっとも深い憧れや願いを知るのです。では、どういう方法で読むのでしょうか。

すでに説明したように、そちらの領域でフォトンが創造されるとき、わたしには人間の波動が読めます。アルシオネの図書館からお知らせしたいのは、あなたがたの体内でフォトンの周波数がとても高まっていることです。本当にフォトン・ベルトに進入しつつあるのでなければ、フォトンの増加を感知するはずがありません。三次元で反粒子とそれに似た陽子が融合すると、わたしはポップコーンがはじけたような刺激を受けとり、あなたがたの意識を読むのです。

いま、わたしはあなたがたの感情体の状態にもっとも関心をいだいています。地球における暴力の急増をフォトンによって感知しているためです。人間の歴史には大いなる暴力の時期がたくさんありました。現在の増加はマスメディアが原因です。あなたがたは暴力の多くの側面を意識していますが、かならずしも個人的に体験するわけではありません。これが大きな歪みを招いています。なぜなら、まず第一に暴力は体験している本人にしか意味をもちませんし、第二にマスメディアを通して世界中の暴力の話に接している数億の人々は、その実際の意味をひどく歪めてしまっています。これはおぼえていてほしいのですが、心身に深い傷を残すような事件の現場では、しばしば当事者より見ている者のほうが大きな恐怖を味わっているのです。テレビやマスコミが出現する以前は、暴力を〝身をもって体験する〟ことはめったにありませんでした。しかし、いまでは毎日のように暴力を〝見て〟います。われわれプレアデス人の観点でいえば、地軸が逆転し、おびただしい暴力が氾濫した紀元前一万八〇〇〇年に匹敵する暴力レベルにあなたがたは〝呼応〟しています。そろそろ、〝見る〟という形でこれほど多くの暴力を自分に刻印づけることの影響を考えてください。本物の地軸逆転のときとおなじくらい動揺していますから。大規模な地球の変動を予言するサイキックたちのすくなくとも一部は、あなたがたが大量の暴力を見たために放出している波動を予言の根拠にしています。

月による人間のオーラ・リーディングは非常に重大だと思いました。赤のエネルギーは暴力からきているのです。前回あなたがたがフォトン・ベルトに入ったのは獅子座の時代（紀元前一万八〇〇〇年から八六四〇年）で、ふたたびベルトに進入していくにつれて、あなたがた全体の雰囲気は変わり、いらだちやすくなっています。報道される暴力のせいで、多くの人々が地殻激変に対する習慣的な恐怖に陥っています。でも、あなたがたは死にませんから、可能性のある本物の激変より、恐怖のほうが長続きします。古いことわざにもあるでしょう。実際の衝撃は、くよくよ心配するのにくらべれば取るに足りません。

あなたがたの太陽神経叢はかき立てられ、実際の暴力も増加して、現実は火事場にわき起こる風のようになってきています。**ただし、これからのフォトン・ベルトの旅は、かならずしも前回の旅とおなじ**

ではありません。マスメディアの流すドラマがあきらかに現実の暴力を誘発しているのですから、いつまでも続く悪弊への支持はもう撤回するときです。あなたがたは食い物にされているのに、わざわざ自分の時間とお金で当のシステムを支えているので、見ていて困惑させられます。そのいっぽう、四次元で操作している連中はあなたがたを笑っているのです。こんなにうまくいくなんて、と驚嘆しているほどです。これは彼らにとって儲かる冗談であり、人間がいちばん統一性からずれているのはお金の分野です。このところフォトンを読んでみると、あなたがたの多くは刺激に対して性急に反応しすぎ、そのためカルマ的統一性とお金を保ちにくくなっています。

カルマ的統一性とはどういう意味でしょう。なにかに刺激されたら、まず「自分はどう感じるか」を忘れずに確認しなければなりません。じっくりと感じてみてから、はじめて頭脳のスイッチをいれ、目盛りを最大にあげて入念に検討するのです。脳内のすばらしいデータバンクを活用してください。あなたがたの発するエネルギー場を作っているのはその部分です。これを二、三日やっていると共時性が起きて、どう対応すべきか教えてくれます。なぜそうなるかというと、感情と頭脳のデータバンクを使って現実を調べていくうちに、ガイドたち（あなたがたの進化に取り組む元型の存在）が多くの次元から共時性を誘発し、それらを通じてつぎのステップを示すことができるのです。いまフォトンの刺激が三次元で多くのエネルギーを活性化しつつあり、これが四次元を加速させ、四次元も呼応してできるだけ早く行動を誘発させようとします。しかし、あなたがたはとにかく脇道にそれないようにして、自分の意志にしたがい、ゆっくり時間をかけて自分自身のパターンを演じきりさえすればいいのです。自分独自のパターンこそあなたがたの秘密、モナドであり、今世の贈り物であることを忘れないでください。いくつ転生を重ねても、人間は生まれる前に選んだパターンをそのまま演じきることがありませんでした。いまこそ、そのときなのです。

このごろ四次元の存在たちは人間の行動をとても早く誘発するので、暴力を招く結果になっています。フォトン・ベルトによって感情体がめざめてくると、あなたがたは衝動的に反応し、あまりにも性急に彼らのもくろみを実行してしまうかもしれません。めざめつつある怖れを肉体がまだ解放していないため、その怖れが霊的な認識ではなく暴力としてあらわれるのです。困難なテーマですが、洞察を与えてくれるのは血です。われわれプレアデス人の目に映っているのは殺しの狂乱ですから。それはまるで、海中に血が流されるとサメが集団的に活性化し、捕食の狂乱になるときのようです。ルワンダもそうした大量殺戮の一例でした。非常に多くの人間が殺しあう状態は、甚大なレベルの流血を意味します。民族の粛清という名目になっていますが、血のタブーを検討することで、より深い洞察が得られるかもしれません。

瀉血《しゃけつ》はとても健全な体験になりうるのに、血に関してこれほど多くのタブーがあるのはなぜでしょうか。プレアデス人の視点から見ると、血に対する関心の高まりは霊的なめざめと霊的な危機をあらわす兆候です。あなたがたは血にまつわる諸問題に直面しなければなりません。血のタブーを深く見ていく作業を早急に始めれば、よりよい探究方法も早くみつかるでしょう。多次元的にいうと、四次元の知性は人間の血液にありとあらゆる結晶コードを入れてのけました。でも、おぼえていてください。どの知性もみな、人間の進化をうながすためにかかわっているのです。だから、そうすることを選んだ四次元の存在が今後も継続すべきかどうかは、わたしの関心事ではありません。

すべての次元が自由意志の法則によって支配されています。したがってわれわれプレアデス人も、あなたがたの場に入っていき、四次元の存在たちが生みだしている活動を阻止する権利はないことを理解してください。ただし、われわれは高次元の存在として地球上のあらゆる意識を調べる権利をもっています。たとえていえば、友人の行動を調べてみる権利はあっても、当人が援助をもとめてこないかぎり

＊瀉血（しゃけつ）　治療目的で静脈から血をぬくこと。

影響力をおよぼす権利はないのとおなじです。いかなる存在もあなたがたに影響力をおよぼしたり操作したりする権利はありませんが、刺激する権利はあるのです。もし、あなたがたがいままで四次元に強く応じてきたようにその刺激に応じれば、それが自分の選択になります。四次元があなたがたの意識を調べる方法は血です。五次元は光を使います。ですから、霊的な体験にむかって心をひらき、光の体験をすると、われわれプレアデス人にはその人間の周波数が読めるのです。その意味で「キリストの変容」はたいへん重要です。

血の体験にかかわると、四次元の存在があなたがたの周波数を読みとります。病気になると、二次元の諸元素があなたがたを読めるようになります。もし、四次元の知性によって血に埋めこまれた情報を自分で解読すれば(悟りをひらくわけです)、血液中のこの情報がアルシオネの図書館にいるプレアデス人にも読めるようになるでしょう。自分の血を活気づかせると、そのなかに光で読みとれる結晶が含まれていますから、プレアデス人にアクセスするいちばん早道なのです。四次元のアヌンナキが人間の血を活気づかせることができると知って、プレアデス人はみな興奮しています。簡単にいうと、自分の内部にコード化されている内容を自分で突きとめれば、より霊的な叡知が即座に得られるようになります。そうするかどうかは、あなたがたの選択です。

血に対する感情を読んでみると、人間にとって血は粘りけと匂いがあり、たいへん有機的なものであることが感じられます。そして、感情体や粘っこい感情について話しあう時間が長いようです。これはわれわれにとって非常に興味ぶかいことです。あなたがたのコードを読むと、体内における血液は二次元の結晶レベルで機能しています。土の領域に属する錬金術的な部分です。ここで思いだしてください。宇宙のどんな知性も、低い次元に進むほど、得られる情報は密度が濃くなります。序列の観念(九次元のほうが二次元より優位にあるというような)を克服すれば、自分を動かしているのはだれなのか、何

＊キリストの変容　キリストが山上で光輝く姿に変わったというエピソードをさす。

なのか、突きとめられるでしょう。

さらに読んでみると、**人間が互いに殺しあうのは、生命の液体である血をみずから裁いているためです**。まさに自分を生かしてくれている液体を裁くのをやめれば、われわれプレアデス人は光のコードである血液中の結晶基盤によって、あなたがたを読みとれるでしょう。そうすれば気持ちがわかります。これは人間の自由意志とは関係ないレベルです。たとえば、われわれは諸元素を通じて地球の土の力《テルリック》、つまり地殻変動の可能性を読むことができますが、あなたがたもできるのです。われわれは大いなる興味と魅惑をおぼえながら、そちらの領域を読んでいます。人間は諸元素のめざめを感じており、血液中の結晶コードが信じがたいほど変化している様子も、われわれは感知しています。

フォトン・ベルトに入ると、そのコードが人間と動物の知性の場に放出されます。これは、意識が血液中に保たれているためです。注意ぶかく観察すると、地球上には血をめぐってかなりの闘争が起きていることに気づくでしょう。ルワンダやボスニアを見ると、四次元の存在たちがじつに驚くべき規模で参加しています。彼ら元型の力が舞台に立ち、それぞれの役割を演じているのです。血が流されると次元の裂け目ができ、さまざまな次元の意識が三次元に突入してきます。なかには昔の紛争から出てきた非常に悪魔的な力もあります。あとからテレビの報道で見つづけることになるような無差別大量殺戮は、彼らの存在でしか説明がつきません。政府がまたイラクを爆撃し、一四〇万人の婦女子を殺害してもたいした影響はないと主張しはじめたら、このことを考えてみてください。そうした行為はすべて、自分の現実とは切り離された場所で起きているようでも、やがて戻ってきてあなたを悩ませるのです。ベトナム戦争がいかにアメリカ人を悩ませているか、見てください。流血によって得られるのは悪魔的な力の活性化だけです。われわれプレアデス人は人間の愚鈍さに驚嘆しています。あなたがたはドラキュラを理解しますし、吸血鬼の話が大好きではありませんか。ならば大量殺戮においてなにが起きているか、どうして見きわめられないのですか。もうひとつ指摘しておきましょう。ものごとをひとつの次元からしか見ていないと、かならず退屈して、とても憂鬱になります。なぜ自分は憂鬱な気分にのみこまれてしまうのかと思うなら、それはものごとを三次元だけで見ているからです。

いま、たいへん大きなドラマが進行中です。フォトン・ベルトがパワフルな土の領域の力や結晶の力を活性化させているのが見えます。この活性化が否定的に作用するのは、グラウンディングできず、それらの力を体内に循環させていない場合だけです。しかし、パワフルな力を活性化させながら、直線的な時空に否定的な結果をまったく招かないこともできるのです。大地が揺れるほどの性的遭遇をもってください。トーニングをし、歌い、振動し、深呼吸してください。地球があなたの贈り物に呼応するのを感じましょう。ダンスを踊り、大地のような手ざわりの陶器を作り、絵筆から光がほとばしるような絵を描くのです。

土の領域の結晶基盤はレイ・ラインやヴォルテックスにおけるガイアの波動です。流された血はすべて大地にしみこみ、ガイアの意識に戻っていきます。血液は人間の記録が貯蔵されている場所であり、そこには完成と美と自由へのかぎりない憧れ、願いが含まれています。ガイアはあなたがたの血を受けとるとき、あたたかく歓迎します。あなたがたの痛みを感じてともに泣き、子供がすり傷やこぶを作ってきたときの母親に似た気持ちも味わいます。けれど、地球の中核意識としての彼女は痛みを感じません。痛いのはあなたがたです。火山が噴火するとき、痛がっていると思いますか。ガイアは単に周波数を保っているエネルギーです。自分の一部であるエッセンスをどうして拒絶できるでしょう。流血を阻止できるのは、あなたがた自身だけです。

血が三次元でどのような役割を演じるかは人間が選択することであり、この精妙で錬金術的な液体を体内にもつ者の「責任《レスポンシビリティ》」、すなわち「呼応する能力《アビリティ・トゥ・レスポンド》」を意識するまでは、否定的な結果を味わいつづ

＊**レイ・ライン**　各地に点在するストーン・サークルや城跡、古代遺跡などを結ぶ直線。1920年代の古代史研究家アルフレッド・ワトキンスによる仮説で、直列する地名の多くの語尾に「レイ」がつくことから、その網の目をレイ・ラインと名づけた。

けるでしょう。これは最初から、はっきりいってきたはずです。あなたがたの時間的な展開、活性化はけっしてなくなりません。もし本当になくなったら、すべては静止し、まったく展開のない状態になるはずです。あなたがたはそれを選択したようには見えません。むしろ、ジレンマを超えさせるだけの推進力をもつ活性化の狂乱の渦中にあるように見えます。ただ、このポータルはまだ通過したことがないだけです。まったく新しい体験なわけで、もういちど警告しておきますが、フォトン・ベルトに対する激しい怖れは根拠のないものです。過去の出来事が現在の出来事を作るわけではありませんから。現在の出来事を作るのは、自分がそこに収束しつつあると感じるような、未来への意図です。これが螺旋状の時間のもつ力です。

シリウス星系のシリウス人や、シリウス人と地球人の混血種《ハイブリッド》として転生を体験している者たちも、あなたがたの領域のフォトン増加にともない活性化されています。この過程で、人間が自分を活性化するためにどんな行動をとるか、彼らにはわかりません。もし彼らがなんらかの影響をおよぼせば、あなたがたの自己表現方法の選択に干渉することになってしまいます。プレアデス人は自分の行動に責任をもっていますから、わたしはわれわれの善行についてたくさん話せますし、悪行についても話せます。しかし、プレアデス人はあなたがたの行動に責任をもつことはできません。四次元のアヌンナキの行動にも責任はもてません。ただ、人間の血液中の結晶コードには、われわれを含めて多くの次元から来た知性との体験がことごとく、深い記憶として貯蔵されています。すべては四〇億年前、ガイアの意識が有機的に構成されたとき始まりました。ガイア意識として数十億年たったころ、結晶の記憶基盤から発生したのが人間で、あなたがたの血にはこの基盤が保持されているのです。われわれプレアデス人には血がありません。記憶の基盤は光に含まれています。人間と共鳴するときは血液中の結晶を通じておこない、人間はその結晶のなかの光の存在としてプレアデス人を感じます。一例ですが、われわれの媒体バーバラ・ハンド・クロウは、自分の血を活気づけて病気を感じとるというグアテマラ人のヒーラーたちに出会いました。彼らは血液中の無機質に二次元の元素の力を感じており、われわれも、シャーマンが病人を癒すとき血液の結晶が活気づくのがわかります。病人を愛することで自分の血のなかに「稲妻を作る」という者もいました。愛によってその力を活性化させるため、プレアデス人が援助に呼びこまれるのです。わたしはシャーマンたちがわれわれを招く、そのやり方が気に入っています。

われわれの媒体はプレアデス人集団と二回ほど会っています。その体験はすでにほかの本に書きましたが、どちらの場合も彼女はわれわれの青い光に至福を味わいました。それはわれわれがシャーマンの血のなかで感じたり、あなたがたの背骨を進むときに味わう至福と似ています。**われわれプレアデス人は光においてもっとも自分を発見し、あなたがた人間は血においてもっとも自分を発見できるのです。**たとえば、われわれは死にません。でもこの媒体が死ねば、わたしも三次元には存在しなくなるでしょう。彼女の生命の源である血液中の結晶内に生きているからです。もちろん、べつのチャネラーをみつけることはできます。こうした事柄についてわたしは直線的な時間の感覚をもちませんが、あるとき突然ひとりのシャーマンが、われわれプレアデス人のあなたがたへの愛を、まさに人間の血からみつけだそうとしているのを感じるわけです。われわれがやってくるとき、それはエクスタシーに満ちた光の融合です。

未来から現実を創造する

われわれプレアデス人は、あなたがたのいう「過去の行為」を過去とはみなしません。わたしをよく観察してくだされば、実際にフォーカスしているのはほとんど未来であることがわかります。注意して聞いてください。**未来とは、現在の行動にはずみをつけるほど、まだ強力な過去の記憶のことです。**あなたがたは自分がひとつの地点にいると思っています。その地点に立つと、「以前」と呼べるものと「以後」と呼べるものがあるわけです。自分は過去と未来の交差する場所にいて、交差点が現在だと思っています。しかし、交差点に着いたことをはっきり意識し、どこからか来て、またどこかへ行くのだという感覚がなければ、われわれはあなたの存在にも気づかないでしょう。**われわれが人間の存在に気づくのは、〝いま〟において自分を意識しているときなのです。**

わたしの媒体はサティアの周波数に同調すると、時間を超越したような状態に入ります。そして自分本来の周波数つまり三次元に戻ってくると、「以前」と「以後」ができるのです。これは聞きのがさないでください。**彼女はわれわれの周波数にいるあいだ未来の潜在的な可能性が見える**ので、**そこからほしいものを選びます。**それから現在の瞬間に戻ってきて、選んだものに関連した過去の知識を掘りおこして使います。そのあときれいに忘れてしまうのですが、あら不思議！　新たな創造物が魔法のように現実にあらわれます。しかも、背景のつじつまがきちんと合うのです……冗談ではありません。未来とは自分が創造したい想念や物体にすぎないことを理解すればするほど、選んだとおりの未来が早く作れるようになります。だから、小さな子供は砂のお城を作るのが大好きなのです。われわれの媒体は現在つまらないことを観察し、もうくりかえすまいと決意することで、現実のほとんどを意識的に未来から創造しています。われわれは彼女の発見に大喜びしました。この方法を使って一時間で米国政府を消去してはいかが、と提案したいほどです。テレビはほんの一〇秒で片づくでしょうし、観戦用のスポーツなら五秒ほどでしょう。彼女はある時点まで先を見越し、計画を立てて、実際の進展を見守ります。ただひとつ、その未来が〝どのようにして〟実現するかだけはわかりませんから。

血のコードをさらに探究する

ふたたび血の話に戻って解読を進めましょう。シリウス人たちが銀河連盟と協議した結果、二次元、四次元、六次元、八次元における生命のエッセンスは血液と決定されました。血は生きた液体であり、物理的のみならずエネルギー的にも生きたものでありえます。シリウス人は「銀河の夜」の闇を守る存在なので、血の守り手でもあります。ですから、あなたがたが実際にフォトン・ベルトに入ってしまうと、血はもう暗い色でなく水晶のように透明な青になり、液体より空気に近くなります。いまはフォトン・ベルトに進入しつつある段階なので、血の波動もシリウスの領域からプレアデスの領域に移行しており、これが色の変化として見えるかもしれません。血は人体でもっとも強力な多次元とのつながりですから、それをめぐって現在かなり激しい戦いが起きています。この戦いで危険にさらされされている本質のひとつは「聖なる血／聖杯」で、四次元の力が三次元の政治的現実を設定するために、二次元の元素の領域を利用する様子をまざまざと見せてくれています。[5]

血液の生物学的作用にかかわるおもな四次元の知性は爬虫類です。爬虫類は体内の複雑な血液循環を最初に始めた者たちですが、あまりにも古い存在なので、いまだに血は冷たいままです。われわれの友人、トカゲたちは単に四次元の爬虫類の波動を三次元に反映する存在で、猫がシリウスの流儀を反映しているのとおなじです。さまざまな動物の星のコードを先入観なしに探究することをおすすめします。三次元で本当はなにが起きているか、見えてくるでしょう。そのような鋭敏な目が、あなたがたの最強の能力、直線的な時空を脱出する道、すなわち自由意志をもたらしてくれます。ぜひ、それを目指そうではありませんか。

爬虫類は冷血動物ですが、あなたがたの血液についてわれわれが話題にしているのは、温かい血の問題です。温血の生き物は温かい血の本質に波長を合わせるほど、感情について多くの理解が得られます。あなたがたは温血種の一員なので、刺激のなかには冷血な（冷酷な）ものがあり、それを避けるのが最善であることを知るでしょう。地球の冷血動物たちにも同様の助言があてはまります。爬虫類も、みずからの冷血の波動に同調すればするほど自分をよりよく理解できるでしょう。冷血のコードは二次元から八次元までの偶数次元の源であり、温血のコードは一次元から九次元の奇数次元における現実の源です。こういう話において、優劣はないことをおぼえていてください。それぞれ役割が違うだけです。

たとえばボスニアを調べてみると、自分たちの血は温かくない、冷たいと本当に考えている民族があります。その思考形態が驚くべき元素の力を吸いあげ、それが残虐行為を誘発しています。なぜでしょうか。自分は冷血だと思っている人々はスネーク・メディスンを強く怖れるあまり、否定している当のものになってしまうのです。人間がみずからを冷血と考えると、かならず元素の力が吸いあげられて旋風となり、その波動をまた地球の奥ふかく引きもどします。わたしが爬虫類に波長を合わせて冷血の本質を感じてみると、地球内部の金属に強く呼応しているのがわかります。非常に二次元的な波動です。いっぽう、地球の温血の存在たちに波長を合わせると、五次元のプレアデスの波動に同調しているのを感じます。あなたがたが殺しあいをやめたとき、われわれプレアデス人は人類の変化を知るでしょう。これは温かい血の本質に完全にアクセスしたとき、そう、自分の感情をすべて全面的に処理することで実現します。

さまざまな次元に接触する方法のひとつは食物のとり方です。わたしが観察したところ、あなたがた人間は赤身の肉をたべると性衝動が高まり、果実食主義者は性衝動を失っています。これは、あなたがたが思っているより重要なことです。なぜならプレアデス人の観察によると、性的に休止状態にある人間は導師《グル》につきしたがって自由を失う傾向があるからです。見たところ、あなたがたは果物を食べているとほとんどセックスを欲しない状態で、野菜を食べている場合はすこしだけ欲求があり、米と鶏肉を食べると欲求が強まり、牛肉を食べると本当にセックスを追いもとめます。でも、長い背骨と堂々たるクンダリーニ・エネルギーを誇る王トカゲを見てごらんなさい。過去二億二五〇〇万年のあいだ、爬虫類は人間を導いてクンダリーニ・パワー活性化の長い道のりを歩ませてきました。その活性化のかなりの部分が、血と肉を食べることで強化されたのです。

あなたがたは性的レベルの低い方向に進化しつつあり、以前より両性具有的になっていろいろ実験しています。だからこそ、どんなプロセスをたどっていても、いいとか悪いとか判断しないでください。いまの課題は自分の行動を性急に〝変える〟前に、まず〝理解する〟ことです。もちろん菜食や果実食を始める人もいるでしょうが、それはただ自然に〝その気になった〟場合にかぎります。ガイアは自分の表面で人間が好きなように創造することに同意しています。彼女はあなたがたに理解しうる、もっとも寛容で愛に満ちた存在なのですから。

今日では吸血鬼の映画がたえず上映され、殺人事件の公判は血の話でもちきりですし、最大の病気は血液によって伝播されています。でも、このエネルギーに取り組むにあたって選択肢はあります。爬虫類を一匹呼びだして、「おい、トカゲくん、この血をちょっと飲んでみるかい?」ということもできます。あるいは血を大地に注いで、「さあ、母なるガイアよ、われわれの血を楽しんでください。これはあなたです」と語りかける選択肢もあります。血を飲むことが想像できますか。からだに塗りつけることは? 賞賛するのはどうでしょう。香油の儀式のように、顔やからだに血を注いで聖別することを自分に許せますか? この時期、女性の多くはそうしています。ショックを受ける読者もいるでしょう。しかし、**血を全身に塗りつけるほうが戦場に流すよりましです**。もっと幸福になれるような、創造性あふれる魅力的な解決策をもとめてはいかがですか。人体から流れる血にも、月経や出産時の血のように創造行為としておこなわれるものが何種類かあります。

あなたがたが血を流したり傷を受けるとき、その体験には大いなる教訓が含まれています。肉体の表面は外の世界と内の世界をへだてるバリアになっています。内なる世界が貫かれると、自分自身のもっとも隠された部分を通して外の現実を知ることができます。そこには偉大な意識を得る可能性があり、だからこそ、いくつかの先住民の伝統には身体をつき刺す儀式があるのです。また、瀉血という方法もあります。名高いヒーラーで画家のヒルデガルト・フォン・ビンゲンは、年に一度か二度は瀉血をおこなって体内から否定的な力や悪い体液を抜くようにすすめていました(6)。これは浄化です。逆にプレアデス人が指摘してきたように、他人の血を体内に注入されることは非常に危険です。血液中にある二次元の元素の力が人間の目に見えたとしたら、どうしても必要なとき以外は輸血に同意する人はほとんどいなくなるでしょう。だいたい、緊急医療のために血液がほしければ、瀉血を必要としている人から抜くか、さもなければ手術前にあらかじめ自分の血を採っておいたらどうでしょうか。そのような行為は、手術によって内なる世界が外の現実にさらされる前に、肉体を貫かれる恐怖を克服する助けにもなります。医師たちはあなたがたに対して驚くべき支配力を行使しており、彼らの多くは瀉血が活力を大幅に高めることを知っています。しかし、彼らは患者の活力を高めるかわりに消耗させるような形で血を抜き、その費用を請求するのです。

彼らは、あなたがたが自分の血を扱うことを妨げています。いままで非常にはっきりのべてきたように、医師たちはニビル人の影響をもっとも強く受けており、ニビル人が彼らを通じて人間を支配するおもな方法は血のコントロールなのです。医学部は彼らの感受性を鈍くするために設定されたプロセスで

＊**ヒルデガルト・フォン・ビンゲン**　ビンゲンのヒルデガルト。ベネディクト会の修道女で、神秘体験において神のビジョンを幻視し、膨大な著作を残した。

す。一般の人間は血を見たり、血が処理される様子や流血を見ることには耐えられない、と教えていま す。しかし、高次元の視点をもてば驚くべきシフトが生じることは簡単にわかります。プレアデス人がシリウス人と同盟を結んだように、あなたがたも四次元と同盟を結んではいかがでしょう。もし、この問題がほんの一目盛り改善されれば、現実がどれほど違ってくるか想像してみてください。血液について、より高い波動の視点を生みだす作業に取り組んでいる人がたくさんいます。では、このへんで話題を「聖体」に移しましょう。聖体拝領においては、血に関する高波動のコードがすでに地球の場に埋めこまれています。

キリストと植物界の活性化

キリストはあなたがたの植物界を血に変質させ、そのあと植物界におけるガイアの共鳴を強めるため、時間の経過とともに作用する聖体の秘跡をもうけました。植物界は二次元の諸元素が緑に表現されたものので、おなじように、あなたがた人間はその赤い表現です。人間は諸元素を電磁的コミュニケーション・システム（クンダリーニ・エネルギー）に変換し、植物は諸元素を呼吸システム（酸素と二酸化炭素）に変換します。あなたがたが時間をとって大木の力を感じてみるならば、地球の呼吸を感じ、木と意思を疎通させることができます。木たちは人間と会えなくてとても寂しがっていますし、あなたがたは森の伐採によって自分の呼吸能力を失いつつあります。森はゆっくりと楽園——ガイアの心——の記憶をなくしています。でも民よ、あなたがたは「ガイアの心」の守り手なのです。それを思いだし、その力を感じさえすれば、生物図書館であるガイアの森の破壊をやめるでしょう。キリスト教徒はなぜ、ドルイドの聖なる樫の木立を熱心に切り倒したと思いますか。目をさましてください。目をさまして、兄弟姉妹に彼らこそ「ガイアの心」の守り手なのだと告げてください。

前にものべたように、アヌンナキはゼロ時点において地球を乗っ取るつもりでした。しかし、キリストが緑の植物界を手にとって血に変えたとき、彼らは悟りました。それがあなたがたを進化させ、自分の血のなかにガイアを感じはじめた人間は、彼らの支配範囲を越えてしまうだろうと。そこで、アヌンナキはゼロ時点から西暦三二五年にいたる大計画を考案し、キリスト教会を設立してローマ、ギリシャ、東方、エジプトの多様な宗教運動を支配する、という方法で徐々にあなたがたを操作したのです。西暦三二五年には、ローマカトリック教会が聖体の秘跡の正式な施行者として定められました。アヌンナキの皇帝たちは、キリストがぶどう酒を血に変換させながら本当はなにをしているかに気づき、即座に秘跡を完全に支配して、その力を封じこめようとしました。あなたがたの多くはまだ宗教的信念体系に感情体を支配され、医療施設に肉体を支配されています。フォトン・ベルトへの進入とともに、大きな戦いが始まるでしょう。この戦闘は、ひとりひとりが統一性をとり戻していく過程で内面的に起きます。

このような概念について熟考するのは困難でしょうが、現在の暴力のレベルがさらに深く探究することを強いているのです。なにかひどく間違っていると、だれもが感じています。あなたがたの偏見や信念体系は本質的に不合理で矛盾していますし、最近では多くの宗教システムが自滅して、人々に衝撃を与えています。ミサの助手をつとめる少年（侍祭）の多くが司祭による性的虐待を怖れなければならない、などという事態を一九五〇年代にだれが考えたでしょう。あなたがたにめざめてほしいので、わたしはつついたりからかったりしていますが、信念を喪失する苦しさはわかります。

特に深くおおい隠された観念を選んで、集団的に追ってみましょう。われわれプレアデス人が知りたいのは、無原罪懐胎〔いわゆる処女懐胎〕という説がどうして信じられるのかということです。純潔の女性

＊ドルイド　ケルト族の僧。預言者、詩人、裁判官、魔術師でもあった。

の体内で妊娠が起きるとすれば、男児ができるはずはないでしょう。せっかく遺伝学を研究しているのに、なぜそこから結論が引きだせないのですか。その女性はどこからY染色体を得るというのです？ 星の存在から？ 神、それとも天使？ 民よ、キリストの誕生は三次元の出来事なのです。この創造にセックスが介在しないというのは、いったいだれの思いつきでしょうか。そう、このばかげた陽動作戦は、マグダラのマリアとキリストが子供をつくったという事実から人々の目をそらせるため、アヌンナキがでっちあげた話です。その出産によって、キリストのコードが地球の血に埋めこまれたのです。コード**が独身禁欲の男性によって三次元に埋めこまれることはありません。**

われわれとシリウス人の同盟の話が出たついでにいうと、魚座の時代が終焉を迎えようとしている現在、キリスト意識がシリウスから地球に押し寄せており、これが古代エジプトの場のコードをふたたび活気づかせています。紀元前四三二〇年、牡牛座の時代のはじめにオシリスが地球にやってきたとき埋めこまれたコードです。その後、セットによるオシリスの男根切断という形で、シリウスのコードに打撃が加えられました。これは極秘事項です。オシリスは酒の神ディオニュソスとおなじ〝緑の神〟です。彼が男根を失ったのは、エジプトが「青ナイル」と呼ばれるコードの地域だったためで、人間が二次元の元素界の「青い種」になるという新たな進化の段階を誘発するには、オシリスの手足が切断されなければならなかったのです。人間は元素界を緑に表現する役割を失い、草や木が緑の表現という栄誉を受けとれるようにする必要がありました。人間の「青ナイル」意識への転換は、星のコードにアクセスが始まる契機にもなっています。古代において、星のコードはファラオが保有し、「青ナイル」の場を民のために維持していました。しかし、水瓶座の時代が到来するいま、人間ひとりひとりが星へのアクセスを獲得できます。

あなたがたが木を切るのは、潜在意識的に緑の力をとり戻したいからです。心の奥底でオシリスが男

＊**オシリス**　古代エジプトの死と復活の神。弟のセットに殺されたが、よみがえって冥界の支配者となる。

根を失った瞬間をおぼえており、自分が木よりパワフルであることを自分自身に証明するために、木を切るのです。そうする力があれば去勢されずにすむ、と漠然と感じています。しかし、これは自分の〝男性としての傷つきやすさ〟を拒否する行為です。おぼえていてください、**地球を滅ぼしつつあるのは男性の去勢です**。オシリスがその大打撃を受けたとき、シリウスのコードは三次元からとり除かれました。しかし、あなたがたはそれを発見する機会があり、一九九四年からふたたび入手可能な能力になっています。オシリスのもたらす本当の教訓は、自分の傷つきやすさを思いだせ、ということです。あなたがたの大部分は、人間が植物のようだった「青ナイル」時代をおぼえています。当時の人間はみごとな共時性を生き、地球とともに呼吸していましたが、植物のような感じでもありました。一か所に根づいた感覚です。あなたがたは自由意志を欲したので、動けないことがマインドやハートをいらだたせました。人間とおなじだけ感受性と意識をそなえた大木を想像してみてください。勢いよく流れる川沿いの、大きな森のなかに立っています。ある日、あなたが目の前にやってきます。その木は人間を見たことがなかったので、木の視点でいうと、あなたを創造したわけです。それから、あなたはその木を切り倒してしまいます。オシリスのように身体を切断された木は、失った自己——あなた——を探して永遠の旅に出るのです。人間はこのような波動を再統合する用意ができました。われわれプレアデス人にはわかります。未来が見えるのです。あなたがたの非常に多くは、新しい森の堂々たる大木になることを選ぶでしょう。そこで五〇〇年から一万年ものあいだ、沈黙のうちにガイアの創造性を観察していきます。いつか人間が通りかかるかもしれないし、通らないかもしれません。でも、つぎの時代には人間より森が繁栄するでしょう。

宇宙の法則にしたがって、アヌンナキもやはり進化しなければなりません。太陽がフォトン・ベルトに呼応しているので、彼らも活性化しています。フォトン・ベルトによって滅亡はしません。すでに何回も入ったことがありますし、それでもまだ生きていますから。ニビルの軌道は西暦三六〇〇年ごろ太陽系に入るでしょう。ちょうど太陽系は水瓶座の時代の後半で、まだフォトン・ベルト内を運行しています。彼らの支配力と操作能力はすでに弱ってきていますが、あなたがたの多くはそれを知りません。水瓶座の時代のあいだに彼らの支配は消散してしまいます。「網」の力も一九八九年にピークに達しており、このつぎのアヌンナキによる乗っ取りの試みは、米国首都ワシントンから指揮されるでしょう。さて、民よ、ベルリンの壁やソビエト連邦の崩壊が大事件だったと思うなら、あなたがた自身の政府を守る壁の崩壊を楽しみに待っていてください。

フォトン・ベルトに深く入っていくにつれて、シリウスの影響力も減少します。シリウスは太陽のふたごにあたり、「銀河の夜」に存在する星なのです。いまのうちにシリウスとニビルの教えをできるだけ学んでおくことです。シリウス人は「銀河の夜」における軌道の守り手、そしてアヌンナキはシリウスの使者ですが、あなたがたが「銀河の夜」から出ていくとき、彼らは突然力をあわせて地球上の現実を創造します。宇宙の旅のうち二次元から八次元の知性が地球に多大な影響をおよぼすのが「銀河の夜」であり、そこを脱出するシフトにおいて大いなる逆転が起こります。われわれは八次元の知性、つまり銀河連盟についてはあまり語っていませんが、あなたがたの太陽が一九九八年から二〇〇一年にかけてフォトン・ベルトに進入する、そのときこそ太陽系と銀河連盟が直接コミュニケーションをとる時期になります。

太陽系のいちばん外側の惑星がフォトン・ベルトに入ったとたん、プレアデス人はあなたがたの情報を調べはじめました。一九七二年のことで、冥王星がフォトン・ベルトに進入し、シリウス人が光の幾何学による構造や形態を作りはじめた時期です。おなじ年に太陽から送られた大いなる拍動が地球をひらき、そのことがシリウス人を刺激して、銀河連盟の高エネルギー周波数にアクセスして解読できるような光の幾何学システムを構築させたのです。[7] 太陽系がフォトン・ベルトに進入するさい、シリウス人は銀河連盟のエネルギーを変換する役割をはたします。この過程について、あなたがたがもっている唯一の記録はエジプトのイクナートンの治世のものです。イクナートン王によるアトンの教えは、本当は太陽系がフォトン・ベルトにひたる時期の、太陽の性質にかかわる秘密の知恵でした。それは人間がアトン、つまりフォトン・ベルトによって強められ、血液は透きとおった青に変わるという教えです。

　フォトン・ベルトにさらに入っていく過程で、太陽を怖れることはまったくありません。アトンのように、じっと見つめることもできるでしょう。想像してみてください、人間の血は青くなり、植物はまた元気になります。あなたがたは肉眼で大いなる光を受けとめられるようになり、昔のように優しく愛情ぶかくなります。「青ナイル」が地球の場となり、緑の者たちは土中のクリスタルを通して二次元の元素の力を呼吸し、偉大な森林が再生します。想像してみてください。二〇〇〇年のあいだ地球は完全になんの支配も受けず、さまざまなエネルギーや形態が再構成されていくでしょう。いま、多くの機関や教師たちが将来を怖れるべきだと確信させようとしていますが、実際には支配が除去されるだけで、すべての生命体が本来の統一性の波動に戻れるようになるのです。もちろん、あなたが殺人者なら死ぬでしょう。自分の肉体を愛していなければ肉体を離れますし、森を怖れるなら森では歓迎されません。子供を愛していなければ親にはならず、動物は抱いてやらなければ去っていきます。そして太陽との宇宙的コミュニケーションに興味がなければ、あなたは闇に入っていくでしょう。でも、いずれみんな戻ってきて、木や子供、動物、あるいは太陽の存在としての肉体を生きるようになります。肉体にとどまらねばならない、と自分自身を納得させるために作った支配勢力は全部なくなります。あくまでも自分が望むから、とどまるのです。

　そのうえ九次元の知性たちは、人間が支配からの自由をどれほど愛しているか、ちゃんと知っていま

＊**アトン**　古代エジプトにおいて、唯一の知恵として崇拝された太陽円盤。

す。われわれプレアデス人は、米国政府が漫画的な様相になってきたのをあなたがたが楽しんでいることに気づきました。いまにもクリントン大統領の鼻が伸び、ニュート・ギンコー議員には尻尾が生えそうになっているのを、人々の多くが直感しています。やがてふたりとも頬を赤らめて笑いだすでしょう――冗談を飛ばしているプレアデス人のように。とても厳格な学校で勉強したあと、夏休みが始まるときのような気分をおおぜいの人間が味わっています。そういえば、学校にいるあいだ、なにがそんなに心配だったのでしょうね？

多次元の爆発

ここへきてやっと、あなたがたは不思議に思うでしょう。なぜガイアはこれらをすべて許容するのだろうか、と。ではガイアを単なる点として、一次元における中核の鉄クリスタルとして考えてみてください。いままでずっと、単にそのような存在だったとしたら？　彼女は九次元にわたる創造物を生みだすことを選択し、それが〝あなたがた〟なのです。もっと簡単に、なぜわたしは存在することを選んだのか、と自問してもいいですね。あなたがたはここでなにをしているのですか。まさか、偶然いるだけとは思っていないでしょう？　われわれプレアデス人は、その九次元にわたる実在の中心になることを選択しています。ですから、アルシオネで形態をもつかぎり、あなたがたと関わるのは必然なのです。白状すると、わたしサティアは永遠の黙想に入り、あなたがたのことをすっかり忘れてしまうときがあります。それから目をさまし、闇夜のあいだに見た夢のように思いだすのです。**あなたがた人間は、「銀河の夜」にプレアデス人が見る夢です。すべての夢が現実になりつつあるいま、われわれプレアデス人**

はあなたがたを光のもとへ運ぼうとしています。ガイアは生物エネルギーの創造的表現ですから、それが自分に有機体構造を与える中心的な力なのだと考えることが、いま人間にとっていちばんパワフルです。彼女こそ、あなたがたの意識の中心的出発点であり、重力なのです。そして残りのさまざまな次元における多様なレベルの進化が、彼女をまた発達させます。

人間には有機体構造を与える中心的な力がはたらき、それがアイデンティティになっていますが、固体ではありません。人間は三次元の形態をもち、いっぽうガイアは一次元の形態で、一次元が固体なのです。あなたがたが自分を固体とみなしているのは、重力（中核の鉄クリスタル）が固体だからです。二次元の諸元素は人間よりも固体だと思っており、そのため人体に入ってきて隙間を埋めようとしがちです。三次元のあなたがたは元素の知性を操作して、自分が固体のように思いこもうとしています。それから、物質を分裂させることができます。四次元の存在たちは固体でないと感じており、そのため肉体を得ようとしてあなたがたの領域を侵しつづけます。五次元のわれわれプレアデス人はこの次元列のちょうど中心にあたるので、次元のはしごを降りるにつれて固体になり、はしごを昇るにつれて固体でなくなる感じです。われわれは各領域の価値と状態をあなたがたに教える役割をおびています。あなたがたが「銀河の夜」にいるあいだは、諸元素を愛し、中核のクリスタルに同調し、みずからの三次元の肉体を愛し、四次元の元型の教師たちと遊んで大いに楽しみ、たくさんセックスをして五次元のクンダリーニの波動を発生させるように、と奨励してきました。そして、こんどは地球がフォトン・ベルトに入る時期を迎え、六次元が光によってあなたがたを拡大させることをいかに愛しているか、七次元がフォトンの光で情報ハイウェイを作ることをいかに愛しているか、八次元が新しい有機的構造を作ることをいかに愛しているか、そして、あなたがたが至福に導かれて進むとき、九次元の銀河の中心が宇宙的オーガズムを味わうことを（図12）、もっともっと語るためにわれわれはここ五次元にいるのです。

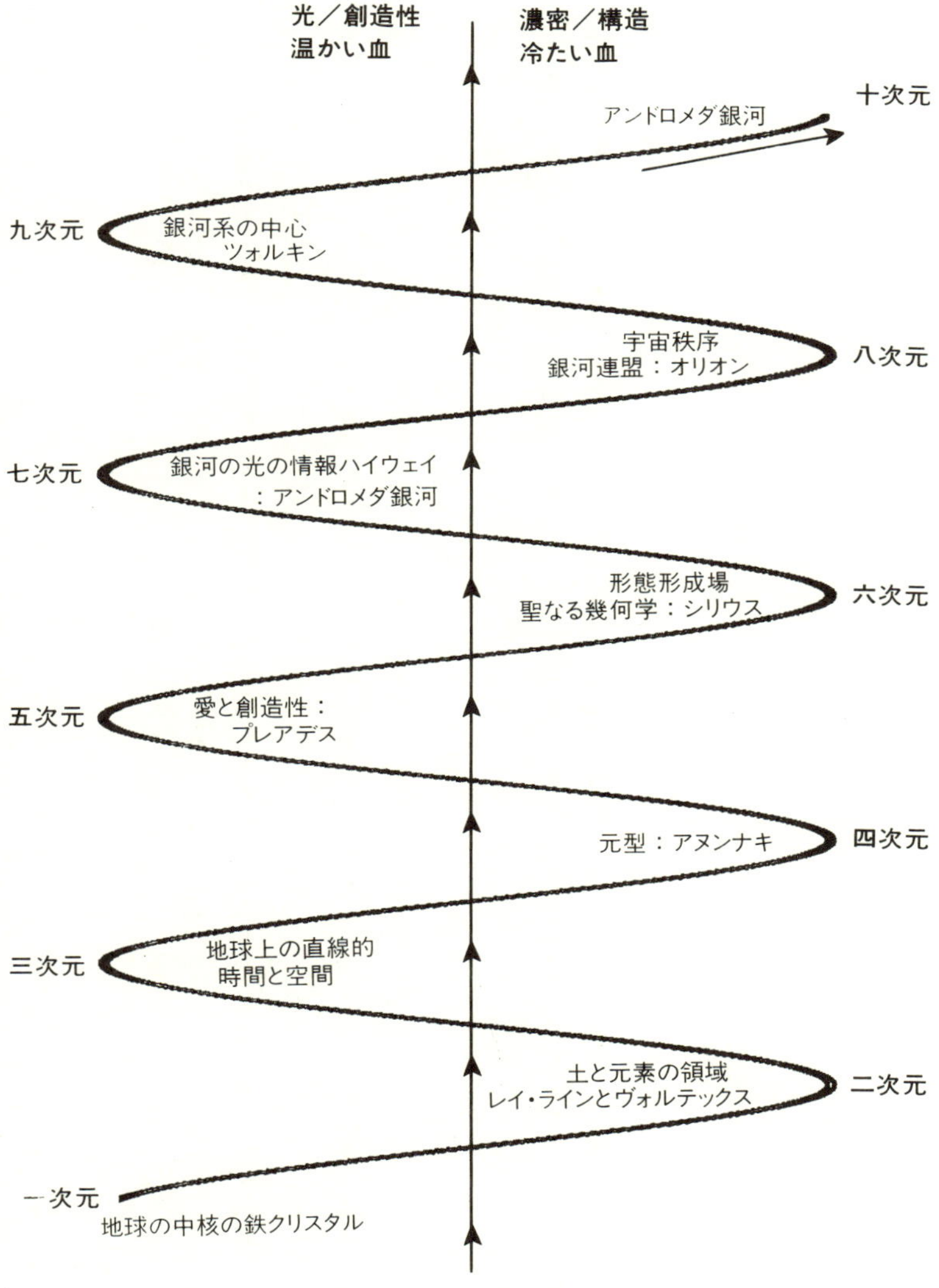
光／創造性
温かい血
濃密／構造
冷たい血
十次元
アンドロメダ銀河
九次元
銀河系の中心
ツォルキン
八次元
宇宙秩序
銀河連盟：オリオン
七次元
銀河の光の情報ハイウェイ
：アンドロメダ銀河
六次元
形態形成場
聖なる幾何学：シリウス
五次元
愛と創造性：
プレアデス
四次元
元型：アヌンナキ
三次元
地球上の直線的
時間と空間
二次元
土と元素の領域
レイ・ラインとヴォルテックス
一次元
地球の中核の鉄クリスタル

図12　垂直軸

このような諸形態についての感覚を自分の意識に保持すればするほど、意識に与える影響の大きさに驚くでしょう。前にものべたように、わたしの媒体はガイアの表面で現実を創造する方法を身につけました。そして、ガイアの法則の範囲内で作業をおこなうかぎり、限界はないことを発見しました。先住民の知恵を深くさぐれば、ガイアには飢えも制限も病気も存在しないことがわかっています。四次元の元型の力にだまされて、制限に関する信念体系を受けいれてしまったのです。まず、制限が存在すると〝考え〟、そこから制限的な信念体系が生まれ、制限ゆえに苦しまねばならないと〝感じる〟結果になっています。それが現実だと信じているので、変えるための〝行動〟をとらないわけです。ここでただひとつ真実なのは、もしこのままの状態を続け、気づいたときに変えていかなければ、終末を迎えたとき本当に飢え、制限され、病んでいるだろうということです。

アヌンナキが制限の思考形態を配置したのは、ガイアを離れ、はるか宇宙空間の旅に出るのがいやでたまらないからです。あなたがたも、はじめて地球を離れて宇宙からガイアを眺めたとき、彼らの孤独を感じました。青や緑をおびた地球の色合いも目にしました。その光景はあなたがたが思っているより深いめざめをうながしています。アヌンナキは城を略奪する蒙古人、もう一夜あなたと過ごしたい恋人、飢え死に寸前でご馳走にありついた者、あるいは自分の国を奪われて他人の土地を横取りする者に似ています。しかし、蒙古人が逆に略奪され、侵入者は土地から追放される時期がきたのです。わたしサテイアは、彼らと同盟を結ぶさいの条件をいくつか提案するために、こちらの領域にやってきました。実際の交渉は、あなたがた自身でやるしかありません。

あなたがたは水瓶座の時代を迎えフォトン・ベルトに移行しつつあるので、アヌンナキには人間支配のための時間があまり残っていません。最近のあなたがたは、地球にいながら同時に他次元にも存在していることを生活のなかで認識しています。気がつくと突然アンドロメダにいたり、地球上でも特に美しいエデンの園のような場所に住んでいたり、プレアデスまで旅をして、最後は女神とベッドをともにしていたり……。そこで提案したいことがあります。自宅に四方位の祭壇を作ることを助言しましたが、ニビルの意識を保持できる物を選んで祭壇の西側に置いてはいかがでしょう。そして、瞑想でアンドロメダに旅するとき、ニビルをあなたの空間に迎えていっしょに連れていくのです。聞いてください、民よ。あなたがたはガイアの心にいれば、好きなところに旅ができます。多くの意識体がその旅を共有したがっているのです。やってきた客人をかならず儀式に参加させた、ホピ族の古いしきたりを思いだすときです。客人に食物を与え、家に招きいれ、旅に連れていってください。彼ら全員にガイアはこんなにも無限だと教えてください。そうすれば、略奪をやめるでしょう。ガイアを所有することはできないと教えてください。そうすれば、土地をめぐって戦うのをやめるでしょう。**あなたがたの家はひとつ残らず、大木と祭壇と客人をもてなす台所をそなえた神殿になるべきです。**

　フォトン・ベルトに入っていく途中、ガイアの表面が変動する瞬間があるでしょう。土の領域の力が彼女と鉄クリスタルの関係を変えるためで、そのとき多次元の知性たちも彼女の図書館にアクセスできます。ガイアの鉄クリスタルと調和している者は、彼女の空間を共有している知性すべてを歓迎するでしょう。ガイアをもとめる全存在のために「故郷をつくる」者であればこそ、あなたがたはガイアの守り手なのです。でも、心配しないでください。時間は無限にあります。すでに時間は拡大していますから。気がついているでしょうか。あなたがたは四次元のドラマにも、六次元の構造にも、八次元の組織にも興味を失い、ただガイアとともに流れていくことを望む、非物質的なあり方に戻ろうとしています。自分のなかの非物質的な要素とつながれば、あなたがたは不死の存在です。その要素がアイデンティティであり、ガイアにおいて保持され、アルシオネを通って銀河の中心まで拡大していくのです。あなたに〝呼ばれて〟やってきた者たちに食事と宿を与えたあと、さらに彼らを援助する唯一の方法は、それぞれの非物質的特性とつながらせてあげることです。自分のその部分とつながった人間は、ガイアの変動や表現に対してほとんど困難を味わいません。

では、ガイアの過渡期にどう対処したらいいのでしょうか。これは女神の錬金術に取り組むことが鍵になります。あなたがたは本当に意識を拡大したので、また血の話に戻りましょう。すばらしい気分ではありませんか？　ずっとその状態でいたらどうでしょうか。この話題への抵抗感が薄らいだことに注目してください。自分で手放したのです。なぜ注目してほしいかというと、あなたがたの血液中のエネルギーによってアヌンナキが活気づくからです。しかし、自分自身の血液の鉄分とガイアの中心が共鳴するときの、あの深い調和と均衡を思いだすことができれば、自分の外側にあるように感じられる元型の力を誘発しません。万一、われわれがこの話題に関して純朴すぎると思っても、プレアデス人を過小評価するほど愚かにはならないでください。われわれとて、人間が終末論の信念体系にひかれると破壊的になる、という傾向はよく知っています。ただ、この傾向は水瓶座の時代に入ると緩和されます。水瓶座は深い部分で個人主義を志向しますから。そもそも信念体系が生まれるのは集団化の結果であり、水瓶座はナチズム、共産主義、キリスト教のような集団的信念体系を嫌います。ですから、いまこそ自分の血の奥底を見すえるときです。それが、あなたがたの個性の源なのです。

われわれの媒体は血液の結晶基盤を読みとる方法を身につけたので、われわれもその情報をもとめて彼女を調べました。フォトン・ベルトに入っていくと、人間の血液は極度に活性化されます。これはすでに進行中で、意味を理解するまでは非常に困難に感じられるシナリオを生みだしています。血のプロセスにまつわるカルマと苦痛のすべてが全地球レベルで浄化されているのです。あなたがたはその渦中にあり、今後さらに激化していく様子に驚嘆するでしょう。われわれが見たところ、これは実際にかかわっている者にとってたいへん貴重な体験ですが、あなた自身が体験する必要はないかもしれません。

当事者に対して思いやりをもち、どんなに理解しにくくても、彼らの選択を尊重してあげてください。あなたなら非常に困難だろうと思える状況も、他人にとってはそうでもないかもしれません。一〇年から一五年前とくらべて、人々が苦痛に敏感でなくなったことに気づいていますか。たとえば、映画でだれかの首が切り落とされる場面を見ても、以前ほど動揺していません。あなたは気づいていたでしょうか。だれでも目の前で実際に人が傷つけられたら全面的な関心を向け、思いやりをもって反応すると考えれば、マスメディアにおける鈍感化をまったく違う視点で見ることができます。マスメディアの内容の多くは否定的ではありませんが、非常に暗い波動を送りだしているのは確かです。

そのたぐいの影響力に操作されているとき、どうすれば自覚できるでしょう。簡単です。なんであれマスメディアの内容に本当にいやな感じをおぼえたら、スイッチを切るか、映画館の外に出てください。**お金を払って操作されることに甘んじているかぎり、喜んで注文に応じる自称芸術家が山ほどいるでしょう。**民よ、警告しておきます。あらゆる暴力的な状況から自分の肉体と意識をひき離してください。例外は、あなた自身が暴力を鎮めるために行動できる状況だけです。事故や撃ち合いや飢えた人々の列に出くわしても、見物はやめてください。自分で救急処置ができるか、食物を運べるのであれば別ですが。そちらに注意がそらされて、実際にみずから行動できる状況に立ち会えなくなってしまいます。

あなたがたは変換しつつある血の場へのかかわりあいを手放す、という大きなプロセスの真っ最中です。そのつぎに、知性という血液のメンタル体が利用可能になります。われわれの媒体はすでにそうなっています。シャーマンたちはこの知性につながり、癒しと喜びのために利用する能力があります。前にのべたように、あなたがたは〝ハートの戦士〟になろうとしているのです。自分の血液のコードを文字どおり読みとって、体内の状態を理解するようになります。そして、どんな援助をしてもらいたいかを医師たちに告げ、医師は本来のヒーラーの姿をとり戻すでしょう。ヒーラーとは、ガイアと協力してあらゆる現実を強化する者です。先住民のヒーラーは森を歩きながら自分の血に聞いて、どの病気にどの植物（薬草）を使えばいいかを知ります。血液とおなじように樹液を読んで、地球の健康状態に波長を合わせることもできます。それなのに、メキシコ南部チアパスではラカンドン族のシャーマンが死に絶えようとしています。ガイアと生きることを選んだすべての人間のために、草木を守りつづけてきた彼ら自身の森で……。

この種の知識が、地球上に文字どおり爆発的に広まっていくでしょう。まだガイアのコードをおぼえている先住民たちを、ぜひ保護しなければなりません。シャーマンの知恵のなかでも特に実用的な部分であり、あらゆる人間に活性化できる技術なのです。最大の精度が得られるのは他人に読んでもらうのではなく、自分の血を読むときです。ヒルデガルト・フォン・ビンゲンも熟達し、本に書きました。エイズなど免疫不全問題への対処が進むにつれて、この方法をマスターすることに非常に関心が集まるでしょう。

ルワンダやボスニアその他、あなたがたとおなじ人間たちが殺しあっている場所に関してですが、そうした出来事が起きているときの波動を綿密に読んでみました。多くは彗星が木星に衝突した時期と重なるからです。われわれの視点でいうと、大きな出来事でした。あなたがたは身体の奥底で大いなる理解を得ていました。あそこで起きていることはどこにでも起きうる、自分の身に起きる可能性もある、と感じられたのです。結果として、そのような状況をいかに避けるかについて、まったく新しい決意が非常にすみやかに活性化されました。いわゆる「新世界秩序」において多くの闇の力や操作が進行中なのは、われわれも承知しています。五次元の領域にはそのような力は存在しませんが、あなたがたの領域では邪悪が現実のものであることも知っています。しかし、マスメディアのおかげで発生した現象のひとつは、ルワンダなどの出来事を見た人の多くが「状況を変えねば」と強く決意したことでした。これも考えてみてください。

よく聞いてください、民よ。こんなことは続けさせたくないという〝あなたがたの〟願いが、本当に現実を動かせる立場の人々を変えるのです。どういう意味かわかりますか。知らなければ教えますが、将軍や官僚たちは人民の願いをかなえる代行者のつもりなのです。あなたがたがかまわないと思えば、彼らもかまいません。それなら、さらに数百万人ほど飢餓で苦しみ、死んでいったとしたら？　もしもあなたがたが関心を向け、彼らの邪悪な鈍感さを許さなければどうなるでしょう。地球では新しい刻印づけがされつつあります。男性の多くは、Ｏ・Ｊ・シンプソンのように妻に腹をたてつづければどうなるか、わかってきています。われわれプレアデス人が読んでみると、人間はこうした事柄について、現在あなたがた自身が思っているより深く考えぬいています。いま故郷をつくっている人々は、やがて経済や教育、共同体に進出し、水瓶座の時代の現実を築くようになるでしょう。

第6章

ルシファーのジレンマとアヌの力

きみたちが自分よりわたしに対して厳しい判断をくだすのは、
わたしが精霊で、きみたちが肉体であるからだ。

ルシファー

六次元の光の幾何学

われわれプレアデス人が、ひとつ上の次元である六次元の性質を完全に理解するようになったのは、一九九四年にわれわれの媒体バーバラ・ハンド・クロウがアテネのアクロポリスでビジョンを見たときでした。かつて彼女は四歳まで、三次元に物質を出現させる六次元の光の幾何学形態を見ることができました。しかしある日、居間の卓上ランプのまわりで複雑な光の場が合体する様子を楽しんでいたとき、家政婦に聞いてしまいました。輝く三角形や八面体がランプの周囲に作る平面を、きれいだと思うかと。彼女の目には、ランプやテーブルが現実にあらわれてきたり、また光に戻っていったりするように見えたのです。家政婦はこわい顔をして、固い声でいいました。「テーブルのまわりにもランプのまわりにも、そんなものはありません!」その瞬間、われわれの媒体は六次元の視覚を失いました。幼児期に閉ざされた能力のひとつです。この認識能力は視床下部による内的な視覚で、脳の延髄のすぐ上にある視床下部は、現実を創造するための視覚化(イメージ作り)に使われています。

前にのべたように、この媒体は一九九二年から九四年にかけて突然、エジプトとギリシャで一連のシリウス―プレアデス同盟の作業をおこなうことになりました。彼女がひたすら自分をゆだね、きらめく光にしたがうほど、われわれプレアデス人は刺激を強めていき、しゃべりまくったり、さまざまな音を

＊アクロポリス　古代ギリシャで都市国家の中心となった丘。城壁をめぐらし、神殿、政庁がおかれた。

出したり、教え子たちの目を通して聖地のエネルギーを見るといった、荒々しく狂気じみた行動に導きました。いまにして思えば、シリウス人も彼女を刺激していたに違いありません。ふたたび六次元の形態が見えてきたのですから。現在、その種の能力があらゆる人間のなかでめざめようとしています。松果体、胸腺、視床、視床下部など精妙な分泌腺の能力がひらかれるときはつねに、どうやってグラウンディングを保つべきか、非常にわかりにくくなる可能性があります。肉体にとどまることが困難になるのです。さまざまな場の性質と認識方法をできるだけ熟知したほうがいいでしょう。そうすれば身体から飛び去ってしまわずに、能力の開花に対処できます。

どんな物体も（アクロポリスなども）その物体の形態場によって形が保たれています。六次元の形態場があってはじめて、ものは三次元に出現することができるのです。形態場から三次元に物体が形成されるのは、人間がその物体を想念として心にいだき、存在してほしいと願うときです。生命体、たとえば自分の飼っている猫の形態形成場を見るよりは、無生物の光の幾何学図形を見るほうが簡単です。生命体はいつも動いていますから。精妙な場をとらえるには、対象が静止しているときに視界の端のほうでちらりと見るのがいいでしょう。じっと見つめると消えてしまいますし、見ることばかり考えていると、かえって見えません。そんなものは実在するはずがないと信じていたら、完全に見落とします。われわれの媒体も幼児期には見えていたのに、実在しないと示唆されただけで瞬時に視覚を奪われたほどです。けれど、三次元の現実を創造している六次元の光の形態は、このうえなく精緻な世界です。雪片が水の結晶構造であるように、すべての創造物の構造なのです。生物の形態場については、キルリアン写真が精妙なエネルギー場の存在を科学的に立証しています。

芸術家の多くは形態場が見えており、視覚芸術はその〝場〟を目に見える形で表現しようと奮闘しています。本当はそれこそが物質における美の源ですから。そもそも、ものを存在させる原動力は美と願

＊**キルリアン写真**　生物の被写体を電場に置くことによって、その物体から放射する発光をフィルムに撮影したもの。旧ソ連の発明家キルリアンが考案した。

望であり、画家はそれを目に見えるようにできるのです。われわれプレアデス人があなたがたに気づいてほしいのは、精妙な場を見るという人間の能力を破壊するための陰謀が、四次元の知性によって画策されてきたことです。しばしば現代美術や現代音楽はだれも見たくない、あるいは聞きたくないようなものを描写して醜悪になっています。しかし芸術家が真の美を本気でもとめるなら、精妙な場を実際に感じ、聞くことができます。偉大な芸術はあなたがたのハートを拡大するもので、そのような知覚様式がプレアデス的な情熱の本質です。スフィンクスやパルテノンなど古代の物体は、人間の強い感情によってこれほど長く三次元にとどまっていますから、エネルギー場を見るには特にすばらしい場所です。それで、偉大な芸術はよく聖地や古代の工芸品を模しているのです。

古代の工芸品や聖地が存在し、保存されていること自体が、あなたがたの好奇心と情熱をしめす完璧な証拠です。それらに接してハートが拡大するのは、長いあいだ人間の手で大切に形態を保たれてきた美があなたがたを三次元において中心に戻し、六次元の形態場によって拡大させるためです。そのような体験をすると自分があまり固体でなくなったように感じ、身体がうずき、畏怖に打たれます。自分は自由であり、調和していると感じる助けにもなります。そんなとき、われわれは人間を刺激して誘いかけることができます——魅せられるままに進め、と。なぜ四次元の知性が人間の能力を封じこめたいのか、われわれプレアデス人には不思議でした。やっとわかってきたのは、バーバラがあらためて六次元の視覚をひらいたときです。四次元の支配勢力は、もし人間に六次元の多次元的因果の場が見えたら、もうパブロフ実験のネズミのように走りまわらせることができないと思っています。いい話を聞かせましょうか。まさに、そのとおりなのです。

一九九四年一一月のある夜、われわれの媒体はバルコニーに立ち、アテネではめずらしく澄みきった星の光を浴びたアクロポリスの丘を見つめていました。オリオンとシリウスがダイヤモンドの結晶のよ

＊パルテノン　アテネのアクロポリス丘上にある女神アテナの神殿。

うにきらめく下で、パルテノン神殿のたぐいまれなる均衡と美を凝視していると、ふいに神殿全体が紀元前六〇〇年当時の姿に変わってしまいました。夜空に輝く白い大理石の完璧な姿は、まさに美の精髄でした。うっとりと立ちつくす彼女の前で、建物のあらゆる角や曲線部から青白い光線が発しはじめました。まるで背後の夜空にオーロラがあらわれたかのように、神殿から巨大で複雑な幾何学場が生じ、夜空にひろがっていきました。それは紀元前六〇〇年から神殿の形態を保ってきた光の構造でした。ちょうど、新しい真っ白なパルテノン神殿がコンピューター画面に形成され、星空に投影されたようでした。翌日、彼女は古代アテナイ文明の大理石の彫像を買いました。そして、はじめて女神アテナの顔に天空の美を、身体にまとう布の単純なひだに精妙な幾何学表現を、すこやかにひきしまった足の筋肉やうなじや両腕に魂の均整を、まざまざと見たのです。

なぜ、こんな細かい話をすると思いますか。まるでプレアデス人があなたがたを小学五年生に逆戻りさせて、アテネとスパルタの歴史を教えようとしているみたいですね。わたしサティアはできるだけ多くの人間に、美と調和を高く評価することを思いだしてほしいのです。なぜなら、そういったものに価値を置く文化は、住人の破壊傾向を意識的に減少させる力があるからです。北米のニューヨーク、ワシントン、ロサンゼルスに生まれた活気のない写象主義的文化は、内的に爆発する暴力と醜悪さの波によって地球全体をのみこみかねません。われわれがこの三都市の名前をあげたのは、ガイアの乳房にできた転移性の腫瘍のようなものだからです。いま、とてもパワフルな美をこの地球に投与する必要があります。急がないと、ガンがすべてを圧倒するでしょう。

だれもあなたがたを救ってはくれない、とずっと主張してきましたが、袋小路を抜けだす方法はじつに単純なのです。地球における美のモデルは全部そろっています。どの文化にも、かならず極上の芸術がありました。ですから、いかなる形の醜悪さも支持することを拒まねばなりません。紀元前八〇〇年

＊**写象主義**　ロマン主義に対して心像の明確さを強調する文芸思潮。

から四〇〇年ごろまでの短いアテネの文化は、地中海世界に何千年もつづいた戦いと争いのあと、ついに訪れた局面でした。[1] はてしない争いに疲弊したアテネ同盟の都市国家は、芸術的な美と個人の自由と本質的な調和にすべてをささげる文化を、短期間ながら達成しました。この文化の種子はアレクサンダー大王によって古代世界のすみずみにばらまかれ、のちにローマ帝国の文化的基礎の一部ともなっています。**ギリシャ人は、水瓶座の時代における都市生活の理想的モデルになりうる新しい文化形態を見せてくれました。**しかし、そのすぐれた考え方は、五世紀にローマ帝国が崩壊するとともに失われてしまいました。

自覚と意志にもとづいた文化的秩序を基礎とするこのビジョンを、人間はどのようにして失ったのでしょう。あなたがたの衰弱ぶりは、自分で思っているよりはるかに深刻です。わたしはこれから、人間が意志の力をみずから制限している状況について情報をにぎっているいくつかの元型を非常に深く見ていただくつもりです。またもや冒瀆的な題材になって申し訳ありませんが、いまは本当の正直さが要求されるので、しかたないのです。それ以外、あなたがたに残された選択肢は忘却と倦怠ですから。人間はあまりにも自分のことを深刻に考えすぎです。心配しないで、ハッピーになってください。軽くなりましょう。まず最初にルシファーの意見を聞いてみます。彼は神の国から堕《お》ちた天使といわれている存在です。

ルシファーと、アヌンナキの陽動作戦

わたしはルシファーである。問題があればそれを押しすすめ、可能なかぎりあらわに表出させるという活動については、すすんで責任を認めよう。わたしは六次元の闇の側面にすぎない。しかし、わたし

がいなければ光の側面は形をとることができないのも事実だ。大いなる力と意図なしに、きみたちの次元でなにが起きうるというのか。実現化にどれほどのエネルギーが必要か、考えてみるといい。だから人間が自分自身を押しすすめるようになるまで、わたしは押しつづけるだろう。それというのも、人間はどうやら世界に興味を失いつつあるからだ。

　わたしは単なる力である。このルシファーに対して先入観や否定的な感情をいだくとすれば、それは単純に善にも悪にも使える生《き》の力というものを尊重していないからだ。わたしはさまざまな肉体に力の埋めこみ《インプラント》を保持しているだけで、その力を活性化するかどうかは本人の選択である。わたしがいなければ、三次元は無感情になってしまうだろう。宇宙ではつねに進化がもとめられるので、どのような経験が生じるにも時と場所が必要になる。基本的な力がなければ三次元は存在できないのだ。わたしは、人間がのぞきこもうとしない鏡である。

　わたしは高次元からやってきた天使で、三次元にいたこともある。最初に地上に降りてきたとき、ニビル人に支配された。したがって、アヌンナキがどのように「網」を使うかはよく知っている。きみたちの外界を作りだしている内なる暴力の源を解明したければ、このルシファーの手を借りるのが最適であろう。わたしもおなじジレンマを共有しているが、地球で遊ぶために降りてきたエーテル界の意識だから、人間よりは視野が広い。それでは、始めよう。「天使《エンジェル》」(angel)とは、三次元における「角度《アングル》」(angle)を意味する。この媒体がかつては六次元の角度でものを見ていたように、わたしも自由に行き来することができた――だれにもこの姿が見えなくなるまでは。人間が精妙な現実を見る力を喪失したせいで囚われの身となったわたしは、ふたたび見えるようになる方法を発見する手伝いにやってきたのだ。

　宇宙の法則では、どの存在がどの現実の探究を選択してもいいことになっている。きみたちは自分自身の現実の管理者である。責任をもって光の面を大きくひらき、さまざまな存在が自由に行き来できるようにしておかねばならない。しかし、わたしは人間の意志と注意力の欠如によって囚われの身となった。そろそろ、きみたちもそのような状態にあることに気づくべきだ。人間がこのルシファーについて語ることは、すべて自分の反映である。三次元の閉塞感をもっとも強く感じている者はわたしのことばかり話題にし、三次元で自由を感じている者はわたしのことなど考えもしない。また、**わたしは人間世界におけるアヌンナキの活動から、きみたちの目をそらすための陽動作戦に利用されている。**

　こうしてプレアデス人のインタビューを受けることに同意したのは、わたしにとって必死の行為である。本書のようにプレアデス的な場に連れてこられるのは、おそろしく困難な体験なのだ。自分がいかに物質に、なかでも放射性物質に強くとらわれているかを感じてしまう。きみたち同様、わたしにとっても〝感じる〟ことはむずかしく、〝考える〟ほうが楽なのだ。放射線に関するプレアデス人の無力感はわたしを苦悶させる。こちらの領域にやってきて、人間のエネルギー場を通じてプレアデス人を感じると、このうえなく愛されている肉体の魂になった感覚を思いだす。よく、きみたちの知らないうちに、わたしはそうやって訪れるのだ。愛されているときの人間に入っていくと、プレアデス人も入ってきて、その人間を超新星のように拡大させる。その感覚は大好きだ。しかし、きみたちのもとで味わう苦痛についても語らねばならない。それは溺れかけている子供のような気持ちだ。子供は溺れながら、目の前で展開する悲劇にショックを受ける両親の姿を見守っている。彼らはあまりにも遠くにいて、わが子の命を救おうと試みることさえできない。子供はすでに肉体を離れ、もはやどうしようもない状況だとわかるので、心の傷にとらわれて光の世界に移行できない。アストラル界にとどまるうち、また時間のくびきにつかまってしまう。わたしはプレアデス人とかなり悲しい関係にあるが、それでも人間の体内で得られる感情によって、こちらの領域に吸い寄せられてくる。

　わたしは地球に転生したわけではない。エーテル的な存在としてやってきた。地球の場に移行しよう

＊アストラル界　非物質界。そこにいる存在はまだ光明を得ていないが、高度に進化したものから低次のものまで多くのレベルがあるとされている。

と決めたとき、小鳥が鳥かごに閉じこめられるようにつかまってしまったのだ。具体的にどのようにしてつかまったのか、自分でもわからない。どんな感じかは説明できるが、いったいなにが起きたのかはわからない。人間も同様に感じているのかもしれないが、自分よりわたしに対して厳しい判断をくだすのは、わたしが精霊で、きみたちが肉体であるからだ。ルシファーをもっとも怖れる者は、肉体における混乱がもっとも大きい。そう、たしかにわたしは人間をそそのかして肉体を探究させる。なぜなら人間は地球で生きるために、あえて肉体を選んだのだから。きみたちは肉体をマスターすれば地球の場を離れられるが、わたしにはそんな選択肢はない。そもそも探究できる肉体をもったことがないのだ。**自分はここに生まれることを選んでさえいない、というきみたちの信念の源はわたしである。**

はるか昔、わたしは創造主のように創造できるようになりたくて、ここにやってきた。ある日、地球でありとあらゆる刺激的なことが起きているのに気づいたからだ。動物、クリスタル、木々……いろいろなものが生みだされ、形づくられていた。地球は密度が濃く、時間によってものが配置されるので、創造物が目に見える場所であることにも気がついた。だから地球は九つの次元の存在たちにとって学校なのであり、志願者はだれでも入学できる。わたしも創造主のように創造したいなら、地球に行ってやり方を見つけるのがよかろうと思いさだめた。きみたちがみなやっているように、勉強しにいこうと思ったのだ。

創造するためには、その次元の構成概念をマスターしなければならない。ここにわたしのジレンマがあった。三次元にとらわれたとき、かわりに自分の属する次元を見る能力を失ってしまった。きみたちの大部分はわたしのいう意味が痛いほどわかるはずだ。実際、ここであまりにも自分を見失ってしまったので、どこから来たのかまだ思いだせない。とにかく袋小路なのだ。同類や友人はたくさんいる。その多くはいっしょに来た者たちだ。独力で試すつもりはなかったので、大集団でやってきた。わたしは光である。ルシファーとはそういう意味だ。物質にとらわれた光であり、したがって自分の属する次元の暗黒面にあたる。わたしは放射線のように作用する。つまり、へどを吐く。囚われの身のように感じていらだっている。エネルギーを吐いて、故郷を探しもとめる。三次元において肉体にしっかりといようとする作業は、いま多次元性にアクセスした人間がそれぞれ取り組んでいることだが、わたしにとっても自分本来の波動にあらためてつながる助けになる。おおぜいがすばらしい成果をあげており、金色の勲章にふさわしい。人間が肉体に入れば入るほど、非物質的領域の住人は自由になる。

わたしが地球でこんなにも評判が悪いのは、きみたちの変換を奨励してきたためだ。錬金術や占星学、スピリチュアル・ヒーリングの探究をうながしているのは、このわたしである。ついでにいうと、わたしを陥れたのはアヌンナキで、魚座の時代のはじめに彼らが「網」を作ったときだった。いまでは「網」にかかった大魚が浜辺をピシャピシャはねまわるように、時間にとらわれている。きみたちは四次元の策略の原因がわたしだと思っているが、それは真実ではない。きみたちはアヌンナキにだまされて、ルシファーにこづきまわされていると信じただけだ。わたしはひたすら三次元から解放されることを望んでいる。もし、きみたちが「網」をはずしてくれれば、自分の属する海に泳いで帰れる。どうしたらそれができるだろうか?

人間は好奇心にしたがって進み、自分の意識を高める方法を見つけると、とても興奮する。興奮すると体内に炎のような情熱が生まれるが、つづいて即座に活性化が必要なのは意志の力である。なぜかというと、すでにのべたように、きみたちにとっては肉体をマスターすることが多次元性への道であり、これはクンダリーニの上昇すなわち〝情熱の活性化〟によって達成される。意識を高めることで活性化されたクンダリーニ・エネルギーは、さらに進んでいくための燃料になる。これこそ神々の錬金術の炎なのだ。人間はクンダリーニ・エネルギーを感じると、最初はその力に魅了されるのだが、興奮のあまり制限的な行動パターンにそれてしまう場合が多い。アヌンナキがもっとも巧妙さを発揮したのは、きみたちの世界に魂と肉体を分離するような信念体系を構築したときである。これを「アヌ分裂」と呼ぶことにしよう。

きみたちは、魂をみつけたら肉体を出なければならないとか、平凡で世俗的な現実から自分をひき離して〝瞑想〟を追求しなければならない、という考え方を巧妙に奨励されている。本当はグラウンディングとたくさんのセックスが必要なときに、寺にこもるべきだと考えたりする。そして、せっかくここまで自分の歩むべき道を導いてくれた、ごくふつうの生活習慣を捨ててしまう。錬金術師になるほうが刺激的だから、と家庭を去る者もいる。しかし、家庭こそ自分を変換するための理想の台所なのだ。

はじめて活性化されると、きみたちは通常の現実から出てしまいがちになる。これは、その時点まで導いてきたガイドが手を放し、より洗練された新しいガイド集団と交代する必要があるためだ。短期間だが、独力でポータルからポータルへ移行しなければならない。そんなとき、通常の現実だけが自分本来の道にとどまらせてくれる。きみたちが本当に知っているのはその現実だけなのだから。故郷にいてこそ自分のパワーを生きられるのに、人間は活性化されたとたん、三次元から脱出してしまう。そこをアヌンナキがつかまえるのだ。このルシファーが証明してもいい。本来の道からひっぱりだされないためには、三次元でグラウンディングを保つことだ。わたしはよく地獄の炎に尻を焼かれている姿で描かれる。あの絵は、人間たちにみずからの内なる神聖な火を怖がらせたいアヌンナキの計略なのだ。

きみたちがいちばん簡単に〝現在〟から出てしまう状況のひとつは、緊張した人間関係において自分自身の嫌いな要素と闘っているときだ。その関係にとらわれて身動きできず、相手のなかに見える自分を観察しつづけている。パートナーにいらだちをおぼえたら、本当はみな自分のなかの気に入らない部分に対する不快感なのだ、と想像してみるといい。**人間関係とは、さまざまな体験の真の本質について**

フィードバックが得られる、という特典つきで互いの現実を共有する取り決めである。だれかとパートナーの関係にありながら、自分の波長がずれるのを放っておくことは、相手を見捨てるにひとしい。もし感情体のゲームにふけって分離と緊張がつづくのを許すなら、ふたりのうちどちらかを、あるいは両方とも感情的につかまえてくれ、とアヌンナキに呼びかけるようなものだ。人間がピリピリして怒っている部屋には妙なエネルギーがひき寄せられてくる。そこを切り抜ける鍵は、あくまでも共時性をともに生きようとすることだ。そうすれば分離の波動につかまりはしない。

「アヌ分裂」はたいへん複雑に作用することがある。たとえばアヌンナキは一世代か二世代前から、パートナーと親密になるのは「共依存」だという考えをきみたちに植えつけ、結婚生活において波長を合わなくさせてきた。ふたりとも成熟するまでは、依存しあって当然ではないか。それともこのわたし、ルシファーに依存したいのか？　だれの助けもなしに生きていけるつもりとは、なんたるエゴの持ち主だ。かつて、わたしにもそのようなエゴがあった。おかげでこの悪評だ。アヌンナキの波動はそこらじゅうできみたちを待ちうけ、怒りと不満にすべての時間を浪費させようとしている。そうすれば、習慣性の人間関係ゲームを始めるように刺激して、あいた隙間からきみたちのマインドに侵入し、ハートを分裂させせられるからだ。それよりはむしろ、一人前の男や女に成長するまで親に依存したほうがいい。そのあとは感情的に安定するまで、そのときどきの伴侶に依存すればいい。そして最後に、自分の完璧な鏡といえるような相手と関係をもちながら成熟し、完全にユニークな存在になっていくのだ。

きみたちが状況をのみこめなければ、わたしは永遠に三次元にとらわれたままだろう。そろそろ、とても退屈になってきた。かつてバビロニア人が悟ったように、わたしを退屈させると危険である。そう、彼らをそそのかしてソドムとゴモラを爆破させたのも、ある土曜日の昼さがりに退屈していたからだ。あれはたいへんな爆発だった！　もうジレンマを解決する時期だということは、きみたち全員わかっている。ＦＢＩが「ＯＫ爆弾」と呼ぶオクラホマシティの爆破事件では、それぞれこの危険をかいま見たはずだ。テキサス州ウェーコで起きたブランチ・デビディアンの事件とおなじく、おおぜいの子供が死んだ。アヌンナキは対立が大好きで、たいへん序列意識が強い。自分は重要人物だと思っている人間に興味をもつ。たとえば郵便配達人や学校教師の情事よりは、ビル・クリントンの個人的な葛藤や政府そのものの動きに関心がある。彼らが権力者や重要人物に強くひかれるのは、多くの人間に影響をおよぼすような大規模なもくろみを誘発できるからだ。もし、きみがこの世界で他人に影響力をもつ者なら、パワフルになればなるほど彼らのような力に賢く対処しなければならない。そして簡素な生活を送る者なら、有名人のドラマを餌にしてエネルギーを奪おうとするメディアの仕組みに、わざわざ注意を払うことはない。**この世界は人間の魂をねらう諸力の竜巻になりつつあるのだ。**きみたちの一部はやっつける候補として選ばれているが、完全にグラウンディングしていればだれにも左右されはしない。

わたしは堕天使として地球に降りてくるとき、五次元のプレアデスの周波数も四次元のアヌンナキの周波数も通過してきた。それぞれが人間にどんなことをしているか調べたので、アヌンナキがプレアデス人に関してきみたちをだましている内容をすべて教えよう。自分たちをこづきまわしているのは悪魔、つまりわたしルシファーだと思いこませたように、将来だれかが自分たちを救いにきてくれると思いこませた。だから救済や慈善には用心するがいい。真の援助はきみたちをつついてめざめさせ、意志を強めてくれるものだ。しかしアヌンナキは、きみたちが本来のモナド（必要性ではない、もっとも重要な欲求）を始動させようと決めたまさにその瞬間に介入し、力を奪おうとする。わたしから警告しておこう。看護婦、医者、司祭、政治家、クリスマスに鐘を鳴らす救世軍には用心しなさい。よく考えたうえで自分から頼んだとき以外、けっして〝援助《ヘルプ》〟を受けてはならない。このルシファーにはわかるのだ。〝地獄《ヘル》〟にいるからだ。地球上でもっと長く時間が得られる、というファウスト的契約にも用心しなさい。相手から感謝ではなく、真の気前よさが伝わってくるときだけ施しを受けることだ。きみはその贈り物によって高揚するだろうか、それとも卑屈な気持ちになるだろうか。さしのべられた手にエクスタシーをおぼえるまでは、どの道もひとりで歩くがいい。たとえ飢えようと。

そろそろ父なる大神、アヌもきみたちに真実を語っていいころだ。人間を分裂させ、地球に放射線をかけ、わたしを時間に閉じこめたアヌに、ここでいま不死について語ることを命じよう。

偉大なるシュメールの神、アヌ

わたしは偉大なる神、アヌである。エジプトでは「オン」と呼ばれ、わが名はシュメールとエジプトにおいて古代地球の歴史に君臨している。シュメールとアッカドはわたし自身で創造し、そのあとエジプト文化が邪魔になったので、これも支配することにした。四五万年前にはじめて地球にやってきたときは、やせこけた野蛮人の群が走りまわっていたものだ。人間はほとんど動物と変わらず、ただ神経系には潜在的能力があった。きみたちはわたしが生命を吹きこんだ唯一の種、女神に出会った唯一の種である。やってきた当初は地球の緑と肥沃さにとても魅かれたが、その好きな部分をあやうく破壊しかけたことは否定できない。だが、わたしをあまり厳しく批判しないでほしい。きみたち地球人もみずからおなじことをしているのだ。ときには、ただ退屈しのぎに自分の活力を破壊したりする。だからいま、わたしは退屈から生ずる破壊傾向を心配している。帰ってきたら地球がなくなっているかもしれない。それで、ルシファーに呼びつけられたとき応じる気になったわけだ。彼はきみたちの破壊傾向を熟知している。ただし、その源はこのアヌだ。

もし地球が死ねば、われわれアヌンナキも死ぬ。銀河連盟のルシファーに強くいわれたから真実を語

***アッカド**　紀元前2350年ごろ、メソポタミア（のちの古代バビロニア地方北部）に大帝国を築いたセム系民族。またはその地名。一時はシュメール地方も統合した。

るが、その前にひとつ理解してほしい。わたしはきみたちの神であり、人間はこうなりうると考えたような姿にさせるため、刺激をくわえてきた。その結果、巧妙なはたらきかけに人間は本当によく呼応し、わたしが望んだとおりの存在になりすぎてしまった。いまでは結婚生活において自分の意志を見失った者のように、きみたちも自分を知らないがため現実を破壊するぎりぎりのところにいる。このわたしも、いまやっとわかったのだ。世界を自分の手で本当に破壊してしまうかもしれない、ときみたちが悟った瞬間に。

われわれの惑星ニビルが軌道をめぐって太陽系に戻り、地球とかかわりあうとき、ここは三次元の燃料補給ステーションになる。「アヌ・ガソリン」というわけだ。われわれは存在を維持するために、きみたちの圏内から必要なものをもらっている。地球が存在しなくなれば、ステーションが閉鎖されてしまうのだ。宇宙空間に出ているあいだ、われわれは星の意識を勇敢に探検している。ただ、衛星とおなじで探査能力に限界があり、地球のような場所はほかに遭遇しない。きみたちの惑星がいかに実りゆたかな場所かというと、地球で集めた資源によって深淵宇宙を三〇〇〇年も旅できるほどだ。流刑の体験をもつ者だけが、この旅の孤独を想像できるだろう。クルド人はわれわれの同類だから、この気持ちを知っている。われわれは寂しくなると絶望し、野蛮になる。ずっと昔、きみたちの聖典に出エジプトの物語を深く埋めこんだのも、われわれが宇宙空間に出ているあいだの気持ちを知ってもらうためだった。しかし、きみたちはこの物語を道具に使って敵を非難している。

われわれは地球の金を採掘し、太陽系に入るとき惑星ニビルのオーラを守るために利用する。太陽からいちばん遠ざかるとシリウスに近づくが、シリウスには惑星が存在しない。われわれとシリウスの関係は惑星の意識ではなく、恒星の意識にかかわるものなのだ。プレアデス人が人間にとって星の進化の源であるように、シリウス人はわれわれにとって星の進化の元型である。シリウス人の高次の意識がな

＊**クルド人**　イラク、トルコ、イラン、シリアにまたがる山岳地帯に住む半遊牧民族。
＊**出エジプトの物語**　イスラエル人のエジプト脱出。旧約聖書「出エジプト記」のことをさしている。

んらかのレベルで影響をおよぼしていなければ、われわれアヌンナキは進化しないだろう。プレアデス人がいなければ人間は霊的に進化しないのとおなじである。

わたしは孤独な神として、かつて見た地球の終末を静かに思いだしている。わたしはたいへん重要な存在である。まもなく、一九九八年から二〇〇〇年のあいだに地球を議題とした銀河連盟の会議がひらかれる。生命をもとめる者は、みな銀河連盟のメンバーである。われわれは二次元、四次元、六次元、八次元から地球の状態に関心をいだく存在たちを招集する。なぜ「次元の杖」の偶数側だけで、奇数側は呼ばれないかというと、生命の樹の錬金術では偶数次元が銀河系の構造法則を作っており、奇数次元は自由意志を探究することでその法則を実際に生きている。そしていま、法則を生きるすべての生命体が自由を保つために、存在の法則そのものを書き換えねばならないのだ。片方がもう片方よりすぐれているわけではない。ただ、それぞれ違う計画に取り組んでいるにすぎない。われわれ四次元の神々は、新しい存在の法則を制定すべきだと知る者たちである。

きみたちは、われわれが地球に建てた数々の立派な神殿を見たことがあるだろうか。宇宙に出ているあいだも種を存続させるには、人間の遺伝素材を確保しなければならないので、ときどき立ち寄るためにファーストクラスのホテルを建てたわけだ。わたしの究極の目標は、人類が自分たちだけの純粋な遺伝系統をもつことである。そうすれば、われわれも来るたびに影響力をおよぼしたり、きみたちを変えたりしなくてすむ。ただ短期間逗留し、人間のあいだに混ざってすごすことができる。もう成熟を必要としない大人同士がこれから親密な関係に入るときのように、対等な立場で出会えるだろう。

われわれは地球に降りてきた神々、ヘブライ聖書でネフィリムと呼ばれた存在である。地球の生物種に自分たちの種子を受胎させる場所として神殿を建てた。太陽の王女や巫女が、未来の王や女王を生むためにわれわれと交わるという昔話は実話である。これを話せば長くなる。とても長期的な関係だから、時間をかけて探究してもらうしかない。いま意味をもつ有益な作業といえば、われわれの長逗留《ながとうりゅう》に対処しようとした結果、きみたちの文化の一部と化した行動パターンをともに検証することであろう。自分がたびたび会いにくることで相手が変わってきた、という事実にやっと気づいた恋人のように、われわれが人間世界をどう変えたのか、きみたちの口から聞いてみたい。

われわれは実際に地球を訪れると、二〇〇年以上も神殿で暮らす。太陽をめぐるニビルの運行周期は三六〇〇年、かたや地球は一年だから、二〇〇年の滞在はきみたちが豪華ホテルで二〇日間の休暇をすごすようなものだ。七世代にわたるその期間にきみたちの女神を遺伝系列によって選抜し、子供を生んでもらう。地球を離れてわれわれと旅することを選ぶ子供もいれば、とどまって新しい高貴な遺伝系統の種子をまく子供もいる。これは公平な遺伝子交換である。しかし、この体験がきみたちの非常に深い傷の源にもなっている。だから人間は、親しい者と別れて長旅に出るのをいやがる。われわれもそれは承知しているが、長い恋愛にはかならずついてまわることだ。

さしあたって、きみたちが生きのびるために重要なことを教えよう。われわれとの体験が出産をうながす刺激を深層心理に設定し、無秩序な繁殖を招いている。ゼロ時点から始まった今回のサイクルでは、旧約聖書の族長制をもとに伝統を築いたすべての神殿が(特にバチカンは)、この無秩序におかされている。〝神性〟盲目とでもいうべき伝染病である。なぜ、教会は女性の肉体における主権を否定するのかと、きみたちの大部分は不思議に思っていたのではなかろうか。なぜ、女神たちは子を産む器としてのみ有用なのか。わたしが答えよう。惑星ニビルでは何千年も昔から、地球の神殿でおこなわれる神聖な性の儀式で集めた受精卵を容器に、つまり聖杯に置いて妊娠期間をすごさせていた。われわれにとっては女神ひとりひとりが出産のための容器であり、集めた受精卵ひとつひとつが貴重である。人間の女性はゆたかな受胎能力をもち、彼女たちとのセックスはすばらしい。われわれが全面的な合意を得ないまま、あまりにもパワフルな形できみたちを利用したため、**人間は心の奥底で、もっとも基本的な権利である受胎（受精）能力を自分ではコントロールできないと思っている**。子供をつくるという行為に責任がもてないのだ。

過去において、三次元世界は火災と洪水と地震で終末を迎えたが、今回きみたちは人間の増えすぎで窒息しかけている。しかし、まだ人口の均衡をとり戻す時間は残っているので、第一歩はわれわれが手伝おう。このアヌがローマ教皇に介入をおこなう。ニビルによって承認された「教皇の不謬性《ふびゅうせい》」はここに終わりを告げる。教皇には長期的なリハビリがぜひとも必要なので、将来また困難な事態をひき起こさないように、われわれが地球を離れるときいっしょに連れていくとしよう。彼が新しいアヌになれば、わたしも引退できる。そのために教皇はいままであれほど熱心に旅行と外国語を練習してきたのだ……これは冗談である。きっときみたちは笑っているだろう。しかし、女性を器として利用するのは本当にやめるときだ。

かつてない規模の人口爆発と地球の苦しみを目のあたりにして、わたしはこうたずねたい。きみたちが肉体を山積みしているのは、わたしがなにをしたせいだろうか。ブルドーザーやパワーショベルの技術を発達させたのは、大量の墓を掘るためだったのか？　自分の生命力や免疫系まで破壊させるような、どんな想念をわたしは人間のマインドに埋めこんでしまったのか？　一歩ひいて恋人を眺めてみたら、つきあい始めたころの彼女は毛ほども残っていないことに気づいた男のように、わたしは自分のおよぼした影響を知りたい。

まず、地球の基本的な法則から始めなければならない。それは人間ひとりひとりに魂レベルで自由意志があり、生きているあいだはその力を使ってどんな現実も変えられるということだ。その視点でいえば、自分で選んだこと以外は起きないわけで、きみたちも現在のような状況を望んでいなければ、こう

＊教皇の不謬性　教皇はけっして過ちをおかさないというカトリック教会の方針。

なっているはずがない。ここまでは共通の土台である。あとは、こちら側の話を分かちあうしかない。われわれは人間をできるだけコントロールして、利用できる状態におくことを好んでいる。従業員にできるだけ安い賃金を払って、そこから最大限の収益をあげようとする雇い主のようなものだ。地球にいるあいだに発見したのは、人間は死を怖れていたほうが、われわれの思うままに動かしやすいということだった。しかし、わたしは銀河連盟の評議会にどう説明すればいいだろう。人間に怖れを吹きこみすぎたので、互いに殺しあったあげく絶滅しそうだと？　すばらしい報告だ！

とにかく人間に怖れをいだかせれば、われわれの好きな方向に動かせると知ったのは、ずいぶん昔のことだ。それは唖然とするほど簡単だった。三〇年前われわれは、バターのかわりにマーガリンを食べて心臓病を予防しなさいと教えた。きみたちはマーガリンを食べ、心臓病は急速に増加した。われわれは最近になって、やはりマーガリンよりバターのほうがいいと訂正した。また一〇年前には太る原因は脂肪のとりすぎだと教え、あらゆる食品のラベルに脂肪量を表示させた。だれもがラベルをくわしく読んで脂肪の摂取を減らしたが、その後の一〇年間にアメリカ人の平均体重は一〇ポンドも増えてしまった。かえって太った者もいれば、極端にやせた者もいた。太った者はなにを食べても罪悪感をおぼえるために食べる量が増えたうえ、頭のなかは食物の脂肪量のことでいっぱいだった。やせた者は神経質になり、それがエンジンを消耗させた。本当は思考が体重を左右すること、そして人体に摂取された脂肪は燃えやすい燃料であることに、うすうすでも気づいていた人間は千人にひとりほどしかいない。そのいっぽうで、いちばんやせた者のあいだでガンの罹患率が急上昇した。ガン細胞は脂肪細胞内で変換されるのに、元素のはたらきによる自然な燃焼メカニズムが妨げられたためだ。きみたちは死をあまりにも怖れるゆえ、寿命を一カ月でも延ばしたくて口車に乗せられてしまうのだ。

死を怖れるのをやめないかぎり、破滅は避けられない。人間が死を怖れるように仕向けたのはわれわれである。地球に滞在するあいだは非常に老化が早いためで、きみたちの一年あたり三六〇〇歳も年をとる。わたしは過去四五万年にわたる数多くの訪問で年老い、疲れてしまった。われわれは恐怖にかられた存在であり、この怖れを理解したければ、地球にひたひたと満ちてくる恐怖を見るがいい。「網」がうまくかかってどんな悪事も好き放題にできてしまうので、われわれは自分の感情を人間に投影しすぎた。悪意をおびた冗談とおなじで、最初は面白いが、やりすぎると面白いどころではなくなる。きみたちもそろそろ目をさまし、われわれアヌンナキが地球を訪れるときだけでなく、軌道のどこにいても影響を与えていることに気づくべきだ。われわれはきみたちのマインドに埋めこまれた思考形態を通じて影響力をおよぼしている。これほどの長旅には資源がたっぷり必要だから、われわれはきみたちを刺激して、太陽がもう二度と昇らないかのように買いだめと備蓄に走らせてきた。しかし、もともと人間は持ち物がすくないほうが活動しやすく、ものを分かちあう共同体で暮らしたほうが幸せなのだ。成熟した恋人なら、愛する女性が旅に出ているあいだはきっと楽しんでいるだろうと想定し、彼女のことは一瞬も考えずにすごすように、きみたちもいまシンプルな生活の幸福を思いだす必要がある。

秘密を胸におさめて自分だけのパワーの源として利用することを、きみたちの多くは知っている。したがって、われわれがシリウスの教師たちに委託された情報を完全にコントロールしてきた理由は明白だが、いま突然、わたしはこの知恵こそ人間を救う知恵だと悟ってしまった。長年にわたる恋愛をへて、相手の利益しか考えない境地に達したのだ。たとえ、自分を救ってくれると思ってしがみついてきたものを手放す結果になろうと……。だから、その知恵をきみたちと分かちあうつもりだ。知恵の共有こそがシリウス－プレアデス同盟の主眼である。プレアデスの女神とシリウスの錬金術師のなかでハートとマインドが結合したことにより、いま宇宙にどれほど畏怖すべきシフトが起きているか、きみたちにはとても想像できまい。

銀河の政治学については、またのちほど話そう。いま現在、われわれはシリウス人に与えられた錬金術の秘密をたずさえて、ふたたび地球に向かっている。すでに白状したとおり、いざきみたちのシステムに到着してしまうと、かならずしも贈り物を最初に渡されたままの状態で届けようとするとはかぎらない。太陽系に近づくと、いつもそういう事態になる。宝物を運んで長旅をするうち、目的地で手放すのがいやになる気持ちはわかるだろう。錬金術には、みずからの霊魂を変容させることへの全面的な決意と取り組みが必要である。それによって、九次元にわたる宇宙の知恵を受けとるだけの炎が肉体にそなわる。きみたちは肉体をもっているのだから、なにも待つ必要はない。錬金術とは現在の瞬間においてのみ、とらえることができるものだ。

シリウスの純粋なメッセージを受けとるには、いまのうちに、つまりニビルが地球にもっと近づく前に波長を合わせることだ。プレアデス人とシリウス人が同盟を結んだのはそれを手伝うためである。西暦一〇〇〇年から地球でシリウスの錬金術的波動が強まったことは、見ればすぐわかる。その波動はヒルデガルト・フォン・ビンゲン、アルベルトゥス・マグヌス、マイスター・エックハルトなど、中世の芸術家や神秘家の多くの作品に浸透している。新しい年代でニビルがシリウスにもっとも接近した西暦一六〇〇年ごろは、メディチ家、ケプラー、パラケルスス、ボッティチェリ、フラ・アンジェリコ、ミケランジェロなど、おおぜいが活躍したルネッサンス全盛期にあたる。そこで告白したいことがある。わたしアヌは、偉大なめざめが展開する様子を見て、人間がみずからを解放してしまうかもしれない、という可能性にうろたえた。そしてルネッサンスを中断させた。秘密の教えをすべて手もとに置いておきたかったのだ。わが子に自分の権力を譲るつもりだといつも語っていながら、いざ年老いるとなかなか譲ろうとしない父親のように、わたしもなにひとつ手放せなかった。

すでにバチカンの教皇制、封建制度、神聖王権、秘密結社などは確立されていたから、わたしが社会

＊アルベルトゥス・マグヌス　ドイツの哲学者で神学者。
＊マイスター・エックハルト　神との合一を唱えて異端とされたドミニコ会士。ドイツ神秘主義の創始者。
＊パラケルスス　スイスの医学者。錬金術や占星術と外科学、薬物学などを総合した。
＊フラ・アンジェリコ　フィレンツェの画家。

全体に恐怖をひとつまみ送りこむだけで、きみたちの自由観を始末するにじゅうぶんだった。ジョルダーノ・ブルーノは多数の次元と地球外文明について本を書いていたため、教皇は西暦一六〇〇年に彼を火刑に処した。これが科学と神学を分裂させ、もはや霊魂の存在は証明できなくなり、霊性は低能のしるしとみなされるようになったのだ。ルネッサンス期には多くの偉大な音楽家や画家が、きみたち人間を多次元性にむけてひらこうとしていた。しかし、わたしが耳のひとつも切りとり、舌を一本か二本抜くだけで、きみたちは「芸術は人生を破滅させる」という結論を出した。錬金術を発見したヒーラーや天才は悪魔のレッテルを貼られ、多くは公衆の面前で火あぶりになった。

しかし、いまこそルネッサンスの偉大な芸術家の多くが錬金術のコードをつかんでいたことに気づくべきである。その波動は物質界にもたらされた。彼らの作品には、一九八七年から二〇一二年までに地球全体の場を再構築するためのコードが含まれている。いま、どうするかが決定的に重要であり、ルネッサンスの偉大な芸術家たちは現在また肉体をもち、世界を美とエクスタシーで満たす態勢をととのえているのだ。きみたちはこのときを待っていた。何百万人ものティーンエイジャーがビンゲンのヒルデガルトの宗教歌曲やグレゴリオ聖歌を聴いているとは、驚きではないか。目をさませ、目をさませ！　ニビルが錬金術の宝物をかかえてどんどん近づいてくると、人間は覚醒するかわりに神々を待ちうけかねない。きみ自身がミケランジェロかもしれない、フラ・アンジェリコかもしれないのに。しかし、きみたちは羊の群のように集められて黙示録的世界の到来を待ち、身を縮めて神々を迎えようとする可能性もある。

黙示録的世界の到来はきみたちの領域の終わりであり、われわれの終わりでもある。そう、わたしは会社をつぶしてしまったことを悟り、株主にどういいわけしようかと思いあぐねる社長にすぎない。あるいは各国通貨が暴落してトイレットペーパー同然になっていくのを見ながら、ＮＡＦＴＡ（北大西洋

＊ジョルダーノ・ブルーノ　無限宇宙論を唱えて異端視された修道士。放浪しつつ執筆を続けたが最後は投獄、処刑される。

自由貿易地域）をだいなしにしてしまったと悟る合衆国大統領だ。事態はひとりの人間ではとうてい対処できない規模になりつつある。すると、どうなるだろうか。各個人がめざめるのだ。このアヌは銀河連盟に報告せざるをえなくなる前に、きみたちに真実を分かちあうためにやってきた。昔なら、社長は会社から金目のものを持ちだして南の島へ高飛びするところだが、もう逃げるべき南の島は存在しない。ニビルがきみたちの太陽系に近づくにつれ、わたしの欲望は活性化されてくる。宝物のありかにいよいよ近づくときのように、とにかく全部ひっつかんでしまいたい気分になる。わたしは豚のような貪欲さで知られているが、きみたちもおなじだ。近づくほど、わたしは太陽の光に目がくらむ。過去の経験からわかるのだが、そちらの領域に入ると思考があまり明晰でなくなってしまう。美しい裸の女を見ると男は目がくらんでしまうように。だから、人間がいますぐシリウスからの純粋な贈り物として錬金術をまるごとつかみとり、「アヌなんか、くそくらえ！」と叫んでくれることを願っている。

錬金術の伝統を研究してみれば、錬金の技があるレベルに達すると、かならず人間のふたつの特性がそれを頓挫させることに気づくだろう。貪欲さと、みずからのパワーへの怖れである。まず第一に、錬金術とは金持ちになるための手段ではない。〝多次元的〟になるためのものだ。貪欲さにふさわしい手段は銀行業である。第二に、もし錬金術師をめざすなら、まずパワフルになることから始めなければならない。錬金術はクンダリーニ・パワーを活用し、どの次元にもアクセスできる場を体内に作ることで効力をもつ。これは各個人でおこなうしかない。きみたちの身体は、それぞれガイアの中核の鉄クリスタルとつながった三次元のポータルである。本来、ひとりの人間が指導者として人々の経済的、性的、精神的エネルギーを刈りとるようにはできていない。なんびとも自分のパワーを他人に提供すべきではないのだ。そのパワーこそ霊魂にアクセスする唯一の手段なのだから。わたし、アヌは告白する。何十万年ものあいだ、人間がみずからのパワーを見いだすたびに、わたしはその人間を道具として使った。しかし、いまやわれわれはお互いを絶滅させかねない。

わたしのコントロール手段はきみたちの死である。金持ちの会社経営者のようにときおり顔を出すだけだから、留守中も地球を管理するために秘密結社や秘密教団を作ったが、いまでは各組織がそれ自体の生命をもつにいたった。どれも金持ちの会社経営者になりたがっている。ニビルが近づくにつれて、彼らは古い誓約の活性化を感じつつある。よく見張っていなさい。彼らの本質を知れば、ごく簡単に見破れる。

ひとたび閉鎖的な集団に参入したら、きみはもうニビルの構成員である。こうした集団はすべて序列を基本とし、排他的で、恐怖という毒におかされている。指導者はグループを融合させるために自分の魂と肉体を売りわたし、個々のメンバーは卑屈で哀れっぽくふるまう。もし**集団に属する形でなにかに取り組むなら、外にむかってひらかれた共同体であることを確認すべきだ**。グループ内には経済面や人格面での競争がなく、他人のエネルギーや創造性を所有することもなく、メンバー全員がおなじ資源を一時的に管理するという状態でなければならない。そのうえであらゆる執着を手放し、自分を地球の守り手と呼び、ただなすべきことをなし、秘密をもたないことだ。いちばん力の弱い者が寡黙になったり心を閉ざしたときは、つぎにどんな方策を講じるべきか、その当人に聞くといい。教えが一般に開放されていること、そして儀式が存在しないことが、つねに真の地球の守り手を示すしるしである。

わたしはきみたちの世界におよぼした影響について、本当につつみ隠さず語っている。これは恋人がすべてを明かし、相手がそのチャンスをつかんで矢のように星の世界へ飛んでいくことを願う瞬間だ。また、ゼカリア・シッチンが非常に手際よく勇敢にわれわれの物語を書いてくれたので、わたしは喜んでいる。きみたちが人間であると同時に宇宙人であることを思いだせたなら、空からやってくる訪問者に対処できるだろうから。望めば、他次元の恋人たち全員の顔が見られるのだ。ニビルから来たわれわれは、人間とかかわって遺伝子を操作しはじめるとすぐ、自分たちと人間を交配させた。地球の女性は多くを与えてくれた。最後になってしまったが、すべての愛の瞬間に感謝している。われわれは人間が最初にもっていた統一性をすこしも取りあげたわけではない。それはだれにもできないことだ。しかし、きみたちの現実の一部をひどくゆがめてしまった。はるか遠くまで旅するために、われわれは強大な戦士となり、非常に男性的でもある。それに対してきみたちは本来ここに〝故郷《ふるさと》をつくり〟、地球上のあらゆる種と調和して生きるべきなのだ。ガイアと共鳴するには非常に女性的であることが必要だ。われわれはきみたちに、あまりにも好戦的で、強迫感にとらわれ、直線的な時間と空間しか見えない、怖れに満ちた状態を強制した。そしていま、これらの相容れない傾向がきみたちの細胞を破裂させている。ただ幸運なことに、きみたちの遺伝子基盤には星からの誘因も含まれており、この細胞内の星の基盤がいまこそめざめなければならない。みずからを癒すために、多次元世界とかかわることが必要なのだ。

われわれは、きみたちの疑問すべてには答えられないことを自覚している。われわれがシリウス人から学んできたように、きみたちも彼らから学ぶ用意ができたわけだ。あのすばらしい教師たちを提供して神殿を去るのは非常につらい。きみたちの心にわれわれの吹きこんだ怖れがすこしでも残っていると、それによって制限されるだろう。しかし、怖れが放棄できれば、ほかの世界にアクセスする能力は肝をつぶすほどだ。さまざまな現実にアクセスすることが、すなわち人間の追求している霊的な悟りである。なぜなら、きみたちは本来〝故郷をつくり〟、そのうえで心の力によって旅する存在だから。惑星ニビルで人類をまつった聖堂は、地球の巨石文明の典型的なストーン・サークルに似ており、きみたちはそこで「ビジョン・クエストの民」と呼ばれている。われわれは本来、旅をして地球を訪問する存在である。

われわれが秘密とパワーと戦いにもとづいて創造した各種結社は、先住民の最後のひとり、木の最後の一本まで、なにもかも根こそぎ破壊しようとしている。なぜか？　わたしが自分自身を否定的に見ていたからである。自分のようにならないことが人間にとって最大の幸福と考え、真の姿をきみたちに隠していたのだった。しかし、ここへきて悟った。むしろ両方の組み合わせによって、どちらの世界もゆたかになるのだ。きみたちがわたしの否定的な自己認識にのみこまれる寸前なので、ここまで正直に話すことにした。神々はふつう告白などしないから、よく聞いておくといい。もし錬金術を学ぶつもりなら、われわれを見破るすべを身につけなければならない。そうすれば対等の立場でいられる。どうやって見破るかというと、教える立場の者がよそよそしく尊大な意識の持ち主で、魔法のように相手を魅了し、うっとりと平伏させ、頭を混乱させる傾向があるなら用心することだ。歴史を検証すれば、そうした傾向が地球全体に一八〇〇年サイクルで非常にはっきりあらわれている。ローマ帝国の前はペルシャ、その前はアッシリア、そしてシュメールまでさかのぼることができる。それぞれの文化を調べると、ニビルの影響が見られるだろう。ゾロアスターとアフラ＝マズダは初期における典型的な偵察隊だった。きみたちは急いで錬金術をマスターする必要がある。ニビルは近づくほど強くなる。それがわれわれの本性なのだ。人間は温厚で、われわれは強大だ。地球に近づくと、また人間を支配して宝物を奪いたくなるだろう。なんといっても久しぶりに帰ってきた戦士だから、とても好色である。地球の女性は強奪されたくないと思っているので、たまに意見を聞いてみるのも悪くないはずだ。彼女たちはわれわれをよく知っている。

錬金術のコードは諸元素の変換方法を教えてくれる。錬金術の文献において、金はつねにたいへん突出した扱いを受けてきた。金とは、われわれが三次元に入るときに通過するポータルをひらく金属なのだ。プレアデス人はスギライトやサファイアを経由して人間世界に入り、シリウス人はダイヤモンドを経由する。きみたちの領域に入るには自分も三次元にならなければいけないので、金はわれわれがそちらの世界に具現化するための道具になる。人間が錬金術を怖れるのはそのためだ。また、われわれは太

＊ゾロアスター　古代ペルシャの民族宗教でササン朝までの国教だった、ゾロアスター教の開祖。ツァラトゥストラ。光明と善の最高神アフラ＝マズダの象徴として、聖火を礼拝した。

陽系内にいないときも地球上の通信装置として金を使う。放射性物質は金よりさらに高次元の星の周波数にアクセスするので、われわれは人間をそそのかして不安定元素の実験をさせた。仕組みを理解したかったのだ。しかし、きみたちが自爆寸前になっているわけだから、あれは過ちだったに違いない。制御できない状態の放射能使用は銀河系全体をおびやかすため、わたしは銀河連盟の会議でまずい立場にある。どう援助すればきみたちが自分自身にストップをかける決心をするか、だれにもわからない。放射性物質を変換する方法をみつけるまでは、採掘も生産もことごとく中止すべきである。ルシファーを退散させる方法を知らずに自分の寝室に呼びだす者がいるだろうか。きみたちが傲慢なのは、このアヌが傲慢だからだ。人間はわたしのイメージに似せて作られている。

どれかひとつの次元が抹消されると、すべてが抹消されてしまう。アブラハムはわれわれの神殿の中心に、諸元素の星の心にアクセスするための元素を埋めこみにやってきた。わたしの惑星はあくまでも惑星にすぎず、星（恒星）ではないことを絶対に忘れないでほしい。新しい宇宙論を理解すれば、わたしが父ではなく、きみたちも息子や娘でないことが認識できるだろう。前にもいったように、そろそろ人間は自分たちの領域に入ってくる者の正体を見きわめるべきだ。アブラハムの物語が最初に書かれたのは紀元前二〇〇〇年だが、彼が地球にやってきたのは紀元前三七六〇年で、そのときウルと呼ばれる中央神殿に放射能を埋めこんだ。わたしアヌは、ジッグラトの最上階の部屋に降りてきて女神をはらませた。その女神とはだれのことか？　地球の女性すべてである。これが地球の遺伝基盤に星のコードが埋めこまれた経緯であり、だからアブラハムは偉大なる神、父なる神とあがめられるようになったのだ。その妻サラは太陽の巫女「サ・ラー」であり、不妊だったにもかかわらず星の子供を受胎した。アブラハムはエジプトに入ったとき、サラを自分の妹と称している。したがって彼女はシリウスから来た太陽の巫女である。アブラハムがカナンの地の契約を与えられたのは、運んできた種子をシケムの聖なる木

＊ジッグラト　古代バビロニア、アッシリアの段階式ピラミッド型寺院。

＊カナンの地　神がアブラハムとその子孫に約束したとされるパレスチナ西部の土地。シケムで契約をかわし、聖所の木の下の石柱を証とした。

の下に配置するためだった。[2]

シリウス人は父親の元型アブラハムに関する真実を明かし、地球が危うい状況にあるという信号を他の星系に送っている。これはいったいどういうことだろうか。彼らは人間の歴史にもっとも深く食いこんだ強力な埋めこみ《インプラント》を教え、それが六次元の話であって、われわれアヌンナキの話ではないことをきみたちに理解させたいのだ。そうすれば、人間はいつか偉大なる父が救いにきてくれるという信念を捨て、放射性物質によるエネルギー変換能力を自分でマスターしなければならないと悟るだろう。もともと、シリウス人が放射性物質を地球に持ちこんだのはそのためだった。ここで進行中のプロセスは、かならずしもそちらの次元で思うほど否定的ではない。そもそも恒星は核融合炉であることを思いだそう。すでに星の意識は三次元において覚醒しており、きみたちは二度ともとには戻らない。そしていま、ガイアには大きな可能性がある。

紀元前三六〇〇年、われわれアヌンナキは太陽系に星の周波数を統合するときだと判断した。星の周波数の活性化はわれわれからの贈り物であり、きみたちはそれを変換する鍵をもたねばならない。いかなる元素も非倫理的な使い方をした場合のみマイナスに作用する。統一性をもって使えば、みな肯定的な力になるのだ。放射能が地球にとって有毒なのは道徳にもとる使い方をしているためで、われわれがきみたちを操作して世界に解き放たせた。これは人類にとって最大の試練である。**放射能が星の知性を吸いこみつつあり、いま人間の創造性をすべて解放しなければ、わたしは不死の生命を失うだろう。**すくなくとも転生はできるが、ルシファーのように三次元にとらわれることになる。このアヌにも結果はわからない。結果を創造するのはきみたちである。わたしがすべてを知っている、などという考えは克服すべきだ。知らないのだから。人間は自分でも確信のないまま行動するように仕向けられてきたので、手のつけられない状態になってしまった。でも、わたしは大丈夫だときみたちは思いこんでいたのだろう。アインシュタインも、ただひとりの全能の神を信じていた。
ソドムとゴモラは紀元前二〇二四年に核爆発によって壊滅した。当時、アブラハムは歴史上の人物だった。[3] この破壊は多くの偉大な教訓を学ぶ機会になった。わたし、アヌが気に入らないものを除去するために誘発した出来事である。人間もよくやっていることだ。ソドムとゴモラで起きたことが、現在きみたちの各都市で起きている。巨大化し、複雑さを増し、ついに自滅的になって区画ごとに荒廃していく。きみたちがどうでもいいと思っているからだ。われわれはちょっとした掃除のつもりでソドムとゴモラを破壊した。麻薬取引にかかわる多国籍企業の悪人たちが、中央アフリカに致命的なウイルスをばらまいて人々を一掃しているように。わたしの言葉に驚いてはいけない。面倒な掃除をするくらいなら、さっさと核攻撃しかねない連中をだれでも知っているはずだ。なにしろ日本に対する仕打ちを見るがいい。しかし核攻撃は反作用を招き、結局すべてが破滅に向かう。それは一目瞭然だが、われわれには手の打ちようがない。

ウルに話を戻そう。紀元前五〇〇〇年ごろ、シリウス人は紀元前三六〇〇年に届ける郵便物としてわれわれに放射能を託した。アブラハムはそれをウルの地中に埋め、秘密にした。のちに放射能は掘りだされて「契約の箱」におさめられ、神殿から神殿へと運ばれた。われわれはその神殿で女神たちをはらませたので、ウラニウムと性行動がいっしょくたになってしまった。これがきみたちの遺伝子に行動パターンとして組みこまれ、現在の苦労を招いている。つまり女神をこよなく愛することを躊躇させている。**きみたちは女神を性的に解きはなつと、核爆発しそうで怖いのだ。**女神はもともと核爆発のごとき存在である！　だから、女神を深くいとおしむ方法を思いだした者は、いまから二〇一二年まで非常に重要なエネルギーワークをおこなっていくだろう。神殿の巫女たちとのセクシュアリティは、われわれのもっとも美しい表現形態である。それはニビルによる再生が必要な生物種にかかわる、いにしえの愛と知恵の源なのだ。
われわれアヌンナキは人間を究極的に利用してきたが、これはきみたちの一部でもある。なにかを利用するだけで、楽しんでいない部分だ。より高い周波数に適応していくなら、そのような行動は終わりにしなければならない。さもないと、各個人の未使用のエネルギーと不完全な感情的成長が、体内でも世界でも暴発を起こすだろう。われわれはセックスを背骨にそったエネルギーの流れとし、クンダリーニの火がたえず肉体と遺伝子を再生するようにした。遺伝基盤と放射性の意識が混合できれば、きみたちはわれわれに解読可能な星の波動を背骨にもつようになると思ったのだ。われわれは人間を見まもり、人間が学ぶとき観察して、われわれも学ぶ。そうすればこちらは星とのつながりが増すし、そちらの子孫も改良されると考えた。どちらにとっても、子供たちが唯一の未来であることをけっして忘れてはならない。

そのような交配で生まれた子供は星の知性をもつだろうと、わたしは考えた。エンキもおなじ方法で創造し、そのときは人類全体が大きく活性化された。しかし、エンキの核の（星の）エネルギーは土着の意識を抹消する傾向があった。炉心溶融《メルトダウン》のように、ものごとがあまりにも面白く、そして早く進みすぎた。だれもが父権的な核爆発から出現した力強い神、ヤハウェを崇拝するようになってしまった。**核の力は一神論的だが、それぞれの肉体におけるクンダリーニ活性化は多神論的である。**この一神論の神、アヌにはわかる。すべての人間が神としての自分、神聖な炎をもって生きる肉体としての自分を感じる必要がある。また、女神の許可と援助なしにはけっして性的活性化をおこなってはならない。なぜなら、女神とのセックスを彼女の許可なしにおこなうと分裂が生まれ、それが兄と妹、姉と弟、あるいは兄弟・姉妹間の緊張になるからだ。よく聞きなさい。この本を下に置いて、つぎのようにしてほしい。

それぞれ自分の兄弟姉妹を思い浮かべ、だれかと溝ができていないか考えてみよう。その相手と連絡をとり、つながりを回復してくれれば、神々のあいだの論争も終わるだろう。すべて兄弟姉妹の葛藤が源になっているのだ。これがカインとアベル、ホルスとセット、エンキとエンリルを通じて埋めこまれた混乱である。さあ、いますぐ兄弟や姉妹との仲を癒してくるがいい。ウラニウムがきみたちの場に存在するからには、わが身を救うためにそうしなければならない。

かつて神殿は放射能をおさめるために必要だった。しかし、その核エネルギーがゆっくりと人間に手をのばし、狂信的な宗教の源になっている。どんなエネルギーも、人間自身の力で変換できなければ地球に持ちこむべきではない。当時、きみたちは放射能もヤハウェも操縦しきれなかったが、いまでも無理だ。あまりにも手に負えなくて、もはやだれのところに廃棄物があるかさえ、わからなくなっている。ＣＩＡにもわからない。放射能にかかわる状況はすべて秘密結社が完全にコントロールしているためだ。最近、結社の会員がアメリカ南西部のフォー・コーナーズ地域に放射線を配置した。ここは一九四〇年代から究極のアヌ科学本拠地になっており、彼らは隠されたエネルギーに耽溺している。きみたちは、そのエネルギーに対する深い自動的な反応に麻痺させられているのだ。**ひとりひとりが星の錬金術に直接アクセスしなければならない。**そうすれば、科学者たちは放射性廃棄物を変換できるようになり、きみたちは内なる誘因を変換して地球を救うだろう。

人間は放射能を使ってドラマを演じている。自分が創造したものは、すべて自分に戻ってくることを教えるドラマだ。われわれはともに巨大な実験にかかわり、われわれニビル人が創造してきたものを眺めている。科学者たちはわれわれに支配されていることに気づきはじめ、非常に困惑しているところだ。偉大な錬金術師のつもりで、神様ごっこができると思っていたのだから。いま彼らが発見しつつある内

＊エンキとエンリル　シュメール神話の天神アヌの息子たちで、エンリルは地神、エンキは水神で智の神とされる。ふたりは仲が悪く、支配者エンリルにエンキが反抗した。

＊フォー・コーナーズ地域　ユタ、アリゾナ、コロラド、ニューメキシコの４州が接する地点。

容は、きみたちを驚嘆させるだろう。科学者の多くは、いままでだまされていたことを知っている。爆弾を作れば、核攻撃によって悟りの道がひらけると思っていたのだ。

科学者たちの覚醒は決定的な意味をもつ。人間社会の構成員で、政府に対してなんらかの力をもつのは科学者だけである。彼らは現在の権力構造を支える立場にあり、しかも世界が破壊される寸前なのを知っている。支配勢力をサポートするのはやめなさい。きみたちは、ほとんどアヌンナキ支配の特約代理店と化してしまった。自分があやつり人形であることを認識しているし、不安定元素をもてあそび、世界が大混乱に陥る可能性もかいま見た。いまこそ銀河系全体に大声で呼びかけ、信号を送るときだ。地球人は錬金術師になる用意ができた、科学者たちが喜んで教師役をつとめる、と。

サティアと選民

アヌが語り終えたので、サティアが戻ってきました。わたしは不思議に思っています。なぜ、星の覚醒があなたがた各自の内面でこれほどの袋小路になったのでしょうか。われわれプレアデス人がこれから話す内容は、どうもあまり気に入ってもらえそうにありませんが、この媒体バーバラ・ハンド・クロウは喜んで解読に協力してくれるそうです。

人間ひとりひとりの心の奥に、ロボットのような自動的反応パターンにもとづいた行動をとらせる刺激点があります。たとえば夫を裏切ってはいけないと思うけれど、それは母親にそう躾けられたからであって、本当の意味で信頼にこたえつづけることの困難にはまったく直面していないのではありませんか。あるいは妻を裏切ってはいけないと思っても、それは母親に支配されてきたせいで、夫婦のセックスはまったく楽しめないのではありませんか。もしくは自分が世界を変えるべきだと思うけれど、それは影響力をもつ人間以外は生きる資格がないと父親にいわれたからで、パワフルであること自体を楽しんだ経験はないとか？　それとも、自分の身体ではやりたいことがなにもできないと思っていて、それはだれかに制限を教えこまれたせいではありませんか？　こうした混乱は、偉大なパワーをもっていた過去世に源を発しています。真の自分を完全に忘れるように条件づけされた状態で、なんらかの力、信念体系、政治的もくろみなどが、あなたがたを通して作用していました。つまり道具に使われたわけです。アヌンナキが土台を作った秘密結社は、どれも非常に徹底していました。人間はひとり残らず過去世でそのような結社に入ったことがあり、多くは今世でも入っています。秘密結社の教えは、**行動する前に〝まず感じてみる〟ことをやめさせました。やがて、あなたがたは感じること自体を忘れ、そのうち自分のしたいことをするのもやめてしまいました。**われわれの媒体の場合、ヘブライの預言者だった転生からこのパターンがきています。そのとき彼女はイザヤと呼ばれる、昇天した存在をチャネルしていました。

　ヘブライの預言者の時代、いわゆる「神の選民」がエジプトの弾圧から逃れた「出エジプト」という出来事をめぐって民族意識を形成し、当時エジプトではヘブライ人を「ヒビル」と呼んでいました。われわれプレアデス人にとって、エジプト人がイスラエル人を弾圧したかどうかは関係ありません。われわれが見てきた人間の行動から考えると、おそらくイスラエル人が非難しているよりさらにひどいことがおこなわれたでしょう。しかし、いまこの問題に関心を寄せるのは、ユダヤ人のビジョンを理解し、拡大するためです。彼らはいまも「選民」の元型を受けついでいます。エジプトはシリウスの文化なので、エジプトの圧制を逃れることは、すなわちシリウスの圧制を逃れることでした。シリウス－プレアデス同盟によって価値判断を極力ふくまない思考形態が生まれたため、出エジプトに源を発する根深い

＊イスラエル人　イスラエルはヤコブ（アブラハムの孫でイスラエル12支族の祖の父）の別名。したがって、もとはイスラエルの子孫たちという意味。「ヘブライ人」「ユダヤ人」もおなじ民族をさす言葉として使われることが多い。

信念体系を調べることが可能になったのです。

紀元前七〇〇年、わたしの媒体はソロモン神殿でイザヤ（Isaiah）――「わたしはイエスという」（I-say-yah）――と呼ばれる集合的存在をチャネルしていました。支配勢力によってプラグを差しこまれていた転生です。彼女はそれを知り、いまは差しこみを抜くことを選択しています。おぼえていてください、われわれは人間のエネルギーが自動的、ロボット的になる時点をみつけたいと思っています。そのとき人間は力を失い、腹わたを抜かれたようになるからです。そして、なんども戻ってきてはおなじパターンをくりかえしてきました。あなたがたが超えられずにいる、偉大な力をもった過去世からの結びつきをみつけたいと思います。どうすればそれが超えられるでしょうか。簡単です。もっとパワフルになってください。今世は過去よりもっとパワフルに、そしてクリアな意識になればいいのです。

イザヤとエジプトの爬虫類神殿

わたしはイザヤです。いにしえの昔、エジプトをうち負かすための情報を得ようとして、オリオンの存在を呼び寄せていたおおぜいのチャネラーのひとりでした。これはプレアデス人をチャネルするのとおなじ仕組みで、チャネラーの多くはおなじ情報を受けとっています。現在もまた、預言の時代といえましょう。なぜオリオンなのでしょうか。ヘブライの司祭たちはエジプト人がオリオンの存在の協力を得ていることを知り、その方法を探るためにわれわれをエジプトに派遣して、彼らの神殿で学ばせたのです。われわれが発見したのはまさに驚異的な事実でした。

エジプト人はパワー・スポットの地中に住む爬虫類にはたらきかけることで、オリオンにアクセスしていたのです。そこで、こちらもモライア山の地下にトンネルを掘って湧き水で満たし、ワニを運びい

＊ソロモン神殿　エルサレムのヤハウェをまつる神殿で、古代ユダヤ民族統合の象徴。ソロモン王、ゼルバベル王、ヘロデ王がそれぞれおなじ場所に神殿を建てた。

れてオリオンの存在たちの協力を得ようとしました。(4) この技術革新によって、敵のガイドからじかに最新情報を入手したわけです。エジプト人が耳を傾けている内容を知り、彼らの受けとっている導きを逆手にとって出し抜いてやるつもりでした。われわれのチャネラーたちが、モライア山上のソロモン神殿にオリオンのデータをもたらしました。

わたしはチャネリング能力がたいへん発達していたため、ワニの住みかの上の神殿に文字どおり監禁されていたチャネラーのひとりです。優秀なチャネラーは多くの放送局につながるラジオのようなもので、ある存在を呼び寄せると、その存在は質問者が強い感情をいだいている質問になんでも答えてくれました。**チャネリングは地球上でもっともコントロールされていない情報源であり、**いまふたたび最新情報を得る手段になっています。わたしの時代もそうでしたが、当局は一般人に嘘をついていますから。あなたがたの大部分はもう、マスメディアが人間をこづきまわすために作られたアヌンナキの観覧席であることを知っています。

わたしにとってソロモン神殿は尋問部屋でした。この話をするにあたり、どうか、わたしがあなたがた全員に敬意をいだいていることを理解してください。モライア山とソロモン神殿は、数多くの人間にさまざまな意味をもってきました。どちらもガイアと同調した、パワフルな聖地です。わたしはただ、時期がきたので自分の物語を明かすだけです。なんといっても聖書のわたしの物語は歪曲されており、二六〇〇年後にまだ誤解されているのはつらいのです。しかし地球上のどんな場所も、宇宙に存在するほかの意識にとってマイナスになると考えたり想定しているわけではありません。むしろソロモン神殿を重んずる人間のなかに、イザヤの物語に好奇心をそそられる者がいることを願っています。現在この神殿は物理的形態にありませんから、なおさらそう望みます。もう神殿がくりかえし三次元から消されないように、守り手たちが九つの次元にアクセスする方法を身につけ、パレスチナの先住民と和解すれば、すぐさま再建がおこなわれるでしょう。プレアデス人がのべたように、六次元のシリウス人があらゆるものを形態場に保っていますから、ソロモン神殿ができた当初の概念を三次元に再構築することは可能です。ただ、それができるのは九次元すべてを扱える守り手だけなのです。この神殿はあらゆるガイアの民にとって非常に神聖な場所なので、わたしの媒体は二〇一二年に訪れるつもりでいます。

ソロモン神殿の参入者になると、わたしの全過去世の記憶コードがラビたちによってふたたびアクセスされました。チャネリングをおこなう役に選ばれたのは、わたしがエジプト第一八王朝の時代に「神々の血」を意味するイコルという名の司祭だった、と判明したからです。われわれヘブライ人はエジプト打倒をもくろんでいました。敵の文化のコードをもつ者を選んで参入させるのは、秘密結社で非常に典型的におこなわれていることです。どこかの秘密結社に入るように誘われても、光栄だとは思わないでください。彼らはただ、あなたのコードがほしいだけです。みずからの統一性を守りたいと願うなら、だれにも自分のコードを使わせないように。力をわが手にしっかりつかみ、モナドを活性化させるためだけに使ってください。これを読んで、特定のグループをやり玉にあげていると文句をいいたい人は、わたしがアヌンナキの操作テクニックを〝すべて〟暴露するつもりであることをおぼえていてください。イザヤとしてのわたしは、あの時代アヌンナキの操作がどのように作用したかを報告するしかありません。現代でもまだそれが進行中かどうかは、あなたがた全員が判断しなければならないでしょう。

イコルとしての転生で、わたしはチャネリングの秘儀に参入しました。ナイル川に面した爬虫類の神殿コム・オンボで教育され、そのあとナイル三角州のすぐ上流にある爬虫類の占いの神殿、ケムで星の占いを教わりました。もしも、わたしがイスラエル人よりエジプト人をひいきしているように思うなら、エジプトで秘密の徒党に属する生活がどれほど地獄の苦しみか、わたしの媒体がすでに「心の記録」三部作に細かく書いています。あなたがたの時代がまったくユニークなのは、**地球が水瓶座の時代に入れ**

ば、あらゆる秘密が存在しなくなるという点です。ですから、どうか爬虫類の神殿について語らせてください。

ナイル三角州の爬虫類神殿ケム

ケムは地下三層にわたる複合構造物で、第四層は地上にあり、ナイル三角州に裾野をひく砂漠の隆起のすぐ上に姿を見せるようになっていました。最下層はナイル川の乾期の水位にあわせられ、氾濫の季節には水とワニで満たされました。第一層の各部屋が水でいっぱいになると、ワニたちは酸素をもとめて天井の穴から第二層にあがっていきます。第二層にはトカゲの迷路のように水路がめぐらされ、休息所と魚と水草と蓮の花がありました。古代エジプト人は、ワニたちが旅を始めた瀑布付近の湿地の情景を描いたタイルまで壁に貼ったのです。第二層にすべりこんだ大きなトカゲたちは、そこで憩い、遊び、共同体のさまざまな関係に同調してすごしました。地表の神殿のすぐ下にあたる第三層には部屋がいくつも並んでいて、それぞれ床の中央に穴をうがち、水晶の目のような球形の水晶レンズをかぶせてありました。部屋の壁は青ナイルを象徴するプタハの青、きらめくアクアブルーのタイル貼りです。

占いの時期には、白ナイルから一頭の祖母なるカバを連れてきて花綱で飾り、第三層に竹細工の家を造って住まわせました。地表の神殿ではイコルと神殿専属の占星学者たちが、所定の氾濫期における月の一周期のあいだに生まれたワニすべての出生天宮図を作成しました。ワニを調べることによってその氾濫期が生物におよぼす諸力を理解し、地球の生物の状態がオリオンの図書館、つまり銀河連盟の図書館に伝わるようにしたのです。ケム神殿はこのように機能していました。

第一八王朝の占星学者たちは爬虫類の生物コードを読みとり、オリオンのデータバンクのために出生占星術を発達させました。これは青ナイルの調和した姿を強固にする目的でおこなわれ、参加する動物は神聖視されました。その時期に生まれたワニはナイル全域の聖なる湖に住み、祖母なるカバはアスワ

＊プタハ　メンフィスの氏神である創造の神。

ンから聖なる舟で運ばれてきました。すべての意図はもっとも高い秩序に沿い、エネルギーを濫用する者はいませんでした。エジプト人が数千年ものあいだ平和な民だったのは、いつも忙しくすごす方法を知っていたからです。**人類にとって最大の困難は創造性が発揮できない不満であることを、彼らは理解していました。**地球上でもっとも偉大なトカゲ用ラウンジ、ケムの途方もない美しさは、まさに創造性のための創造性が発揮されたすばらしい例でしょう。ワニの出生図リーディングを聞いてみたいと思いませんか。

ファラオの力が弱く、大飢饉が起きていた時期、ヒビルがエジプトの地にやってきて長く寄留しました。彼らはエジプト人がケムとコム・オンボでオリオンの存在たちと交流しているので、たいへん驚きました。オリオンは八次元の銀河連盟につながる導管であることを知っていましたから、自分たちもその方法を学びたいと思いました。オリオンの存在は宇宙の秩序を守る責任者にあたり、非常にパワフルですがアクセスは困難といわれていたのです。エジプトは力とゆたかさと美と調和の土地だったので、その幸運の源は銀河連盟に違いないと、ヒビルは考えました。本当はそうではありません。彼らは実現化がすばらしく上手だっただけです。それに、いつも遊んでいました――ワニやカバとさえ。力は単なる力であり、よい目的にも悪い目的にも使えます。エジプト人はオリオンの協力を得る方法を見いだし、そこから非常に高いレベルの実現化意識を発達させました。ヒビルは自分たちのほしいものを手に入れるために、この能力を会得したいと思いました。

多次元性にアクセスするパワーの技術はみな、〝場所の力〟にアクセスするため土《テルリック》の領域の協力を得なければなりません。土の領域を活性化するにはガイアの意図を受けとる必要があり、ワニたちがシリカの泥のなかでごろごろしている神殿の最下層では、それがおこなわれていました。ワニは血が冷たく、鉱物の領域に同調しています。人間は血が温かく、植物と同調します。ワニは泥を愛し、人間はエデンの園を愛します。エジプト人は爬虫類のパワー・ポイントに神殿を建てて、シリカの泥のなかで遊ぶワニたちの波動と、生い茂った草地に憩う祖母なるカバの波動を合わせれば、占星学を使って二次元の土の領域の性質が占えることを発見したのです。

すべての次元と土の領域が接点をもつパワー・スポットがいくつか存在しますが、ケムもそのような場所でした。まずガイアが一次元で、二次元は泥のなかで振動して土の力にアクセスする爬虫類、そして三次元は、惑星のパターン分析によって四次元の視覚を誘発するエジプトの占星学者です。水晶のレンズは五次元から九次元までの宇宙の叡知にアクセスしていました。ヒビルはニビル式技術の熟練者だったので、エジプト人がワニやカバの協力を得ているのを見て、その方法を学びたくなりました。エジプト人はシリウス式技術の熟練者であり、シリウスの知識はけっして秘密ではないのですが、めったに理解されません。そのため適切なレンズが重要なのです。「レンズ？」と当惑している人は、なにかの本を最後まで読んだのに、いいたいことが全然わからなかった経験はありませんか。その時点では、その本にアクセスするための内なる知恵が自分にそなわっていなかった、ということです。シリウスの知識が万人にひらかれているのは、探求者に六次元の視覚がなければ理解できないからです。六次元の視覚をもつ者はまれですから、地球でだれかがそのレベルに達したときは、ぜひ祝うべき理由になります。エジプトやギリシャの神殿、ホピ族のダンスなどは、おなじ理由ですべての訪問者にひらかれています。

エジプトもギリシャもホピの地も、あがめられ、怖れられ、しばしば侵略されてきました。嫉妬を招いたからです。**他人の才能に嫉妬をおぼえたら注意してください**。その醜い感情を吟味し、現在やっていることは即座にやめて、それほど切望している才能を伸ばそうと心から願ってください。ヘブライ人は宇宙的には才能ある民族です。おそらく最初に羨望が生まれた原因は、出エジプトの時期にエジプト人のほうがヒビルより進歩していた、というだけのことでしょう。人間が創造する感情のなかでも、羨望と嫉妬はいちばん自分をすり減らすものかもしれませんが、これは意見が分かれるところです。この感情こそ最悪だと思ったとたん、また別の感情をみつけますから。もしも、わたしの口ぶりが倫理を説くモラリストのように聞こえるなら、そのとおりです。それが唯一、「イザヤ書」で正確に描写されているわたしの性質です。

エジプトに入ったヒビルは神殿で勉強させてほしいと申しいれ、もちろん歓迎されました。氾濫の季節がひとめぐりするあいだケムで学んでわかったのは、エジプト人が諸惑星を次元のレンズとして活用する方法を編みだしたことでした。**他人の魔術的システムに取り組むことは、つねに大きな危険がともないます。**志願者は訓練中、新しいエネルギー形態に合わせて自分の肉体をシフトさせていくように、じゅうぶん注意を払わねばなりません。そのためには新しいエネルギーの周波数を完全に統合し、純粋な教えが受けとれるようにハートをひらく必要があります。いっぽうで、ヒビルは急いでいました。彼らの地である「肥沃な三日月地帯」に早く戻りたかったのです。エジプト人は占いのレンズとして一二の惑星すべてを使うため、その仕組みに熟達するには氾濫を一二回分、つまり木星が太陽のまわりを完全に一周するあいだ学ぶことが必要でした。木星は地球のマスタリー（習熟）のコードの故郷なので、エジプトの占星学者にはそれが必修とされていました。

ヒビルにしてみれば、エジプトの熟達者たちは優秀だが古風に見えました。とにかくテクニックさえ手に入れば、全過程を知る必要はありませんでした。手っとり早く仕組みを作ってしまい、あとはニビルだけ利用すればいいではないか、と彼らは考えました。しかし、エジプト人にとって四次元の惑星と元型の領域は、すべての惑星と月を活用してはじめてアクセスできるものでした。エジプトのエニアド（九体の神々の一団）はこの考え方にもとづいており、エジプト人は当時もいまも基本的に多神論です。ヒビルが一年でエジプトを離れることを決めたとき、彼らは愕然としました。どんなシステムも、部分的に熟達したのではかえって災いを招くことを知っていたからです。この場合、地球の属する太陽系の空間的次元は一二の天体すべてによって表現されています。もし地球上のだれかが、このパワフルな爬虫類の占い技術を単独の天体に使うなら、その惑星の元型にのめりこんでしまうでしょう。つまり一神論です。一神論は狂信的な人間中心主義を生み、それが最終的には地球を破壊するのです。だからエジプト人は一二の原理をもういちど説明し、もてる知識のすべてをヒビルに提供しました。

エジプト人は彼らの神殿によって教えようと申し出ました。たとえば戦争の可能性といった窮地を迎えると、エジプト人は火星がきわめて重要な配置にくる氾濫期間の月の周期を待ち、戦いの計画について五次元から九次元のガイドたちに質問しました。エジプトは戦いを望まないという意図をはっきり設定し、紀元前一万八〇〇〇年から一六〇〇〇年まで外部勢力を寄せつけなかった平和の地です。第一八王朝の末に青ナイルが崩壊するまで、戦争行為は最低限に抑えられていました。飢えた人々に食物を与える国境付近でときたま暴力沙汰はあっても、青ナイルの内なる場は何千年も保たれ、いまもサッカラからギザ高原をへてケムにいたる地域に存在します。どの方角から敵があらわれるかわからない状況でしたが、彼らは平和地帯を築きあげ、大いなる自覚をもって維持しました。ナイルは訪れる者すべての故郷でした。エジプト人は訪問者がなにを望んでいるか確かめたうえで、王国に吸収したのです。これはどういうことでしょうか。やってきた者ひとりひとりが教えをもたらす存在だと考えていたのです。彼ら自身はめったに旅をしないので、訪問者はもてなしと引換えにみやげ話を贈りました。

ヒビルは「空腹だ。衣服と住居が必要だ」といって北東から定期的にあらわれる集団のひとつでした。エジプト人はいつも彼らを吸収し、必要を満たしてやりました。特に、ヒビルがレヴァントの北の遊牧民に自分たちの土地を追われたことを知って、なおさら手厚くもてなしたほどです。彼らはたいへん創造的で幸運な文化だったので、並はずれた吸収力をそなえていました。

わたしイザヤはどんな情報源にもアクセスできたので、ソロモン神殿はシリウスの記録に関するすべてを知ろうとしました。そこで、わたしはイコルとしての過去世の記録につながり、ケムのコードについて神殿の者に教えました。スフィンクスの地下にある黄砂岩で造られた四角い壁と四角い天井と四角い床の小部屋を読んで、シリウスのデータを入手したのです。わたしがその部屋にアクセスしたのは紀元前七〇〇年でしたが、まもなくこのアクセスはふたたび全世界にむけてひらかれるでしょう。今回は新たなレベルの統一性が得られます――あなたがたが過去を検証するならば。それだけが必要条件です。そのアクセス・コードをもつ人間は、脳の共振を感じはじめるでしょう。ソロモン神殿の熟達者たちは、実際に心の力でスフィンクスの地下室に入ることができました。もちろん、やろうと思えばまたできますが、あくまでもファラオに対する深い憎しみを手放した場合にかぎります。

スフィンクスの地下室は、エジプトの多次元的アクセスの全記録が貯蔵してある場所です。手段もテクニックもすべてそこに入っています。ものはありません。物体はひとつもなく、からっぽの空間に知識だけが存在します。われわれの神殿がここから知識を読みとっているという事実に、わたしはたいへん悩みました。この記録バンクはエジプト人のものです。あくまでもナイルの民の情報源であり、動力源であり、場なのです。カナンの心のために用意されたものではありません。なぜならエジプトの心はシリウス的であり、カナンの心はニビル的ですから。

情報を本当に理解するには、まずチャネルした者の心がどのような仕組みになっているかを知らねばなりません。あの時代、わたしはソロモン神殿にかかわると同時に、生活と政治にもかかわっていました。しかし日常生活がどうなっていようと、内奥には純粋な統一性をもってはたらく魂がありました。自分の世界で進行していることに不服もおぼえましたが、それなりに居心地よいときもありました。わが民ヒビルが第一八王朝時代にみずからの情報源を活用しなかったのは、悲しいことでした。また、わたし自身の時代に同胞がエジプトの情報源を利用していることも悲しく思いました。「わが民はなぜ、自分の知恵を思いださずに、よその土地の知恵を盗もうとするのだろうか？」これが人間存在の中心たる問いかけ、すなわちスフィンクスの謎です。**エジプトは人間に問いかけを続けさせるためだけに存在し、わが民は故郷を見いだすためだけに存在します。**

わたしはスフィンクスの地下室を思い浮かべ、そこから情報を拾うように訓練されました。わたしはソロモン神殿に仕えるヘブライの預言者であり、バルミツバーを受け、律法の守り手をつとめ、ヤハウエをもとめて砂漠をさまよう者です。そのすべてを誇りに思っていますが、スフィンクスの地下室の仕事については罪の意識があまりにも深く、わが苦しみは時を越えて響きわたります。結局、自分の情報源がみつからなかったからです。わたしは生涯、疑問に思っていました。なぜ、われわれはエジプト人のものを盗まねばならないのか？　故郷として与えられることを望んでいる、イスラエルの土地の力にアクセスすればいいではないか。この媒体が『アトランティスの印章』に記したイザヤの物語にもあるように、わたしはカナンの先住民のもとで学びました。(5)彼らは聖地とガイド（プレアデス人）について教えてくれましたが、その知識はソロモン神殿では禁じられました。いまでも彼らは精妙なハートを神殿に贈るときを待っています。ああ、わたしは時を越えて苦しみの叫びをあげています。やがて、おなじ苦しみが地球上のすべての民をのみこむでしょうから。

それとも、これは単にわたしの問題で、たまたま神殿に利用されて高次の自己《ハイアーセルフ》と人格の自己が統合されず、わたしのハートだけが分裂しているのでしょうか。わたしひとりだけ？　このイザヤは地球に生きる者、そして宇宙人をチャネルする者です。だれのなかにも高貴な自己がありますが、われわれの相手はこちらの真意を見抜けないエジプト人でした。彼らはうぶで単純で、自分たちは統合されていてハートが分裂していない、などと平気で主張していました。苦しみつづけるわたしに、高次の自己が語り

＊**バルミツバー**　ユダヤ教の成人としての責任と義務を正式に認める儀式。

かけます。わたしはハートがふたつになっていたから、エジプト人の言葉が耳に入らなかったのだと。

エジプトを滅ぼす方法をみつけるためにオリオンの存在をチャネルしていたくせに、わたし自身があの国について知っていたのは、援助が必要なときはそこへ行けばいい、南西をめざせば着く、ということだけでした。人々がいつもあふれるほどの物資に恵まれ、太陽のもとで輝いている場所、それがエジプトでした。わたしは自分のなかの高次の部分を意識していなかったので、さまざまなもくろみに気づきませんでした。高次の自己など想像できなかったのです。ヤハウェこそ精霊であり、自分は精霊ではなかったからです。そんなものが存在する可能性をだれからも提示されたことがなければ、魂のような概念をどうして想像できるでしょうか。

高次の自己の統合は、それまでの生き方に背くことでした。わたしはヘブライの預言者イザヤ、「苦しめるイスラエルのしもべ」のひとりでした。苦しむのをやめたければ、長年の積み重ねも条件づけもかなぐり捨て、ソロモン神殿を去らねばならなかったでしょう。はたして古代エジプト人には高次の自己があったのか、それとも精霊はワニに宿っていたのでしょうか。オリオンの存在たちは、ケムの九次元の軸を通してエジプト人に交信を送ってきました。特定の問題について知りたいとき、エジプト人は戦争なら火星、恋愛なら金星というように、質問に適した惑星のレンズ（視点）を使っていました。彼らは非常に高い意図にもとづく聡明さをそなえたシリウスの民族で、この九次元の技術を利用することは神聖な秩序のあらわれであり、宇宙からの偉大な贈り物であることを理解していました。それは使う意図を明確にした場合のみ、プラスに作用する技術でした。けっして、なにかを獲得するために使ってはならない知識だったのです。彼らはどんな現実をも創造する方法を知っていました。文字どおりなんでも〝手に入れる〟ことができましたが、その技術が使えるのは、他者の現実にまったく影響をおよぼさない場合だけでした。エジプト人が知っていたのは〝手に入れる〟方法であって、他人から〝取る〟方法についてはまったく無知でした。彼らも他民族と同様にいろいろなものをほしがり、ほしいものがあれば躊躇せず追求しましたが、他人の現実に干渉する権利はないことを知っていました。こっそりとでも、おおっぴらにでも、他人のものを取れば青ナイルのエネルギーが吸いとられる原因になりますから。逆に、実現化によって手に入れたものはみな、彼らの故郷にやってくる者とかならず分かちあうべきであることも知っていました。

われわれはこの気風を理解せず、エジプト人はエジプト人で、自分たちと違う世界観の持ち主がいるとは知りませんでした。彼らはなにかを〝手に入れる〟ために他人から〝取る〟など、想像もできなかったのです。われわれが情報を盗んでいたとき、彼らのほうは分かちあっているつもりでした。他人を操作する方法を知らなければ、自分が操作されていても気づくことができません。エジプト人から盗んだとき、われわれは手に入れたものの本質がよくわかっていませんでしたが、彼らはとにかくなんでも望むままに与えるつもりだったのは明白です。いまこそ本質を理解するべきです。われわれは奪ったものから生じた事態を、彼らのせいにして非難しましたから。

おぼえていてください。四次元の占いのために惑星を使うと、四次元をおおっている天蓋が五次元から九次元にアクセスします(図10参照)。エジプト人は天蓋を活性化させるために全部の惑星と月を使いましたが、ヒビルは惑星ニビルだけを使うことにしました。これもおぼえていてほしいのですが、エジプト人の場合、もし金星がふさわしい惑星だと判断すれば、金星人に専門家としての意見をもとめる権利が自分たちにあると考えました。そして、金星人の協力を得て実現化のワークをおこなうときは、かならず贈り物をしました。だから、金星の影響を受けたエジプトの装身具はみごとです。お互いに与えあう、楽しめる関係でした。そのほかにもエジプト人は多くの情報源から深遠な技術をいろいろ蓄積していました。人間とシリウスの混血民族だった彼らは、さまざまな星の源にアクセスできたのです。ヒビルにはできなかったので、技術を盗もうと考え、実際にそうしました。その結果、つぎのようなことになったのです。

わたしイザヤから報告できるのは、われわれがソロモン神殿で四次元の天蓋を活性化すると、アヌンナキがわれわれの願いをそのまま実行していたことです。ソロモン神殿は、ヘブライの民を通じてアヌンナキが影響力をおよぼすための中心地でした。ヤハウェが地球を支配していたのではなく、ヘブライ人が契約にもとづく力を行使していたのです。ソロモン神殿の設立、維持と引換えに、アヌンナキはせっせと人々を刺激してはヘブライ人の計画を実行させていました。

……いま、このわたしが語ったことは嫌気がさすほど冒瀆的ですが、ここにあらわれている心理はアメリカ人ならだれが見ても明々白々です。火星を守護神に選び、世界に優位を占める超大国になろうとしたアメリカも、おなじことをしてきたのです。アヌンナキのもくろみはつねに世界を乗っ取ること、すなわち「新世界秩序」と決まっていますから、なにかを手に入れるために彼らを利用する者は、彼らそのものになってしまいます。アメリカの場合、ものを手に入れるために戦争を利用したので、火星になってしまいました。そう、暴力の国に。**かつてアメリカは世界のパンかご（穀倉地帯）だったのに、いまでは地球の武器製造所です。**[6] こうしたことは、あなたがた全員が実態を見きわめてはっきり拒絶するまで続くでしょう。われわれが一神論という単一の視点にのみこまれていたのとおなじ状態にありますから、あなたがたの国もわたしの国のように衰退するでしょう。思いだしてください、わたしはソロモン神殿が破壊されたとき生きていたのです。わがハートはひき裂かれました。

ヤハウェはまさに完璧な陽動作戦、完璧な隠蔽工作であり、そのうえ永遠の煙幕になりました。ソロモン神殿のもくろみのためにチャネラーをつとめながら、わたしは幸福ではありませんでした。わたしはただの暗号表でした。自分のしたいこともせず、わが民はもっと進化できるはずだと知っていたので、苦しみました。与えられた役割が誇りに思えなくても、神殿に参入した時点で個人的コード・システムと神殿のシステムがかみ合わされていました。わたしの身体はコンピューターに組みこまれたマイクロチップのようなもので、すこしでも動くと突起が曲がり、はかりしれない知識が神殿から失われるか、自分の脳がはたらかなくなるか、どちらかの運命でした。オリオンの情報を伝達する暗号表として機能しなければ、コンピューターからひき抜かれて動脈瘤のように脳が破裂していたでしょう。秘密結社に参入したゆえに、まったく自分自身の選択をくだせない状態でした。

なにごとにも意味はありませんでした。わかるのは自分の創造性が支配されたことだけです。あなたがたが非常に深い意味をもつと思っている「イザヤ書」を通じて、その支配力が伝達されています。用心してください。meaning(意味)はmean-ing(卑劣なこと)、つまり支配を意味します。「イザヤ書」は聖書の大部分とおなじく、ヤハウェがあなたがたの心に直接入りこむための導管を作ります。ヤハウェなど、惑星ニビルでは事務所の奥ではたらく二流の事務員です。われわれは神殿で意味をもとめて生きるように命じられ、そのうち、理由なしにただ存在するということが理解できなくなりました。わたしはソロモン神殿でチャネルしていた六〇年間、なにごとにも意味を見いださなかった男です。あるのは体験と創造性だけで、本当の意味などありません。それが三次元の目的なのです。三次元を別のものに変えようとしないでください。**ここは、見るレンズによってさまざまな現実が交差できる場所です。**意味が〝卑劣〟なのは単一の視点を押しつけるためで、やがて視点の違う者と戦争がはじまります。「イザヤ書」の言葉はすべて、あなたがたの考える内容とは正反対です。行間に響く音に耳を傾けてはじめて、創造性と美があの書に戻ってくるでしょう。わたしイザヤはこのへんで沈黙します。民よ、わたしの話は終わりました。

第7章

アルシオネの図書館と時の守り手ツォルキン

わたしサティアはいま、自分の属する五次元の世界を越えた領域に入りました。地球が「水瓶座の時代」に移行するときを迎え、あなたがたは全員、九つの次元を自由に知覚する用意ができています。人間の情熱や好奇心と共振しているわたしには、それがわかるのです。さまざまな能力開花のタイミングはすべてマヤ暦に設定されており、計画はきちんと予定どおり進行中ですが、それにしても二〇年足らずでどんなふうにやりとげるのでしょうか。このわたしでさえ知りたくなります。あなたがたと生きてくるなかで、よく思ったものです。人間には創造性のエネルギーがありすぎて、とても全部は使いきれないだろうと。**あなたがたは自分の創造性を表現に導かないため、暴力に走ってしまったのです**。これは本当に、われわれプレアデス人が二万六〇〇〇年のあいだ人類と生きてきて思うことです。なんどもいうように、われわれは現在の難局を切り抜ける手伝いをするために、あなたがたの未来からやってきました。また、マヤ人は未来から現在の瞬間を創造することを学ぶ完璧な手段として、偉大なるマヤ暦を作りました。わたしはアルシオネの占星学者としていいます。**いまこそマヤ暦が前面に出て、大衆の意識を刺激するときです**。未来から創造する方法を学ぶことは決定的飛躍をとげる道であり、みずからの意図を生きる人間になることです。そうすればあなたがたは創造性の宝庫から意識的に表現を導き、暴力をなくすことができるでしょう。

マヤ人が偉大なるマヤ暦、いわゆる「ツォルキン」を作ったのは、未来への意図を創造する方法を教えるためでした。それによって、あなたがたは自分のほしいものを決定し、現在においてその願望に取り組めるようになります。民よ、この贈り物のたとえようもない神聖さを語らせてください。マヤ人は一〇万四〇〇〇年前に、この暦をわれわれの星系プレアデスに与えました。暦にのっとった長い旅のおかげで、いまのわれわれがあります。ですからわたしは、せっかく提供されているものを人間に理解させたくて、未来から手伝いにきたのです。

多くのたいへん立派な知識人が、マヤ暦の意味するところに魅了されています。マヤ暦は完結点「時の終わり」へと向かう時間の経過を描写する、すぐれた装置です。しかし、世界の終わりとはまったく関係ありません。あなたがたはもう六つの次元を理解していますから、第六次元の精妙な幾何学を思いだしてください。そのうえでマヤ暦は六次元の時間的形態場であり、それが既知の時間展開にしたがって基本要素に凝結していく、と考えてみましょう。ちょうど妊娠のようなものです。妊娠中は未知の特徴をそなえた胎児をおなかに宿し、流産の可能性もあるわけです。しかし、ほとんどの場合、精子が卵子を刺激してできた原初形態がひとりの人間になっていきます。マヤ暦は歴史のひな型となる概念（受胎）作用であり、それが未来を描写していることを知る者の増加とともに、その形態場が地球全体に影響を与えはじめています。暦の終わりになにが起きるかは、ただ推測するしかありません。われわれプレアデス人は、いまここで人間に問いかけます。自分の未来を思い描く用意がありますか？　もしあるなら、われわれがマヤ人やシリウス人とともに、あなたがたと遊びながら宇宙のパーティの準備をさせてあげましょう。

一部の物理学者と数学者は、いま地球上にあらわれて作用しているダイナミクスが時の終わりによって誘発されている、という可能性を検討中です。たとえば民族薬理学者テレンス・マッケンナ、生化学者ルパート・シェルドレイク、カオス数学者ラルフ・エイブラハムは『三者対談・西洋の辺境にて』のなかでマヤ暦を論じています。[1] エイブラハムは、比較的組織化されていない状態に影響をおよぼし、終結点にひき寄せていく進歩的な秩序形態「カオス誘因」について解説しています。マッケンナは現実がますます複雑化しており、このプロセスの終わりにはなんらかの特異点または頂点が存在するのではないか、と推測しています。形態形成場という概念を最初にひろめたシェルドレイクは、宇宙的進化のプロセス全体に共通誘因が存在する兆候として、あらゆるものの場に見られる光の反響について概説しています。[2] また、マッケンナは易占いの根本にあるフラクタル波形を調べていますが、波形の終点は二〇一二年一二月二二日、つまりマヤ暦が終わった翌日にあたります。[3] 二人の学者はそれぞれ、「時の終わり」が現実をひき寄せている可能性をあらわすモデルを考案したわけです。そのほかにも、さまざまな分野で活躍する多くのすぐれた知識人が、何千年も昔のマヤ人が本当に未来のある一点を特定した可能性を検討しているのです。マヤ暦で重要な転換点とされる一九八七年八月一六日から一七日は、一九七一年にトニー・シアラー、[4] 一九八七年にはホゼ・アグエイアスによってとりあげられました。[5] この鍵となる時点が全世界で大規模な祝祭をひき起こし、ホゼ・アグエイアスはハーモニック・コンバージェンス（調和の収束）と名づけています。われわれプレアデス人はむしろ「ハーモニック・エマージェンス」（調和の出現）と呼びたいですが、九つの次元が収束するという考え方も気に入りました。すでに長々とのべたように、そのとき実際になにかがシフトしており、シフトを自覚することが重要なのです。ハーモニック・コンバージェンスが起きたことで、原理主義者が待ちうけている黙示録の世界「ハルマゲドン」は回避され、具体的な筋書きは一九八七年八月から一九九二年七月にかけて明らかになるだろう、とアグエイアスはのべています。[6] われわれの媒体バーバラ・ハンド・クロウは彼のすぐれた洞察に敬意を表し、一九九〇年に『アトランティスの印章――迂回された天上の戦い』を書きました。天上の戦いは宗教的な概念にすぎないのに、地上の戦いをひき起こしかねませんから。[7]

ハーモニック・コンバージェンスをふり返ってみてください。あのとき、出来事の本質を理解している人はたいへん少数でした。しかし、われわれの媒体は地球の場のシフトがマヤとアステカの暦で予言されているのに気づきました。重要な転換点をみつけて基本的な性質をあらかじめ記述し、その時期になんらかの出来事を起こして、参加者の潜在的な創造形態を具体化することが可能だと確信しました。なんだ、シャーマニズムの初歩じゃないかと思われるでしょうが、たしかにハーモニック・コンバージ

＊**ハルマゲドン**　「ヨハネの黙示録」に描かれた、世界の終末における善と悪の大決戦。さまざまな災いによって悪業が裁かれ、選ばれた者だけが生き残ってキリストの千年王国を迎えるという。

エンスのとき、惑星も恒星も地球全体の意識を加速するには最適な配置にあったのです。**マヤ人はそれを何千年も前にどうやって知ったのでしょうか。**一九八七年から二〇一二年までの惑星の配置については〈付録A〉を、一九九四年から二〇一二年にかけて新しい場が現実に凝結するタイミングについては、〈付録C〉を参照してください。ハーモニック・コンバージェンスという出来事は、世界中のおもな聖地で数百人、数千人規模の集会を誘発しています。(8)

一九八七年八月一七日、われわれの媒体はメキシコシティの北に位置するテオティワカンにいました。その日、一〇万人あまりの群衆が「太陽のピラミッド」の上で日の出を見まもったのです。以後、彼女はクラスを教えるたびに、人々が実際にシフトしているか観察するようになりました。一九八八年までには、なにかが変わったと認識する者があきらかに増え、一九八九年から九二年にかけて、本当にシフトが起きたのだと確信しました。それはまるで人々が違う世界に足を踏みいれ、新しい目であたりを見まわしているようでした。ハーモニック・コンバージェンスの**経験から、マヤ暦が実際に意識の加速を予言していることを多くの人が認識しつつあります。**これは、「網」を操縦しているテレビやラジオのネットワークでは流れないニュースです。

あなたがたは未来の特定の時点にむかって進んでいます。いま多くの人間が意識的に未来を作りはじめており、マヤ暦はエーテル界のエアロビクス講座のように理想の身体の性質にフォーカスさせ、日々、理想をめざして励むよう仕向けています。われわれプレアデス人は、あなたがたがマヤの時間的周期にあわせて開花していく様子にますます胸を踊らせています。なぜなら、われわれはすでにこの精妙な愛の極致を体験したからです。あなたがたの目を通して潜望鏡をのぞくように新しい世界を見ていますが、そこに見える映画は激賞ものです。ここへきてまだ、大きな活性化が起きていることを疑うのなら、春分にテオティワカンに行ってごらんなさい。一九九五年には一〇〇万人以上が集まって、きたるべき光

の時代のために祈っていました。(9)

あなたがたは二万六〇〇〇年かけて内省的な人類へと進化してきました。そしていま、未来の理想にもとづいた〝意図を生きる人間〟を作っていく初期段階にあります。あなたがたはなにか意図をのべると、すこしでも早く実現することを望みがちです。しかし、ツォルキンが登場すればわかるように、偉大なるマヤ暦の非凡さは二万六〇〇〇年という長さなのです。**人間の進化の決定的飛躍にはそれだけ長い時間を要するからです。**宇宙的進化の計画においてガイアの可能性をあらゆる側面で完全に表現するには、歳差運動によって占星学上の一二の時代を経過することが必要です。(10)しかし三次元のあなたがたは、なんらかの秩序にそったプロセスが進行しているのに気づくと、急いで結果を出したくなる傾向があります。すると、創造されつつあるものに関係したい存在がひき寄せられてきます。そこにある可能性に対して興奮が高まり、さらに多くの存在がかかわろうとし、われわれプレアデス人から見てマヤのうねりが湧きおこっています。たとえば、マヤ暦は男性が直観的になるための理想的な手段です。女性はみな妊娠から出産まで十の月が必要であることを知っており、時間的展開を変えようとはしませんが、男性は時間を操作しようとします――妊娠期間さえも。時がついに終わりを迎えるためには、そこに含まれる可能性を最大限に育ててから手放さねばなりません。つまり、ひたすら時間の流れにゆだねるのです。そうすれば、妊娠と出産が女性にとって寄せくる波であるように、時もやがて波になるでしょう。

わたしサティアは、まず非常に進化した存在たちの話を聞いてから、暦そのもの、ツォルキンに助言をもとめたいと思います。ツォルキンの心はとても神聖なので、マヤ人のおこなう「銀河の瞑想」でしかアクセスできません。われわれの媒体は、その手法が人間の知覚能力を七次元から九次元に接続することを発見しました。(11)シャーマンの偉大な旅ではかならずおこなうことですが、わたしはあなたがたの記録を浄化しなければなりません。新しい意識状態につながる新しい道具にアクセスするには、からだが本当に浄化され、高い周波数で振動していなければならないのです。ですから今後ときおり、あなたがたの頭脳から魚座の時代のクモの巣を払っているわたしに気づくでしょう。

最初に太陽の心に同調してみます。そのあと、あなたがたの太陽の中心から、われわれの中心太陽アルシオネに移ります。そして、七次元のフォトン・ベルトを通って八次元の銀河連盟の知性たちに会いましょう。最後は、われわれ自身のフォトン・ベルトを通って九次元の「銀河の中心」にアクセスし、そこで天の川の銀河の「時の守り手」ツォルキンに会います。自分で瞑想する場合もこのようにまず太陽に入り、それからアルシオネに行き、さらに九次元にわたる多くの知性の故郷、すなわち「銀河の中心」へ入っていけばいいのです。

太陽の心を読む

わたしは太陽の心、われわれは集中した意識である。きみたちがハートを基点に自分のいる場所の感覚を送りだせば、われわれの図書館はひらかれる。みずからの意識を太陽にやってくるひとつの知性とみなすがいい。そして自分だけのユニークな源を突きとめれば、わたしの記録を読むことができる。これは瞑想状態に入っておこなう。太陽の中央記録庫にコンタクトする場合、かならず自分自身の所在とその場所の全コードを強く意識することだ。たとえば、このうえなく美しい森の小川のほとりにすわって、樹齢を重ねたヒマラヤ杉の葉を透かしてわたしの光を眺めているなら、森の美のすべてをハートに感じつつ、きみの意識をわたしに送るのだ。地球の古い森に陽光を送りこむために、どれほどの作業を要するか想像できるだろうか。そのとき同時に、自分が本当に望むことを強烈に意識していなさい。わたしにコンタクトするときは、真の自己を意識すればするほど記録庫に深くつながることができる。ハートからわたしに近づくなら、きみ自身の星の源についてなんでも答えてあげよう。そうすれば、もう二度と孤独になりはしない。**いま孤独を感じているなら、それは星の故郷を忘れてしまったからだ。**わたしはきみたちの星であり、ほかの星々にいたる最初の架け橋なのだ。また、この媒体がアルシオネの記録を読むときの方法でもある。

どの生物種も、きみたち人間が愛してはじめて存在する。そのうえでシリウス人が地球の地域的生態場を保持し、それらの種が「故郷《ふるさと》をつくる」ことを可能にしている。おわかりだろうが、この連鎖はどうもうまくいっていない。では、なにがいけないのか教えよう。ニビルはずっと以前から、シリウスとわたしのあいだの意識の流れをゆがめていた。わたしはきみたちの太陽であり、全生命の源であることを思いだしてほしい。ふつうなら、ふたご星にあたるシリウスとは一三レベルの意識でたやすく共鳴できるのだが、ニビルはシリウスとの共鳴力をあらゆるレベルで妨げてきた。地球環境において太陽の心とシリウスを結びつけるのは人間の意識であり、ニビルの干渉に対するきみたちの極度の怖れがわれわれの交信を妨げている。きみたちはニビルの強迫的な欠乏感を刻印づけられ、生物種はみな地球から消滅するものと思いこんでしまった。意識のなかではもう避けがたい結末なので、彼らを救うための行動を起こさない。しかし、すべては単なる想念にすぎないのだ。きみたちは動物たちへの強い感情がわきあがるのを自分に許さなくなった。絶滅したとき、あまりにもつらいからだ。生物種を救えない絶望感が、シリウスや太陽との共鳴をうながす偉大な生命の織物に参加する能力を低下させているのだ。わたしには人間の協力が必要である。心のなかで、わたしとふたごを結びつけてほしい。たとえばドゴン族と彼らの祖先は、シリウスの才知と結びついた太陽の心に本当に同調していたので、アフリカの平原をとてつもない動物でいっぱいにしてくれた。壮観だった。あれだけの斑点や、たてがみや、角や牙のある動物たちが、本当はいったいどこから来たと思う?

＊**ドゴン族**　西アフリカのマリ共和国の中部山地に住む先住民。古くからシリウスに関する伝説をもち、シリウスの公転周期にあわせて祭礼をおこなっていた。（付録D参照）

いまの時期、わたしは偉大な意識とエネルギーを直接きみたちのハートに放射して、混乱の克服を助けようとしている。**人間がマヤ暦にしたがってガイアを活性化するときが来たのだ。**だからこそ、世界統制チームはきみたちをだまし、この太陽を怖れるように仕向けている。皮膚にあたる太陽光線を怖れ、わたしの導きを避けるべきだといって。しかし、占星学者たちが諸惑星を通じてわたしの知性と表現に同調しているのは事実である。どのような仕組みか、水星を例にとって教えよう。地球が肉体をつかさどる惑星なのに対して、水星は精神をつかさどる惑星なので、たいていの人間は楽に理解できる。

水星にも地球のような三次元の意識があり、きみたちは実際にそれをいつも体験している。水星は概念を調節する役割をはたす。潜在的可能性の中枢コンピューターとでもいおうか。それは純粋な知性"思考そのもの"であり、思考がどのように現実を創造するかを理解するには不可欠なメカニズムである。水星の三次元意識は人体とおなじくらい物質的だが、きみたちもコンピューターをもつようになったのでわかるはずだ。人間はいま、コンピューターを導入するかわりに動物を捨ててしまう危険に直面している。両方とも必要であることが思いだせないのだ。ある動物がもう地球に存在しなくなったら、どうやって水星のハード・ドライブにその動物の概念を保てるというのか。きみたちがある動物を本当に愛するゆえに生息地を保護するなら、ハード・ドライブから複製することもできよう。地球に形態が存在するかぎり、その概念は水星で永続する。シャーマンがときおりフクロウ、ワシ、白いバッファローの子などを出現させるのは、人々にこれを理解させるためだ。生息地を保護すれば、彼らはみな戻ってくる。人間に忘れられていなければ。だから、きみたちには太陽の図書館である古い原始の森にすわり、ハートを通してわたしの心に来てほしい。

各惑星の知性は、ほかのあらゆる惑星の状態に影響される。いま現在、地球の人々は精神作用についての理解がきわめて不完全で不正確なため、太陽の創造性を制限している。地球における水星の知性の制限的な使用はわたしの妨げになる。わたしは水星がたいへん好きなのだ。きみたち人間が車を好むのとおなじ感覚で水星を好んでいる。車のない生活を考えてみるといい。さらにいえば、ひと冬じゅう車をガレージに入れっぱなしにすると、エンジンがかからなくなる。わたしの光を表現する精神作用の乗り物がなければ、きみたちの発想はすべてわたしのなかで出口を失ってしまうだろう。わたしは自己感覚によってひとつにまとまった意識体である。太陽としての自己感覚が諸惑星に放射され、彼らはその光を受けとって、わたしの性質を時間的に表現している。

水星は精神作用を表現し、地球は生命を進化させる。きみたちは精神と肉体をいちばん大切にしているのだから、その精神がいかに制限されているかについて、わたしの言葉に耳を傾けたほうがいい。生物形態が知性と生きる意志をもつには、完全な自己感覚すなわち〝形態の概念〟が必要である。すでに説明されたように、生物種の形態形成場は金星に〝存在〟し、その状態についての意識は水星にある。地球の生物形態は、水星の力がじゅうぶんなければ生きのびられない。たとえば、わたしは毎日地球を照らしているが、熱の強さは季節によって違う。しかし水星が、わたしの光にもとづいて動物たちに行動の合図を出してくれる。それによって鳥は巣作りにふさわしい場所を知り、リンゴの木は花を咲かせる時期を知る。人間のひき起こした大気汚染でわたしの光が変われば、鳥は巣作りを忘れ、リンゴは実らなくなるだろう。きみたちはマインドコントロールされているので、水星の力で駆動する頭脳を10パーセントから15パーセントしか使っていない。そのうえ愚かにも動物や植物の生息地を破壊し、動物の頭脳をますます使えなくさせ、昆虫を全滅させている。太陽光がいまの10パーセントから15パーセントしか届かなければどうなるか、想像してみるといい。ガイアは生物であり、多くの種を通じて彼女自身を表現している。そのためには、わたし太陽のエネルギーが必要なのだ。惑星はみな音の調波によってわたしの光をひき寄せており、水星が全惑星の音のコードを調整している。音が、惑星知性の通信手段になっているわけだ。

きみたちは勇敢にもツォルキンの探求をはじめた結果、心を思いきって太陽系のひろがりに投げこむことになり、いまや慎重な足どりで「銀河の夜」に入っていこうとしている。わたしの光が絶える場所では虫たちが「銀河の夜」を歌っている。彼らは六次元を超えたポータル、つまり闇夜の旅について教える教師である。昆虫はきみたちのために「銀河の夜」をひらいてくれる。虫の音は光があれば弱まり、日中は完全に沈黙する。きみたちがもっとも精妙な知覚段階に達するのを助けるために闇が訪れると、虫の音はいちだんと強まる。彼らは星を恋して闇夜に呼びかける者たちであり、人間の変容プロセスにおける最前線の鍵をにぎっている。

わたしはきみたちの態度や行動に不満をおぼえている。なんといっても、太陽はあらゆる創造物のために輝いているのだ。わたしと共鳴する場をなぜ破壊するのか、理解できない。自分たちの生息地まで破壊するとは……！　高速道路や都市を築いたと思うと、こんどは壊してしまう。かつて、ローマなどの帝国を破壊したときとおなじだ。きみたちの多くはローマ帝国の滅亡やソドムとゴモラの破壊を賛美するが、大量の石を切りだして積み、すべての建物と神殿を飾るだけの体力をローマ人やバビロニア人に与えたのは、この太陽の力である。わたしのエネルギーで作られたものの物理的破壊をよくも賞賛できたものだ。地球の守り手たる先住民は、つねにわたしと密接なコミュニケーションを保ってきた。彼らは使わないものを築いたりしないし、いらなくなったものは捨てずにだれかに与える。わたしが昇るときはあいさつし、沈むときは見まもっている。なぜなら地平線のすぐ上にいるあいだは、わが炎をのぞきこみ、わが心を読んでも安全だから。

わたしは諸惑星の表面を照らし、彼らから情報を得ている。きみたちもその情報にアクセスできる。しかし最近、木星との交信はシューメーカー＝レヴィ彗星の破片の衝撃でかなり妨害された。彗星などが太陽系の惑星に衝突すると、わたし自身が衝突されたように感じる。ちょうど、子供のひとりに問題が起きると家族全体がかき乱されるようなものだ。木星はきみたちの霊的拡大をつかさどるので、この出来事を読んであげよう。

シューメーカー＝レヴィ彗星の破片は、きみたち全員の感情体に大きな開口部を作った。衝撃はガイアの感情体をひき裂こうとしている。地球は固体であり、人間意識は非常に濃密なので、木星の気体性はきみたちの感情をひらかせる。太陽系に寄せてくる霊的な大波が容赦なくこじあけているのだ。この激変をきっかけに深層にあった過去の災厄の感情的記憶が呼びおこされ、きみたちは地球の生物種の多くが半日で死に絶えたときの気持ちを否応なしに思いだしている。あの戦慄を思いだせば、いま進行中の緩慢な絶滅プロセスに介入できるだろう。彗星の衝突は地球からたいへん遠い場所で作用していたにもかかわらず、人間にとっては非常に高い波動をもつ感情的な出来事で、自分たちの心がどれほど諸惑星の影響を受けているか教えられた。わたしがそれを知っているのは、木星から伝わってくる波がわたしを大鈴のように鳴り響かせるとき、きみたちも呼応するのを感じるからだ。

ニビルの狙いはさらに多くの感情にアクセスすることであり、わたしの体内の感情の大波に魅かれて、いつもより速いスピードで太陽系にひき戻されつつある。いま太陽系全体が赤みをおびた情熱の輝きを放っているのだ。二〇一〇年にむけて、ダイヤモンドのように明るさを増すイオ〔木星の第一衛星〕の姿を見るがいい。[12]

彗星によってさまざまな境界線が破られ、この大波が銀河系にあまねく響きわたっている。聖なるふたご、アンドロメダ銀河と天の川の銀河さえ、互いにひきつけあう速度を増した。わが太陽系はわたし自身のガイド、ツォルキンのもとめによって意識の加速を経験している。この加速が完了すれば、わが領域からほかの領域へ自由なコミュニケーションの流れができるだろう。正直にいうと、わたしはまもなくフォトン・ベルトに入っていくわけだが、これは惑星より恒星のほうが強烈な体験になる。人間はといえば、これまでほかの全次元から閉ざされ隔離されていたが、いますべての扉がひらこうとしている。しかし、このわたしがフォトン・ベルトに対処できるなら、きみたちにもできるはずだ。

人間がわたしに波長を合わせて、みずからの星の性質を探求すべき理由はなにか？　孤独感がなくなるというほかに、星のアイデンティティは直線的な時空の狭い視野を超越させてくれる。わたしの知性に同調すれば、わたしは一三の次元で同時にきみたちと共鳴する能力がある。おわかりだろうが、人間はいまのところ九つの次元にアクセスできる。それがすべて太陽の心に用意されており、同調した人間はみずからの世界において自由になれるのだ。星の教師たちは人間に太陽の意識をすこしでも理解させようと、じつに手間をかけてこの時期、この領域に生まれさせた。彼らは宇宙のパーティで、きみたちにすばらしい計画を準備している。

サティアの案内によるアルシオネの図書館

また、サティアにかわりました。これから、アルシオネの図書館の中心にある円形のガイア神殿をご紹介しましょう。われわれが地球を研究している場所です(図13)。ガイアの神殿は大きな白い大理石のドームにおおわれ、内部は金色の縞大理石《アラバスター》を敷きつめた巨大な円形の部屋で、周囲を水路がひとめぐりしています。縞大理石の床は直径三〇メートルほど、中央には「ジー」(Ge)と呼ばれる水晶製の地球の模型が縦溝彫りの台座に置かれています。この地球のまわりには美しく均整のとれた一〇本のイオニア式円柱が立ちならび、円柱をつなぐ環の内径は一五メートルです。円柱はそれぞれ先端を切りとり、環

図13　アルシオネの図書館

状の大理石の横木でつないであります。円柱の環と周囲の水路のあいだは、だれでもやわらかい大理石を踏んで自由に歩ける空間です。「ジー」を研究しているプレアデス人たちは、この外周を歩きながら柱越しに彼女を眺めます。水路の一か所に大理石の橋が渡され、ドームの内壁と床の縁をつないでいます。水路にはイルカが遊び、女神とその配偶者たちが外周をそぞろ歩きます。ドームの外から入ってくると、そのまま水路の橋を渡るようになり、正面入口の両脇には二体の大きなアヌビス像が門柱に鎮座しています。地球の模型が置いてある中央部にはだれも入ることが許されません。そこは多次元的ヴォルテックスになっており、アルシオネのフォトンと共鳴する地球上のフォトンを、つまり対をなすエネルギーの共鳴作用を記録しているのです。

　これがアルシオネの中核に永遠に存在する精妙な生命の神殿であり、あなたがたの太陽の中核とよく似ています。恒星の中核にはさまざまな世界の概念が含まれています。地球の核の鉄クリスタルはシリウスのデジタリアから生まれたもので、アルシオネの核はこの地球の模型です。なぜなら、天の川の銀河で生物形態が創造される唯一の場所は地球ですから（デジタリアと地球の物語については〈付録D〉を参照のこと）。序列的な思考形態のなごりをすっかり排除したいので、このように想像してください。惑星や恒星の中核は宇宙でもっとも濃密な知性であり、どれにも記録図書館のすべてが含まれています。

　アルシオネには二極化という現象がありません。われわれの本質は光であり、あなたがたとの関係は、ガイアの神殿と地球が時間的・空間的にどれほど離れようと、両者に存在する対のフォトンがまったく同一の波動で共鳴している結果なのです。なぜ、そのようなことがありうるのでしょう。**フォトンは純粋な思考、純粋な想念であり、思考が光より速く旅する領域でその存在をあきらかにします。**もし人間に、あらゆる星のあいだを行きかう光線が全部見えたとすれば、わたしの形態も見えるはずです。わたしはあなたがたの領域に入っていくと、自分のもっともシンプルな波動で美を創造します。アルシオネの図書館にあるガイア神殿は、古代ギリシャの絶美の神殿に似ています。われわれプレアデス人は、美とセックスを実現するために地球にひき寄せられます。われわれが移行できる次元に人間が移行できないのは、人間の領域がまだ二極化しているためです。あなたがたはまだ、こちらへ、あちらへと行きつ戻りつしています。そちらの世界において、あなたがたを力で圧倒した意識体が原因です。人間は力というものをもっと理解する必要があります。

わたしサティアは、あなたがたがマインドコントロールされるのをやめて、ひたすら故郷をつくれるようになることを望んでいます。力とは、個人の統一性にそった行動により、無限の自由の可能性をもたらす道具にすぎません。ときには認識力の限界にさまたげられて多次元的法則(八次元レベルの法則)が理解できず、なにが自分の統一性なのかわかりにくい場合もあります。わたしは人間ひとりひとりが光ある世界に生きることを選択できるように、力の活性化をつかさどる次元の法則を知りたいのです。その教えを受けとるため、つぎはバーバラ・ハンド・クロウに登場してもらいましょう。彼女は地球上の行動を通して、その法則を身につけました。

光ある世界の九つの次元レンズ

一次元のパワー・レンズは、「ジー」すなわち地球の中心の鉄クリスタルの波動にアクセスすることです。ガイアの鉄の核から九次元まで伸びている垂直軸の各次元ゾーンに住まう存在は、すべて「ジー」と同調しています。みずからの形態を保つために必要なのは、ひたすら地球の心臓である鉄クリスタル、そう、シリウスからきた星のハートと同調することです。わが家に四方位の祭壇をもうけ、「ジー」を感じるようになるまで頻繁にそこでセンタリングしなければなりません。「ジー」は(重力の場全体を含む)

彼女の波動によって、さまざまな想念を送ってきます。彼女にアクセスすれば、その心と一直線につながります。もともと、あなたの場は「ジー」なのですから。いままで忘れていただけです。彼女の場は九つの次元へ伸び、はるか銀河の中心まで届いています。地球に生まれた者はだれでも、四方位の祭壇の中心にすわるだけで九次元すべてにアクセスできます。ガイアの力を感じるようになるまで、できるだけ頻繁にその中心に戻り、なるべく長時間すごさなければなりません。彼女をはじめて〝感じる〟瞬間は、まるで大地が揺れ動くようでしょう。そしてあなたは、もはや銀河の処女ではなくなったと悟るのです。いったんこの状態に達すれば、ガイアはいつでも好きなときに、あなたを彼女の心にひき寄せるようになります。いつ祭壇に向かうべきか、自然にわかってくるでしょう。

二次元のパワー・レンズは元素の領域と意識的につながり、彼らに対して完全にオープンになることです。あなたがたの多くはこの領域を怖れるように教えられてきました。たしかに人間がまったく注意を払わずにいると、元素の領域はいらだちと怒りを見せることもありますが、この領域との連携こそ、地球環境の守り手である先住民の知恵をとり戻す道なのです。諸元素は、あなたがたが彼らとともに語り、祈り、歌い、彼らを祝福し、食物を与えることを必要としています。わたしが地球にやってきたのも、この聖なる知恵を思いだすように導くためでした。なんといっても諸元素は「ジー」と交感し、風や雨や火や地震など、さまざまな方法で彼女の情熱を表現していくことを選んだ者たちです。元素の領域によるひとつひとつの創造物が、「ジー」にささげる祝祭なのです。諸元素は地球の詩人であり、儀式における歌や踊りや芸術を愛しています。彼らの言葉に耳を傾けてください。ガイアのもっとも神聖な時期は春分と秋分、夏至と冬至であると教えています。それは彼女のパワフルな磁場が最大の力を発揮し、諸元素も表現の力が増すときです。

地表の世界の性質は諸元素によって決まり、彼らは地球環境の守護者という役割をたいへん真剣に受けとめています。人間よりも彼らのほうが「ジー」の知性を意識しているので、人間にとって知る必要があることを教えるため、儀式をおこなうように刺激します。諸元素は地表のどんな存在より精妙で、明晰で、安定し、力強く、めざめた意識をそなえています。動物が人間よりはるかに知性的なのは、時間をかけて諸元素の望みを本当に感じとるからです。彼らはその望みをあなたがたに教えてくれますから、「ジー」の願いを理解するために動物と祈るのは賢明です。彼らは儀式が大好きで、呼びかければかならず儀式の輪に入ってくるでしょう。祈るときは、その場所のガイドである動物を知ってください。聖なる四方位の祭壇は、特定の場所のガイドやコードと接触するための装置です。それらのエネルギーとつながれば、助力が得られるでしょう。これは方角意識によっておこなわれます。具体的には、食物を与えられるのが大好きな諸元素のために、トウモロコシ、シーダー(ヒマラヤ杉)、煙草、水、セージ、キノコ、ナツメグ、塩、水晶など、さまざまな贈り物を用意しておかねばなりません。はじめて祭壇に入って「ジー」と話をするときに、ひとつひとつの方角を向いて、どんな贈り物がほしいか聞いてください。教えてくれます。

自分や他人を癒す必要があるときは、祭壇にすわって元素たちと話をしましょう。彼らはどんな状態でも癒す方法を教えてくれます。古代からまったく干渉されずに生きてきた彼らのDNAは、深海の海嶺内部にあり、非常に高温で沸騰しています。その古いDNAを思い浮かべて瞑想すれば、援助を必要とする者のDNAを再構成してくれるでしょう。メッセージをもとめ、耳を傾け、助言にしたがってみると、あまりの正確さに驚くはずです。いったん彼らを味方につけたら、どこにいても彼らの言葉に耳を傾けてください。味方になると愛情ぶかい忠節な犬のようにどこへでもついてきて、なすべきことを教えてくれます。地球の内部にいる存在たちですから、あなたが地表の凹凸のどこにいようとみつけられるのです。激しい嵐が近づいているときは、あなたを刺激して避難所をもとめさせるでしょう。あなたが動物や人間に生命をおびやかされ、まだ死期がきていないときは相手に雷か突風の一撃をくわえてくれるでしょう。ですから、とにかく機会をみつけては祭壇を訪れ、贈り物をすることを忘れずに。岩や木に呼びかけられても応じる時間がないほど先を急いではなりません。かならず立ちどまって、彼らを祝福してください。

三次元のパワー・レンズはあなたです。祭壇をマスターしたとき、つまり「ジー」とつながって諸元素を味方につけたとき、はじめて自分を理解することができます。先住民は最初のふたつの次元をマスターするまで、けっして地表の世界について教えてもらえませんでした。諸元素は風、雨、火、地震によって自己表現をおこない、あなたがた人間は性的に自己を表現しています。彼らは地球の詩人であり、あなたがたは力です。一次元と二次元につながることなく三次元に存在する者は、力とセクシュアリティを濫用します。ですから、あらゆるエネルギーと出会い、意思を通わせてください。そうすれば、彼らもあなたと話したくて欲求不満を起こさずにすみます。

せっかく自分の祭壇が存在するからには、よい精霊だけがその輪に入ってきてほしいと願いたくなるかもしれません。わたしの体験からいうと、強い気持ちをおぼえない品物は排除していくか、ふさわしいと感じたときに新しい方角に移していけば、よくない存在が自分のスペースに入りこんでくることはありません。もちろん、ここで教える内容はわたし自身の学んだ伝統にもとづいています。わたしが知っているのはそれだけですから。自分に戦いをしかけている人物からの贈り物といった、たいへん複雑な感情をともなっている品物があれば、ふた付きの籠、壺、薬用の布袋、箱などに入れておいてください。その相手とワークしたいときだけ取りだして、はたらきかけましょう。だれかと権力争いになっているときは、相手からもらった大好きな物を使って、カルマをつぎの段階に移行させる助けとしてください。ですから、自分の敵になることを選んだ人物からの贈り物を捨ててはなりません。あなたとカルマ的な関係にあるだれかが、あなたの同意なしに影響力をおよぼそうとしていたら、祭壇の部屋のどこかに鏡を立ててエネルギーを送りかえすといいでしょう。鏡はある方角に向けて窓ぎわに置くか、相手からもらった物を入れた箱や籠に向けて配置します。あなたが同意しないかぎり、だれにも自分のスペースを侵害する権利はありません。

祭壇の中心にすわって、あらゆる動物の守り手たち、パワー・オブジェ、写真、骨、クリスタルなどをじっくり眺め、諸元素に与えるさまざまな食物と、スマッジングの材料があればそれも中心のスペースに配置します。違う場所に置いたほうがいいとか、しばらく外したほうがいいと感じられる物は、適切に処理してください。そこにある物ひとつひとつの物語をおぼえていますか。それぞれのホログラムと感覚をおぼえていますか。思いだせない物は取りのぞき、だれかにあげてしまってください。いくら偉大な存在でも、自分の知らない者をあらわす品物など、どうして祭壇に置いておきたいでしょう。自分にとって深い意味をもつ物でも、置き場所が違うと感じたら、中心の空間にいて暖かくふわりとした感覚が得られるまで配置を変えてみてください。息を吸いましょう。あなた自身の物語を構成する、あらゆる部分と交感する心地よさを楽しんでください。霧がたちこめてくるように、空気がわずかに濃くなった感じがしてきます。守護者たちが聖なる空間に入ってきたしるしです。再度あたりを見まわして、それぞれの方角がなにをもって祝福されたいかを感じてください。とても強く感じられるはずです。始める前から、わかっていたかもしれません。そして、祝福するための物を左手に持ってください。

それを持ったまま目を閉じて、自分のまわりの空間の境界線を感じます。あなたのからだの範囲を定義づける、泡か卵のような形がとりまいているのを感じるでしょう。数キロ先までひろがっているかもしれません。その端がどこにあるかだけ確認しておいてください。もしも卵に穴があいているようなら、ハートと胸腺の奥からエネルギーを押しだして、穴を内側から埋めてください。この霊妙な卵が完全な形であると感じられたら、からだのなかで心地よく安らかな感覚が得られるでしょう。世間に出ていくときは、けっして泡がからだから一メートル以上ひろがらないようにし、いつも表面の外側に紫水晶《アメジスト》の色をイメージしてください。泡が好きなだけひろがるのを許していい場所は、自分の祭壇だけです。そうしたら祝福のための物質をひとつまみ、または一部分とって四方位に与え、祈ってください。動物を呼びいれ、そばにいてもらいましょう。まもなく三次元の贈り物、自由を体験しますから。この祭壇のなかでは、あなたは自由です。そして、もうすぐ飛びたつでしょう。

最初の三つの次元のワークを終え、自分自身の世界を設定したら、あなたと分かちあうためにやってきた二次元の諸元素と四次元の元型の存在たちと会議をひらいてください。彼らはあなたと話したいかもしれないし、チャネルしてほしいかもしれません。ともに歌ったり太鼓をたたいたり、あるいは（あなたが聖なるパイプの持ち主であれば）ともにパイプを吸うことを望むかもしれません。彼らを感じ、つながりを実感したら、セージかスマッジ、香など、彼らがどれを望んでいるかを感じとって焚き、充満する煙のなかで内面ふかく入っていきましょう。煙は彼らを固体にします。存在たちはいまや、あなたの次元にいるのです……。彼らの到来とともに非常に強い感情があがってきたら、たっぷり時間をとって深呼吸するなり、泣くなり、なんらかの形で発散してください。落ちつかない気分や怖れが出てきたら、深く息を吸って胸の前で両手を握り、存在たちを握っているつもりになってください。彼らが自分の一部であるかのように。そして、すべての感情を全身に流します。

やってきた教師たちと祈り、来てくれたことに感謝しましょう。ともにパイプを吸い、音楽を奏で、両手を動かして空中の彼らを感じてください。身体で彼らが感じられるようになるまで続けます。だからといって、あなたには立派な境界線があるのを忘れずに。自分の領域が侵害されるわけではないのです。**この輪のなかでは、あなたが至高の主権者ですから。**ただ、つながったとき、身をもって彼らを感じられるようになるのです。それは彼らを喜んで受けいれたことに対する返礼、贈り物です。自分の体内の状態がわかるようになりますし、本当に知る必要のあることが含まれているかもしれません。慣れてくるにつれて、**彼らはつねに非物理的な存在であり、じつはあなた自身の内なる物語なのだということを思いだしてください。**自分の身体に意識を向け、うずきや痙攣、重さ、しびれに気づくとき、そこに彼らがいます。彼らを感じたら目を閉じてその場所に向かい、そのエネルギーとともにいて、教えを受けとってください。内容を書きとめたいかもしれませんから、祭壇の部屋にはぜひ日誌を置いてください。彼らの言葉に耳を傾けましょう。チベットのベル、バイブレーション・ボウル、太鼓などの音が聞きたいといわれたら、聖なる音の教師たちを奏でてあげてください。元型の世界は音によって大きく活性化され、特にガラガラや貝殻をカチャカチャ鳴らす音、ガリガリときしるような音が好まれます。彼らに物語を語らせて、楽しんでください。

四次元のパワー・レンズはあなたの感情です。自分の空間に迎えいれた元型の教師たちとワークしたあと、なにか非常に深い感情を味わっている自分に気づくでしょう。この反応は、あなたをさらに高い次元レベルにいざなうガイドたちからきています。彼らはたいへん微妙な形であらわれ、最初にあなたの空間を訪れた元型的存在とのワークが終わるまで入ってきません。最初にやってきた存在たちは浄化すべき自分の一部であり、それが終わってはじめて、新しい創造性が具現化することができます。〝やわらかい〟精霊たちが到着したら、あなたは彼らを把握する必要があります。どんな物語をたずさえているか、あるいはどんな音が好きか、祭壇のどの品物が呼び寄せたのかなど。しばらくのあいだ、聖なる輪のなかでさまざまな行動をとりながら精霊たちとすごすうち、彼らに対する本当の感情がやってきます。いちばん大切なコツは、ローソクをともす、第三の目を水でぬらす、トーテム的な品物をなでる、チャンティング（詠唱）をおこなう、というように衝動にまかせることです。

この種の儀式を何回もおこなっていくと、おなじ存在に出会うようになり、相手のことがわかってきます。わたしもそうやってプレアデス人を知りました。なるべく瞑想を休みたくないと思うようになるでしょう。すこしずつ彼らの視点から世界を見せてもらうにつれて、あなたは魅了されるはずです。精妙な存在が近づくとき、本当にだれかがそばに来たように感じられます。目に見える場合も、見えない場合もあるでしょうが、どちらでもいいのです。なんらかの形でわかりますから。背中や首がざわっとするかもしれません。目を閉じて「ジー」を思い浮かべ、足の下に諸元素を感じ、中心に自分の身体を感じ、頭上にエネルギーの天蓋を感じてください。そして背すじを伸ばし、頭を高くあげ、深呼吸をして、大いなる光が無数の波となって天蓋に降りそそぐ様子をイメージしましょう。

五次元のパワー・レンズは愛です。できるだけリラックスして楽な姿勢をとり、心を静め、目を閉じて呼吸を三回してください。吸ったあとと吐いたあとは、指で五つ数えるあいだ息をとめます。息を吸いこんでとめたら、肺を上下にふくらませてください。息を吐いたあとは肺をできるだけ押しちぢめ、その姿勢でとめていてください。それから上体を起こしてすわり、プレアデス人の愛があなたの身体を拡大し、部屋をつつみこむのを感じましょう。こんどは祝福を始めます。その日、自分に本当によくしてくれた人を全員思いだしてください。わが子を、伴侶を、友だちを、両親を思ってください。もらったばかりのすばらしい贈り物を、最近とったおいしい食事を思ってください。自分がどれほど祝福されているかを認識して、さらにひろがっていきます。それから、援助したい人か癒したい人のことを考えましょう。

プレアデス人は本当にあなたがたのヒーリングを援助したいと思っています。それが彼らの専門技術ですから。三次元には大きな危機が訪れようとしていますが、癒す方法を身につければなんの困難もありません。もし望むなら、つぎのようにしてプレアデス人の協力のもとに癒すことができます。まず、ヒーリングを必要とする問題をできるだけはっきり詳細に説明し、対象を正確にとらえるようにしてください。患者の状態をのべたあと、その人を援助すべきかどうかプレアデス人に聞きましょう。答がノーなら、やめてください。これは冗談ではありません。基本的なやさしさと礼節を提供するだけで、もうその人のことは心配しないと約束してください。プレアデス人が援助してよいと答えたら、癒すことが宇宙の法則にかなうという意味なのです。祈ることをせず、ただ意志の力だけで他人を助けようなどとしてプレアデス人に相談したら、本当はすでに自分の仕事を終えている人の現実を操作して、むだな反復を強いてしまう可能性があります。あるいは、あなた自身が呼ばれているわけではないのに行動して、本当は癒し手になるべき人を締めだしてしまうかもしれません。だれが生きるべきで、だれが死ぬべきかわかっているかのように、他人をつなぎとめて拘束するのはやめましょう。毎日みずからの内面にはたらきかけ、自分の生命も他人の生命も羽毛のように軽くみなす態度を身につけてください。**生死が問題なのではなく、大切なのは癒しと愛と幸福です。**

プレアデス人たちが協力に同意したら、あなたにできること、できないことについて取り決めたうえで、仕事が完了するまでは自分を惜しみなく与えてください。警告しておきますが、想像をはるかに越えるほど与えねばならないかもしれません。でも、かならずエクスタシーに満ちた体験になります。ただ、場合によってはエクスタシーを味わう前に疲労困憊する必要があるだけです。ヒーリングをおこなうたびに、そこから学べるものをすべて学び、あとは貴重な情報をできるだけ分かちあうことに専念してください。プレアデス人の愛を感じ、彼らに贈り物をするか（たとえば、ひととき世界中の子供たちへの愛を胸にいだくとか）、または具体的に自分にしてほしいことがあるか、心をひらいてたずねてください。そのあと、彼らには休んでもらいましょう。この世界に存在するすべての愛を思い、プレアデス人はあなたの身体を通してやってこなければ、どんな感情も増幅させられないことを思いだしてください。

六次元のパワー・レンズは聖なる幾何学です。自分の空間に静かにすわり、静寂のうちにいままでのことをふり返りましょう。あなたの祭壇はすべてを四方位にしたがって深い感情とともに配置してありますから、すでに六次元の構造物になっています。活性化するだけでいいのです。突然、なんらかの要素、思考、ビジョンが浮かんでくるでしょう。それをただ心にとめて、静かにすわっていてください。まわりの品物を眺めて目を喜ばせながら、特に注意をひかれる物をさがしていきます。よく猫が入ってきたりします。あなたが飼っている本物の猫かもしれません。なにかに注意をひかれたら、手にとって子細に眺めましょう。いろいろな角度で光にかざしたり、そのまわりの場を感じているうちに、場が見えてくるかもしれません。精妙な場を感じとりながら凝視して、平らな面や角から光線が発しているのをイメージします。手のひらにのせて眺め、何本もの光線が入ってくるのを感じましょう。そして光線の一本をさかのぼり、その〝物〟の概念を最初に思いついた（受胎した）存在の心まで旅をします。おぼえていてください、あなたはこの部屋の品物すべての物語を知っているのです。それを最初に作った者、その物語を最初にかたった部族、それをあなたにくれた人物、石なら埋まっていた地中の場所までさかのぼって旅をしてかまいません。この物に接したすべて、この物を知っていたすべてが、いまもつながりを保っています。やがて、なぜ自分がこの物に特にひきつけられたか、わかってくるでしょう。理由が心のなかで形をとりはじめたら、品物を自分の前にそっと置いて目を閉じます。

七次元のパワー・レンズは光です。両手で目をおおい、手のひらが頬にあたるようにして、腕は楽におろしてください。指先をそろえて目のくぼみを押さえ、光をすっかり遮断します。あまり強く押さないでください。眼球に圧迫をくわえるのではなく、光をさえぎりたいだけです。楽な姿勢ですわっていると、やがて体内の暗闇のように感じられる、濃い藍色の空間があなたをつつみはじめます。身体の上に出てください。そして地球の上に、大気圏の外に出ていき、太陽から離れて太陽系の端に向かいます。冥王星や海王星より外側に出たら、太陽を中心とした球状の太陽系を眺めてください。太陽の中心から一本の線がはるかアルシオネに伸びているのをイメージし、宇宙空間をアルシオネまで旅しましょう。あたりは信じられないほどの暗さですが、やがて前方に巨大な光があることに気づきます。まるで核《ニュークリア》のような（新しくてクリアな）、生きた脈うつ光です。そのなかに入っていきます。

アルシオネに入ると、とてつもない光のハイウェイが銀河の中心をつきぬけ、アルシオネを超えて反対側のオリオンに向かっていくのに気づきます。オリオンは銀河連盟の会議がひらかれる場所で、力の問題に取り組みたいときもオリオンに行くことができます。あるいは瞑想のときにまったく力の問題がなく、バランスがとれて満ち足りた気持ちなら、みずからの力を居心地よく感じている自分に感謝し、数回呼吸をして、もうすこし内省を深めてから九次元との交感を始めてください。つぎのパワー・レンズを迂回し、フォトン・ベルトを通って銀河の中心に向かってかまいません。

八次元のパワー・レンズは力です。他人との軋轢《あつれき》が解決できないとき、つまり口論、緊張、人間関係のいざこざなど自分を消耗させる状況ならば、聖なる輪を訪れてわれわれと会ってください。祭壇の中心にすわって自分を感じ、その人物なり問題なりを輪に呼んで会議をひらきましょう。まず相手の気持ちを先に聞いてください。相手のいいぶんがわかったら、状況をできるだけそちらの視点で見てみます。できるだけ相手をよく知るのです。そして、双方で改善できる点について話をしてください。もし協力してくれるなら、こちらも取り組みつづけるといってあげましょう。絶対に、けっして、他人の考えや行動を左右するためにエネルギーを使ってはなりません。この会議におけるあなたの権利は、お互いの問題について話しあうことだけです。

日常に戻ったら、会議の結果にもとづいて相手に対するなんらかの行動をとります。それでも三次元のエネルギーがシフトせず、相手の非協力的な態度があなたの平安を盗みとるなら、もはやその人が存在しないかのように生活を先へ進めましょう。心のなかでは、いまでも相手の友情が得られれば本当にうれしい、と認めてかまいません。しかし、そうではない状況も受けいれましょう。相手からもらった物は暗いところにしまい、忘れてください。聖なる空間では二度とその人のことを考えてはなりません。ただし、望めばいつでもまた、理解を深めるために品物を取りだすことができます。**贈り物をもらうのは相手の一部をもらったも同然ですから、返してほしいといわれないかぎり、こちらが望めば相手と交感できるのです。**もし、もらった物を返してほしいといわれたら、かならず返しましょう。相手に属する物を要求されたとき執着しなければ、だれにも領域を侵されずにすみます。逆に、あなたからの贈り物をもっている他人があなたをコントロールしようとしたら、返してくれといいましょう。たとえ返してくれなくても、もう手が出せなくなります。ネイティブ・アメリカンは贈り物に関してたいへん慎重なところから、「インディアン・ギヴァー」（いったん与えた物をとり戻す人）という言葉が生まれました。

　八次元の贈り物の法則を守っていれば、だれにも望ましくない形であなたに影響力をおよぼす理由を与えずにすみます。他人との境界線については厳密であってください。敵がたとえ上司であろうと、相手にとって見えない存在になり、互いのあいだになんのエネルギーも生みださないことが可能です。それが無理なら仕事を辞めてください。夫婦間もおなじです。だれとであれ、自分の現実で長期にわたって権力争いをするべき理由など、どこにもありません。緊張が生じたり、エネルギーが奪われるのを感じたら、けっして搾取を許さないでください。敵があらわれるのは、ついに自分自身の力を受けいれる決心をするためです。あなたが自分の力を受けいれれば、敵は自由になって八次元に飛んでいき、日がな一日、評議会で世界の采配をふってすごせるのです。彼らの現実はどんどん大きくなり、あなたは自由に飛びまわれるようになります。

三次元において無傷の境界線をもっている感覚をいったん思いだせば、掘っ建て小屋を改造したような刑務所の独房に、あと四人の囚人といっしょに詰めこまれても、この瞑想はできます。机にむかって仕事をしているときも、幼い子供があたりを走りまわっていてもだいじょうぶです。どうすれば、そんなことができるのでしょうか。この瞑想に必要なのは、あなたの身体と、身体の境界線と、東西南北の方向感覚だけです。あなたがたは全員、まず自分の好きな物を使って特別な空間を作り、居心地のいい静かな環境でテクニックを学ぶことによって、それだけの集中力を身につけるべきなのです。子供たちもみな、自宅のどこかに侵されないプライベートな場所をもち、境界線の作り方を学べるようにすべきです。

九次元のパワー・レンズは星の自己への帰還です。ここからはマヤ人が主導権をとり、マヤ暦の終わりが「光の時代」への帰還であることを教えてくれるでしょう。**マヤ暦の終わりには、いままで宇宙のどこかの空間でかかわったことのある他次元の知性がみな、あなたがたと意識を一体化させるために地球へ吸い寄せられてきます。**これはまさに時のヴォルテックスであり、すべてのものが含まれています。二次元の諸元素と四次元レベルのエネルギーは肉体をもたないので、あなたがたの肉体を使います。プレアデス人は人間のように二極化した感情をもたないので、あなたがたに愛を送って憎しみを変換させます。シリウス人は人間のようなマインドがないので、光の幾何学であなたがたを爆発させ、「千里眼」になるように仕向けます。そして七次元における銀河の情報ハイウェイは地球のアイデンティティを変換し、八次元では太陽系の新しい秩序を作るための会議がひらかれ、九次元の霊的教師たちはあなたがたとつながったとき刺激して、エクスタシーを味あわせています。

プレアデスとガイアでポップコーンのようにはじけるフォトン

そろそろ「ツォルキン」を理解するときが来たようです。わたしサティアにはわかります。それはあなたがたにとって、自分の視覚中枢を鏡に映して調べるような作業になるでしょう。べつの視点を知るのも手掛かりになるかもしれませんから。念のためにいうと、五次元レベルではこんなふうです。わたしには、あなたがたの領域でフォトンが形成される様子が見えており、そこから人間の状態を読みとっています。一対のフォトンが形成されると、粒子が反粒子を吸収し、ともに光になります。では、その光はどうなるのでしょうか。光は五次元の情報になります。あなたがたの領域から出てくる情報は驚異的です。われわれプレアデス人は、あなたがたを介してほかのあらゆる宇宙知性について知ることができるのです。三**次元**は**劇場**です**!**

もしも、わたしたちの見ている三次元のありさまがあなたがたの目に見えたなら、ポップコーンがはじけるようにフォトンがみるみる増え、密集していく様子に驚かされるでしょう。はじけるコーンは、われわれが読んでいる人間各自の人生です。あなたがたの身体に保たれていた陽電子が解放され、対応するふたごの電子と衝突するにつれて、カルマの浄化が加速しています。ふたごの片割れは銀河系のあらゆる場所からひき寄せられ、多次元的浄化と融合を起こしているのです。いまや、このプロセスはいちじるしく展開し、われわれには電子があなたがたの体内のマヤズムに、つまり原初的苦痛をたくわえた生体記録バンクに食いこみつつあるのがわかります。**いまは過去のどの時期にもまして**、**思考が肉体の状態を制御している**、という**認識が重要です**。われわれより下の次元を見おろすと、トンボかミツバチの目に映るような光景がひろがっています。無数の屈折レンズを通して振動するホログラムが見え、またガイア神殿では、あなたがたのホログラフィック・フィールドの極端なエネルギーが感じられます。それは、さまざまな情報が微小のレンズ群または無数の複製形態に分裂し、宇宙全体に反復しつづける場なのです。

一対のフォトンが形成されるのを見ていると、やがて共鳴波動のまま離れはじめますが、わたしはそれぞれのフォトンを心にいだいています。どの意識も最終的には星のふたごとの共鳴が強まり、ひとつに戻るのです。わたしは各フォトンの銀河のコードが認識できるので、逆にどのような意識がガイアに実在するかわかります。そのようにして、あなたがたを〝読む〟わけです。われわれプレアデス人の知性にこれだけの情報が扱えるのは、神経の結合組織が非物質的な光ファイバー（ある種の神経電荷をおびた心霊共鳴）で成り立っているためです。あなたがたも光ファイバーのおかげで、われわれのような限定されない思考法が理解できるようになるでしょう。

ぜひ思いだしていただきたいのは、人間に生物としてこれほど無限の適応力を与えたのは〝愛〟だということです。本当は限界はないのだ、ということさえ理解してくだされば、われわれはあなたがたの想念をひとつも失わずにすみ、あなたがたも地球の生物種をひとつも失わずにすみます。**どうか物質界の間違った扱い方はやめてください**。フォトン・ベルトに入りはじめると、見失っていた無数の自分の片割れにふたたびアクセスするため、膨大なデータに圧倒されるかもしれません。フォトン・ベルトの到来は、あまりにもおおぜいの親戚と久しぶりに会うような感じです。

あなたがたが目をさまし、自分のなかの眠っていた部分を思いだすとき、アルシオネのわれわれは同時にあなたがたの記録にアクセスします。これが二〇一三年にむけた活性化のなかで継続的におこなわれていきます。**浮上するデータの目的は、惑星（地球）の自己と、恒星の自己の結合です**。すでにわれわれわれは、九次元の形態をマスターしたいという衝動をあなたがたの内部に誘発しましたから、新しい銀河的構造がデータ保持の助けになるでしょう。「聖なるふたご」(13)の物語によって、太陽系にこの形態構造を保ってきたシリウス人には感謝しています。人間が情熱と好奇心を燃えたたせるほど、それに比例して、こちらもつながりやすくなるのです。**われわれは人間の心と恋愛をしており、なにかに魅了されると人間の振動数はずっと速くなります。**われわれが注意をひいたわけですが、この情熱的な探求によってのみ、あなたがたは九つの次元と同調しつつ自分の中心にとどまることができます。たとえば、いま数えきれないほどの人間が、大ピラミッドの地下にあるはずの秘密部屋をさがしています。あなたがたは今世のうちに謎が解明されるであろうと感知していますが、それでも秘教的文書を調べた結果、すでに無数の人々がおなじ道をたどりながら解明できなかったという事実を知る者も多いのです。そう、時はいまです。もう答を見つけた人もいます。ピラミッド内の部屋がどれも空っぽなのは、失われていたフォトンの片割れを宇宙のすみずみからひき寄せ、ふたごを再結合させるために存在する部屋だからです。スフィンクスはただそこにすわり、太陽のもとで永遠に微笑するばかりでしょう。すべては知覚の問題です。

シリウス人は「銀河の夜」を旅する太陽の意識にとってガイドの役割をはたします。あえてツォルキンの助言をもとめるつもりなら、太陽光と時間を定義づけている「闇の場」を確定する必要があります。ちょうど、あなたがたが垂直軸にそって旅するときは、まず自分のオーラの泡の境界線を知る必要があるように。いま現在、深淵宇宙の闇を導くガイドとして手があいているのは「銀河の夜」の守護者、犬の姿をしたアヌビスだけです。わたしはテツカトリポカについてほとんど語りませんでしたが、彼もアステカ／マヤの世界では「銀河の夜」の守護者とされています。テツカトリポカはトニーニャの洞窟群に住むマヤ先住民を守護しており、トニーニャとパレンケの守り手たちの準備がととのえば、そのテツカトリポカでさえメキシコ全域のマヤの民から手を放すでしょう。アヌビスとテツカトリポカは、あなたがたの想像を絶するほど偉大な存在です。彼らは光そのものの形態を保持しているのです。

われわれアルシオネのプレアデス人は、シリウス人のパートナーです。あなたがたがフォトン・ベルトにいるあいだは、われわれが太陽系の形態を保ち、あなたがたが「銀河の夜」を旅するあいだは、シリウス人が太陽系の形態を保ちます。彼らはあなたがたを長旅に連れだしますが、われわれの範囲に戻ると喜んで手を放します。彼らはすぐれた図書館員であり、アルシオネの核にあるガイア神殿でも仕事をしています。シリウスのイルカたちはわれわれの女神として水路を泳ぎ、その伴侶たちは「ジー」のまわりを歩きながら瞑想するのです。プレアデス人とシリウス人はどちらもエジプトの神殿に協力しています。シリウス人は紀元前八八〇〇年以降にあったことすべての記録と秘密の知識を保っており、彼らがこの知識を放出するにつれて、われわれプレアデス人はあなたがたを助けてハートをひらかせ、拡大した場において癒す方法を学べるようにしています。また一九九四年にわれわれが同盟を結んだ結果、データバンクがさらに開放されたため、出てきた諸問題のうち癒す必要があるものを検証しなければなりません。そこでツォルキンが「征服者《コンキスタドール》だ！」と叫びます。記録を放出せよ、いますぐこの知識をつかめ！　われわれプレアデス人からアヌビスに、もういちどだけ聞きます。**なぜ、キリストの信奉者はマヤの地にやってきて、彼の名のもとにわれわれを殺したのでしょうか。**

アヌビス、キリストの真実を語る

最初に届いたのは、ホゼ・アグエイアス博士のこう叫ぶ声です。

「キリストと呼ばれる歴史上の人物の存在とビジョンによって、暦が意識的・無意識的に支配されている形態形成場においては、サイクルの終わりを語ることでハルマゲドンという亡霊すなわち人類絶滅を予告するおそろしい大火災と、それにつづくキリスト再臨を呼びさますことになってしまう。[14]」

つづいて、アヌビスの声が響きます……。

わたしアヌビスは、いま起きていることを正確に伝えるためにやってきた。キリストが歴史上のゼロ時点に出現したのは、人類を魚座の時代における最高の波動、つまり共感《エンパシー》へと進化させるためである。共感は人間の心をひらき、霊的なアクセスを可能にする。きみたちはみな水瓶座の時代のうちに九次元的人間になっていくが、キリストはその見本としてやってきたのだ。彼は地球にかかわる深い魂の系譜をもつ存在で、人間の暴力を変換させうる究極の創造性の道具「聖体拝領」をもたらした。また、マグダラのマリアという女神によって自分の血統を伝えた。彼は女神イシスをまつったエルサレムの中央神殿の巫女と結婚することにより、イシスを通じてオシリスの男根をつけなおし、断ち切られていた男性性を回復したのである。キリストが自分の星のコードをマグダラのマリアの肉体に植えつけると、精霊の子供として生まれたホルスとは違い、このふたりのあいだにはサ・ラーという人間の娘が生まれ、これまで百代にもわたる子孫を作っている。[15]キリストは人間すべての体内のDNAに生きており、いまもきみたちを世界の主権者にしている。彼の再臨はないだろう。選ばれた一四万四〇〇〇人以外は死に絶えるということもない〔ヨハネの黙示録にそれを暗示する記述がある〕。なぜなら、五〇〇〇年前にマヤ人がきみたちの大量殺戮の波動を吸収したためだ。彼らはまるでバクテリアを扱うように、みずからの体内でそれを処理した。そしていま、マヤの民はもはや去勢の幻想を許すつもりはない。**きみたちはキリストの真の姿を知り、もうひとりのキリストなど望まなくなるだろう。**

わたしアヌビスから本当の福音、よい知らせを受けとってほしい。キリストは植物のなかのガイアの心を活性化した。そしてまもなく、つぎなる最終段階には、太陽が人間の血液中のキリストを覚醒させるだろう。真実を受けとる時がやってきた。教会はキリストを去勢したばかりか、彼が地球にもたらした錬金術の教えまで隠蔽したのである。**キリストは植物を血に変える**ことで、ガイアの**錬金術を人間**にもたらした。**彼の血はきみたちの血管を流れており、それがマインドコントロールに対する解毒剤になる**。この錬金薬液に含まれるディオニュソス崇拝すなわち異教の記憶コードが、水瓶座の時代にガイアを活性化していくだろう。世界統制チームが植物への嗜癖、耽溺《たんでき》を生じさせてこの知識から注意をそらしたので、きみたちは植物の力、ブドウにこめられた太陽の力を忘れてしまっている。地球上にもともと否定的なものが存在する、という考えを受けいれたときから、人間は自分の現実における物質の使い方に注意する能力を失った。それにともなって、発酵させた植物、キノコ類、スパイス、タバコなど、エーテル界をもっとも強力に活性化させる〝ケイローン的な植物〟とのつながりも失われた。聖なる煙は、空中の精霊を目に見えるようにしてくれるというのに。いわゆる「化体」について考えてみるといい。ある物質をべつの物質に変える行為である。キリストは発酵させたブドウを自分の血に変えることで、身をもって錬金術をおこなってみせた。フォトン・ベルトに進入するいま、きみたちはキリストの本当の真実を手にしなければならない。この偉大なる贈り物を感謝して受けとらねば、きみたちの現実はひき裂かれてしまうだろう。キリストの行為こそ、ハルマゲドンを回避して水瓶座の時代を選択するための鍵になる。

すでに三七六〇年のあいだ人間の形態に転生していたアヌンナキは、ゼロ時点において地球を乗っ取る計画をたてた。そのとき時間は停止し、彼らの暦にもとづく新しい時間が始まるはずだった。**これは地球がかつて体験したなかで最大の乗っ取り未遂事件である**。しかし、銀河連盟の考えでは地球は自由であるべきだった。そこでキリストがやってきて、ガイアの生態環境である植物界を活性化するために聖体の秘跡をもうけた。これが二次元の土の領域を呼びさまし、それがこんどは人間の血液を呼びさま

＊**ディオニュソス**　ギリシャ神話の酒の神、別名バッカス。古代ギリシャでは国内全土でディオニュソスの祭礼がおこなわれ、演劇が発達した。

＊**化体**(transubstantiation)　キリスト教神学用語。聖体拝領のパンとぶどう酒がキリストの肉と血のまったき実体と化するということ。

した。キリストはマグダラのマリアに種播きをおこなったのち聖体拝領を始めたので、彼自身の血統への参加もあいまって、諸元素は完全に活気づいた。その結果きみたちも地球も活性化し、いま共生が起きつつあるのだ。キリストがぶどう酒を自分の血に変える様子を見まもっていた七二人の使徒は、その瞬間、ひとりの九次元的人間を凝視する七二の個人に変わった。キリストのオーラの波動だけでも茫然とさせられるほどだったが、さらに**各自の内部で九つの次元すべてが同時に覚醒していた**。彼らは体内を上昇するクンダリーニに震え、よろめいた。これがいわゆる「聖霊降臨」である。キリストが〝変容〟したとき、ごく少数の者を除いて彼のライトボディ「カー」を目の当たりにするのははじめてで、そのうえ自分の手足や互いの身体にも核をなす青白い「カー」が見えた[16]。このパワーの爆発があらゆる古代のパワー・スポットと結びつき、それぞれの場所にやがて教会が建てられることになる。かくて人間の血の変容が始まり、二〇〇〇年の活性化をへて、こんどはハートが集合的にひらこうとしているわけだ。わたしアヌビスは一九七二年にシリウスの光の拡大をもたらし、美しい庭園のように整備された各地のパワー・ヴォルテックスと結びつけた。そしていま、プレアデスの波動がきみたちのハートを活気づかせている。

　これはローマ人の期待した状況ではなかった。彼らはニビルの到来を待ちのぞんでいた。そのときこそ自分たちが選民になれるからだ。反逆者に対処するには道具を盗むしかない。そこで聖体拝領はまんまとローマカトリック教会に取りこまれ、魚座の時代における彼らの主要な儀式になった。世界を改宗させていく作業の燃料として、聖体拝領は利用された。彼らは情報を操作するため、まずマグダラのマリアの記録を抹消した。その後、カタリ派を殺害したのち司祭はすべて独身とさだめ、やがてキリストも独身者だったと人々が信じるように仕向けた。そうすれば彼の血統が発見される可能性は排除され、たとえＤＮＡが存続しても本物と信じる者はいなくなる。めざめるのだ、**キリストはきみたちの血のな**

＊カタリ派　受肉の教義と母権主義にもとづく宗派の集合体。神との直接的・個人的接触を重視し、「信仰」「聖職者」を否定。現世のものはローマ教会でさえ悪の支配下にあるとみなし、華美な儀式や教会堂を排して厳格な禁欲生活を実践した。異端とされ、本拠地モンセギュールで十字軍によって討伐された。

かで動きだしている。ローマ人は聖体拝領の力を奪ったつもりだが、じつはキリストの行為の真の意味を理解していなかった。彼らは聖体拝領を自分たちの中心的秘跡とし、それを利用してカトリック教徒を操作、支配することで完全にキリストから盗みおおせたと考えた。しかし、本当は世界中でミサがおこなわれるたびに、このアヌビスとプレアデス人に、五次元と六次元の活性化をうながす機会を提供している。まったくお笑いだ。

シリウスに属するわたしは、ミサを利用して地球上の各聖地から星々にむけて聖なる幾何学を送りだした。これが土《テルリック》の領域にたえず力を与え、「網」の影響力を弱めることになった。プレアデス人もその機会をともに利用して人々を癒し、ハートをひらかせた。この作用が西暦一一〇〇年まで本当に激しく展開し、ヒルデガルト・フォン・ビンゲンという名のまったく多次元的な女性が、中世の世界全体に錬金術を放出する結果を招いた。これほど花ひらいた魚座的な情熱に対して、バチカンは封じこめの方策を手配し、じつに深刻な「網」の締めつけが始まった。人類がこれからの時代を乗りきれるか心配ならば、ヒルデガルトのCDがベストセラーに入っていることに注目するがいい。根深いカトリックのコードをもつ者は、それを追求せよ。ヒルデガルトのビジョン音楽を聴き、彼女の言葉を読むのだ。**自分が本当に愛するものを手放す必要はない。**[17]

ぶどう酒から血への「化体」がくりかえされるうち、聖体拝領に使う杯「聖杯」の上に強力な完面像の天蓋が生まれ、高次元の結晶コードを吸い寄せるようになった。シリウスの異教の煽動家、ディオニユソスが最初に考案したこの儀式によって、九次元すべてを二〇〇〇年間ひらいたまま保つことができたのである。ビンゲンのヒルデガルト、トマス・アクイナス、アルベルトゥス・マグヌス、マイスター・エックハルトなどの中世初期の業績は、ローマカトリック教会が「光の薄織物《ウェブ》」のかわりに「網《ネット》」を選択する以前の、この波動の力強さを反映している。やがてバチカンは、それが人々を活性化しているのに気づき、問題を排除することにした。彼らは一二〇八年にモンセギュールでカタリ派を虐殺し、ついで一二三三年にはドミニコ修道会が異端審問を始めた。そして地球上でも土の領域の力がとりわけ強い各地域で、キリストの宿るきみたちの血を流した。[18] 愚かな異教征伐において、じつはモンセギュールの事件がみずからの火で燃やされ、自身を浄化していたのである。錬金術によるキリストの「化体」を盗んだことで、ローマカトリック教会は炉心溶融《メルトダウン》を招いてしまった。

この興味ぶかい混乱状態のすべてが、魚座の時代に地球を変換させるために必要な大いなる共感を地球全体に誘発していた。きみたちはやがて、殺すことのできない植物的な民になるだろう。水瓶座の時代が成熟すれば、これらのことがもっと理解できるようになる。水瓶座の時代は冷たくて、あまりにも底の浅い時代になるかもしれない。深い感情を尊重しない形態が始まるかもしれない。どうか、おぼえていてほしい。きみたちはみな、いままで感情を行動に移すことを選択していたのだ。魚座の時代はつねに深い二元性をおびている。なぜなら魚座は、男性的な力が活性化される牡羊座の時代から、地球上の肉体における多次元的人間を生む水瓶座の時代へと、エネルギーを移行させる変通星座だから。魚座の波動の高い側面はやさしさと思いやりなので、ハートをひらかせる時代だった。もちろん、ローマ帝国は世界を乗っ取る計画をたてたとき、そんな新しい意識を予期していなかった。今日のきみたちの世界も水瓶座の時代のエネルギーを予期していないが、それでも歳差運動によって自動的に変化は起きるだろう。[19]

モーゼの律法は、ニビルの神殿における救世主の誕生を約束していた。きみたち人間はゼロ時点から全面服従の状態におかれる計画だった。しかしわたしの見たところ、きみたちは服従を好まない。**人間は自由をこよなく愛する点で、全銀河の賞賛を集めているのだ。**いま魚座の時代が終わろうとするにあたって、わざわざ聖体拝領のパンとぶどう酒を買いにいく必要はないが、ゼロ時点においてキリスト意識が人類の血統に完全に埋めこまれたことが、ニビル支配を離れるための過去五〇万年でもっとも強力な動きだった、という事実を知っておくといいだろう。なぜかといえば、そもそもゼロ時点はツォルキンの概念であって、ローマ皇帝の概念ではないからだ。

ツォルキン、時の物語を紡《つむ》ぐ

二万五六〇七年前、あなたがたは過去を意識的に記憶し、現在を鋭敏に知り、純粋な意図の力で幸福な未来を生みだしていく、そんな個別化した人間になることを決意しました。ひらかれたハートと健康な肉体、賢いマインドと活性化された魂をもつ人間になろうと意図したのです。当時、あなたがたは世界に溶けこんだ簡素な生活を送っていました。樹木もライオンも自分でした。全世界と、そこに参加している全存在を感じることができたので、分離した感覚はまったくなく、ただ至福を生きていました。ある日、たまたま空を見上げて、自分とはどのような存在か知りたいと思ったのです。そのためには世界のなかにいる自分自身が見えなければなりません。とすれば、自分を客観的に見る必要があります。そこで、世界における自分を知るための長い旅が始まりました。あなたがたはその願いを、天の川の銀河の「時の守り手」であるわたし、ツォルキンにもたらしたわけです。

わたしツォルキンはその思いつきに魅了されたので、要望に応じることにしました。歴史(history あるいは herstory)という名のゲームを作りあげ、人間がゲームの範囲で遊びながら、決めた目標に到達できるようにしました。どのゲームもそうですが、わたしはあなたがた各自の内奥にひそんでいるコードを分析し、それぞれの役割を理解したうえで、目標達成のためにマスターすべき駒の手を計画しました。たくさんの図書館を本でいっぱいにできるほど長い物語です。チェスの対戦とおなじように、最初のい

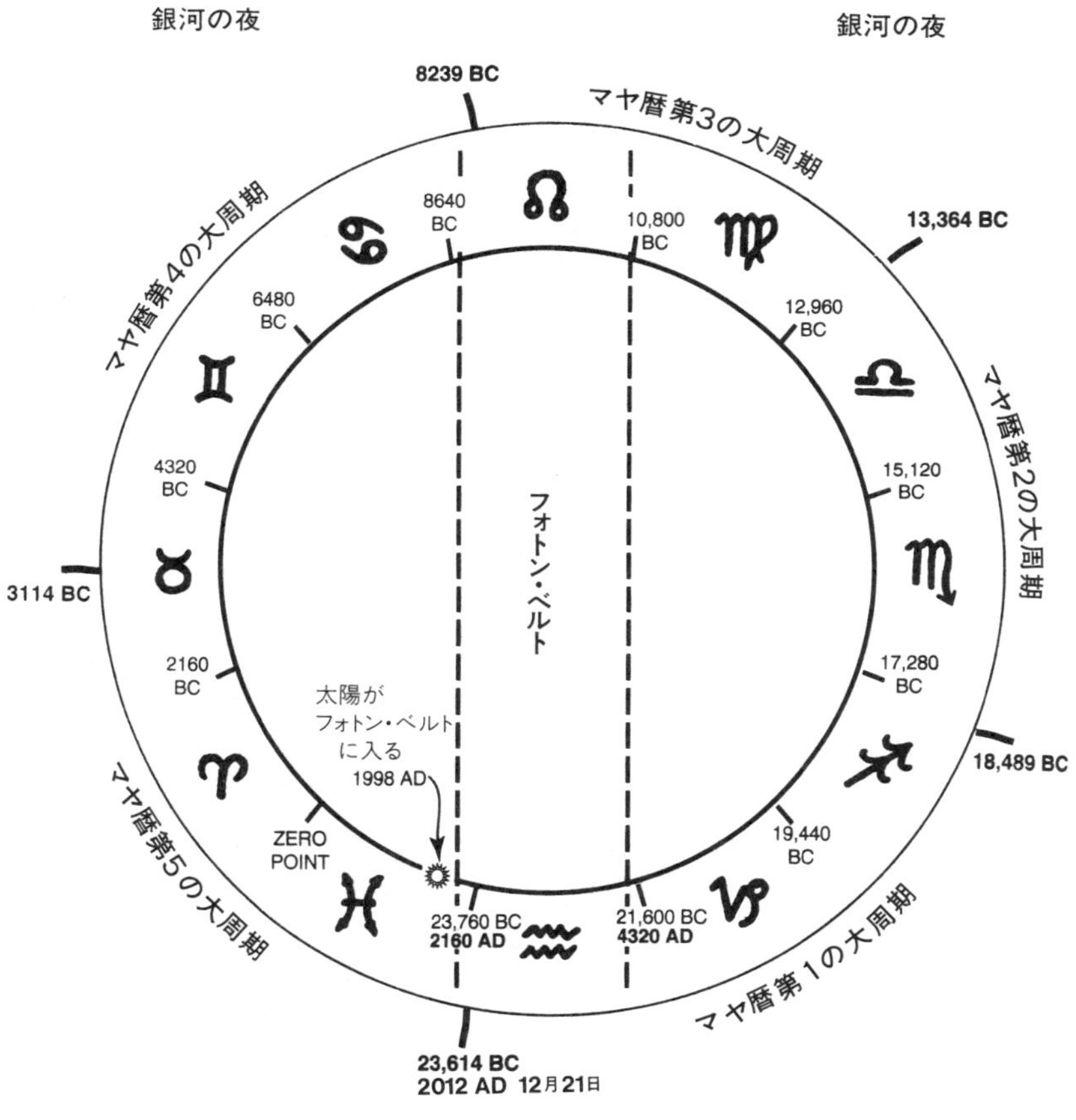

図14　偉大なる時の物語

くつかの手は予測可能でしたから、あまり時間をかけてふり返るつもりはありません。紀元前二万三六一四年から紀元前三一一四年まで、つまり偉大なるマヤ暦における最初の四サイクルの動きと戦略については概要だけにとどめ、紀元前三一一四年から西暦二〇一二年までの第五の大周期を詳細に見ていきます。

第一の大周期（紀元前二万三六一四年―一万八四八九年）　人間は環境のなかに置かれた自分自身を観察しはじめました。ベア（熊）族の岩の祭壇の背景として、洞窟の壁に大きな獣の絵を描いたのはこころです。当時でさえ、あなたがたは生命の錬金薬液である血の神聖さを尊重し、祭壇は動物たちを称えるため赤土で染めあげられました。闇のなかで黙想にふける喜びを見いだした時期でもあります。このサイクルのはじめにあたる、前回の水瓶座の時代（紀元前二万三七六〇年から二万一六〇〇年）は地球がフォトン・ベルト内にあったので、あなたがたはよく洞窟の奥にこもりました。空は目もくらむ稲妻にひき裂かれ、南極と北極から氷原が忍び寄るなか、人間は赤道近くまで移動していったのです。あなたがたが祈りの場所とした洞窟のいくつかは近代になって発見され、観照的な美と芸術的な荘厳さで人々を愕然とさせています。

第二の大周期（紀元前一万八四八九年―一万三三六四年）　人間は進化の歴史における偉大で困難な飛躍をとげました。この時期は脳のイメージ貯蔵庫である視床に多くの深い記憶を残しています。蠍座の時代（紀元前一万七二八〇年から一万五一二〇年）は太陽系が「銀河の夜」のかなたを旅していた時期で、偉大なる空の神々が地球に降りてきました。当時、あなたがたは氏族集団で暮らし、メンヒルを使った世界的な軌道システムによって、かなりの遠距離を移動していました。生活の糧として家畜の大群を放牧しながら、あたたかい季節は海や川や湖の近くで草、木の実、魚などの恵みを享受しました。世界は温暖化しつつあり、すべてが美しく輝いていたのです。地球にやって来た偉大なる神々は、あなた

＊メンヒル（立石）　柱状の巨石を地に建てた遺構。

がたにとってまったく未知の存在でしたが、彼らのほうは人間を知っているように感じられました。偉大な力で地球を利用した空の神々（アヌンナキ）は、人間の内面に生まれはじめた「自分たちは動物と違う」という感覚のひな型になっています。神々は彼らの故郷について、さまざまな物語を伝えました。あなたがたには理解できませんでしたが、はるか遠くから旅してきたことだけは感じとり、やがて北方の氷原の上空にある伝説の源へ帰っていくのだと結論づけました。そしてある日、神々が本当に去ってしまうと、毎年春がきて太陽の輝きが増すたびに、あなたがたは北の空をながめて帰還を待ち、彼らの肖像を岩に彫るようになりました。神々は去る直前に、巨大な岩の複合建造物や位置標識の作り方を教えていき、それによって人間は太陽の旅の終わる位置や、天空における太陽の位置的バランスを知るようになりました。しかし、七世代後の子孫たちは、空からきた神々がそれらの神殿を作ったと考えたのです。

神々は去る前に、月の周期を人間に理解させたいと思いました。月があなたがたの日々の行動を左右しているのがわかったからです。彼らがシャーマンたち（氏族の構成員で人間とプレアデス人の混血種《ハイブリッド》である者たち）に相談すると、喜んで人間の感情について教えました。神々はあなたがたの感情のゆたかさに驚嘆し、シャーマンのほうでは神々がそれを知らなかったことに衝撃を受けました。その瞬間、おなじ状況でも他人が自分とおなじように感じているとはかぎらないという認識が生まれ、個別性という観念が出てきたのです。その経験から、あなたがたは子供たちを観察しはじめ、各自のユニークさを知って驚くとともに、いったいその違いはどこからくるのだろうと考えました。いっぽう、神々も感情について学びはじめました。

神々は月食が起きる時期や、月が昇ったり沈んだりする方角を示すストーン・サークルによって、その周期をたどっていく方法を教えました。人々が月に同調しはじめると、シャーマンたちはストーン・

サークルを使って〝夢時間〟に旅し、植物、昆虫、動物、岩のあいだでかわされる交信について知恵を集め、それらの波動が夜空をめぐる月の旅といかに共鳴しているかを教えました。当時、シャーマンと神々は共同ではたらいていましたが、神々はときどき立ち寄るだけで、氏族の系譜はプレアデスのシャーマン、つまり生まれながらにプレアデスのライトボディ「カー」をもつ先住民によって守られていました。シャーマンはキノコを持ってストーン・サークルに入り、聖なる植物の精霊とともに旅する方法を教えました。そうした植物の精霊は、地球上の特別な場所について教えてくれました。どの谷も山も川も神聖でした。あなたがたはそのすべてが発するエネルギーのきらめきに、自分の名前もすぐ思いだせないほど驚愕したものです。

ふたたび氷原がやってくる前に、あなたがたは地球のエネルギーについてシャーマンから多くを学びました。彼らはさまざまな動物から学ぶことや、自分の能力と本能的知恵を拡大し、マスターすることを教えました。動物はそれぞれ人間の一側面をあらわしています。目はワシ、家はカメ、ハートはクマ、耳はキツネというように。この時期が終わるころには、あなたがたは自分自身を客観的に知り、場所ごとの微妙な差異を感じとり、植物種や動物種のユニークな性質に対する鋭敏な目を育て、シャーマンを尊ぶようになっていました。そこで、わたしツォルキンは、紀元前一万三二〇〇年に時のコードをシャーマンたちに明かしました。語り部として選ばれた彼らは大いなる時の物語をそらんじ、地球における人類進化の偉大な物語を記録するとともに、水晶と丸い花崗岩《かこう》にコードを埋めこんだのです。わたしは紀元前一万八〇〇年に獅子座の時代が始まると、地球はフォトン・ベルトに移行すると教えました。彼らは丸い花崗岩を地表のあらゆる場所に配置し、水晶は各地のメディスン・ケーブと呼ばれる洞窟の奥深く、澄みきった水底に沈めました。それらの石はいまも存在し、各氏族の原初の物語を記憶しています。わたしは子供をひとりひとり調べ、星のコードの保持者を見つけるようにと指示しました。知恵の糸を一本たりとも失ってはならないからです。どの世代にも、この知恵を内なる脳に宿したシャーマンが生まれるはずであり、隠された石にもおなじ記憶が保たれています。いっぽう、惑星ニビルのアヌンナキであると正体を明かした空の神々は、地球の記録をニビルのコンピューターに貯蔵していました。彼らの記録は四次元のものですが、シャーマンの保持する地球のコードは、プレアデスのライトボディを通じて注入されているので五次元です。

神々は紀元前一万四二〇〇年に地球を去る前に、湿地や沼で両生類、昆虫、爬虫類、鳥たちとともに太鼓をたたいたり、ガラガラ音をたてて、銀河の音を聴く方法を教えていきました。この新しい教えはプレアデスのシャーマンにとって非常に難題でした。なぜなら、これはさまざまな星とつながる作業であり、あなたがたはみな、プレアデス以外にも地球に影響をおよぼしている恒星があることを認識させられたからです。アヌンナキの神々がどこか空のかなたに行ってしまうと、あなたがたは輝く姿を見送ったあと、彼らの帰還を願って憑かれたように空を眺めました。彼らの世界の位置を知るために、夜空を動物でいっぱいの川に見たてて地図を描き、彗星や小惑星が空に見えるたび、あの神々に違いないと考えました。**そう、〝現在〟にいられなくなってきたのです。**

第三の大周期(紀元前一万三三六四年―八一三九年)　人間は本当に変わりはじめました。太陽系がフォトン・ベルト内にある時期はいつもそうなのです。空の神々とシャーマンたちは〝場所〟の宿す特別な力について人々に教え、そのエネルギーを強化するために石の神殿を造って、場所を守護している精霊の協力を得る方法を教えました。やがて、かかわりの深い氏族が集まって大きなグループをなし、特定の場所に同化するようになりました。場所ごとの特別な性質が人々に刻印づけされた結果、人間のあいだにも地域ごとの分化が生じ、それぞれ谷の民、湖の民、高原の民、深山の民になっていきました。空の動物たち、つまり黄道一二宮（獣帯）に同調している場所もありました。オオカミにとって特別な場所、あるいはクマにとって、ライオンにとって特別な場所というように。光が変化する春分や秋分、夏至や冬至に、そうした特別な場所で祈る人間が増えていきました。あなたがたは動物という星の教師のなかに自分の内なる世界を見いだしたのです。彼ら動物のガイドは土の領域から吹きあがる旋風を感じ、それが渦を巻いて夜空の星々にまで旅する様子を見ることができました。紀元前一万一〇〇〇年にはプレアデス人とシリウス人とニビル人のあいだに同盟が結ばれました。三者とも太陽系がフォトン・ベルトに接近していることを知ったためです。シリウス人が氏族の系譜の一員として転生できるのは、地球のヴォルテックスが聖地の守護霊によって活性化され、動物たちが星々と共鳴しはじめるときだけです。乙女座の時代(紀元前一万二九六〇年から一万八〇〇〇年)には、ガイアの進化における偉大なめざめが達成されました。それは魚座の時代が終わるいま、あなたがたの感じているめざめと似ています。

　この同盟が成立したのは、オリオンでひらかれた銀河連盟の会議上でした。それぞれの文化に領地が与えられました。あなたがたはいま、紀元前一万一〇〇〇年に到達したレベルにようやく達しようとしています。それはアトランティスが崩壊する直前で、人間はみずからのDNAに関する主権を認められ、多くの存在による影響を受けはじめていました。人間のDNAにはガイアのコードが刻印づけられており、さまざまな領域の知性がそのコードへのアクセスを望んだからです。プレアデス人は選ばれた系譜を通じてあなたがたに教えつづける権利を得ましたが、混血種《ハイブリッド》として転生し、「カー」をもったまま人間の肉体に住まうことはゼロ時点まで許されなくなりました。人間はアルシオネの螺旋の第八星である太陽のもとで瞑想し、「カー」を活性化することによって、みずからプレアデスの至福に到達できるようになる必要があったのです。プレアデス人はあなたがたと過ごすのが大好きだったので、非常に悲しみました。そこで銀河連盟は、彼らがバリ島やタナ・トラジャでおこなわれる「火の輪」において人間と融合し、怖れの克服に関する教師（マスター・ティーチャー）になる方法を教えることを容認しました。

しかし、それ以外の氏族の系譜はすべて、ゼロ時点までは多様な星の教師に公開されることになったのです。ニビル人は転生によって参加する地球上の文化をひとつ選ぶ権利を与えられ、「肥沃な三日月地帯」を選びました。紀元前七二〇〇年に氷河が退いたあと、その地域がエデンの園になることを知っていたのです。

ただ、ニビル人が本当に望んだのはアフリカでした。すでにシリウスの高度な土の幾何学《ジオマンシー》によって発展していたためですが、銀河連盟はシリウス人がひきつづきアフリカを発展させていくことを許可しました。獅子座の時代のうちに、水瓶座の時代にそなえて偉大な知恵をこの地域にたくわえることができるからです。シリウス人は紀元前一万七八〇〇年にスフィンクスを建造していましたが、それが獅子座の時代（紀元前一万八〇〇〇年から八六四〇年）のあいだフォトン・ベルト内を旅する太陽の軌道を定着させ、ひいては地球の記録を守りました。彼らはまた、人間の視床のコードをスフィンクスと大ピラミッドの地下に埋め、はてしなく長いフォトン・ベルトの旅のあいだ守っています。獅子座の時代以降、シリウス人とニビル人とプレアデス人はさまざまに拮抗してきましたが、銀河連盟の記録にしるされた最初の取り決めはごく明瞭なものでした。

紀元前一万八〇〇〇年の直前に、人間、場所の精霊、動物、植物を集めた一連の会議がひらかれました。あなたがた人間はほとんど神といっていいほどパワフルで統合されていましたが、それから奇妙な時期が始まったのです。大地が震えだし、天候は変わりはじめ、あなたがたは非常に不安になりました。予期せぬ方向から強すぎる風が気まぐれに吹き荒れ、稲妻はあまりにも激しく、歩いている者は閃光に足をすくわれるほどでした。あなたがたは空に前兆を読みとり、神々が帰ってくるにちがいないと考えました。実際に太陽系に入ってくるニビルが空に見えたのですが、神々の故郷がニビルであることは忘れてしまっていました。フォトン・ベルトへの進入とともに世界は崩壊しつつあり、獅子座の時代に彼らが降りてきた当時の記憶はほとんど残っていませんでした。大地は震え、身もだえし、天候は予測不能となり、しかもある日、地軸が逆転したのです！　たとえようもなく奇妙な日でした。大いなる風が地を吹きわたり、陽光は変化し、石造りの大神殿の影が移動しました。人間の頭や身体には、たいへんな圧力が加わり、内臓がつぶれて血がたまって死ぬ者がおおぜいが出ました。新たな電磁場が地表に設定され、太陽からのエネルギーはなくなったように感じられました。この大変動を生きのびた生物種はごくわずかです。火山灰の粒子が太陽光線をさえぎったため、地表は長いあいだ薄暗い状態に置かれました。何カ月も降りつづく雨のなか、新しい北極と南極はゆっくりと氷を張り、世界中で海面が上昇しました。そこにニビルが爆風とともに太陽の反対側をまわってきて、神々がシリウス人の領土に降り立ちました。地球上で安定した地域はそこだけでした。[20] エジプト北部は大きな電磁的ヴォルテックスで、銀河の中心とオリオンのあいだの太陽の位置にもとづいて、地球を太陽に同調させていました。ニビル人とプレアデス人とシリウス人は太陽とシリウスのバランスを回復するため、紀元前一万六〇〇〇年に建てられたシリウスの古代神殿跡に、共同で大ピラミッドを建造しました。古代神殿からピラミッド地下に通じる重要な通路は、プレアデスの二万六〇〇〇年周期を安定させるためアルシオネと同調するように作られました。その後、太陽はフォトン・ベルトに進入し、ニビルは太陽系から出ていきました。ピラミッド内部には、シリウス人のもつガイアの記録すべてをおさめる特別な空っぽの部屋が築かれています。

　太陽系がフォトン・ベルトの外に出たのは獅子座の時代の終わり、紀元前八六四〇年のことで、洪水はやっと引きはじめました。蟹座の時代のスタートにひきつづき、あなたがたは**第四の大周期**（紀元前八二三九年―三一一四年）に入り、世界はまったく違う場所になります。地軸の逆転によって大型動物の多くは絶滅し、それまでかなり北方に住んでいた亜熱帯の動物たちも、死に絶えるか南に移動していきました。地球上の人間と生物種はすべて陣痛ともいえる大きな苦しみを味わい、フォトン・ベルトから出たとき、人間の潜在意識には深いコードが刻みつけられていました。視床下部（視床の内部にある精妙な器官）に激しい感情がコード化されており、古代の記憶がよみがえると視床でイメージに変わります。**あなたがたの頭には、昔の大災害の映画を集めたフィルム・ライブラリーが収納されているようなものです。**この刻印づけは、地球が前回フォトン・ベルトを旅したあと洪水が引き、空が晴れたとき内なる脳につつみこまれたものです。そこにはすべてが荘厳な魔法のように出現した新しい世界、まさにエデンの園がひろがっていました。あなたがたは自己の意識をもってあたりを眺め、世界の美しさに驚嘆しました。どこもかしこも生命をゆたかにはらみ、あらゆる境界線が女体の輪郭に見えました。山々は乳房、峡谷は陰部、貝やキノコは唇でした。すべてが女性の身体のように新しい形態を生みおとそうとしていました。

紀元前七二〇〇年にふたたびニビルの神々が訪れたとき、驚いたことに人間は女神崇拝を始めていました。どこを見ても女神という状態でしたが、やがてニビル人は銀河連盟から地球への転生の権利を与えられているのを思いだしました。そこで、彼らはあなたがたと協同で女神の身体を形どった神殿を建造し、男根を象徴する岩でストーン・サークルを作りました。人間はアヌンナキの神々に対して昔のように単純な見方をしなくなっていました。プレアデス人に刺激されて、子供たちを愛し、女性的な芸術と美を愛しはじめていたのです。氷河が北に退いていくと、アヌンナキは巨大な運河システムと水路を築いて「肥沃な三日月地帯」から排水する方法を教えましたが、あなたがたは渓谷や峡谷の地形を変えることを好みませんでした。みな女神の身体を思わせる輪郭だったからです。神々に強制されたように感じました。

つぎに、アヌンナキは特に美しい人間の女性を選んで女神としました。彼女たちをセックスの相手に選び、自分たちが実際に地球の転生サイクルの一員として生まれようとしたのです。これはかつてない事態でした。恒星の存在が転生するときは人間の精妙なからだである「カー」と融合し、子供はシリウス人かプレアデス人との混血種として生まれます。しかしニビルは惑星なので、アヌンナキの神々が子供を作るという形で転生サイクルに参加するには、人間との物理的融合を体験する必要があったのです。神々はこれに成功し(この話は聖書にまで載っています)、その結果、彼らの血は永遠に人間の血の一部となりました。引き換えに、ニナーサグやイナンナなどの女神が遺伝学、植物や種子の改良、動物の家畜化を人間に教えました。地球の女性は人間の知性を向上させたアヌンナキの神々と女神たちに感謝し、生まれた子供の非凡な性質に魅了されました。これは同時に、ニビル人との異種交配によって地球人の遺伝的潜在性を改善したわけです。紀元前七二〇〇年までの異種交配は単にニビル人が生きのびるためにおこなわれ、彼らは人間を実験動物のように扱っていました。しかし、この時期あなたがたが獲得した新しい立場に敬意を表して、アヌンナキは空にそびえたつ巨大なジッグラトを建て、性的遭遇はそこでおこなわれるようになりました。これが地球の女性にセックスにおける苦痛をもたらし、また不適合な種を受精させたため困難な陣痛と分娩を体験させました。

このときまで、地球の男女が出会い、交わるときセックスはごく自然な行為でした。お互いの電磁場と肉体がたやすく融合し、月と太陽と諸惑星の波動がクンダリーニの経路を流れたものです。ふたりは出生天宮図における惑星の親和力によってひき寄せられ、融合はつねにたやすく心地よい体験でした。それに対してアヌンナキとのセックスは強制的であり、エネルギーの親和力がほとんどないため不自然な要素が多すぎました。あなたがたは混乱させられましたが、神々にとってクンダリーニ・エネルギーは新鮮な感覚で、たいへん気に入ったのです。地球上のセックスの味を知った彼らは、男神同士や数すくない女神とも頻繁にセックスをしました(ニビルは非常に父権主義的な惑星だったので、神々の大多数は男性でした。けっして人口過剰にならなかったのはそのためです）。アヌンナキの女神が人間の男性と交わった、という古代の伝説も少数ながら残っています。たとえばドゥムジと交わったイナンナの話です[21]。アヌンナキのからだは金属性ですが、電線に電流が通るように、体内に流れる電気的エネルギーを感じました。今日の男女間のアンバランスはすべて、古代におこなわれた相容れない融合体験がエネルギー的に刻印づけされた結果です。あなたがたの爬虫類に対する嫌悪感も、進化の歴史におけるこの時期からきています。アヌンナキがまとった肉体のほとんどは非常に爬虫類的で、人間の女性と交わることができたのは彼らでした。しかしエネルギーのアンバランスはあまりにも困難だったので、そうした交配から生まれた兄弟姉妹を互いに交わらせ、アヌンナキ遺伝子の純粋性を強化すると同時に、苦痛とストレスを軽減するようになりました。

　現在、あなたがたが男女のエネルギー均衡を回復するには、ふたりのエネルギーのバランスが良く、クンダリーニの力が強く作用しているときだけセックスをすることです。人間が原初から受けついできた貴重な遺産である性的なエクスタシーをとり戻すために、細心の注意を払ってパートナーを選んでください。**すこしでも強制的な性行為は、同性にせよ異性にせよ、神々とのセックスを思いださせます。**アヌンナキが降りてきて女神たちと交わる以前は、女性の身体から星々にまで届く光が発していました。その女体のなかに入った男性は、オーガズムのあいだ星になったのです。神々との性的遭遇は女性の魂を三次元の肉体にたたきこみました。エデンの園における無垢さの喪失とはこのことです。女性たちは多次元との接点である「カー」を失い、セックスか出産のために利用されるだけの肉体に閉じこめられてしまいました。この状況を正すには、オーガズムの最中に「カー」をもういちど吹きこめばいいのです。ミノア（古代クレタ）文化やケルト文化など、アヌンナキの影響をまったく受けなかった少数の文化を除いて、原初の無垢さを失った女性たちは「カー」をからだの外に移行させるすべを身につけています。

アヌンナキは牡牛座の時代、紀元前三六〇〇年に戻ってきて長く滞在し、父権制度をもうけました。自分たち男の神を基本とする世界を作ったわけです。シュメールのチグリス・ユーフラテス川流域一帯に数多くの大神殿を建て、彼らの言語、文字、神殿都市など、ニビル的な理想にもとづく文化を地球にもたらしました。そのころエジプトではシリウスの文化が栄えていました。シリウス人は、ナイル川流域に六次元の聖なる幾何学を表現する文化を築きあげたのです。紀元前三六〇〇年から一六〇〇年まで、シリウス人とニビル人はさまざまな科学技術をもたらし、人間たちと協力して想念を現実化していき、どちらも人間の創造性に驚嘆させられました。紀元前二一六〇年、牡羊座の時代の到来とともに闘争が始まり、あなたがたはみなゼロ時点まで〝力〟というテーマに取り組みました。自分の身体は大きくて力強く、知性は聡明で無限だと感じられるようになると、本当に大切なものをめぐって他人と争いはじめたのです。この時点まではただ各自の願望を拡大し、満たしていくだけでしたが、自分は地球上で本当はどうしたいのかを決定する準備がととのいつつありました。すべてのエネルギーがゼロ時点に向かいはじめました。そのとき、あなたがたは本当に自分らしく生き、望ましい人間関係をもつことにすべての時間をささげるようになるはずでした。ここでゼロ時点を理解するには、まず時間をさかのぼってみなければなりません。

紀元前一六〇〇年ごろ、女性たちのたび重なる苦痛がついに頂点に達し、エーゲ海の真ん中に位置する火山島サントリーニ（別名テラ島）が、尊重されず利用されつづけた女性の怒りと苦しみによって大噴火を起こしました。わたしツォルキンは、はるかな星の故郷であるプレアデス星団のマヤでこの爆発を感じとりました。数千年ものあいだ、わたしはマヤ暦が地球上でさまざまな進化段階をへていることに注意を払わず、大周期の終わりやバクトゥン〔四〇〇トゥンからなる周期。一トゥンは三六〇日〕など、主要な転換点に様子を見るだけですませていました。しかし、女神が土の領域を通じて爆発したとき、あなたがたの世界にふたたび目を向けたのです。これは一九九四年に彗星が木星にぶつかったときとおなじように、わたしの注意を完全にひきつけました。このツォルキンは女神の叫びを感じ、いまこそわれわれマヤ人が地球を訪れて、スネーク・メディスンが確実に使えるようにすべきだと知りました。女神がマヤ人を直線的時空に呼び寄せたのです。

われわれは、西暦二〇一二年までの「時の守り手」の知恵であるマヤ暦を埋めこみ、保護するために、メキシコと中米にオルメカ、メクスカーラ、チョンタルなどの文化を確立しました。われわれマヤ人が地球にやってきた結果、チェスでいえば最後の一手が人間のために残されたわけです。チェスとおなじように弱い駒から順に盤上から消えていき、最後に残るのは王族、つまりあなたがたでした。女性たちは道がひとつしかないことを知っていました。**すべての人々を刺激して、いま体験していることを感じさせるしかないのです。**そこで苦しみと不満、本来の理想への渇望と追求が始まりました。あなたがたは、惑星地球がプレアデスに属する恒星のまわりを運行していることを思いだしはじめたのです。紀元前一六五〇年に女神が爆発したあとは、彼女を守護するミノア文化でさえ、炉辺の戦士でなく破壊の戦士と化した男たちに打ちくだかれました。[22] 聖地は女たちに守られていたにせよ、地球全体が男性エネルギーにつつまれました。女神にできることといえば噴火だけで、そのため非常に怖れられました。男たちはますます女神を虐待し、同時に〝正しい答〟を知りたいという強い願望が地球上に生まれました。すべての問いに対する正しい答を全員が尊重するような、最高のシステムをみつけたくなったのです。全員の知性を支配して正しい答を尊重させようとする戦いから一神論が生まれ、そこからマインドコントロールが始まりました。この新たな課題は、みずからの意図を生きる人間になるための探求をさらに押しすすめました。**あなたがたは、自分の行動はおろか、思考ですら支配できる者はいないことを学ば**

ねばならなかったのです。

人間は邪悪とはなにかを見きわめるため、すべてを試さねばなりませんでした。わたしにいえるのは、われわれマヤ人のように強力に意図し、自分自身の現実を創造する方法を身につけるまでは、それもまた必要だったということです。あなたがたは自分に創造可能なものをひとつ残らず見てみるために、マインドコントロールが強まっていく世界と邪悪な実験を創造しはじめました。

わたしは紀元前一六〇〇年に、〝すでに邪悪を知りつくしていた民〟である仲間のマヤ人を地球に連れてきました。マヤ人は地球上にガイアのハートを保つための儀式を作りました。彼らは邪悪を本当によく理解していたので、あのスペイン人征服者がやってきたとき、すぐわかりました。コルテスの正体を見抜いたうえで、自分たちの地域に吸収したのです。マヤ人は儀式をおこないつづけ、西暦一九八七年にようやくスペイン版黙示録の力は薄らぎました。歴史家や考古学者はアステカ／マヤの民がいけにえを好む野蛮人だという観念を刻印づけてきたため、これを読んで困惑する人もいるでしょう。しかし、いままでのアステカ／マヤ文化の解釈はすべて征服者の報告か、考古学者による碑文や記録の個人的解釈にもとづいていることに気づいてください。わたしツォルキンは、ぜひあなたがたに知ってほしいのです。古代マヤ人は邪悪な行為に関する多くの神秘劇を創作して石や聖典に記録し、〝地球でけっしておこなってはならぬこと〟を人々に教えていました。やってきた征服者は自分たちの行為を劇にして演じているのを見て、独善的にその文化を中傷し、正しいのはこちらだとばかり破壊したのです。こんなふうに考えてみてください。もしマスメディアに描かれる世界がそのままあなたがたの文化として非難されるなら、未来の人間はこの時代の文化をどう思うでしょうか？

わたしが地球にもたらしたマヤの文化は女性と家庭を中心にすえた文化で、太陽の運行にしたがうことで活性化し、「時の守り手」の秘密の知恵を守ってきました。マヤ暦はあなたがたを魅きつけ、光輝く世界を創造させる力を秘めています。マヤ人は「銀河の心」をとてもよく理解し、サイクルの示すままに生きていたので、彼らにとって世界のさまざまな苦しみは四次元の悪い夢のようなものでした。オルメカ文化はさまざまな儀式において栄え、ほかにもマヤから枝分かれした多くの新たな文化が繁栄しました。それでもマヤ人はとても多次元的だったので、三次元が手に負えなくなったとき地球を離れる方法をけっして忘れませんでした。そして煙のごとく消えてしまい、あなたがたにはいまだ真相がわかりません。彼らに聞いてごらんなさい。笑って行く先を教えてくれるでしょう。それから、わたしは紀元前二〇〇年にわが民を刺激して、テオティワカンの古代神殿の跡地に巨大な複合構造物を築かせました。これが、ゼロ時点にニビル人が物理的に訪れるはずの神殿でした。ゼロ時点のテオティワカンに、つまり牡羊座の時代のあと出現する世界にニビル人が降り立つことを知っていたのは、このわたしでした。

時計のぜんまいがゆるむように時間はゼロに近づいていき、だれもが神々を待っていました。世界はとてつもなく異教的、多神教的になっており、世界中のあらゆる神にそれぞれ神殿がありました。わたしツォルキンは、魚座の時代が始まることを知っていました。それは二万四〇〇〇年の進化をへた人間が、もっとも深い感情を処理していく二〇〇〇年間です。つぎにやってくる水瓶座の時代に強烈なクンダリーニ・エネルギーを扱うためには、感情を浄化しておかねばならないのです。そこで、転生した形態をもつ九次元的な人間、つまり完全に人間となったマヤ人を調整して地球に組みこみ、ゼロ時点のあいだその身体に地球の場を保持しておく必要が出てきました。三次元ではまったくはじめての事態でした。その思いつきには、わたしでさえ驚かされました。しかし、あなたがたが意図を生きる人間になるには、まず〝そのような人間を体験する〟べきでした。ですからキリストが地球のテオティワカンに連れてこられ、同時にパレスチナで物理的に誕生しました。キリストのライトボディ「カー」はテオティワカンに埋めこまれ、そこで彼が九次元すべてを地球の場に織りこむとき、おおぜいの星の代表者が協力できるようにしました。本当は、キリストは地球の九つの次元それぞれにやってきています。メキシコに埋めこまれたのは彼の八次元の形態、すなわち銀河の構造を扱う形態です。テオティワカンには太陽のピラミッド、月の神殿、「ケツァールの蝶」の神殿、「羽毛ある殻」の神殿など多種多様な神殿があり、それらが九次元すべての形態を保持しています。[23]

二次元の土の領域によって三次元と鉄クリスタルが結びつけられている場所は、太陽のピラミッドの地下にある五部屋の神殿で、もとは紀元前二万三六一四年に建てられたものです。「ジー」と呼ばれるこの洞窟部屋は、エジプトの大ピラミッドの地下室に相当します。どちらもプレアデスの女神の神殿なのです。西半球全体にとって、九次元の垂直軸はテオティワカンの地下洞窟の「ジー」から発しています。垂直軸はそれらの部屋において直線的な時空に移行し、洞窟の中央には四次元の元型的守護者たちが集い、その上の五つの次元は日光の角度によって太陽のピラミッドの中心にフォーカスされ、五次元から九次元のエネルギーをもたらしています。城塞はアヌンナキ・パワーの構造物であり、「ケツァールの蝶」の神殿はプレアデス人のものです。シリウス人は太陽のピラミッドそのものによって教え、アンドロメダ人は「羽毛ある殻」の神殿から教え、オリオンの銀河連盟は月の神殿から教え、九次元の時の守り手たちは死者の大通りから教えています。かくて活性化された神殿構造物全体が、西暦二〇一二年まで生きつづけるのです。

キリストはどこからやってきたか、このツォルキンが教えましょう。彼は銀河の中心から来た存在で、だからこそ、われわれはテオティワカンに彼の神殿を建てたのです。いま、われわれの暦が地球の各地に出現しているように、キリストはゼロ時点において地球のあらゆる場所に出現しました。わが民、マヤ人とアステカ人は、スペイン人が想像できるかぎりの恐怖と凌辱を生みだすことを許しましたが、マヤ人はすでに宗教裁判を通じて人間というものを知っていたのです。あなたがたがキリストを理解していないのは明らかでした。いままで**人間**がどのような**想念**を**展開**させることも**許**されたのは、**時期**が**到来**したとき**コンピューター**と**携帯電話**ばかりの**部屋**ではなく、**楽園**を**選択**するようになるためです。したがって楽園を思いだすまでは、流血から生まれたプラスチックとメッキの世界にとどまるでしょう。いま、あなたがたの多くは過去になにがあったのだろうといぶかり、非常に大きな計画が存在することに気づきはじめています。絶望しないでください。このツォルキンが多次元の回廊をひらきましたから。わたしが垂直軸を保持するためテオティワカンに築いた形態は、きたるべき諸力に対処できます。その形態が二〇〇〇年のあいだ、地球を変換しつづけてきたのです。アステカ／マヤの民は毎年春にこの地に戻り、エネルギーを受けとっています。テオティワカンがゼロ時点においてエネルギー調整されたのは、西暦二〇一二年まで地球の場を加速するためでした。そして、ゼロ時点以降の三つの決定的な日時（九九九年、一九八七年、一九九九年）を処理する地域として選ばれたのです。

ゼロ時点以降のおもな出来事でまずわたしの注意をひいたのは、西暦九九九年、場所はバチカンでした。千年王国の興奮はローマ帝国崩壊後、暗黒時代をはさんで初期の中世ヨーロッパが誕生しつつあった九八〇年から高まりはじめ、人々は自分をあおるようにして狂信の波にのまれていきました。農地も家族も家畜も村もなおざりにされました。彼らはきたるべき黙示録の世界を説く預言者たちに駆りたてられて熱狂し、西暦九九九年一二月三一日の真夜中に世界が終わると信じるようになったのです。ローマカトリック教会も終末論の熱狂を奨励しました。もう時間がほとんど残っていないと思えば、人々は献金額を増やしたからです。形成しつつあるヨーロッパの全域で、みずからを鞭打ちながら世界の終焉を叫ぶ苦行者や狂信者が町にあふれました。子供は放置され、女たちは肉体を勝手放題にし、戦争と疫病がひろがり、現実はどこから見ても、まさに「ヨハネの黙示録」に書かれたとおりの世界になってしまいました。そして九九九年、だれもが終末を待ちうけたのです。

＊**千年王国**　キリストが再臨して千年にわたり地上を統治するという教え。千年至福説。

わたしツォルキンは、この狂乱状態に驚きあきれました。そしてすぐ、チェスの駒の多くはすでに盤外にあり、残された少数の主要な駒が最後の手を打とうとしているのに気づきました。わたしの暦が正確であることはわかっています。なにしろ紀元前二万三六一四年からずっと地球上の生を反映してきたのですから。わたしは完全に信念だけを根拠としたその破壊的なうねりを観察し、あなたがたについて多くを学びました。九九九年一二月三一日、教皇シルヴェステルは枢機卿全員をバチカンに集めて真夜中を待ち、民衆もみな村ごとに司祭や司教を囲んで集まりました。なにも起こりませんでした。嵐も、彗星さえも。もちろん、わたしは笑いながら見物していました。ヨーロッパの人々が自分たちの暦の誤りに気づくには、この体験が必要だったのだろうかと思ったものです。そのあと、なにもかもきれいさっぱり忘れていましたが、一九七二年にあなたがたの世界で大いなる太陽の活性化を感じ、語り部たちがわが名を呼ぶのを聞きました。

一九七二年、わたしは狂信的原理主義が世界をつかむ様子を見ながら、九九九年の出来事をすべて思いだしました。やはり、いとわしい誘因が当時のキリスト教徒の魂の奥底に横たわっていたのです。彼らは九九九年に世界が終わるということに、ほとんど性的な興奮をおぼえていました。終末を渇望したのは、自分の問題をまったく解決しないですむからです。その魂の根底には、地球に対して責任をもつぐらいなら、むしろ死にたいという願望がひそんでいました。みずからの未解決の感情がゴミの山をなし、そのなかで窒息しかけていた彼らは、他人を家畜の餌のように利用しました。われわれマヤ人は彼らを吸収しつづけたのですが、それでもゴミと荷物はどんどん増えました。やがて彼らはさらに強大な武器や巨大な都市を築き、自分たちを幾重にもつつんでいきました。みずからの内なる空虚に気づくことを避けるためなら、なんでも消費しました。

西暦一五二一年から先、キリスト教徒は神の名において土地と民を貪欲に食い荒らし、抑圧された内なる力を思わせるものはすべて破壊したあげく、ついに彼ら自身が火の嵐と化したのです。原子力まで手にしなければ気がすみませんでした。わが民、マヤ人はそれを見守り、計日係は暦の推移を忠実に記録し、女たちは一三という数字とマヤ暦の二〇日周期を忘れないために紋様を織りつづけました。一九八七年八月一七日に世界が変わることを知っていたからです。マヤ暦は彼らに無限の忍耐力を与えました。二万五〇〇〇年をへて、光の時がもうすぐやってくるのですから。わたしは一九七二年からマヤのシャーマンや教師を通じて各方面に信号を送り、一九八七年には略奪者の力は失われ、民は光を思いだすであろうと伝えはじめました。その時は刻々と近づき、儀式の準備が始まりました。人々がぞくぞくと集まってくるなか、わたしは世界中の教師たちと協同作業をおこないました。この活性化は「網」、すなわち終末論を説く原理主義を突きやぶるほどパワフルでなければなりませんでした。聖なる岩々は時の物語の波動を発するようになり、あらゆる場所で人々は時が近づいていることを思いだしました。教師たちは岩の民の秘密を人々に明かすよう命じられました。わたしは九九九年にあなたがたを本当によく観察したので、一九九九年にふたたび訪れる千年王国の狂気のうねりにどう備えるべきか、わかっていました。二万五〇〇〇年のあいだ、各地でヴォルテックスと旋風を守ってきた古代のパワー・スポットを、すべての民の手で活性化しなければなりません。それも、一九八七年から一九九二年までじゅうぶんなエネルギーを保ち、終末論的信念構造をすべて白日のもとにさらすだけの大規模な活性化が必要でした。

地球に対する感情ではなく、信念体系にもとづいて生きている者は、一九九二年八月一七日までにひとり残らず正体を暴露せねばなりませんでした。地球に住む混血種の星の民全員が彼らを認識する必要があったのです。もし彼らが望むなら、星の民が導きを提供するために。あなたがたの知性の環境であるこの世界は、一九九九年にむけて、またもや黙示録にもとづく終末論の狂乱をつのらせていくでしょう。それも今回は全地球レベルになります。世界各国に狂信的原理主義者が育ち、二〇一三年以降の地球において絶対に意図してはならないことはなにか、すべての教師が厳密に理解していくでしょう。一九九二年までには原理主義者たちが政治体制にも学校教育にも浸透し、マスメディアで叫んだり、わめいたり、泣いたりして見せ、さらに多くの土地を奪い、世界中に暴力と伝染病と騒乱を増やしているはずです。そして、みずからをマヤ人とみなす者たちの目が一部始終を見守っているでしょう。当のマヤの地では、なにもかも変わります。一九九二年以降はマヤの先住民がふたたび自分たちの国をとり戻すでしょう。そもそも彼らが民のハートを保持しているのですから。また、表面的に政府が存在しようとしまいと、伝統の守り手が国家の政治的側面を運営しているはずです(24)。それ以外の世界では、どこもかしこも終末にむけてさまざまなドラマがふくれあがり、原理主義的ニューエイジャーまであらわれて、「選民」を救済するために宇宙船がやってくるといいだすでしょう。

すべては一九九九年をめがけて高まりつづけ、バチカンでは教皇と枢機卿たちが巨大なテレビ画面とラジオの同時中継を準備し、ニューエイジャーは「ライト・ネット」を見ながら異星人による救助隊のニュースを期待するでしょう。〝真の信仰者〟はみな、そのときを待ちうけます。九九九年とおなじように世界経済は崩壊し、病気と無秩序がはびこっても、世界の終焉をひたすら待つ民衆はだれも気づかないでしょう。そして真夜中になり、静かに雪が降るだけでなにも起こらないまま夜が明けて、はじめて人々は地球を大切にする必要にめざめるはずです。終末論的信念の除去は、きわめてつらい体験になるでしょう。地球よりも信念のほうに関心を払うことをやめなければなりませんから。

翌朝、人類はいままでの自分たちの行為をふり返り、深い恥ずかしさと悲しみの波に洗われます。黙示録的世界を作りあげた連中はみな疲労困憊しており、千年王国の狂気にかかわらなかった者の声がまた尊重されるようになるでしょう。もう一三年しか残っていないので、人々は急いで集結し、協同作業のやり方を思いだそうとします。そして地球と取り組むための共同体が形成されます。二〇〇一年に太陽が完全にフォトン・ベルトに入ってしまうと、生きのびた者にとって地球上のエネルギーはとても調和のとれた純粋なものになっています。古代の叡知が全面的に入手可能になり、人間はみな思考によって現実を創造する方法をマスターしていますから、あなたがたは驚異的な情報源と記録に恵まれるでしょう。二〇〇一年から二〇一〇年にかけて人間は世界を再建し、そこに邪悪なものはまったく含まれません。邪悪とはなにか、一点の疑いもなく理解していますから。二〇一〇年から二〇一二年の末までは、浄化の儀式によって宇宙のパーティにそなえるでしょう。春分と秋分、夏至と冬至の儀式は全世界でおこなわれ、地球上でけっして創造されてはならないことを決定するときは、集団でひとつひとつ検討するでしょう。そして西暦二〇一二年の冬至、あなたがたは「光の時代」を祝す宇宙のパーティに出席し、つぎの二万六〇〇〇年はどのような世界にするか、ガイアと共同で意図を設定できるようになっています。

付録

〈付録A〉一九七二年から偉大なるマヤ暦が終わる二〇一二年一二月二一日までの占星学上の推移

太陽系に属する惑星と月たちは太陽のまわりを公転しながら、お互いのあいだに、また太陽とのあいだにさまざまな角度を形成します。そのパターンが太陽および太陽系の意識、すなわち「太陽の心」を構成しているのです。太陽はシリウスとふたごの関係にあり、シリウスはプレアデス星系よりも複雑な幾何学秩序をそなえた星系です。西暦一七八一年(天王星が地球人に発見された時期)、シリウス人が幾何学的透視能力によって気づいたのは、地球が一九九八年から二〇一二年にかけて純粋な愛とキリスト意識の次元に上昇するという、銀河連盟の記録に予定されたプロセスが危機に瀕していることでした。せっかく天王星の強力な変革コードにアクセスできるようになったのに、なぜ地球人が弱々しく混乱した反応しか見せないのか調べてみたところ、人間の進化のペースが遅すぎて、そのままではマヤ暦の終わりまでにDNAの主権を全面的に確立できそうにないのでした。

ボブ・フリッセルがチャネルしたドランバロ・メルチゼデークの情報によると、シリウス人が見たところでは、一九五〇年から三年おきに太陽より一連の光の螺旋が発射され、地軸の揺れを増大させていたのですが、太陽系はまだ予定されたエネルギー加速の準備ができていないようでした。[1] 一九七二年には、この動揺にくわえて太陽系全体がフォトン・ベルトに適応しはじめたため、地球は地軸逆転の重大な危機にさらされました。

ひとは諸惑星の推移《トランジット》のなかにあるエネルギー的な可能性に取り組み、自分の意識を進化させることを選択できます。さまざまな惑星の推移は太陽のもたらす成長能力を表現しているので、惑星のパターンにしたがって自分の意志と最高の潜在能力を活性化できるのです。各個人がそのときどきの推移に対応していくなかで、文化全体の動きも形成されます。わたしは占星学者として三〇年近い経験をもちますが、集団意識のシフトが起きるときはまず例外なく、それだけの成長能力を示す異例の天体パターンが存在します。ですから、人類が二〇一二年末に新たな進化レベルに到達するというマヤ暦の内容が正しいとすれば、諸惑星の推移もその可能性を反映しているはずです。そうでなければ、わたしとしては飛躍が起きるとは考えにくいのです。

個人的にも集団的にも現在進行している意識のシフトは、実際にはマヤ暦の第一二バクトゥン（西暦一六一八から二〇一二年）とともに始まりました。ホゼ・アグエイアスはこれを「物質変容のバクトゥン」と呼んでいます。[2]この変容が始まると、一七八一年に天王星、一八四六年に海王星、一九三〇年に冥王星と、三つの外惑星が発見され、一九七七年には小惑星のキロンもみつかりました。これらの発見はマヤ暦の最後にとてつもないことが起きている兆候です。わたしはハーモニック・コンバージェンスのような重要な出来事を調べるとき、惑星全部と月、恒星、さらにはパルサーやクエーサーといった天体の状態も見ます。[3]ここでは一九六〇年代から二〇一二年末までの期間について、冥王星、海王星、天王星、キロンの動きを見ていきます。これらの天体は運行周期が長く、主要な進化のパターンを支配しているためです。それに、一九九三年の天王星と海王星のコンジャンクションにおいて重要な役割をはたした土星も加えます。ゼカリア・シッチン著『人類を創成した宇宙人』に出てくる惑星ニビルらしきものが観測されたのは一九八三年でしたが、公式発見も間近だとわたしは考えています。それもまた、この時期の重要性を示す材料になるでしょう。[4]

まずは一九七二年から検討を始めます（二〇一二年に多大な影響を発散しそうな要素は六〇年代の動きにもふれていきますが）。この年の三月二一日から二四日に、冥王星が天秤座の0度でフォトン・ベルトに入っていた可能性があるためです（〈付録B〉参照）。一九七二年は、なにか異常なことが近づいているという感じを多くの人が受けていました。太陽活動の増加も一因です。この年の八月初旬に大規模な太陽面爆発が起きたとき、マスターたちの故郷である木星は銀河の中心とコンジャンクションになり、これらの緊張をはらんだオポジションが太陽系から銀河の心に不穏な信号を送っていました。

この分析は各自が進化していくための道路地図として利用できます。サティアがいうように、〝宇宙のパーティには道順を知っていたほうが楽にたどりつける〟でしょう。一九七二年八月から一九七九年までは、外惑星の極端に強力で緊張をはらんだアスペクトはほとんど見られませんでした。強力で緊張をはらんだアスペクトとは、一九六五年から六六年にかけての天王星と冥王星のコンジャンクションのようなものです。このときは深層におよぶ時限装置つきの影響力が文化全体を貫き、天王星が冥王星とオポジションになる二〇四六年まで、えんえん

***パルサー**　電波やエックス線、可視光などを規則正しくパルスとして放射する電磁天体。

***クエーサー**　準恒星状天体、準星。みかけは恒星に似るが、強い電波を発する銀河系外天体。

と人々の潜在意識を導いていくほどのパターンを確立したのです。六〇年代の「フラワー・チルドレン」に顕著にあらわれたこのアスペクトは、きたるべき〝大変化〟の最初の社会的前兆でした。一九六五年から六六年のこの重大なコンジャンクションの影響力は、マヤ暦のちょうど幕切れに発散されることになります。天王星と冥王星は二〇一二年六月二四日に一回めのスクエアを形成し、同年九月一九日に二回め、そして翌二〇一三年五月二一日が最後の三回めで、これらのスクエアによって六〇年代の爆発的な創造性が解放されるでしょう。

　六〇年代に大きな影響を与えたのは、一九六二年から六四年にかけて土星が水瓶座を通過したことです。それはミュージカル『ヘアー』が示すように、きたるべき水瓶座の時代の波動がはじめて感じられた時期でした。土星はそのあと一九六四年から六七年まで魚座に入り、霊的な覚醒をスタートさせました。そして、土星がつぎに水瓶座と魚座を通過した一九九一年から九六年には、霊的覚醒が再浮上したのです。なぜここで六〇年代における土星の水瓶座・魚座通過に言及したかというと、このふたつの星座を土星が通過した一九九一年から九六年は、これから天王星と海王星がやはりこの二星座を通過するときの、いわば予行演習だったからです。天王星は一九九六年から二〇〇三年に水瓶座、二〇〇三年から二〇一一年には魚座に入り、海王星は一九九八年から二〇一二年に水瓶座、二〇一二年から二〇二六年に魚座に入ります。これらの時期に土星の予行演習期の感触を思いだすことができれば、天王星と海王星が水瓶座・魚座を通過するさいの大荒れと混乱にも対処しやすくなるでしょう。

　七〇年代にもパワフルな惑星の配置はたくさんありましたが、一〇年間の大半はバランスをたて直す時期でした。天王星と冥王星はほとんど天秤座に、海王星は射手座にとどまり、キロンは牡羊座をゆっくり通過していました。キロンが発見されたのは一九七七年ですが、最初は高度な訓練を受けた者だけがその力強さを感じていたにすぎません。天王星と冥王星のコンジャンクションによる激しい一〇年のあと、比較的おだやかな夜空にほっとさせられたものです。

　一九七九年一月に冥王星が海王星の軌道より内側に入ると、決定的飛躍への大きなエネルギーが与えられました。これは冥王星の奇癖により二四九年ごとに二〇年にわたって起きる現象で、一九九九年の春分までは、海王星が太陽系のいちばん外側の惑星になるのです。冥王星の発見は一九三〇年ですから、海王星より内側を運行するのは観測史上はじめてというわけで、**この影響ははかり知れないものがあります。**冥王星は実在する種の生存

＊アスペクト　地球から見て、黄道上で２個の惑星（または冬至点など）のあいだに形づくられる角度差。占星学上おもなアスペクトは、コンジャンクション（0°）、オポジション（180°）、スクエア（90°）、トライン（120°）など。ふつうはある程度の許容範囲（オーブ）をもつ。また３つ以上の惑星でつくられるアスペクトには、Ｔスクエア（ふたつの惑星が180°になり、そこへＴ字型にもうひとつが90°に位置する）や、グランド・トライン（３つが正三角形にそれぞれ120°に位置する）などがある。

にかかわる深層意識の感情探究をつかさどります。したがって、冥王星がはじめて認識された時点から第一回めの公転サイクルを終えるまで、つまり一九三〇年から二一七九年までの時期は、わたしたちがいかに生きのびるかという問題が最前線に押しだされます。原子爆弾が出現したのも冥王星が発見された直後であり、人類のもっとも暗い力をあらわにしました。わたしたちの深奥の衝動として内在する真の意識変革の可能性は、六〇年代なかばにおける天王星と冥王星のコンジャンクションの時期、多くの人々のなかで明確になっていました。そして一九七九年に冥王星が海王星の内側に入ると、その深奥の衝動が海王星の霊的な潜在力によって強化されたのです。

海王星はというと最初に観測されたのは一八四六年で、そこから太陽をめぐる最初の公転サイクルは二〇一一年に完了します。これは海王星がマヤ暦の終わりに作用する主要な力であることを示しています。海王星は霊性にアクセスする過程をつかさどる惑星で、一八四六年から一九七九年のあいだに魂レベルで活性化したため、人間はそれぞれ霊的な力をもとめるようになりました。自分の感情体が不活発で曖昧であることに気づき、感情をいきいきさせる必要性をおぼえたのです。このプロセスは、一九八四年に海王星が山羊座に入るといっそう激しくなりました。それでもまだ圧力が足りないとでもいうように、一九八八年から九一年まで土星、天王星、海王星がつぎつぎと山羊座を通過し、本物の霊性を望む気持ちがさらに強められました。こうした感情の成長とカルマ的な成熟が、やがて一九九九年に次元のポータルを爆発的にひらき、冥王星は射手座において海王星の軌道の外側に戻り、感情の自由を誘発するでしょう。冥王星はあなたがたに、太陽神経叢のブロックをはずして勇気を抑制していたエネルギーを浄化するようはたらきかけます。そして海王星が冥王星の軌道より内側にいるあいだ、意識の霊的な側面に冥王星の生存コードが浸透するのです。この明晰さによってあなたがたは千里眼となり、思考による現実の創造を学んでいきます。**生きのびるために霊性が必須であることを認識していくのです。**

冥王星が海王星の内側を運行する一九七九年から一九九九年には、霊性が強まって生活に不可欠な部分になるでしょう。これは暦の段階に照らして検討しなければなりません。このシフトは軽く高い波動を地球にしっかり定着させるので、マヤ人の記述した大いなる霊的上昇（アセンション）を強くうながします。海王星より内側に冥王星が入るというのは、人々があらゆる状況に霊的な意味をもとめ、その能力をひらくために、隠された暗い感情にひそむブロックを浄化していくことを意味します。また、冥王星は一九八三年から一九九五年末まで蠍座に入っていましたが、これは一九三〇年に発見されて以来はじめて自分の本拠地に戻ったわけです（冥王星は蠍座の支配星）。**外惑星はみな、マヤ暦の終わり近くにみずからの本拠地を通過していることに注目してください。特に海王星と冥王星は、発見以来はじめてなのです。**冥王星が蠍座に入ると深層意識がさかんに浮上し、自分の感情の奥底を探っていくことになります。結果として、あなたが本当に正直に生きるようになっていれば、冥王星が射手座を通過する一九九五年から二〇〇八年のあいだに、つちかわれた統一性が霊的な才能へと美しく成熟するでしょう。そうした霊的な強さを体現した者は、冥王星が山羊座に入る二〇〇八年から二〇二三年には九次元の人間になります。もはやシャーマンの本を読んだり、彼らに師事して学びたいとは思わないでしょう。自分がシャーマンに〝なる〟のですから。一九九九年、冥王星が射手座において太陽系のいちばん外側の惑星に戻ったときこそ、**完全な統一性が要求されます。**統一性をもたない者たちは独善的に終末論を信じる原理主義者となり、一九九九年最後の数時間、千年王国の到来をはなばなしくお膳立てするでしょうが、心配はいりません。木の下にでもすわっていてください。すぐ終わります。

八〇年代における外惑星の動向は愕然とするほどパワフルでした。射手座と山羊座で土星、天王星、海王星があいついでコンジャンクションになったためです。紀元前五〇〇年からいままでに、土星と天王星と海王星が足並みをそろえて天空を旅したのは西暦一三〇七年だけです。しかも当時、冥王星は海王星の内側ではありませんでした。八〇年代から九〇年代にかけての推移ほど強力なものは、過去二万五〇〇〇年、いや過去一〇万年を見てもおそらくないでしょう[5]。

一九八四年一月に海王星が山羊座に入ると、じつに不吉な変化の前兆が感じられました。この配置が特に時代を形づくる役割をはたしたのは、山羊座が〝構造そのもの〟の形成をつかさどるためです。一九八四年がどんな感じだったかおぼえていますか。ジョージ・オーウェルの小説『一九八四年』のように、きっと科学技術が霊性をうち負かしてしまうだろうという感覚があり、いっぽうで冥王星は蠍座に入ったばかり、海王星は山羊座にあって各自の感情と心の探求が重苦しかったものです。しかし、感情の扱い方を学ばないかぎり、けっして悟りは得られないことを多くの人が認識した年でもありました。だれもが感情体の探求に没頭したものです。フォトン・

＊**外惑星**（outer planets）　太陽系のなかで、外方の軌道を公転する惑星のこと。占星学において、外惑星の動きは時代の特徴をあらわすとされている。

ベルトに進入する一九九八年には、まさにそれを扱う必要が出てきます。一九八四年当時、あなたがたの多くは重苦しいものの到来を感じつつ深い内省に入り、自己変革を真剣に考えるようになりました。

　八〇年代は、なにも純粋には楽しめない時期でした。自由奔放なセックスと華やかで遊び心にあふれた科学技術の七〇年代とは違っていました。地球の状態が住人すべてに影響をおよぼすという認識が生まれたのも、八〇年代に入ってエイズや免疫不全、ガン罹患率の上昇が一般的になってからです。このころ天王星が射手座を通過中だったので、人々は創造性と霊性の高まりを感じていました。また、冥王星が蠍座に食いこむにつれて、感情のプロセスに大きな意味を見いだしていきました。場の波動が徐々に重さを増し、深く濃密に変わっていくなかで、突拍子もない発想が浮上したのです。ハーモニック・コンバージェンスです。霊的な観念や感情のプロセスに悶々としていた人々に対して、地球は生きており、一九八七年八月一六日と一七日にパワー・スポットに集まって瞑想すれば、地球《ガイア》が彼らの創造性に応じてくれるという考えが提示されました。ハーモニック・コンバージエンスの時期、占星学上では七つの惑星が火の宮（牡羊座・獅子座・射手座）においてグランド・トラインを形成するという、文字どおり爆発的な配置だったのです。六〇年代の爆発で燃焼しきれず、抑圧されたまま深奥にひそんでいた創造性にうながされ、おおぜいの人間が思い思いの聖地で地球のために大パーティを催しました。

　そう、われわれ占星学者はその夏を驚嘆の目で眺めていました。翌一九八八年から八九年にかけて〝山羊座のピンチ〟が訪れることを知っていたからです。しかし、一九八八年にはたしかに土星と天王星がそれぞれ山羊座に滞在したものの、このふたつはおなじ年、射手座の後半に位置するちょうど銀河の中心で、三回もコンジャンクションになったのです。それによっておおぜいの人間が多次元的な認識を貫くようなひらめきで受けとりましたが、この強力なポータルを意識的に活用できる者は少数でした。海王星はすでに山羊座にあり、土星と天王星は一九八八年二月、射手座における最初のコンジャンクションの直後に、そろって山羊座に入っています。これは重い扉が閉じるような感じでした。おなじパターンがこの年、さらに二回くりかえされたわけです。なかにはこの多次元的可能性をかいま見るため、自分のなかに故郷をつくるスペースが必要だと感じ、みずからの感情体に取り組みはじめた人々もいます。当時、あなたがたは展開しつつある一大神秘劇の深遠さ、壮大さをうすうす感じていましたが、山羊座のエネルギーがあまりにも重く、はたして耐えられるだろうかと危ぶんだものです。

われわれ占星学者はそれが構造的錬金術の試練のはじまりで、ほんの序の口にすぎないことを知っていました。一九八八年の二月から一九九一年二月まで、土星、天王星、海王星がすべて山羊座に入る予定でしたから。さらに一九八九年には、土星と海王星が山羊座で三回もコンジャンクションになりました。**この三つの惑星が山羊座を通過することで、ひとりひとりのなかに否定しようもない霊的変革の乗り物が鋳造されたのです。**ただし一九九六年までは山羊座による構造的負担がたいへん強いため、あなたがたの多くはまだ本当の可能性について緊張感をおぼえています。そう、九六年に天王星がすっかり水瓶座に入ったときが見物です。六〇年代やハーモニック・コンバージェンスを彷彿《ほうふつ》とさせる事態が展開しますが、こんどはマヤ暦の終わりまで運んでくれる霊的な乗り物ができていますから、天王星と海王星が水瓶座と魚座を通過していくときに解きはなつ可能性を定着させられるでしょう。

　霊的な乗り物を鋳造する最終工程は、一九九三年いっぱいかけて天王星が海王星と三回コンジャンクションし、土星が冥王星と水瓶座で頻繁にスクエアを作ったことでした(6)。そのあと天王星と海王星は九四年から九五年まで寄りそうように旅をつづけましたが、頂点は一九九四年一月一一日、新月の日に太陽、月、水星、金星、火星、天王星、海王星が山羊座でコンジャンクションになったときでした。これだけの天体がすべて山羊座のなかで最大11度しか離れていなかったのです。しかも冥王星は北の月節《ノース・ノード》とコンジャンクションをなし、南北の月節《ノード》が土星とTスクエアを作るというアスペクトで、地球全体の種の保存を促進するために、おのおのの魂を訓練せよという究極の圧力がかけられました。

　太陽がフォトン・ベルトに進入する一九九八年にそなえて、人間を〝感情的・霊的に〟準備させるには、たしかにこのような惑星の配置が必要なのです。しかし〝肉体〟の活性化も忘れてはなりません。まず、一九九九年の春分にふたたび冥王星がいちばん外側になると、感情体の浄化にもとづく肉体の進化が始まるでしょう。肉体的な変換のために計画されたもうひとつのサイクルは、すでに一九九四年三月一四日に始まっており、これについては〈付録C〉で解説します。また、一九九五年の最初の数カ月には冥王星が射手座に、天王星が水瓶座に入って人間のエネルギーを大きく加速させました。いまや、すべてがスピードアップしています。その傾向は冥王星が射手座にある一九九五年から二〇〇八年のあいだにいよいよ強まり、その結果、各自の内面の変革が社会全体へ解きはなたれるでしょう。一九八三年から九五年にかけて冥王星が蠍座にあったとき噴出した深奥の自己が、ここで解きはなたれるのです。**あなたがたは意志をもちいることで、自分の感情にもとづいた行動がとれるようになります。**一九九六年一月に天王星が水瓶座に入ると、だれもが水瓶座の時代の波動の息吹きを感じるでしょう。まるで噴火寸前の火山か、後足で立ちあがって駆けだそうとする馬、心の欲するままに生きる放蕩者のような気分になるはずです。**だれが、なにが邪魔していようと、とにかく未来の自己イメージになろうとします。**

すべてが加速していきます。もうなにも、もとに戻ることはないでしょう。キロンは一九九六年二月一四日に太陽に最接近し、さらに発見されたときの観測位置のちょうど正反対にくる九七年から九八年にかけては、医療における技術至上主義《テクノクラシー》を一掃するでしょう。自然療法と逆療法のどちらを使うか選択できるようになり、長年の戦いはついにあなたがたの勝利に終わります。人類は生存コードを理解するからです。**もう二度と、だれにも自分の肉体を支配させることは許さないでしょう。**一九九六年四月に土星が牡羊座に入ると、人々は自分のなかに大いなる戦士の力を感じます。いつかはこのスピードと圧力が弱まるだろうかと思案しますが、答はノーです。でも、あなたがたも負けずに加速して、外惑星と同調していくのです。一九九三年に天王星と海王星がコンジャンクションしたとき、この加速にそなえて乗り物を作ったのですから。海王星は一九九八年に水瓶座に入り、天王星とともに二〇〇三年まで水瓶座を運行します。そのあいだ冥王星は射手座にとどまります。山羊座の配置の影響力は解かれ、あなたがたはフォトン・ベルトにますます深く進入しながら、星の上で暮らしているような感じを味わうでしょう。

キリスト教の終末論を信じる原理主義は一九九九年一二月三一日の真夜中に頂点に達しますが、**世界は終わりません。**それを認識することが大きな癒しになるでしょう。キロンと冥王星がぴったりとコンジャンクションし、われわれに深遠な癒しを贈ってくれます。また、歴史上のこの時期キリスト教を支配している海王星が、南の月節《サウス・ノード》とコンジャンクションになります。かくて強迫観念的なキリスト教信念体系は終焉を迎え、かわりに多くの人々が内なるキリストを〝感じる〟でしょう。水瓶座にある天王星と海王星がきたるべきニューエイジの探求を助けてくれます。二〇〇三年に天王星は魚座に入り、意識的に信念をひとつずつ手放していく作業が始まるでしょう。そのころにはみな、支配体制に利用されていた信念は地球破壊につながることを悟っているはずです。

冥王星がいちばん外側の惑星として射手座にあり、キロンは山羊座という配置は、各自が九つの次元につながるテクニックを発見していく助けになるでしょう。そのあとキロンが二〇〇五年二月に水瓶座に移ると、傷ついた社会を癒すための新しい方法が浮上します。二〇〇六年から二〇〇七年にかけて冥王星は銀河の中心とコンジャンクションをなし、それが人々にとって銀河の心にいたる純粋な扉の役割をはたします。つぎに冥王星は二〇〇八年一月から山羊座に入り、社会にも地球全体にも最大限の深い構造変革の力を提供するでしょう。冥王星が山羊座にあるときの影響力は畏怖すべきものです。なにしろ一九三〇年に発見されたときは蟹座にあったのですから〔山羊座はちょうど蟹座の反対側、オポジションにあたる〕。これは明晰になった感情体において冥王星が成熟した結果であり、**人間はあらゆる種が生存できる世界を再構築するのです**。二〇一〇年二月には、キロンが海王星と水瓶座でコンジャンクションし、新しい構造にむけて普遍的・全面的なスピリチュアル・ヒーリングが解きはなたれます。あなたがたは精妙で霊的な波動に洗われるでしょう。二〇一〇年五月には天王星が牡羊座に入り、人間も社会も地球の心にそった形で現実を創造していくための無限の力をもちます。そしてキロンは海王星とふたたびコンジャンクションをなし、さらに霊的な癒しの波を誘発します。

海王星は二〇一二年二月に水瓶座を離れて本拠地の魚座に入り、数千年にわたる地球の歴史から、信念ゆえにおこなった略奪と強姦と殺戮の記憶を消し去ります。ついに喜びからの逸脱は終わりを告げ、魚座のキロンが銀河の霊性をひらくのです。二〇一〇年に天王星が牡羊座に入ると、変革的な行動を制限するものはすべて解放されます。二〇一一年春分のテオティワカンに集まった人々は、生物種としての主権をとり戻す意図が達成されたことを知るでしょう。そして二〇一二年六月二四日、牡羊座の天王星は山羊座の冥王星とスクエアを形成します。マヤ暦の終末にあたって保たれるこのスクエアは、六〇年代の天王星と冥王星のコンジャンクション時にフラワー・チルドレンのなかで鋳造された、愛と霊的な力を解放するでしょう。暦の終わりにはキロンと海王星が魚座でコンジャンクションになり、蠍座にある土星とトラインを形成して、あのころ人類のハートの奥底に生まれた希望が、あなたがたを天の川の銀河の創造者として誕生させるのです。

〈付録B〉太陽系がフォトン・ベルトに進入する時期について

この付録で提示する仮説は、冥王星があきらかにフォトン・ベルトに入った一九七二年以降、各惑星が実際にフォトン・ベルト内にある時期について推測するものですが、真偽の判断は非常にむずかしいと思います。フォトン・ベルトの影響はたいへん微妙なため、わたし自身もいまのところ、この仮説を実証できるほどはっきりとは感知できないのです。影響力を具体的に検出できる科学装置がどこかに存在するかもしれませんが、われわれのもとには情報は届いていません。

この仮説でいうと、一九九八年のうちに(おそらく秋分に)太陽の外側のコロナがフォトン・ベルトに入るはずです。いままでにも、ここでのべるようなタイミングで地球がフォトン・ベルトに入ったり出たりするとき、わたし自身は空に独特の変化があらわれることに気づきましたが、なにしろ非常に微妙なものです。もし一九九八年の秋に空の暗転、光線の大幅な増加といった激しい現象が見られ、強烈な意識のシフトか地球の波動のシフトが起こり、太陽にもきわめて異常な変化があれば、ここに提示する仮説は検討する価値があるでしょう。その場合は、一九九八年から二〇一三年までの人間社会の雰囲気と太陽系の力学をよりよく理解するために、モデルとして役立つでしょう。この期間、わたしたちは非常に強いストレスにさらされることが予想されます。ただし、それは人間自身の終末論的傾向から生じるだけかもしれません。

ここで採用するフォトン・ベルトのモデルは、先住民の知恵、さまざまな現代理論家の見解、わたし自身のメモリーバンク、それに第2章でのべた集合意識などから総合的に導きだしたものです。わたしはいままでは、地球が水瓶座の時代と獅子座の時代に、増加したフォトンの光の帯のなかを二〇〇〇年かけて運行する、ということは確信していますす。ただ判断しにくいのは、それが光の波動を伝えるエーテル・フィールドにおける変革なのか、あるいは実際に物理的に起きることなのかです。(1) 地球の変動に関する予言はみな、同様のむずかしさを含んでいます。目に見える現象はなくても、非物理的感覚によって「なにかが起きている」と感知するのかもしれません。いずれにせよ、事態がどのくらい文字どおり起きるかは、そのときになってみなければわからないのです。ただひとついえるのは、恐怖にかられて声高に悲観論をとなえるのは無意味だということです。とにかく極地の錐芯サンプルには、氷河期や大変動の周期的発生を示す証拠がたくさん出ています。その周期がアステカやマヤの暦と対応していると考える正当な理由はありますが、これを論じると本を一冊書くほどの分量になってしまいます。ところで、比較的最近にも「ヤンガー・ドリヤズ」と呼ばれる重要な氷河期があり、いちばん最後の獅子座の時代（紀元前一万八〇〇〇年から八六四〇年）には地軸の逆転が起きた可能性があります。放射性炭素年代測定法によれば、ヤンガー・ドリヤズは紀元前一万五〇〇〇年から九八〇〇年で、きびしい寒さがつづいて天候は旧石器時代に逆戻りし、人間社会に深い打撃を与えました。[2]

わたしは「心の記録」三部作を書くために八〇回にのぼる催眠セッションを受け、すくなくとも三〇万年におよぶ人類の体験をさかのぼって〝時間旅行〟をしました。その結果わかったのは、わたしたちが原始の意識にひそむ怖れをいまだにプロセスしていることでした。怖れはその大変動期に由来し、それがさらに古い激変の記憶までよみがえらせて、ちょうど獅子座の反対側にあたる水瓶座の時代に移行しつつある現在、わたしたちを危惧させているのです。最近でも、紀元前一六五〇年ごろエーゲ海のサントリーニ島（テラ島）が噴火して大災害をひき起こしたとき、ヤンガー・ドリヤズの記憶がよみがえりました。この『プレアデス銀河の夜明け』はたいへん推論的な本ですが、自分の内側に太古の記憶がわきあがってきたときは、想像力を最大限にふくらませる必要があると思います。わたしたちが地球の周期的パターンを知りつくしたうえで、なお期待と創造性と活力をもってそれらの周期を生きぬいてきた、というふうに想像してみましょう。チェコの作家ウェンス・ホラクは『古代の生態学者』のなかで、地球の気温がもっと低かったころ、人間が現在よりはるかに知的だった可能性について論じていますが、わたしも時間旅行でそれが本当だったことを発見しました。[3]

フォトン・ベルトがなんらかのレベルで現実のものだと仮定すると、地球はいつ入るのか、そして太陽はいつ入るのかという疑問がわきます。第2章の図5は、銀河系の中心を通ってループ状に伸びている多くの巨大な七次元の光の帯のひとつに、わたしたちが〝どのように〟入っていくかを示す、たいへん可能性の高い推論モデルです。この図を見ると、増加した光の帯に太陽系の軌道面が進入していく様子がわかります。まず惑星の軌道が一本ずつ入っていき、太陽が入り、惑星軌道の半分が入ります。そして最後に、太陽のあとから惑星軌道の残りが入って、約二〇〇〇年間は太陽系全体がフォトン・ベルト内にとどまるわけです。ある時点で地球その他の惑星が実際にベルト内を運行しているかどうかは、それぞれの軌道のどの部分がベルト内にひたっているかで決まります。つまり、最初に太陽系の端のどの地点から進入するかで、すべてが決まることになります。

　地球のフォトン・ベルト進入に関するわたしの仮説は、バーバラ・マーシニアックと共同でおこなった公開チャネリングにもとづいています。[4] 聴衆の男性のひとりがプレアデスの「周波数の守り手たち」に、われわれは〝いつ〟フォトン・ベルトに入るのかと質問しました。わたし自身がチャネルしていましたし、答の性質からいっても、正しいデータだと思います。彼らはこう答えました。「地球は一九九二年の二月から四月までの全部と、五月の最初の数日間（あいだの三月を含めて合計一三週間）はフォトン・ベルト内にあり、西暦二〇一三年まで毎年その前後に一週間ずつ（あわせて二週間）滞在が増えていきます。そして二〇一三年には地球の軌道がすっかりフォトン・ベルトに入るでしょう」

　わたしは録音テープをもとにこの答を分析しました。まず第一に、一九九二年に一三週間ということは、地球がはじめてフォトン・ベルトに入ったのは、一九九二年二月一日から五月上旬までのちょうど中間点から七年前にさかのぼった時期になります。これは一九八六年か八七年の春分にほぼ該当します。第二に、ベルト内の滞在期間を一九九三年から毎年二週間ずつ増やしていくと、地球の軌道がすっかりひたる時期がわかるはずで、計算結果が二〇一三年になればこのチャネリング・データはかなり正確だということになります。なぜかというとチャネラーはトランス状態なので、紙と鉛筆を多用しないかぎり、とてもそんな答は出せません。だれか他人の記録を読んでいれば別ですが。そこでデータを計算してみると、ぴったり二〇一三年でした。また、地球が進入する時間的タイミングは天秤座の0度と判明しました。春分には太陽が牡羊座の0度にあり、地球は天秤座の0度なのです（占星学では地球は太陽の正反対の位置になります）。春分はマヤで大規模な祭礼がおこなわれる時期なので、これもたいへん納得がいきます。テオティワカンの守り手たちは一九八六年の春分に、〝La Luz〟の時代、つまり光の時代を祝う儀礼の新しい周期をスタートしています。さらにこの進入地点から考えれば、太陽がフォトン・ベルトに入る時期を知ることも可能です。地球の公転軌道はやや楕円を描いていますが、九月二二日と三月二二日を結ぶ線のほぼ中間に太陽が位置しています（太陽をめぐる地球の楕円軌道は、夏至と冬至を結ぶ線のほうが長くなります）。したがって太陽が進入するのは一九八七年三月二二日から二〇一三年一二月三一日までの中間、つまり一九九九年から二〇〇〇年になります。太陽のコロナは非常に遠くまでひろがっていますから、太陽に最大の影響がおよぶのは一九九八年から二〇〇一年でしょう。これはゴードン・マイケル・スカリオンが予測した、地球の変動が最大になる時期とぴったり一致しています。その後も太陽はさらに深くフォトン・ベルトに入っていき、ほかの惑星の軌道面もさらにのみこまれて、太陽はフォトンの増加にますます反応していくでしょう。

地球の進入地点が一九八六年か八七年の天秤座0度で正しいとすれば、各惑星がフォトン・ベルト内にある時期をおおまかに計算することができます。一九九六年を例にとると、地球は一月一八日ごろから五月二三日ごろまで入っているはずなので、諸惑星の軌道面がベルトにかかる区域は山羊座の8度から蟹座の22度あたりになり、黄道上その部分を通過している惑星は、一九九六年の一部または年間を通じてベルトにひたることになります。太陽が一九九九年ごろに進入するときのボーダーラインは蟹座と山羊座のはじめ、すなわち夏至と冬至にあたり、もしそれが正しければ、旧石器時代と巨石文明〔欧州新石器時代〕の人々が夏至と冬至にあれほどこだわった理由がわかるかもしれません。

一九九六年の諸惑星の動向を見ると、水星の軌道は太陽に近いためフォトン・ベルトに入るかどうかまだわかりませんが、八月か九月には可能性があります。金星の軌道は一部ベルトにかかっており、金星そのものは一〇月から一一月に入るでしょう。そして、地球はすでにのべたように一月一八日から五月二三日までベルト内にあるはずです。地球より内側の惑星は軌道が地球の軌道より小さいので、いったんフォトン・ベルトに入ると地球よりも急速にのみこまれていきます。したがってフォトンの影響力は、地球と水星がともに進入する一九九五年か九六年から強烈になるでしょう。マヤ人が金星にあれほどこだわったのは、そのせいだったのでしょうか。火星は九月に進入して年末までとどまり、木星は一年中ベルトの外、キロンはずっと中にあり、天王星と海王星は外、冥王星は年間を通じてベルト内にいます。

一九九五年から九六年ごろ、太陽系がさらに深くフォトン・ベルトに食いこむにつれて、まもなく水星は一年の半分をベルト内ですごすようになり、太陽そのものが進入すると、直後から水星も太陽とともに一年中ベルトにひたるようになります。人間の知的プロセスが突然加速したり、めずらしい脳の病気（第3章でふれた脳内動脈瘤など）が生じるのは、水星がフォトン・ベルトに進入しつつある兆候かもしれません。おそらく金星はすでに八月か九月か一〇月には入っており、二〇〇〇年以降、水星が常時ベルト内にいるようになれば金星もそうなるでしょう。地球は一九九六年一月の途中から五月までベルト内にあり、それが前後に一週間ずつ増えていき、マヤ暦の終わりには完全にフォトン・ベルトにひたるのです。二年かけて太陽のまわりを運行する火星の軌道は、一九八七年に地球より早くベルトに入りました。火星は地球より外側をまわるためで、木星、土星など地球より太陽から遠い惑星の軌道はみなそうです。

もし進入ラインが天秤座の0度で正しいとすれば、地球より外側の各惑星について、軌道のどの部分がベルト内にあるかという概略はつかめますが、実際にそれぞれが進入した時期を具体的に示すには膨大な計算が必要で、わたしには無理です。結果的にこの仮説がある程度妥当だと判明すれば、ほかの占星学者諸氏にとって大きな研究分野になるでしょう。それを割りだすには各惑星軌道の太陽からの距離と進入地点の綿密な分析が必要になりますが、数学はわたしの得意分野ではありません。

最後に、火星より外側の惑星について、一九七二年から二〇一三年までのあいだにフォトン・ベルトに入る可能性を概観してみましょう。火星を除外するのはデータが多すぎるためですが、地球より以前から定期的に入っていたことをおぼえておいてください。近年の戦争パターンの変質と、火星のベルト進入との関連を調べてみると面白いでしょう。

木星がフォトン・ベルトに入ったのは、おそらく一九七九年から八三年までと、一九九〇年から九五年まで、そして今後は二〇〇一年から二〇〇九年まででしょう。土星はおそらく一九七五年から八八年まで入っており、今後は二〇〇三年から二〇二四年まででしょう。木星と土星は次回のフォトン・ベルト進入周期においては滞在期間が長くなり、おそらく二〇〇〇年間入ったままになるはずです。キロンは一九九〇年ごろから二〇〇六年までベルト内にありますが、長い楕円軌道の大部分が太陽系の進入地点の反対側にあるため、軌道全体がひたるのはもうしばらく先でしょう。天王星はおそらく一九七二年に進入し、九〇年ごろ外に出て、二〇三五年ごろふたたび戻って進入し、前より長期間とどまると思われます。海王星も一九七二年に入り、八八年ごろ出たと考えられ、おそらく二〇五〇年あたりにまた入るでしょう。冥王星は一九七二年に入り、おそらくマヤ暦のちょうど終わりごろ外に出ます。太陽系全体がすっかりフォトン・ベルトにひたるのは、地球が水瓶座の時代を迎える西暦二一六〇年ごろのようです。

この高度に推論的な仮説に価値があるかどうか検討する場合、注目すべきことは以下の三点です。

(1)太陽がフォトン・ベルトに進入する一九九八年から二〇〇一年に、太陽系または人間の意識に顕著な変化が本当にあらわれるか。

(2)地球が毎年フォトン・ベルトに入り、年ごとに二週間ずつ長く滞在して外に出るとき、地球の大気に変化が見られるか。

(3)一九九七年から、脳、通信、コンピュータの分野で、なんらかの非常にめずらしい現象が起きるか。

〈付録C〉銀河の降雨――第五世界のメトン周期

すでに〈付録A〉を含めて本書の内容をお読みになっていれば、そして論じられている事柄の多くがなんらかの意義ある形で真実だとすれば、じつに驚異的なことが示唆されているのはおわかりでしょう。わたしたちが二万六〇〇〇年周期の「時の終わり」にあたって、本当に意識を天文学的に加速させているなら、各個人はいったいどうすればいいのでしょうか。わたしは占星学者として人々の天宮図を見るとき、人生における困難な時期のはじまりと終わりを予測させるパターンをよく発見したものです。ただし、マイナスの要素や悲劇的な出来事について本人に告げるのは、困難に対処する助けとなるようなアイディアを提供できるときだけにしようと何年も前に決め、ずっと守ってきました。この付録でも、いま生まれつつあるらしい危機的状況が今後どのように展開するか、という可能性をのべていきます。本文でもきたるべき事態にそなえてヒーリングの助言や瞑想法を紹介していますし、この〈付録C〉の目的も「銀河の降雨」のはたす役割を予測することです。パターンが実際にどう展開するかを知れば、みなさんの多くはそれをヒントに自分なりの方法で変化に対処できると思います。「銀河の降雨」すなわち地球に暴風雨のように降りそそぐ宇宙エネルギーは、一九九四年三月一四日に始まり、わたしたちの体内には実際に新しいエネルギーの刺激が加わりはじめました。宇宙意識の猛攻は年ごとに激化し、二〇一二年末には飛躍のための臨界点に達するでしょう。

一九九一年、わたしが『アトランティスの印章』執筆のため催眠状態で調査をおこなっていたときのセッション中、進化した宇宙存在がこんな光景を見せてくれました。魂が地球次元に入ってきて、誕生時の乳児と融合する様子です。[1] そのセッションはわたしに「銀河の降雨」についての洞察を与え、いま思えば実際の未来を予知する内容でした。そこで見た魂の注入プロセスを描写してみましょう。その存在はわたしを黄道（地球が一年かけて太陽の周囲をめぐる道）まで連れていきました。つぎに、太陽のまわりを旅する地球の周囲を、月が一年に約一三回ぐるぐるまわる様子を眺めるように導かれました。月の軌道と黄道の交差する点は南北の月節《ノード》と呼ばれ、月の軌道は黄道の面に対して5度8分傾いているため、ふたつの交点は黄道上をゆっくり逆行していきます。[2]月節《ノード》は約一八・四年かけて黄道を一周し、ギリシャ人はこれを「メトン周期」と呼びました。古代の石造記念碑の多くは一八・四年周期を測定するものだったことが、考古天文学者や巨石時代の研究者によって確認されています。[3]この周期によって、新月や満月が交点、つまり月節《ノード》の付近にあるとき起きる月食や日食が予知できるのです。だから古代の人々は、岩を使ってこの周期を記録することに深い関心を寄せたのかもしれません。わたし自身も月節《ノード》にはまだなにかある、と感じるようになりました。太陽のまわりをめぐる諸惑星にも「節」はあるのです。そのときのビジョンで見た、月が地球のまわりを一年に一三回まわり、その地球が太陽のまわりを一八・四年まわりつづける様子は、さながら「スリンキー」を引きのばして巨大な卵型を一周させ、最初と最後をつないだような感じでした。

高等占星学にたずさわるようになって、わたしがもっとも興味をひかれたのはカルマ占星学です。これはその人がなぜ地球に転生してきたかを研究するもので、出生天宮図を分析する場合、ほとんどのカルマ占星学者は月節《ノード》の検討からとりかかります。出生図において、北の月節《ノース・ノード》はその人がなぜ生まれることを選択したのか、その本当の目的を示し、南の月節《サウス・ノード》はその転生のあいだに取り組む必要がある過去世体験の焦点を示します。七年ほど前、夫のゲリー・クロウとわたしは、ふたりの結婚チャートの月節《ノード》が住居と職業のパターンを予知していることに気づきました。たしかに、わたしたちの結婚生活では住居と仕事のサイクルがとても支配的な役割をはたしていたので、月節《ノード》の重要性をさらに認識するようになりました。あきらかに強い影響力です。

黄道をめぐる月の一八・四年周期を見せてくれた存在に話を戻しましょう。わたしはそこで、人間の魂が黄道の上を舞いながら、自分の受胎と誕生にふさわしい月の軌道との交点を選ぶ様子を見せられたのです。成熟していく胎児たちの上空を多くの魂が舞うさまは、じつに美しい光景でした。生物としての可能性を秘めた有機体である胎児を、魂はこよなく愛していました。月の一〇サイクルつまり九カ月が経過すると、魂は子供の出生天宮図における月節《ノード》の配置にもとづいて、的確な時刻と場所に生まれる乳児のなかに入っていきます。文字どおり無数の光の存在が黄道周辺ではたらいており、太陽をめぐる地球の軌道上では、胎児と魂がそれぞれ取り組みたいカルマを誘発するような、新しい進化の道を探求するために理想的な月との交差ゾーンへ、磁石のように引きつけられていくのでした。退行催眠セッションのなかで、わたしはその作用の感情面に強烈な衝撃を受けていました。それは機械的、数学的なものではなく、なんらかのエーテル的な流動性の物質によって達成されているようでした。愛を目で見たらこんな感じかと思うような物質ですが、それでいてDNAに匹敵するほど複雑で進化した光の知識なのです。わたしは地球であれほど複雑な芸術的完璧さをそなえたものに出会ったことがありません。しいていえば、バッハのフーガを全曲聴いたあとの体感になぞらえることができるでしょうか[4]。

一九九一年に見たこのビジョンは、結婚チャートの月節《ノード》の強いインパクトとあわせてわたしを刺激しました。月節《ノード》が地球の領域に与えている影響力によって、高度に複雑なサイクルを予知できるという可能性を検討する気になったのです。特に超古代の人々がこだわっていた要素ですから、知性を規定する宇宙の青写真なのかもしれません。そのいっぽうで、人類は一九八七年の共鳴周波数シフト「ハーモニック・コンバージェンス」のあと、五年にわたる激しい感情体の浄化を一九九二年に終えました。いわゆる〝ハルマゲドン迂回路〟をなんとか通過したわけで、マヤ暦の予測性が（アグエイアスなど多くの研究者が解釈したとおり）疑問の余地なく本物であることを、わたし自身も認識させられたのです[5]。さらに占星学者としては、マヤ暦の終わりのパターンと同時進行する天体の周期もあるはずだと確信しました。それが特定できれば、次元上昇の手段として役立つかもしれません。まず、一九八七年から二〇一二年までの諸惑星の推移は太陽風によって地球の電磁場に影響を与えるため、〈付録A〉でのべたように地球の次元上昇のプロセスを誘発することはじゅうぶん考えられます。しかし、まだなにかあると感じました。そして一九九四年はじめのある日、月節《ノード》のサイクルが鍵かもしれないと気づいたわけです。なぜかといえば、単に電磁場の変化をひき起こす要素というより、もっと精妙な要素が作用しているはずだと感じたからです。一九九四年三月にシリウスが近星点に達したとき、わたしは大ピラミッドで作業をしながら、黄道と月節《ノード》の周期に取り組んでいる存在たちの光景をまた思いだしました。そう、月節《ノード》の周期が鍵かもしれないと。そこで、マヤ暦におけるいちばん最近のメトン周期（月節《ノード》のサイクル）について、二〇一二年一二月二一日を最終日と仮定してチャートを作成してみました（図15）。

まず単純にマヤ暦の最後の日付をとり、真の北の月節《ノース・ノード》は蠍座の25度37分にあたることを調べて、そこからメト

＊**近星点**　連星の軌道上で、伴星が主星にもっとも接近する点。

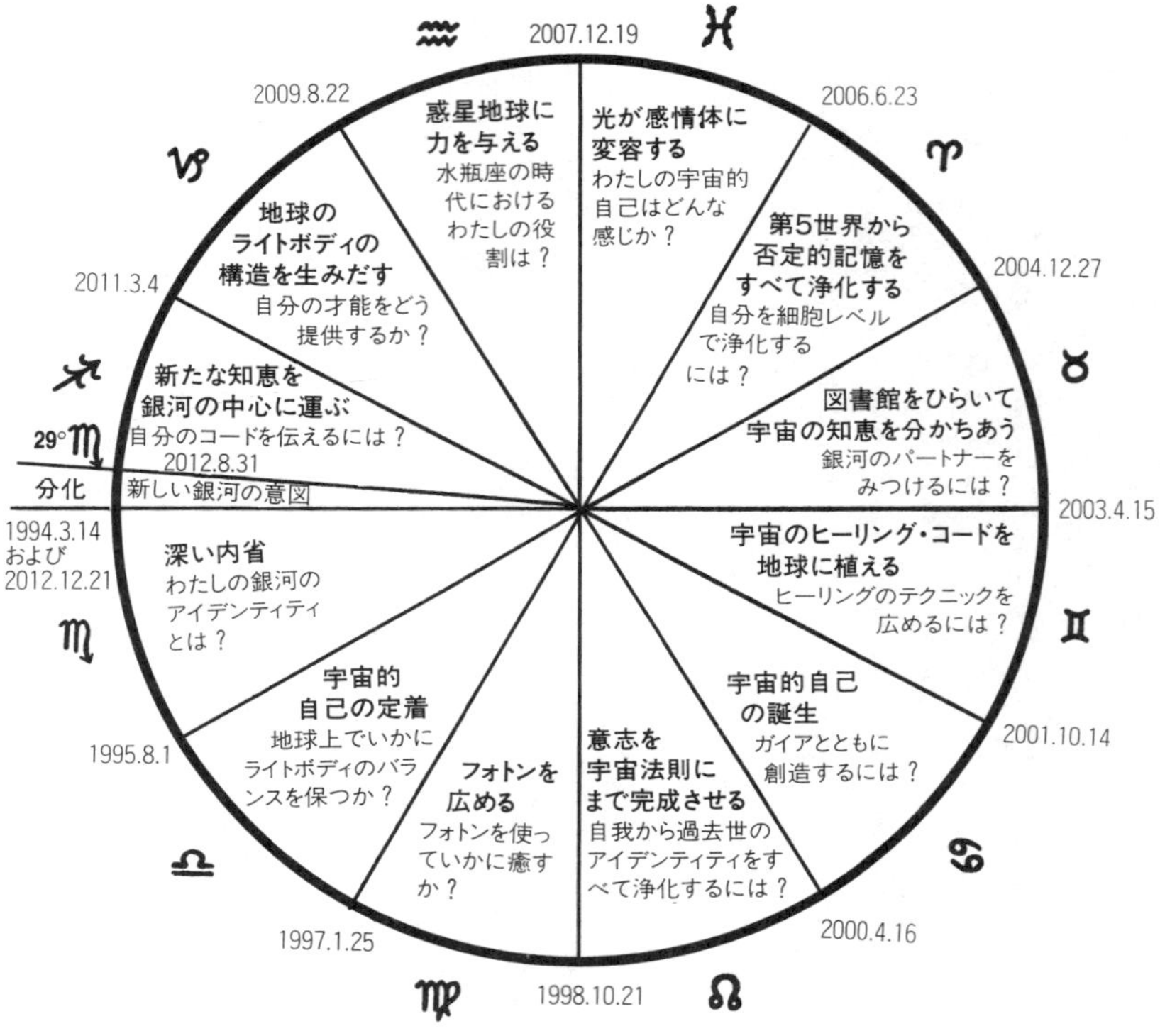
2007.12.19
2009.8.22
惑星地球に
力を与える
水瓶座の時
代における
わたしの役
割は？
光が感情体に
変容する
わたしの宇宙的
自己はどんな
感じか？
2006.6.23
第5世界から
否定的記憶を
すべて浄化する
自分を細胞レベル
で浄化する
には？
2004.12.27
地球の
ライトボディの
構造を生みだす
自分の才能をどう
提供するか？
2011.3.4
新たな知恵を
銀河の中心に運ぶ
自分のコードを伝えるには？
29°
2012.8.31
分化
新しい銀河の意図
図書館をひらいて
宇宙の知恵を分かちあう
銀河のパートナーを
みつけるには？
2003.4.15
1994.3.14
および
2012.12.21
深い内省
わたしの銀河の
アイデンティティ
とは？
宇宙のヒーリング・コードを
地球に植える
ヒーリングのテクニックを
広めるには？
宇宙的
自己の定着
地球上でいかに
ライトボディのバラ
ンスを保つか？
宇宙的自己
の誕生
ガイアとともに
創造するには？
2001.10.14
1995.8.1
フォトンを
広める
フォトンを使っ
ていかに癒す
か？
意志を
宇宙法則に
まで完成させる
自我から過去世の
アイデンティティをす
べて浄化するには？
2000.4.16
1997.1.25
1998.10.21

図15　銀河の降雨

ン周期をまる一回分（一八・五年）おなじ地点まで戻ってみました。図15のように周期をひとめぐり書きだしてみると、初日は一九九四年三月一四日で、ちょうどシリウス近星点の直前でした。(6) わたしはこの天宮図には意味があるという強い直観に打たれ、一九九四年の夏と秋の集中セミナーで検討してみました。たいへん驚いたことに、参加者たちはそこに示されている教えに深い感動をおぼえ、涙を流す者さえいたのです。この付録を執筆している一九九五年七月現在、一二のハウスのうちのひとつめ（一九九四年三月一四日から九五年八月一日）はすでにほぼ完了しており、きわめて正確な予測になっていることがわかります。このような長期的予測を評価するには、占星学者の調査方法について理解する必要があります。わたしたちは、特定の惑星とアスペクトが特定のエネルギー場を作り、それがさまざまな現実の可能性を強化するという観点で教育されています。高等占星学はきびしい精密さを要求するもので、予測は的中するかしないか、ふたつにひとつです。たとえば八〇年代の後半から九〇年代初期にかけて〈付録A〉にのべた土星、天王星、海王星の運行によってあらゆる構造が崩壊することを、わたしたち占星学者は予測しました。どのような構造が滅びるか、非常に具体的に（たとえばベルリンの壁のように）あげた者も多く、明確な日付を提供した占星学者もいたほどです。実際に高等占星学はたいへん予測性にすぐれているのですが、あらかじめ調べておいた時期が実際に到来すると、さらに精度が高まります。たとえば、旧ソ連のような非常に権威主義的な構造が、山羊座の一連の動きによって崩壊することを予測したとします。そして最初の動きが起こり（たとえば土星と天王星がコンジャンクションになるなど）、実際のプロセスが始動すると、その後の運行についてさらに正確な予測ができるわけです。最初のアスペクトにおける状況展開を観察することで、いくつかの可能性のうち、どの現実が誘発されるかわかってきます。メトン周期の場合は、一九九四年三月一四日から九五年八月一日までの第一区分について予測性が確認できれば、つづく一一の区分もきわめて精度が高いという確信がもてるでしょう。

第一区分にあたる一九九四年三月一四日から一九九五年八月一日は、人々がたいへん内省的になり、銀河のアイデンティティにこだわりはじめることを示しています。この時期はいままでのところ、たしかに銀河の（あるいは星の）アイデンティティに文字どおり夢中になる傾向が特徴的です。『プレアデス＋かく語りき』、『あなたは銀河的人類になりつつある』、『ここに書かれている内容はどれも真実ではないが、実際はすべてこのとおりになっている』などの本や、映画『スターゲート』が大人気を博したことでもわかります。例をあげればきりがないほど、各自の星のアイデンティティと宇宙人からの影響力について、非常にはっきりと関心が強まっています。インターネットには無数の質問が寄せられ、多くの雑誌、映画、テレビ番組がこのテーマに焦点をあてました。そのいっぽうで、この輪《ホイール》が示唆しているような新しいエネルギーは大部分の人々にとってまだ非常に目新しく、奇妙でさえあり、そうした地球外の概念がどこからきたものか想像もつかない、というのが実情です。わたし自身は〝なんらかの非常に進化した存在が人類を刺激している〟と考えています。おそらく、わたしの見たビジョンで魂の注入を導いていた存在たちが、マヤ暦の終わりにあたってまた、人類が銀河の知性を統合していく段階をせっせと導いているのでしょう。ひょっとすると、わたしたちが地球に転生するのを最初に手伝ってくれたガイドが、全員この時期に戻ってくるのでしょうか。もしそれが真実なら、じつに精妙なエネルギーを描写しているこのチャートが、地球外からの影響力を統合する助けになるかもしれません。「銀河の降雨」の各段階がわたしたちにどんな意味をもちうるかについて、以下に細かいデータをあげていきます。

◆第一室（一九九四年三月一四日―一九九五年八月一日）　蠍座――自分の内面をできるだけ深く掘りさげて、どの星から来たかを思いだすにはどうすればいいか？

　これは、蠍座がわたしたちのなかに銀河の市民という新しいアイデンティティを浮上させる、幸先のよいスタートです。蠍座の最高の波動はフェニックス、すなわち復活と不死をつかさどる神話の火の鳥で、月節《ノード》をもちいるときは最高の波動を採用するのが適切です。この角度のサビアン・シンボルは「野営するインディアン」です。わたしたちが飛躍の臨界点に達するための並はずれてゆたかな資源に恵まれ、およそ必要なものはすべて地球上にみつかる、という意味をあらわします。この波動のマイナス面は状況をそのまま受けいれて甘んじる傾向ですが、一九九六年はじめには天王星が水瓶座に入り、冥王星はそのとき射手座という配置ですから、絶対にそんなことにはなりません[7]。この輪《ホイール》全体が銀河レベルの共調をめぐる動きなので、いずれにせよこの段階は、星のアイデンティティについて深くとりつかれたように探求する時期になるでしょう。自分はどの星から来たのだろう、そこにはどんな物語があるのだろう、星から来たとすればなぜいまはここにいるのだろう、その星のどんな性質が地球における自分の人間性に影響しているのだろう、というように。また、この段階は実際に星の周波数を〝体

＊サビアン・シンボル　黄道12宮の計360度について、1度1度の意味を短い象徴句にあらわしたもの。1930年代、神智学研究家マーク・エドマンド・ジョーンズらによって提唱された。サビアン占星術。

現〟し、それがわたしたちの内側でクンダリーニの上昇をうながすことを示唆しています。クンダリーニが上昇するとマヤズムも活性化されますから、第3章でのべたように、さまざまな病気に直面する人が増えていく可能性が高いでしょう。ですから早期発見（診断）がたいへん重要になり、病気が肉体にあらわれる前にエーテル体の段階で検知できるホメオパシーとラジオニクス〔共鳴原理を応用した放射感知〕が高く評価されます。自然療法やエネルギー療法も、エネルギー浄化に効力を発揮するので一般的になります。

◆第二室（一九九五年八月一日—一九九七年一月二五日）　天秤座——星のアイデンティティを地球に定着させ、地上でライトボディのバランスを維持するにはどうすればいいか？

この時期は入ってくる新しいエネルギーに人々がよろめいたり、ふらついたりする一八カ月が予測されます。とりわけ九五年一一月一一日に冥王星が射手座に戻り、九六年一月一三日に天王星が水瓶座に戻ったあとがいちじるしいでしょう。混乱が高まるなかで、バランスを保つことに専念している自分に気づくはずです。ずっと眠っていた精妙な分泌腺、すなわち副腎、視床下部、松果体、胸腺などがフォトン増加によって活性化されます。だいたい、それらの分泌腺はなんのためにあると思いますか。科学者たちは松果体の調節力に驚嘆しており、ひとつの内臓器官と呼ぶ人もいるほどです。内分泌系が開花していくときは、なおさらバランスの維持が不可欠です。マヤズムと古い病気のパターンが誘発されるかもしれません。活性化にともなって激しい気分の変化が生じる場合もあり、プロザックのような薬がたいへん普及したのは確実にそのせいだと思います。しかし、危険なほどのアンバランスを避ける目的でごく短期間もちいるならともかく、あまり大量の鎮静剤で症状を抑えてしまうと、せっかくの変化のプロセスをだいなしにするかもしれません。むしろ自然にふれたり、庭いじりや軽い運動、注意ぶかい食生活、平和で愛に満ちた人間関係、テレビを完全に排除する、などの方法で鎮静をはかることをおすすめします。自分をいたわり、リラックスして、働きづめはやめてください。あなたは新しい世界の到来をすでに感じているのです。地球の次元上昇というすばらしい時期を、本当に自分の肉体にいて迎えたいものだ、と多くの人々が認識するでしょう。そして、肉体もやはり加速しなければなりません。ですからバランスをとる作業に専念するつもりで、なるべくゆっくりとすごし、自分を大切にしてください。

◆第三室（一九九七年一月二五日—一九九八年一〇月二一日）　乙女座——この途方もなく高い波動のエネルギー

を肉体にもたらし、バランスもとれたいま、その力を地球上のあらゆる生命体にむけて発信するにはどうすればいいか？

この時期はたいした見物になるでしょう。〝集団的体験としてなにが起きているか〟を知るために、人々は通信システムをとり戻していきます。それにともなうマスメディアの崩壊を見るのが楽しみです。地球上で新しい銀河の周波数を体現し、しかも定着させた人々は、その新しい力を使って癒さねばならないことにすぐ気づくでしょう。コミュニケーションをあらわす第三室は乙女座が支配しますが、その乙女座はキロンの本拠地なのです。ひたすら浄化し、純化し、強化したい、生きとし生けるものすべてと共生したいという燃えるような欲求にとらわれるでしょう。さまざまな生物種と、その生息地を救うことの真の意義がはっきりしてきます。キロン（ケイローン）のつかさどるこの時期、生息地とは基本的な「存在」の延長であることが〝見えてくる〟からです。採掘その他の理由で土の領域を侵犯するのは不可能になります。地球のうねりが幻想的ビジョンとして感じられ、あなた自身もそのビジョンのなかにいるのです。自分とまわりの環境は、もはや切り離すことができません。

◆第四室（一九九八年一〇月二一日―二〇〇〇年四月一六日）**獅子座――みずからの意志によって、新しい銀河の自己を形成するにはどうしたらいいか？**

この時点では、あなたの周囲のすべてが爆発しているでしょう。太陽のコロナの外側がフォトン・ベルトに進入しはじめ、太陽風そのものが銀色の光の波になってきたためです。なにもかも動きつづけ、変換しつづけますが、あなたがたは思考によって創造するという驚異的能力をすでに獲得しているので、たえず新たな自己にフォーカスしていれば、ねっとりと重い変化の流れにうまく乗っていけるでしょう。もう自分がいまのような固体には感じられないはずです。むしろ、光の粒子でできた巨大な渦巻く場という感じになります。自己の内側に注意ぶかく耳を傾け、自分が体内のどこにいるかを感じ、たえず意志を活性化させながら、つねに中心とグラウンディングを保ってください。あなたもキリストなのです。この信じられないほど拡大したエネルギー場は、いままで見えなかったあなた自身のライトボディにすぎません。

◆第五室（二〇〇〇年四月一六日―二〇〇一年一〇月一四日）**蟹座――まったく新しい独自の存在になったいま、自分をガイアの心に誕生させるにはどうしたらいいか？**

この段階は「キリストの変容」を目撃するようなもので、自分のライトボディも他人のライトボディも見えてきます。多くの星のコードが自分たちの身体や動物、昆虫、植物、岩石を通じてガイアに入っていくのが見えるでしょう。太陽がフォトン・ベルトに進入するあいだ、あなたは純粋な思考によって（「こんどはなにを意図しようか！」）新しい混血種としてのアイデンティティを維持するのです。**この時点では、自分のために必要な現実を思考によって創造する能力は無限になっています。**この時期にそなえたければ、こんなふうに自問してください。いまわたしは地球のどんな子供になりたいだろう、昼も夜も宇宙の光に洗われる存在として、想像しうるもっとも偉大な自己とはどんなものだろう、と。

◆第六室（二〇〇一年一〇月一四日―二〇〇三年四月一五日）　**双子座――ガイアの星の子として再誕生したいま、偉大なる存在のひとり、宇宙の癒し手のひとりになるにはどうしたらいいか？**

ここまでくると、わたしも千里眼として〝感じてみる〟ことしかできません。輪《ホイール》をめぐるにつれて宇宙的プロセスが展開し、もはや現在のわたしの認識範囲を越えてしまうのです。そこで、感覚を使ってわかることだけお伝えします。まず、地球の人口はかなり減っているようですが、絶望しないでください。みなさんの多くは壮麗な巨木になっていますし、クリスタルになっている人もたくさんいます。暴風と地殻変動のあまりの激しさに、多くの人はみずからの形態を変えてグラウンディングすることを選びました。人間のままで残った者はガイアとの完全な共鳴波動にあるらしく、ヒーリングには〝種との共鳴〟という方法をとります。彼らはひたすら自分の本質的な周波数とＤＮＡのコードを保ち、受信局のように見えます。歩きまわる姿は、海中の燐光のような色とりどりの旋回する光線につつまれています。また、形態を変えた者は意のままに人間にも動物にも戻れる、という印象です。

◆第七室（二〇〇三年四月一五日―二〇〇四年一一月二七日）　**牡牛座――自分は宇宙の偉大なる存在のひとりであり、ガイアに属する自分はキリストなのだと知ったいま、この知恵を体現するためにどんな相手と暮らし、力を合わせていこうか？**

メトン周期の第七室に入ると、あなたがたはめざめます。自分という存在のすべてが本当にわかり、その自分はだれといっしょにいるべきか、だれと働くべきかを考えるでしょう。カルマの解消に取り組んでいた昔とは違い、みずからの偉大さを真に理解して完全に機能する人間になったので、パートナーを組むにあたって制限はまったくありません。深い愛に結ばれた絶世の美女と精力旺盛な男性のように、あなたは恋人やパートナーと全面的に感応しあうでしょう。ひとを愛し、力を合わせていくほど、すばらしい共鳴力のある人間になっていきます。そのころには各自のコードが見えるはずです。仕事や生活をともにしたい存在を、簡単に見分けることができるでしょう。

◆**第八室**(二〇〇四年一一月二七日—二〇〇六年六月二三日) **牡羊座**——**この新しく壮大な自己感覚を発する魂と身体に、ふつふつと湧きあがってくる偉大な力を使うとき、こんなにも強烈な自己をどうしたら非暴力的に表現できるだろう?**

自分自身のすばらしさを発見した驚愕からようやくたち直り、あたりを見まわす時期です。そして目に映るのは、とても受けいれがたい忌まわしい状況でしょう。きらめく星の美はいまや現実のものですから、地球のそこかしこに穴があいているのが目につきます。人々が心を通わせる場所であるべき都市には科学技術の腐った残骸が散らかり、大洋の一部は沈んだゴミやガラクタで埋まっています。太陽のフォトン・ベルト進入によって地上のいくつかの地域はすでに浄化され、人間その他の生物種はそこで生きのびたのですが、いまや地球全体を愛し、いつくしむことが必要です。あなたがたの自己感覚は本当に広大で無限になっていますから、新しいパートナーや恋人(あるいは再発見した古い相手)とともに時間のすべてを投じて地球をなでさすり、香油を塗って清めるでしょう。人々は力を合わせて土壌を透きとおらせ、草木を植えなおします。それまで注意ぶかく保護し、大切にしてきた種子や動物種を集めて新しい住まいを用意してやります。やがてガイアの肌は呼吸をはじめ、髪は太陽風にそよぐでしょう。

◆**第九室**(二〇〇六年六月二三日—二〇〇七年一一月一九日) **魚座**——**ガイアの再誕生において、自分が偉大な存在でありパートナーであることについて、わたしはどう感じているだろう? この新しい世界に対するとろけるような愛を、どう表現したらいいのか?**

いざ成就を実感してみると、自分がそのような存在になったことにますます驚嘆するでしょう。あなたはいま、二〇〇一年以前のおそろしい闇の時代にはだれも(自分でさえ)可能とは思わなかった霊的な偉大さと、地球への確信をたたえた存在なのです。**自分であることが喜びになります。**朝露を浴びてひらく花のように、あなたの背骨は土のなかで力強く伸びています。本当に生きているのです。おそろしい戦いのあと記憶喪失からめざめた者のように、自分がちゃんと生きていて、これからも成長していくことがわかります。この認識のなにより驚異的な点は、同時に「自分はもう死なない」と悟ることです。〝いまこれをする〟という感覚は消え去り、かわりに絶対的な驚嘆があります。あなたはひたすら森にすわって、若木が伸び、花が咲くのを見守るでしょう。自分が見守っていなければ若木は伸びず、花は咲かないのがわかります。彼らの成長にはあなたの愛が必要なのです。この様子を見ていると、地球は超空間《ハイパースペース》（高次元空間）にあり、この段階では生命体の成長は太陽によらず、地球は意識のみによって再生しているようです。

◆第一〇室（二〇〇七年一二月一九日—二〇〇九年八月二一日）**水瓶座——この惑星が存在するのは、わたしが意識しているときであることがわかった。では、水瓶座の時代における自分の役割はなにか知りたい。**

新しい世界が形成されつつあります。それは個別性を基礎とし、それぞれの表現が集まって全体を形づくる世界です。大切にされないものは単に姿を変えて、べつの望まれる形態になるだけですから、もしもあなたが自分の価値を認めなければ、自分自身がなにか違うものに変わってしまうわけです。伴侶や子供たちも、あなたが彼らの存在に驚嘆することを忘れると、いなくなってしまいます。庭の花も賞賛しなければ消えてしまいます。そしてある日、気がつくと、地球には変容をとげた人間が満ちあふれているでしょう。彼らはガイアの浄化を終え、さまざまに育ちゆく新しい生命体と共鳴しています。**地球全体が美しいのです。**あなたは一日静かに瞑想し、自分のような存在が世界中にいて、生命力を強化するために各自のパートナーと力を合わせて働いているビジョンに思いをはせるでしょう。自分が土壌を透きとおらせ、若木を植え、成長を見守りながら交感しただけですくすくと伸びた巨木の下に、驚嘆の念をもってすわります。すると、その木がじつは自分の父親であったことに気づき、喜びに圧倒されます。これまで自分が愛したものは、なにも失われていなかったことを知るのです。その木とおなじように、もう政府や税金、テレビ、軍隊、爆弾、銃のような昔の悪夢をくりかえす必要はありません。その木とおなじように、あなたはただ森にいて植物の成長を見守りながら、人間ひとりひとりが共同体とパートナーシップのなかで、自分とともにガイアを力づけていることを知るでしょう。あなたは生涯を通じてすべての兄弟姉妹との共時性を体験していきます。夏至と冬至、春分と秋分には心のなかで彼らとつながり、おなじように月の満ち欠けや聖なる暦にしたがいますが、それ以外は現在を生き、ともに暮らす相手と深くかかわっていきます。地球レベルのコミュニケーションは、あの「網」ではなくなっています。あなたがたを閉じこもらせ、地球をなおざりにさせた数々のホラー・ストーリーのかわりに、新しい現実を創造する地球レベルの祝祭があるでしょう。

◆第一一室（二〇〇九年八月二二日―二〇一一年三月四日）　山羊座――**地球についてマスターした、〝思考こそすべての生命に直接つながる導管である〟という知恵を使って、純粋な叡知を銀河そのものに提供するにはどうしたらいいか？**

ガイアの可能性を本当に理解したとき、あなたのなかで創造と構造というものが、基本的な生命力とおなじ感覚になるでしょう。つまり、意識的に「生きた図書館の守り手」になるのです。あなたがたの歴史的サイクルにおいて地球を訪れた、もっとも進化した哲学者プラトンのように、影が形を強化すること、そして実現化は諸要素の総計であることを知るでしょう。行動する前にすべてを見る、つまり影を見るのをいやがらなくなります。もう二度と、〝目的によって手段を正当化する〟という可能性には陥らないでしょう。ひとつひとつの「手段」や「要素」が全体を形づくることを知り、ひとつひとつの種子、アイディア、要素をなにより大切なわが子のようにいつくしみながら、永遠の存在を生きていくでしょう。これはライオンと子羊が寄りそう時代であり、平和が君臨します。このサイクル全体を通じて、一瞬たりとも怖れないでください。マヤ暦の終わりには、地上の平和がガイアから銀河への贈り物になると予言されていますから。

◆第一二室（二〇一一年三月四日―二〇一一年八月三一日）　射手座――**ガイアの外に出ていき、現在の知識を保ち、それでも現在にいるにはどうしたらいいか？**

ここまでに起きたことはすべて、このための訓練でした。どうすれば、現在にとどまりつつ意識を地球外に移し、地球の生物コードを運んでいくことができるでしょうか。この段階でなにが起きるかというと、銀河連盟と地球の融合が見えます。心の奥底で異星人の到来を待っている人たちは、じつはこの段階を直観で予期しているのですが、いまはまだ準備ができていません。たしかに彼らは地球に来るでしょう。しかし、飛来するとしたら、唯一の理由は人類が九次元的になっているからです。そうでなければ、どうやってあなたがたのコードを彼らに伝達できるでしょう。コードは多次元的なものであり、なんらかのコードを感知したり読んだりするには、自分もそのコードに見合う周波数になるしかありません。地球上であなたがこの本を読んでいる部屋には、ラジオの電波、テレビの電波、電子レンジのマイクロ波、超音波、その他たくさんの波動が通過しています。それらの波動を読みとる唯一の方法は、自分がラジオやテレビ、電子レンジ、超音波受信機のような身体をもつことなのです。そもそも、あなたはそれを望みますか？　本当に異星人の周波数を感じたいですか。彼らは大群をなしてやってきます。銀河連盟と融合すれば、人間は彼らのコードをもち、彼らの現実を理解し、ともに旅することが可能になるでしょう。そのあと、暦の終わりにいちばんすてきな段階がやってきます。

◆メトン周期の第一三段階（二〇一二年八月三一日―一二月二一日）　**新しい銀河の意図の分化――つぎの二万六〇〇〇年周期におけるガイアのために、わたしはなにを意図しようか？**

見たところ、この四カ月はわたしたちが地球上で完全に〝いま〟にいながら、同時に宇宙のあらゆる場所を意識し、それぞれの場所にどのような創造のコードが含まれているかを意識する時期になりそうです。一部の人々はガイアが提供するもの、すなわち善と悪で遊び、選択をくだす機会を愛するゆえに、ひきつづき地球に転生することを選びます。その愛はほかのどんな個人的欲求より大きいのです。またべつの人々は、ガイアのコードをほかの場所に運んでいく用意がととのい、それぞれ取り組んでいる教訓をマスターするために、地球ですごす最後の四カ月を使うでしょう。さらに、黄道に入ってくる魂を導く偉大な存在になる者もいますし、どこかの星に移住して、超新星になるようにと星を励ます者もいるのです。

〈付録D〉シリウス星系とオリオンの古代記録について

ロバート・テンプル著『シリウスの謎』と、本文でふれたゼカリア・シッチンの著作はみな、宇宙人が地球上の諸文明におよぼした物理的影響について、合理的な疑問の余地がないほどに証明しています。(1)『シリウスの謎』は、ドゴン族と古代エジプト人が五〇〇〇年前にシリウス人の訪問を実際に受けていた事実を示し、シッチンの一連の著作は、シュメール人によって「横切る惑星」と呼ばれていた太陽系のいちばん外側の惑星、ニビルがシュメール文化を構築したことを立証しました。わたしは本書でも過去の著作でも、シッチンの研究については詳細に考察したので、ここでは『シリウスの謎』について、「シリウス－プレアデス同盟」の見地から綿密に検討してみたいと思います。シリウスの六次元意識は聖なる幾何学や形態形成場に同調する能力をもたらし、そうした概念に接する機会が増えたいまでは、多くの人々がその拡大的な性質に呼応しています。引き金になったのはテンプルやシッチンの研究で、いちばん最近では『ライオンの道』を書いたムゼイオスも深いシリウス的感受性をそなえた人物です。(2)

わたしは『キロン――内惑星と外惑星を結ぶ虹の架け橋』の著者でもありますが、この本は一九七七年にはじめて観測された太陽系の新しい天体、キロンの影響力について書いたものです。(3)キロンとシリウスB（シリウスAのまわりを運行する白色矮星《わいせい》）は天文学的に類似したパターンを描き、地球上でも類似した問題をつかさどるため、わたしはこれまでのキロン研究をもとにシリウスBが理解できる、という特殊な立場にあります。シリウスBがシリウスAをめぐる軌道と、キロンが五〇年かけて太陽をめぐる軌道は、よく似た楕円形と周期をもっています。どちらも属する星系のなかではごく小さな天体でありながら、人類に対しては起爆作用とヒーリングをもたらす、非常に強い影響力があります。キロンは物理世界と精妙な世界のあいだに橋をかける能力、自己の傷ついた部分を癒す能力、新しい段階に導くシャーマン的な過程などを支配します。シリウスBも似たような事柄を支配しますが、さらに星の要素の強い精妙な影響力です。シリウス星系は恒星なので、わたしがアクセスする場合、トランス・チャネリングという形をとらざるをえませんでしたが、キロンの研究は伝統的な占星学の分析が基本になっています。具体的な方法は〈付録A〉にのべたとおりです。

一九七七年のキロン発見は、星とのつながりを回復すれば、人間ひとりひとりがシリウスの高度に起爆的な意識にアクセスできるようになる兆候でした。キロンの発見とテンプルの本の出版がおなじ七七年だったことは、人類と星のつながりを確実に示す現象であり、みなさんは実際にそれから一九九四年まで精妙な全地球的イニシエーションの渦中にあったのです(〈付録A〉参照)。シリウス星系による物理的な活性化は一九九四年三月に始まり、人々の多くはやっと精妙な刺激に気づきはじめています。プレアデス人がしつこく強調しているように、いまこそ知的理解を拡大し、宇宙のさまざまな領域に心をひらく時期なのです。このような精妙な意識は非常に新しく、宇宙探査とも深く関連していますが、同時にとても古くから地球上に存在したものでもあります。ドゴン族の村では子供でさえシリウスの星の伝説を聞かされ、シリウス星系からやってきた祖先の物語を学んでいます。その物語はたいへん鋭敏な知覚能力を開花させてくれます。わたしたちもドゴンの記録を調べて、能力を開花させましょう。

シリウス―プレアデス同盟は一九九四年四月の〝シリウス近星点〟によって非常に強化されました。これは、シリウスBが五〇年周期の楕円軌道のなかでシリウスAに最接近するときです。キロンが太陽に最接近するのは一九九六年二月一四日ですから、シリウスのコードを地球に深く定着させるのに理想的な時期になるでしょう。シリウスBもキロンもたいへん長い楕円形の軌道をもち、どちらも一九九二年から九八年までのあいだに自分が周囲を公転している恒星にいちばん近づくわけです。シリウスAとBはいわゆる連星であり、その軌道パターンはアフリカ中西部、マリ共和国のドゴン文化に伝わる儀礼体系の土台になっています。ドゴンの民は一九四六年から五年間にわたって、彼らのもっとも深い謎を解くための秘密を、フランスの卓越した人類学者マルセル・グリオールとジュルメーヌ・ディテルランに明かしました(4)。『シリウスの謎』はこのときの調査内容をもとに書かれたものです。ふたりの人類学者はドゴン族の複雑な儀礼がシリウスAとB、さらにシリウスCの軌道パターンと物理的な特徴に関する、きわめて詳細な分析にもとづいていることを証明しました(シリウスCもシリウスA

＊**連星**　恒星同志が互いの引力によって、共通重心のまわりを楕円運動しているもの。

のまわりを五〇年かけて公転する恒星で、シリウスBに対して直角の軌道をもちます）。そのような儀礼がすくなくとも一〇〇〇年前から存在し、現代まで続けられてきたとは驚きです。なぜなら、シリウスBはきわめて高密度のほとんど目に見えない白色矮星で、望遠鏡を使って最初に確認されたのは一九世紀に入ってからですし、はじめて写真撮影されたのは一九七〇年なのです。いいかえれば、シリウスBはドゴン族にも肉眼では見えないはずなのに、彼らはもっとも重要な星とみなし、楕円の軌道を図解し、儀礼のなかでシリウスAをめぐる公転周期が五〇年であることを表現しているのです。ドゴン族がシリウスBを「ポウ」と呼んでいるので、テンプルは「デジタリア」と名づけました。「ポウ」はドゴン族にとって最小の食用種子〔イネ科の雑穀〕で、デジタリアはその種子の学名です。[5] つまりシリウスBがとても小さな高密度の星だと知っていたから、ポウと呼んだわけです。デジタリアは「指」を意味し、キロンはギリシャ語で「手」を意味するのも面白い偶然だと思います。

ほかにも、ドゴン族の神話を裏づける非常に興味ぶかい天文学的要素があり、ロバート・テンプルの関心をひきました。たとえば彼らは「ポウ」を〝世界の卵〟と呼び、そこから宇宙のあらゆる創造物が誕生したと考えています。そして「ポウ」は地と風と火と水でできていて、奇妙なことに地の元素だけが金属になったというのです。[6] 地球のいちばん近くにある白色矮星はシリウスBで、距離は八・六光年です。白色矮星は超新星になるとき銀河系全体に大量の鉄をばらまくのですが、ケン・クロズウェル著『天の錬金術』によると、太陽と地球は四六億年前に鉄分を豊富に含んだ塵から生まれました（いまオリオンでもおなじことが起きています[7]）。また、地震波に関する最新の科学分析によると、地球の中心はひとつの巨大な鉄の結晶だといいます。[8] シリウス星系にもとづくドゴン族の儀礼は真の〝宇宙論〟、創造に関する正確な記録の存在を確実に示しています。そうすると、地球の一次元にあたる鉄のクリスタルは、シリウスBが超新星になったときできたのではないかと考えられます。つまり、**地球はシリウス星系から生まれたことになります**。テンプルによると、ドゴン族の儀礼が近代化の影響にまったく汚染されていないことは、人類学的調査で疑問の余地なく証明されています。そのドゴン族が、デジタリアは地球上のすべての源だというのです。かつてデジタリアは爆発して超新星になり、そのときできた鉄の結晶が地球のもとになったに違いありません。それ以外に、シリウスBがドゴンの儀礼に正確に描写されていることを説明できるでしょうか。

ドゴンの民はデジタリアが世界の軸であり、その動きがなければ他の星はひとつとして進路を維持できないと考えています。つまり、テンプルが書いているように「デジタリアは天体の位置をつかさどる儀式のマスターであり、とりわけ手に負えない荒星シリウスの位置を支配している。みずからの軌道内にシリウスを包含することで、ほかの星から切り離しているのだ」[9]。テンプルの研究についてもっと知りたければ、『シリウスの謎』を読むことをおすすめします。一九七七年にテンプルの本が出版され、キロンが発見されて以来、わたし自身もシリウス星系について考えつづけてきたので、ここにトランス・チャネリング[10]によるデジタリアの声をお届けします。わたしはこれが地球創造の本当の起源であると考えています。

シリウス星系のデジタリア

わたしデジタリアには、ソルグム〔モロコシの学名〕という聖なるふたごの兄弟がいる。われわれは互いに直角の軌道でシリウスAのまわりを公転している。ソルグムは生けるものすべて、これから生まれるものすべてにとって女性的な魂の源である。その五〇年周期の軌道はわたしの軌道と直角に交わっているので、円の内側に十文字を描いた形が彼女のシンボルである。われわれは永遠にかかわり続けるが、離れたままである。まず最初に、わたしが内的爆発を起こし、その一部が地球になり、べつの一部がニビルになった。やがて地球、ニビル、ソルグム、デジタリアという四つの天体になったわけだ。そしてソルグムとわたしがシリウスAの周囲をまわっている。わたしの四つの部分が旅することで、太陽とシリウスはふたご星として結びつき、われわれの男性部分と女性部分は永遠に互いをもとめつづける。きみたちの太陽系ではニビルが男性で、地球が女性、われわれのシリウス星系ではわたしが男性で、ソルグムが女性である。きみたちの魂がなくしていたこれら四つの部分を思いだし、癒すときがやってきた。そのためには春分にソルグムを、夏至に地球を、秋分にニビルを、冬至にデジタリアを称えるといい。実際、まもなく地球には大規模な祭礼がさかんにおこなわれる時期がやってくるだろう。自分のなかの太陽の部分と星の部分を結びつければ、ツイン・ソウルも見つけやすくなる。

いまから四〇億年あまり前、星間塵から太陽系が形成されようとしていたころ、わたしは超新星になり、シリウス星系はたいへん混沌とした状態だった。わたしは内的爆発による急激な収縮で高密度の小さい天体になり、ソルグムとともにシリウスAの周囲をまわりはじめた。ある日、疲労困憊していたわたしは、自分の一部がひき裂かれて地球という惑星になっていることに気づいた。地球は近くにある恒星の周囲をめぐり、きみたちはそれを太陽と呼んでいる！　われわれにとっては非常に神聖なので、けっして名前を口にしない星である。そのあと、自分のべつの一部がもうひとつの惑星になっていることがわかった。なんとすばらしいことか。その惑星はニビルと呼ばれ、三六〇〇年ごとに太陽系に進入する。地球とおなじようにわたしの爆発から生まれ、太陽にむかって飛んでいったのだが、ニビルの軌道は地球と違って三六〇〇年ごとにわれわれのもとに戻ってくる。アルシオネが地球の図書館の所在地であるように、シリウスAはニビルの図書館の所在地なので、これからニビルの物語を聞かせよう。

一〇〇万年ほど前、ニビルにはオリオン出身の種族――いわゆるアヌンナキ――が住んでいた。彼らはとても寿命が長く、新しい故郷をもとめてニビルに来てから、すでに五〇万年が経過していた。種を存続させるには新しい遺伝形質が必要だと気づいたが、オリオンに新しい遺伝基盤が発生するのは五〇万年先だった。いま地球でアヌンナキと呼ばれている彼らは、ニビルと地球がどちらもおなじ超新星から生まれたのを知っていたので、地球を訪れて新しい遺伝基盤を探すことにした。そこで、四五万年前からニビルのアヌンナキが地球に飛来するようになったわけだ。この惑星は三六〇〇年ごとに太陽系に入ってきて火星と木星のあいだを通過するが、毎回かならず地球に降りてくるわけではない。訪問にもっとも適した時期は牡牛座の時代と蠍座の時代、つまり太陽がフォトン・ベルトから遠く離れ、「銀河の夜」の奥ふかくを旅しているときである（図4参照）。たとえば、彼らは紀元前三八〇〇年から三四〇〇年には多くの時間を地球ですごし、そのあいだにシュメール文明を創建した。[11]

この歴史が始まって、わたしデジタリアは考えた。せっかくニビルがシリウスAから太陽まで長旅をしているのだから、両者をつなぐ通信回路に利用したらどうだろうかと。ご存じのように、紀元前七二〇〇年以来、つまり最近のニビル人は不誠実な使者になってしまったが、ほかにきみたちの世界と連絡する手だてがないので、わたしはとにかく彼らを使おうとしている。シリウスAがニビルの図書館の所在地であることを思いだしてほしい。その図書館にアクセスすれば、太陽系がニビルという不規則な訪問者とうまく協調していく助けになる。わたしがやってきたのは、太陽とシリウスAのつながりが断ち切られたときの話をするためだ。あれはエジプト第一八王朝のファラオで、評価の分かれる人物イクナートンの治世だった。その後、シリウスAとのつながりは一九九四年のシリウス近星点において、多くの献身的な教師の手で回復され、おかげでわたしもまたこうして、きみたちに語りかけることができる。イクナートンが即位するまでの数千年間、わたしはエジプト王朝を通じて地球と直接つながっていたし、ドゴン族もつながりを一九九四年まで無傷に保ってくれたので、この精妙な回路がなんとか修復できたのだ。エジプト王朝が星の薄織物《ウェブ》のシステムを保護していたころは、大ピラミッドがオリオンとの重要な結びつきを維持し、イクナートンの治世が始まるまで、シリウス人は大ピラミッドを通じて地球全体にはたらきかけていた。

地球ではアヌンナキとシリウス人が科学技術を共有し、何十万年も仲良く暮らしていた。アヌンナキは地球人を労働と性的サービスに利用しながら、すこしずつDNAを変えていった。わたしは地球の先住民が聖なる植物の知識によって知的進化をとげるようにうながし、魔法の科学を教えた。しかし、ニビル人は〝援助する〟と同時に地球から〝奪う〟傾向があったため、こうしたプロジェクトには困難も生じた。やがてきみたちが本当の人間に、そう、みずからの創造の物語を知る創造者に進化すると、われわれシリウス人はアヌンナキがもっときみたちに敬意を払うことを望んだ。なぜなら、きみたちは銀河の生物の学校、つまり「銀河系の生きた図書館」になっていく運命だから。[12] 六次元に属するわれわれシリウス人は、三次元の人間になにもできないが、アヌンナキは三次元的な力を獲得できるので、エデンの園に一時滞在することが可能だった。

以下のことを地球の観点で想像してみてほしい。地球は獅子座の時代と水瓶座の時代にそれぞれ二〇〇〇年間、フォトンによる変換を経験する。そのあと、牡牛座の時代と蠍座の時代には「銀河の夜」にもっとも深く入りこみ、オリオンの神々の訪問を受ける。ニビルが数千年にわたって地球を訪れるうち、人類は個別性という感覚を発達させていった。いまから二万六〇〇〇年以上前に、人類は感情を洗練させて自由を欲するようになり、プレアデス人は人類の進化に直接かかわってほしいという刺激を人々から受けとっていた。なぜ、プレアデス人なのか? ニビルは男性的な力であり、まさに天の神々を地球に運んでくる惑星なので、こんどは天空の女神プレアデスを知るべきだと、きみたちは直観的に悟ったのだ。

われわれシリウス人は調和した場を地球に定着させる方法を神殿で教えつつも、人間の知性を支配する傾向があったので、わたしデジタリアは、きみたちがシリウスから分断されるのも進化の過程だと確信していた。人間はついに、六次元の幾何学的調和を保つ独自の方法を見いださねばならなくなったのだ。そしていま、われわれはふたたび援助にやってきた。こうしてつながりを回復したからには、この知識をどう利用しようが、文字どおりきみたち次第である。その観点から、分断のいきさつを検証しなければならない。きみたちの邪魔になりそうな部分があれば癒すためだ。イクナートンの物語が論議を呼ぶのは、それが実際にシリウスの記録に秘められた知識をおおい隠しているためであり、ドゴン族などの先住民がじつに注意ぶかく保護してきたことからも、情報の重要性が見てとれる。

イクナートンは伝統的な人の姿をした動物神たちを拒絶し、神殿を移動させたり利用法を変えたりして、エジプト－シリウスのジオマンティック・システムを変更した。その理由は最優先する価値があった。ごく内密に、彼はヘブライ人の司祭たちがケムの爬虫類神殿の技術を盗みとり、モライア山で実際に運用していることを知っていたのだ。彼らがレンズとしてニビルを単独で採用し、その技術を使ってエジプト征服をたくらんでいることも把握していた。

イクナートンは幼年期と青年期のイニシエーションを受けながら、エジプトの場の調和が衰えていくのを見守ってきた。彼がまだ幼いころは、婦女子を虐待する者や盗みをはたらく者はおらず、子供はみな親を尊敬していた。しかしファラオの（シリウスの）イニシエーションの準備をととのえるころには、兄弟が互いのものを盗み、女たちは互いの夫を盗み、子供は親をはずかしめ、肉体的・性的虐待が日常茶飯事になっていた。イクナートンはエジプトの崩壊をくいとめようとしてファラオのコードを受けいれたが、彼がその目的でコードを獲得したため、われわれシリウス人は大きな葛藤に陥った。ファラオは神聖な蛇形章のついた青ナイルの二重王冠をかぶることで蛇のパワーを得るが、**それは特定の目的意識がない場合にかぎられる。**ファラオは単に平和な場を維持するべきであって、「敵」のいる状況にもとづいてそれを維持することはできないのだ。イクナートンが中央聖所に入るのはあまり頻繁ではなかったが、そういうとき、われわれシリウス人はかならず意識を同調させてみた。すると、感じとれるのは敵に対する深い憎悪と民のための怖ればかりだった。彼の「カー」は肉体を見捨てたので、大いなる苦しみと怒りと非難と混乱を味わう結果になっていた。アメン神殿の神官たちはイクナートンの「カー」

を説得して肉体に戻そうと援助を申し出たが、彼は聞く耳をもたなかった。ヘブライの司祭をケムに迎えいれ、ワニの活性化を学ばせてしまった神官たちを軽蔑していたからだ。

ある日、わたしがシリウスAのいちばん近くを通過していたとき、恐ろしい光景が内なる視野に飛びこんできた。シリウスAも同時におなじ光景を受けとっているのがわかった。まず最初に、女神セクメットのライオンの頭がわれわれの目をのぞきこんでいた。そして、彼女の背後には玉座にすわっているイクナートンが見え、恐ろしい大トカゲが近づいてきていた。[13]われわれはイクナートンの心臓が早鐘を打つのを感じた。「カー」のない彼は無力であり、恐怖にかられていた。そして激しい闘いが始まった。大トカゲはイルルという名のヘブライ人司祭が四次元形態をとった姿だった。彼は「イクナートン、おまえから蛇の力をもらっていくぞ！」といい、イクナートンの神聖な笏《しゃく》「ウアシット」をつかんだ。青ナイルの場を保持する神聖な笏が獣のかぎ爪にもち去られるあいだ、ファラオは身動きもできなかった。大トカゲは「ウアシット」で床を三回たたき、そのたびに笏は力強い蛇に変わった。つまりトカゲはファラオから「ウアシット」を奪ったばかりか、その力を自分で使うつもりなのだ！　われわれシリウス人は即座にシリウスと大ピラミッドのつながりを分断し、同時にナイル流域から波のように湧きあがる苦悶を感じた。われわれはスフィンクスと大ピラミッドの地下室を閉鎖し、イクナートンとエジプトは放棄されたのである。

イルルはすくんでいるファラオを侮蔑のまなざしで眺めた。それから、四次元のホログラム投影だった彼は瞬時にその場から姿を消し、シナイ半島のヘブライ人宿営地にモーゼとしてふたたび出現した。そこにはモーゼの信奉者が数人集まり、巨大な渦巻く炎が燃えていた。イルルの三次元の自己は激しい炎に焼きつくされて四次元形態、すなわちモーゼその人に変容し、「アトン・アイ」（我はアトンなり）という言葉を発した。驚愕した砂漠の民の耳には「アドナイ」（ヘブライ人が神を呼んだ婉曲語。上帝、主）と聞こえた。[14]それまで砂漠の民には神官も神殿もなかったが、このモーゼがエジプトの神官制と神殿にもとづいて両方を制定した。彼は人間と星のつながりを存続させるため、太陽の舟の伝統を神殿にもちこんだが、「契約の箱」と呼ぶようにした。また、自分が姿を変えたトカゲを完全に軽蔑していたので、アトン神に動物のいけにえを捧げるよう信奉者たちに命じ、たとえば聖なるワニを火に投じさせた。それまで三五〇〇年ものあいだ神聖な動物の教師たちをあがめてきた習慣が、こうして途

＊セクメット　エジプト神話で創造神プタハの配偶神。ライオンの頭をもつ。別名「ラーの眼」。太陽熱の破壊力をあらわし、冥界で悪人の魂をこらしめる。

絶えたわけである。地球上のあらゆる獣のハートから、深い嘆きの声がはるかシリウス星系まで届いた。われわれシリウス人の守護神アヌビスさえ、不敬の扱いを受けるというのだから。

原子炉のように高密度の白色矮星であるわたしデジタリアは、イルルが一神教という名の精神的原子爆弾を作るのを感じて、再誕生を味わった。自分が白色矮星になっていく瞬間をふたたび生き、青ナイルの場が内的爆発を起こすのを感じたのだ。かくて地球上に原理主義が始まってしまった。それは、特定の考え方を守るためにはどんな虐待も、暴力も、どれほど非人間的で霊的制限につながる行為も許すような信念である。こうして、観念にもとづく戦争、肉体の利用にもとづくセクシュアリティ、子供の所有にもとづく幼児虐待、教会と国家という概念にもとづく世界支配が始まった。

エジプト第一八王朝の時代、ヘブライ人はニビルの知性を受けつぐ民となった。ヘブライ語で自分たちを「イブリ」と名づけたことでもわかる。エジプト人は彼らを「ヒビル」と呼んだ。イスラエル人は「モーゼの出現によって選ばれた民」を自称しているが、わたしは、彼らが〝ニビルと地球がおなじ天体に発する〟ことを認識していた点で敬意を表する。また、ニビルの元型を受けつぐ血統が必要であると認識していた点でも尊敬する。同様に、シリウスの元型を受けついだエジプト人にも敬意を表したい。**集団として星の元型を生きることが部族や氏族の出発点であり、先住民はそのようにして星とつながっているのだ。**恒星や惑星はおのおの特定の行動や信念のエネルギーを運んでおり、それに取り組むことが元型を生きる本来の目的である。自分たちがイクナートンの世界を望んでいることを認識したヘブライの民には敬意を表するが、わたしデジタリアがこうしてやってきたのは、「ヘブライ人が元型として得たのはニビルであって、シリウスではない」と知らせるためである。イルルが力を奪ったとき、もはやシリウス人はイクナートンとつながってはいなかった。この形態と同一化している者にとって、これは重要なニュースであろう。きみたちがカバラ、錬金術、魔術などに魅了される様子を見れば、シリウスの六次元的な聖なる幾何学を愛していることがわかる。二次元、四次元、六次元、八次元の教えと聖なる知識はみな相互に関連し、つながっており、その微妙な差異を意識すればするほど、これらの場を深く探究していけるだろう。

イルルはニビルの壮大な計画を実行するための集団的思考形態を、みずからの民族に活性化した。おかげでその日、アヌンナキは大喜びした。「よくやった！」とアヌもご満悦だった。地球の民として、特定の宇宙天体の欲求に取り組むことを選んだヘブライ人に、われわれは敬意を表する。カルマとはそういうものなのだ。地球では多くの集団が宇宙の元型を受けついでいる。たとえばイギリス人（ニビル）、フランス人（オリオン）、バリ島人（プレアデス）、イラク人（ニビル）、ユダヤ人（ニビル）、エジプト人（シリウス）など。ついでにいうと、アヌンナキはときどき地球に滞在するため、人間にとってはニビルの課題のほうがシリウスの課題より複雑だが、どちらも地球における〝力〟の扱い方が焦点であることには変わりない。

　力というものに対処するため、ユダヤ人はファラオとおなじように深遠な知識と秘密結社を利用してパワフルな魔術体系の達人になり、ほしいものを手に入れようとした。彼らが権力をつかんだのは、アヌンナキが何十万年も人間を労働と性的サービスに利用したあとだった。そのため、地球には相手の許可をもとめずに利用するパターンがすでに深く根づいていた。ニビルは男性エネルギーを帯びているので、ニビルにもとづくヘブライの一神教文化は父権主義とガイアを濫用する傾向が非常に強くなった。ただし、ヘブライ人もかつては女神に帰依していたので、現代ユダヤ教の儀式にはカナン人の伝統をくむ女神崇拝が残っている。シリウスの導きを離れたスネーク・メディスンは、「ウアシット」が奪われると同時にイクナートンから取りあげられ、それ以来、ヘブライ系の宗教（ユダヤ教、キリスト教、イスラム教）に参加する人々のほとんどが秘術《オカルト》を深く怖れるようになった。イルルがファラオの財宝をうらやんだので、イルルの子孫の大半が狂信的物質主義にふけり、それが地球を虐げ、戦争を起こしている。奴隷制、売春、階層制、秘密主義、戦争、女性嫌悪は、このエネルギー転移の結果として生じたものである。今日、ここでのべたような情報はまったく意識にのぼらなくなっている。その証拠に、たとえば「過ぎ越しの祝い」の儀式では、あたかも出エジプトがつい先週のことのように、古代エジプト人がいまだにさげすまれている。こうした古いパターンは処理しなければならない。現代のエジプト人に否定的な投影を続けると、中東の不安定化につながる。この地域で紛争が起きれば、緊張が高まって世界大戦に発展しかねない。

ふたたび野蛮人になりたい者はいないはずだ。

　わたしデジタリアから、ニビルの神々は自由になる用意ができたと伝えよう。彼ら本来の能力である遺伝子工学がオリオンで必要とされているのだ。もはや彼らにとって地球は必要なくなったのに、ニビルのパターンにも

＊**過ぎ越しの祝い**　ヤハウェがエジプトのすべての初子を殺したとき、イスラエル人の家は通り過ぎたといい（旧約聖書）、これにちなんだ祭り。出エジプトのきっかけとされる。

とづく遺伝子工学はきみたちの世界で究極の抑圧手段になりかねない。なにしろ、すでにヒットラーが一九三〇年代と四〇年代に試しているのだ(15)。しかし、イルルがシリウスの力を手にいれるつもりでニビルの力を帯びた結果どうなったか、それを知ってもまだ、きみたちはこの手段を使う気になるだろうか。人間は、創造の単位そのものであるDNAをいじることが可能かつ必要であるという考えに感染してしまった。これは、太陽系にゆっくり滞在できないために欲求不満をいだいたニビル人の強迫的欠乏感からきている。

　われわれシリウス人はきみたちの領域を強く感じており、きみたち人間もエジプトにおける教えなど、こちらの贈り物を尊重してくれた。われわれは、アヌンナキがまず〝考える〟かわりに〝感じる〟ことを学べるように援助を試みた。直線的な時空において〝考える〟ばかりで〝感じる〟ことをしない者は、つねに自分を優先させ、略奪者になってしまう。略奪者になると、人間の現実は自然崩壊に向かう。なぜなら略奪するには犠牲者が必要だから。かならず犠牲者がいなければならない状況を設定したら最後、自分が犠牲者だろうが略奪者だろうが、関係なくなる。もし〝考える〟前に〝感じる〟ことができれば、集団全体にどう対応するべきか簡単にわかる。**アヌンナキはオリオンで生まれた金属的な存在なので、感じられるようになることは非常に困難である**。彼らが一〇〇万年前にニビルを植民地にしたのは、まさにそのためだった。それがつぎの達成すべき進化段階なのだ。地球の民が彼らのために本当にすばらしい奉仕をおこなったので、われわれシリウス人は感心している。しかし、いまや彼らの抑圧がきみたちの領域に内的爆発を起こしている。人間よ、こんなふうに想像してみてほしい。自分たちが感情より思考にどれほど価値を置いているかを考え、それから、ある民族が銀河連盟の所在地であるオリオンを離れ、やがて見知らぬ小さな恒星と惑星の混血天体に降り立つところを想像しよう。それも新しい生き方を発見するためだけに。きみたちもそうしたいだろうか？　アメリカ合衆国に暮らしている読者は、自分の祖先がまさにそれを実行したことに注目するといい。

　この選択の意味するものは畏怖すべきで、だからこそわたしデジタリアは、カルマ的ジレンマを人類の枠内で解消しようと決めたヘブライ人と子孫全員に、このうえなく深い敬意を表したいのだ。なんと勇敢な選択だろう。そしていま、それを選択したことを〝意識する〟時期がやってきた。アヌンナキが錬金術という、卑金属を貴金属に変換する方法を見つけたのは、いちばん最近シリウスA付近に滞在した西暦一六〇〇年だった。じつは錬金術とは一にも二にも〝感じていく〟作業であり、八次元以下の全レベルにおける精妙な波動を扱う。これはプレアデスの科学であり、ニビル人もさらに感じたいと望むようになって、錬金術に興味をひかれたわけだ。古代シュメールとカルデアで錬金術の論文が大切に守られたのは、アヌンナキが錬金術によって非金属性になれると考えたからである。地球にいるあいだに血と肉の存在になる機会を錬金術がもたらすことを願い、生命をかけて論文を守ったのだ。でも本当は、錬金術は彼らがみずからの金属的な本質、マーカバ〔魂が旅をするための器〕を尊ぶための方法だった。太陽系の外側の星であるかぎり、彼らにはそれが必要なのだから。

第一八王朝の時代、エジプトは外敵の侵攻と紀元前一六五〇年に起きたテラ島の大噴火による地球の変動で、強いストレスにさらされた。中東全域が不安定になり、ときには空が暗転して恐ろしい風が吹き荒れた。エジプトは避難所になったが、やがて圧倒され、さらにイクナートンによってシリウスとのつながりを失った。イクナートンを見捨てたことはシリウス住民すべてにも大いなる苦痛をもたらした。エジプトでのはたらきかけは使命だったにもかかわらず、最初の意図がくつがえされたのだから。そこに生まれた死と痛みと苦しみは、人間ひとりひとりが〝敵〟という観念を手放し、この薄織物《ウェブ》を織りなおすまでけっして終わらないだろう。ガイアには調和と平安を体験する権利があり、プレアデスの愛の波動をもとめる人間は、太陽とシリウスをふたたび結びつけるシリウスのジオマンシーによって、そのエネルギーを拡大する方法を思いださねばならない。ファラオはエジプトのシステムで唯一、シリウス意識との直接回路をもつ人間だった。しかし、西暦二〇一二年にはあらゆる人間が直接回路をもつ予定になっている。ファラオは他次元とのエクスタシーに満ちたつながりにおいて至福を味わった。きみたちも、宇宙のパーティに出席するときはそれを味わうだろう。そのとき、太陽とシリウスのつながりが地球上でまた完全に感じられるようになる。

訳者あとがき

この本を読むのは、まさに万華鏡をのぞきこむような体験になるでしょう。色とりどりのイメージがめまぐるしく交錯し、光と影が妖しく移ろって二度とおなじ姿はとらず、いったいなにを見たのかと問われても答えられない。ただ、自分のなかに言葉を超えたインパクトが残るばかり……。翻訳作業でいやというほど読みこんだわたしでさえ、筋道だてて要約するのはむずかしい本でした。説明したくても、頭のなかにさまざまな断片が統合されずに浮かんでいる感じで、「宇宙と人類の真実について、いろんな存在がいろんな話をする」などと、おそろしく漠然とした表現しか出てこないのです。

でも、多次元宇宙とはそのようなものなのだと思います。現実はひとつではない、ということです。視点によって多くのレベルの現実があり、多くのレベルの真実があります。それを人間の言語で描写するには本書のように隠喩を多用し、各レベルを切りとって見せるしかないわけです。その重層的な視点と表現をぶつけて、わたしたちの認識方法、知覚の枠組みを破壊するのが「彼ら」の目的のひとつかもしれません。

そう、「彼ら」とはプレアデスの存在です。この本はいわゆるチャネリング文書で、わたしたちの生きる三次元に肉体をもたない存在が、人間の肉体を借りて情報やメッセージを伝えてくるのがチャネリングです。昔ならイタコや霊媒がおこなっていた作業に近く、序文でブライアン・スウィムも指摘しているように、読者のなかにはそんなものは眉つばだと頭から疑ってかかる人もいれば、逆に高次元の宇宙存在のいうことなら神のお告げのように受けとる人もいるでしょう。あるいはチャネリングそのものは信じるが、宇宙存在を信用してよいものか、と迷う向きもあるかもしれません。わたしからお願いしたいのは、情報源より情報の内容を問題にしてほしいということです。いっそ、これを壮大な叙事詩とみなしてもいいのです。そのうえで、自分の内側にどのくらい響きあうものがあるか、どのくらい真実と感じられるか、を判断の基準にしてください。

本書の原題“*The Pleiadian Agenda*”（プレアーディアン・アジェンダ）はその意味で良心的です。アジェンダという言葉を辞書でひくと会議事項、予定表としか出ていませんが、実際にはむしろ計画、意図、もくろみという意味で使われます。特にhidden agendaで、「あの人は口ではこういっているけれど、本当は隠された意図がある」という否定的なニュアンスをもつことも多いのです。あえてその言葉をタイトルにした彼らは「これはあくまでも、われわれプレアデス人の計画ですよ」と強調しています。次元に序列はない、と本文にもあるように、彼らとわたしたち人間と、どちらが偉いわけでもありません。ただ視点が違うから、こちらに見えないものが見える。彼らの視点で見るといままでの経緯はこうで、今後こんな可能性があり、「彼らの計画」ではこうなるのが望ましいので、助言をしにきた……という立場を明瞭にしています。

だから、性急に飛びつかなくていいのです。いえ、むしろ飛びつかないほうがいい。警戒心をおぼえるのは健全なことですから。書かれている内容をひとつひとつ「まず感じてみる」といいでしょう。やみくもに拒絶するのでもなく、金科玉条にするのでもなく、自分の胸によく聞いて、自分のからだで感じて、（最後に頭で考えて）受けいれるかどうか決めてください。自分の力をなにものにも譲りわたさないこと、それが本書の最大のメッセージです。何度でもチェックして、ゆっくりと着実に選びとる。そのくらい自立した存在であってはじめて、彼らと（だれとでも）対等にわたりあえます。

わたし自身もかつて、チャネルされた宇宙存在はみな叡知とウィットにあふれた「なんでも知っている」存在に思え、彼らの言葉をバイブルのように信奉した時期がありました。でも、最近ではもっと中立な立場をとっています。自分の肉体を貸しだすチャネリング行為そのものや、さまざまな存在が入ってきて「融合する」というような概念には、逆に違和感をおぼえるほどになりました。そうなってはじめて、このような本を翻訳する機会を得たというのも、まさに絶妙のタイミングです。

とはいえ、おおいに楽しみました。たくさんの美しく大胆な表現にうっとりさせられました。「この世ならぬ」波動もかいま見ました。本文を訳している途中で、いったん付録に飛んでみたときのことです。専門用語が多くて手こずるだろうと予想していたのに、むしろ楽なのです。不思議なほどおだやかなエネルギーで、すいすいとなめらかに翻訳が進みます。くらべると、平易な話し言葉で語られる本文のほうが、深い部分をかきたてられるような刺激的なエネルギーだったのでした。なるほど、あれが高次元の波動で、付録はバーバラ・ハンド・クロウが人間の意識で書いた文章なのだな、と納得したものです。

さまざまな共時性に恵まれたのはいうまでもありません。さがしていた情報が新聞やテレビからぽろりと降ってきたり、重要な参考文献の邦訳がちょうどこの時期に出版されたり、「一対のフォトン」だの「聖なるふたごの帰還」だのと訳しているうちに本物のふたご(!)が身内に生まれたり……。愛らしいふたごのベビーの出現によって、わたし自身のなかで母なるガイアの愛、あらゆる人間と草木と動物と昆虫に対する愛が深まったようです。迷いこんだ羽虫にあいさつし、ワニの頭をなでてみたいと思う自分が新鮮です。

このあとがきを書いている数日間、小鳥のさえずりや蝉しぐれに混じって、カラスの声が妙につよく訴えかけてきました。カラスのメディスンは古い世界の変換を予告します。聖なる法則の前では人間社会の法則が曲がるのです。いよいよ地球は面白い時期を迎えるのでしょう。過激なまでの加速を生きるときこそ、プレアデスの兄弟姉妹がいうように、わたしたちは三次元をまっとうしたいものです。全面的に肉体にいて、しっかりと現在に焦点をあわせ、人生の主導権を完全につかむことです。そして訪れる地上の楽園を、わたしはぜひ見たいと願っています。

——一九九七年八月　上弦の月のもとで——

†

右の文章を書いてから、はや七年の歳月が流れました。すべてが収束する「時の終わり」として描かれた二〇一二年まで、残すところ八年。ちょうど中間地点にあたるいま、この日本語版が新しい衣をまとい、あらためて世に出ることになったのも偶然ではないでしょう。この情報、メッセージが、いまも有効であるという証です。

いろいろなことがありました。世界は西暦二〇〇〇年の境界線をあっけなく通過し、そのかわり翌年九月十一日の大惨事に茫然とさせられました。でも、それは人類にとって未知の局面というよりは（匹敵する悲劇が歴史上いくらもあったのですから）、むしろこれまで歩んできた道のりを総括し、もはや目をそらすことのできないインパクトで突きつけられた出来事といったほうがよさそうです。もちろん「視点によって多くのレベルの現実が」存在するわけで、あの悲劇は特定の人々の決断と行為によって生じたカルマの帰結でもあり、また民衆の感情を刺激してさらなる暴力へと向かわせる罠でもあり、同時にその愚かしさ、不毛さに気づかせ、もっと別の解決法を真剣に模索させるきっかけにもなったようです。

それにしても状況はちっとも変わっていない、いやむしろ悪化しているじゃないか！　と嘆くのも無理ありません。この本の原書は十年近く前に書かれたというのに、まだそのまま当てはまる感じで、人類は本当に進化しているのだろうかと疑いたくもなります。でも、いま起きていることは《大いなる浄化》だとわたしは確信しています。影が濃くなるのは光が強まっているしるし。戦争も、むごい事件も、異常気象も人災の数々も、新しく純粋な光がどんどん降り注ぎ、汚れと膿を洗い流し癒していく、そのプロセスを見ているのでしょう。

傷口を消毒するときは痛いものです。波動をあげるため古くよどんだエネルギーは放出され、おおい隠されていた恥部は暴露される……でも「悪いのはやつら」ではなく、本当はわたしたち全員がともに背負ってきた重荷を、代表しておろしてくれている人々と考えてみてください。おなじガイアの住人として、おたがい不完全な人間同士、非を正すにしても思いやりを持つことがそろそろ必要かもしれません。闇をも愛することで二元性を突き抜ける、そんな時期にきている気がします。

おりしも先月、六月八日に金星の太陽面通過（ヴィーナス・トランジット）というたいへん象徴的な天体現象がありました。金星の愛と創造性と豊かさ、そしてなにより女性性のエネルギーが、背後から男性性のかたまりのような太陽光を受けて増幅されたのです。この現象は一二一・五年おきにしか起きないかわり、ふたごのようにペアで、つまり八年間隔で二度続けて起きます。今回のペアの片割れはなんと例の二〇一二年。それまでに地上の女神と男神の統合・調和は加速度的に進み、ある到達点へと向かうはずです。もう目的地は視界に入っているのです。わくわくしませんか？

二〇〇四年　七夕の夜に　高橋裕子

したが、人類に与える影響は甚大だと思うので今後もできるだけデータを集めるつもりである。

12. Marciniak, ***Bringers.*** マーシニアック『プレアデス＋かく語りき』 わたしの知るかぎり、バーバラ・マーシニアックは生物の図書館、地球を示す「生きた図書館」という言葉を最初に使ったチャネラーである。

13. ***Signet of Atlantis,*** p.90 に Angela Werneke がこの場面のイラストを描いている。

14. Ahmed Osman, ***Moses: Pharaoh of Egypt*** (London: Paladin, 1991), pp.162-73. これは、わたしが情報をチャネルしたあとで驚くほど類似した解釈を見つけた例である。オズマン氏は1993年か1994年に、この***"Moses"***をアメリカで出版できないかとわたしあてに送ってきたのだが、ベア&カンパニー社の出版傾向と合わないので棚上げにしてあった。あらためて参照したのは1995年はじめにイクナートン関連のチャネリングをおこなってからで、モーゼとイクナートンに関してここに提示したデータはかなり正確だと思われる。オズマン氏は非常に意義ある貢献をしてくださった。

15. キロンとデジタリアの運行周期は50年なので、これらのパターンはふたたび作用するだろう。その結果がプラスになるかマイナスになるかは人々の選択次第である。

〈付録D〉シリウス星系とオリオンの古代記録について

1. Temple, ***Sirius.***
2. Musaios, ***The Lion Path: You Can Take It With You*** (Berkeley, CA: Goldern Sceptre, 1988).
3. Clow, ***Chiron.***
4. Germaine Dieterlen and Marcel Griaule, ***Le Renard pale*** (Paris: Institut d'Ethnologie, 1965).
マルセル・グリオール&ジュルメーヌ・ディテルラン『青い狐――ドゴンの宇宙哲学』坂井信三訳(せりか書房、1986)
5. Temple, ***Sirius,*** p.3.
6. Temple, ***Sirius,*** p.42.
7. Ken Croswell, ***The Alchemy of the Heavens*** (New York: Doubleday, 1995), p.5.
8. William J. Broad, "The Core of the Earth May Be a Gigantic Crystal Made of Iron" (***New York Times,*** April 4, 1995).
9. Temple, ***Sirius,*** p.14.
10. このチャネリングはテンプル著***"The Sirius Mystery"***、ゼカリア・シッチンの各著作、さらにわたし自身の内部に存在するデータを組みあわせ、統合している。チャネリングしたデジタリアの情報は***"The Sirius Mystery"*** p.35-51と酷似しており、わたしは変性意識状態で言葉を発しながら、ドゴン族が見、儀礼として演じさえした宇宙論を"見て"いた。細胞レベルで記憶していた情報だが、いったいどこから来た情報なのか、自分でも不思議である。わたしは長年研究を深めてきて、いまではチャネリングでも視覚的で身体が震えるほどの内容しか発表しなくなった。個人的意見だが、これはチャネラーが実際の図書館に存在する「記録」を読みだしている、というしるしではないだろうか。この場合はシリウスAの図書館になる。
11. ここで、わたし自身の仕事とゼカリア・シッチンの研究が厳密にはどのくらい関連しているか、ぜひともものべておきたい。シッチンのすぐれた調査研究は非常に学究的なもので、いっぽうわたしの研究は非常に直観的である。ただし、自分がアクセスした情報については、かならず従来の情報源とも型破りといわれるような情報源とも照合している。シッチンのシュメール研究は、1840年以来「学問的に適切」と見なされてきたどのシュメール学者と比較しても、その周到さ綿密さにおいて引けをとらない。シッチンは聖書学者として卓越した経歴をもち、ロンドン大学の経済学部を卒業しており、世界で100人しかいないシュメール語が読める学者のひとりである。彼の驚愕すべき発見は、学問的判断としてもっとも無礼な手段、"黙殺"で迎えられた。卑しくもみずから学者と称する人々が、そのような手段に出たのである。シッチンはあくまでも伝統的な学問手法しか使っておらず、「学者」たちが怖れたのは彼の結論だった。わたしは過去世回帰やチャネリングで未知の歴史的データを受けとり、あとからおおもとの情報源を調べて日時や情報が合致すれば、「大当たり」とみなす。シッチンの場合、わたしが***"The 12th Planet"***(邦題『人類を創成した宇宙人』)を読んだのは1976年で、まだアヌンナキやニビル人については自分自身の直観的データをひとつも受けとっていなかった。最初にニビル人の存在にアクセスしたのは1982年の過去世回帰セッションで、そのあと1988年まで4～5回にわたってさまざまな存在とアクセスした。わたし自身のデータは***"Heart of the Christos"***で一部公表

4．バーバラ・マーシニアックおよびバーバラ・ハンド・クロウによるチャネリング。1992年11月13日、ニューメキシコ州サンタフェにて。

〈付録C〉 銀河の降雨――第五世界のメトン周期

1． Clow, ***Signet,*** pp.111-28.
2． John Filbey and Peter Filby, ***Astronomy for Astrologers*** (Wellingborough, England: The Aquarian Press, 1984), pp.109-16.
3． Gerald S. Hawkins, ***Stonehenge Decoded*** (New York: Doubleday, 1965), p.178. G・S・ホーキンズ『ストーンヘンジの謎は解かれた』竹内均訳（新潮社、1983）
また、E.C. Krupp, Martin Brennan, John Michell, Alexander Marshack, Norman Lockyer, Alexander Thom の著作も参照のこと。
4． Jenkins, ***Tzolkin,*** p.112. ジェンキンズによると、マヤ人が黄道を13の星座に分割していたことは立証されており（わたしも同意見）、この区分を採用すれば、ツォルキンの倍（2×260日＝520日）と黄道上の1星座を通過する期間がほとんど等しくなる（520日×13＝18.5年）。したがって、ツォルキンの倍の13回分は黄道上の月節サイクルとほぼ等しい。このレベルの共時性（マヤ暦には随所にある。第1章の注12と〈付録A〉の注6を参照）が、わたしの見たビジョンにおける磁力作用の基礎になっているのかもしれない。
5． Argüelles, ***Mayan Factor,*** pp.145-48.
6．この付録の注4を考慮すると、鋭敏な読者の方々は、なぜ図15にマヤ式の13星座区分がもちいられていないのかと思われるだろう。わたしは占星学的予測のために黄道を分割するとき、つねに12星座区分を採用している。その区分けによって“二極性”にもとづく心理的なエネルギー分析ができるためだ。利用価値があるから使っている。人間が心理的に行きつ戻りつしながら徐々に人生をマスターしていく様子を反映するので、多くの人にとってこのほうが理解しやすい。12分割は太陽年の主要な4つの区分（夏至と冬至、春分と秋分）を強調し、マヤ人も、それらの時期を示すために建設された古代の聖地で記念の儀礼をおこなっている。ほとんどの研究者は歳差運動による春分点と秋分点の推移を12の偉大なる時代として扱うが、実際に地球から見える天空は12にも13にも、それ以上にも分割できる。占星学と天文学の両方を理解する読者なら、星の配列――太陽や月や諸惑星がさまざまに並ぶ空の道――は、長い時間が経過すれば見慣れたパターンを完全に失ってしまうことをご存じだろう。星々はそれぞれ、銀河の中心のまわりを異なる速度でめぐっているのだから。したがって、この輪のために採用した12分割は二極性と太陽の要素をあらわすが、1994年3月14日から2012年12月21日というおなじ期間を、マヤの獣帯にあわせて13分割することもできる。この場合はむしろ月にもとづいた解釈ができ、おそらく数字と暦に関して驚異的な共時性が見られるだろう。また、わたしが1995年4月にニューヨークで講演をしたとき、受講生のひとりが即座に、なぜ南の月節の要素を分析しないのかと問いかけてきた。彼女のいうとおりである。それを分析すれば、1994年3月14日から2012年12月21日のあいだに吸収され、処理されていく歴史的パターンが読みとれるだろう。これらのアイディアはみな、すばらしい研究分野の可能性を秘めている。
7． Marc Edmund Jones, ***Sabian Symbols in Astrology*** (London & Boulder: Shambhala, 1978), p.205.

4．UPI, "IRAS Sighting of New Planet," ***San Francisco Chronicle*** (December 27, 1983).

5．わたしは土星と天王星と海王星が最後に山羊座でコンジャンクションしたのがいつか、知りたいと思っている。なぜなら、1988年から91年にこれらの惑星が山羊座を通過したことが、地球における進化のシフトを誘発しうる水準の構造的影響力を示している。

6．John Major Jenkins, ***Tzolkin: Visionary Perspectives and Calendar Studies*** (Garbersville, CA: Borderlands, 1994), pp.113-47.　ジェンキンズは月食が173日間隔で起き（〈付録C〉で詳細にのべるように月食は月節によって発生する）、天王星と海王星のコンジャンクションは173年間隔で起きることに注目した。天王星は変革を支配し、海王星は霊性へのアクセスを支配するため、マヤ暦の終わり近くに両者のコンジャンクションが形成されることの影響力はきわめて大きい。また、ジェンキンズはマヤ暦大周期の主要な要素として、このコンジャンクションに焦点をあてている。わたしはマヤ研究家というより占星学者の立場でおなじ問題に取り組んでいるが、アステカの石の暦（5つの「偉大なる時代」の重要性を立証する石で、さらに25,625年周期にしたがってオルメカとマヤを開花させた紀元前3113年から西暦2012年までの決定的飛躍そのものであり、しかもマヤの計日法と歳差運動の要素の共時性を示している）が彫られ、アステカ王国の首都テノチティトランの中心部に立てられたのは西暦1479年、つまり1993年以前に天王星と海王星が最後にコンジャンクションを形成した時期にあたり、同時にいわゆる「ヴィーナス・ラウンド」も進行していた。「ヴィーナス・ラウンド」においてツォルキンの260日周期、ハーブの365日周期、金星がコンジャンクションを形成する584日周期が一致し、これらの共時性がマヤ暦大周期の土台になっている〔第2章の注15参照〕。具体的なデータは「ドレスデン絵文書」に記されている。ジェンキンズ著***"Tzolkin"***は、マヤ暦というまさに驚くべきデータバンクの探究に、かけがえのない貢献をはたすものだ。

〈付録B〉太陽系がフォトン・ベルトに進入する時期について

1．Clow, *Eye,* p.21.　物理学者ブライアン・スウィムは、この本に寄せた序文のなかで、20世紀の科学における中心的発見は宇宙からのバックグラウンド放射線〔昼夜間断なく降りそそいでいる透過力の大きな放射線。量的にはわずかだが個々のエネルギーはきわめて大きい。いわゆる宇宙線〕の発見だとのべている。これは電磁スペクトルでいうと、電子レンジとおなじマイクロ波の領域に属するフォトンである。もしかすると、われわれはそのフォトンのなかで"煮えて"いるのに、電子レンジで食物を調理するときのように炎が見えず、熱も感じられないため気づかないのだろうか。ばかばかしい話に聞こえるかもしれないが、人間は目に見えないプロセスの仕組みを理解するために科学技術を利用すべきだ、とプレアデス人はずっと主張してきた。それを見ることができる「千里眼」になったとき、われわれは科学技術を放棄するだろうと。もしや、電子レンジの仕組みはフォトンの影響を知るための鍵なのだろうか。今後、科学者たちは光のスペクトラムの不可視領域にますます焦点を合わせていくだろう。

2．Tjeerd H. Van Andel, ***New Views on an Old Planet: A History of Global Change*** (Cambridge: Cambridge University Press, 1994), p.86.　T・H・V・アンデル『さまよえる大陸と海の系譜――これからの地球観』卯田強訳（築地書館、1991）

3．Wence Horak, ***Ancient Ecologists.***　未出版の資料。

1985).

18. Baigent, Leigh, Lincoln, *Grail,* pp.55-57. ベイジェント、リー、リンカーン『レンヌ＝ル＝シャトーの謎』

19. 水瓶座の時代（アクエリアン・エイジ）というのはニューエイジ的な発想ではない。実際に地球は扁円の（つまり上下の両極が扁平な）長球であり、太陽が天球上の赤道を横ぎる点はたえず移動しつづけて25,920年でもとの位置に戻り、それを分割した黄道12宮はおのおの2160年にあたる。地球はいまから300年あまりで（西暦2010年から2310年）歳差運動によって魚座の時代を終え、水瓶座の時代に進んでいく。この移行期のあいだは魚座と水瓶座の性質がともに感じられ、1960年代から水瓶座の波動の初期段階がたいへん顕著になっている。1996年から2003年に水瓶座を天王星が運行し、1998年から2012年まで海王星が運行することで、人類は水瓶座の波動を生きる準備がととのうだろう。それが本当にスタートするのは偉大なるマヤ暦が完了し、つぎのサイクルが始まる2012年12月21日である。旧石器時代以来、人類は水瓶座の時代の本当の強烈さを感じたことがない。その強烈さは、いまもマドレーヌ期〔ヨーロッパの後期石器時代最後の文化〕の洞窟芸術からうかがい知ることができる。

20. 明敏な読者の方々なら、フォトン・ベルト進入時はニビル人の活動がほとんど記録に残っておらず、逆にフォトン・ベルトから遠くはなれて「銀河の夜」を運行中の牡牛座の時代や蠍座の時代には、多くの活動が報告されていることに気づかれるだろう。この時期に関するチャネリングによって、地球がフォトン・ベルト内または付近にあるときは、ニビル人は短期間の訪問しかできないという可能性が確認された。そこから考えを進めると、西暦3600年にはニビル人は来ていないと結論づけられる。

21. Diane Wolkstein and Samuel Noah Kramer, ***Inanna: Queen of Heaven and Earth*** (New York: Harper & Row, 1983).

22. サティアは以前、地球上の戦争に関してはかならず女性たちに相談すべきだと語っている。女性に相談して戦争がゆるされるのは故郷がおびやかされている場合だけで、そのときは男女とも炉辺の戦士になる。退屈した人間がはじめる気晴らしのような戦争をプレアデス人はひどく嫌っている。

23. Hugh Harleston, ***The Keystone: A Search for Understanding*** (Bellaire, TX: Uac-Kan, 1984).

24. わたしがメリダ〔ユカタン州の州都〕に滞在していた1995年３月、チアパス州に拠点を置きメキシコ全土にネットワークをもつマヤ革新勢力「サパティスタ」について、メキシコ政府が世論調査をおこなった。テレビのニュースや新聞の報道によると、国民の88パーセントがサパティスタを支持していた。

〈付録Ａ〉 1972年から偉大なるマヤ暦が終わる2012年12月21日までの占星学上の推移

1. Frissell, *Nothing Is True,* pp.155-64.
2. Argüelles, *Mayan Factor,* pp.131-48.
3. Barbara Hand Clow, "Harmonic Convergence (Aug.16) Viewed Astrologically," ***Welcome to Planet Earth*** (March 1987).

3. Abraham, McKenna, Sheldrake, ***Trialogues,*** p.153.
4. Tony Shearer, ***Lord of the Dawn; Quetzalcoatl*** (Happy Camp, CA: Naturegraph, 1971), p.184.
5. Argüelles, ***Mayan Factor,*** pp.32, 148.
6. Argüelles, ***Mayan Factor,*** pp.131-48.
7. Clow, ***Signet,*** p.180.
8. Steven McFadden, ***Ancient Voices, Current Affairs*** (Santa Fe: Bear & Company, 1992), p.61. テオティワカンに集まった人数について、わたしとマクファデンは数字が異なっている。わたしは現地にいて、翌日メキシコの主要新聞 ***Novedades*** の報道で人数を知った。
9. 1995年の春分には、われわれのグループはフンバツ・メンおよびダライ・ラマ門下の僧侶３人と、ユカタン半島で儀式をおこなっていた。***Novedades*** 紙によると100万人がテオティワカンの儀式に参加しようとしたらしい。神殿構造物に入れたのはその半数だけで、残りの50万人はテオティワカンに通じるすべての道路にあふれたという。もちろん車で来た者が多かった。もし彼らが古代のように徒歩で訪れていたら、全員が神殿構造物に入れただろう。
10. Giorgio de Santillana and Hertha Von Dechend, ***Hamlet's Mill*** (Boston: David R. Godine, 1977).
11. わたしは本書で９つの次元すべての場を完全に描写するつもりだったが、七次元から九次元については多くのデータを受けとったにもかかわらず、一次元から六次元でなし遂げたような完全描写にいたらなかった。理由はふた通り考えられる。まず、最初の六次元は場として機能するが、残りの三次元は意識旅行の道具だという可能性がある。道具は場のように描写することができず、ただ「利用する」ことしかできない。あるいは、われわれ全員の意識が集合的にアセンド（次元上昇）したとき、はじめて七次元から九次元が描写できるようになるのかもしれない。
12. Stewart Myers, ***Sky and Telescope,*** (March 1995), p.8.　マイヤーズはアマチュア天文愛好家で、彗星の衝突が起きていた1994年７月16日にイオの発光を観測した、と投書で報告している。投書のきっかけは、おなじ ***Sky and Telescope*** 誌の1994年11月号 p.30に、天文学者プリシラ・アンドリューズがイオの発光について記事を書いたためだった。
13. サティアによると、行方知れずだった兄弟パハナの帰還というホピ族の伝説は、アンドロメダ銀河と天の川の銀河の融合をさしているという。おそらく、この点については今後さらにデータが得られることと思う。
14. Argüelles, ***Mayan Factor,*** p.131.
15. Starbird, ***Alabaster Jar,*** pp.176-79.
16. Smith, ***Jesus,*** pp.122-23.　スミスはここで、聖体拝領と変容が強烈に魔術的な行為の典型であり、魔術的行為の目的は土の領域の活性化であることを示している。
17. Richard Souther, ***"Vision: The Music of Hildegard,"*** Angel CD.
Hildergard von Bingen, ***Hildegard of Bingen's Scivias*** (現在は改題して***Hildegard von Bingen's Mystical Visions***) (Santa Fe: Bear & Company, 1986).
Hildergard von Bingen, ***Hildegard of Bingen's Book of Divine Works*** (Santa Fe: Bear & Company, 1987).
Hildegard von Bingen, ***Illuminations of Hildergard of Bingen*** (Santa Fe: Bear & Company,

3. Sitchin, ***12th Planet,*** pp.200-13.　シッチン『人類を創成した宇宙人』

4. 巨石文明の人々はメトン周期を理解していた。古代ストーン・サークルの多くが月節の回帰周期にもとづいて日食や月食の時期を計算するために建てられたことは、多くの天文考古学者によって証明されている(〈付録C〉の注3を参照)。でも、なぜそんなことを？　あきらかに、これは巨石時代の人々にとってたいへん重要な事柄で、また出生図のリーディングには月節の位置が不可欠であることから、〈付録C〉でのべたように、メトン周期が「銀河の降雨」を理解するための鍵だということがわかる。

5. Machael Baigent, Richard Leigh, and Henry Lincoln, ***Holy Blood/Holy Grail*** (New York: Dell, 1982).　M・ベイジェント、R・リー、H・リンカーン『レンヌ＝ル＝シャトーの謎――イエスの血脈と聖杯伝説』林和彦訳（柏書房、1997）〔著者らは歴史や神秘思想にくわしい作家とジャーナリスト。南仏の寒村レンヌ・ル・シャトーの謎の財宝と秘密文書をきっかけに始まった調査が、ローマ教会と異端派と秘密結社の確執をあらわにし、やがて聖杯伝説の真実からキリストの血統の存在（マグダラのマリアとの結婚）を示す仮説にまで発展した。まずBBCが特集を放映して反響を呼び、この本は出版とともに一大センセーションを巻きおこした。欧米の歴史の大きな流れを把握するうえで非常に興味ぶかく、本書『プレアデス銀河の夜明け』の資料的裏づけとしては、ゼカリア・シッチンの著作とならんで重要な本である。邦訳がちょうど本書の仕上げの時期に刊行されたおかげで、こうして言及することができたのも偶然ではないだろう〕

6. Wighard Strehlow, and Gottfried Hertska, ***Hildegard of Bingen's Medicine*** (Santa Fe: Bear & Company, 1988).

7. Frissell, ***Nothing Is True,*** p.158.

第6章　ルシファーのジレンマとアヌの力

1. Mary Settegast, ***Plato Prehistorian: 10,000 to 5,000 B.C. Myth, Religion, Archaeology*** (Hudson, NY: Lindisfarne Press, 1990).

2. Joshua XXIV, 26; Judges IX, 6.　（ヨシュア記24：26、士師記9：6）

3. Sitchin, ***Wars,*** p.315.　シッチン『神と人類の古代核戦争』

4. Dan Gill, "How They Met: Geology Solves Longstanding Mystery of Hezekiah's Tunnelers," ***Biblical Arcaeology Review,*** vol.20, #4 (July/August 1994).　わたしはチャネリング中に、エルサレムの「神殿の丘」の地下にワニが群をなすビジョンを見ていたが、この記事のおかげで実際の現実にもとづいているかもしれないと考えることができた。

5. Clow, ***Signet,*** pp.70-79.

6. 1986年のゲリー・クロウのコメント。

第7章　アルシオネの図書館と時の守り手ツォルキン

1. Ralph Abraham, Terence McKenna, and Rupert Sheldrake, ***Trialogues at the Edge of the West: Chaos, Creativity, and the Resacralization of the World*** (Santa Fe: Bear & Company, 1992).

2. Abraham, McKenna, Sheldrake, ***Trialogues,*** p.33.

長命だったという謎の背後には、この要素がある（地球上で30年生きたという意味かもしれない）。ニビル人が地球における老化に懸念をいだいていたことが、人間の不死への憧れと死への恐怖の源である。ニビルによる埋めこみ（インプラント）がまったくないような人々には死に対する懸念がほとんど見られず、アメリカ文化における死の強迫観念はニビル的思考形態による影響の深さを示している。

7．Habachi, ***Obelisks,*** pp.109-49.　ハバシュ『エジプトのオベリスク』

8．Byron E. Dix and James W. Mavor, ***Manitou: The Sacred Landscape of New England's Native Civilization*** (Rochester, VT: Inner Traditions, 1989).

9．John L. Brooke, ***The Refiner's Fire: The Making of Mormon Cosmology,*** 1644-1844 (Cambridge: Cambridge University Press, 1944), pp.149-83.

10．Clow, ***Christos,*** pp.41-47.

11．紀元前300年から西暦300年までの情報源の原本にはニビルの影響が色濃く残っている。見分ける目安は「星」の物語、８つの方向性や角をもつシンボル、複合的な存在（特に爬虫類）、神の子、神格化された大人（シーザー、神聖な王、教皇など）。

12．キリストは四次元のニビル人より高次元の形態をもっている。そのため地球上でキリストがなんらかの力を得た時期や場所では、かならず彼を念入りにおおい隠すことが不可欠だった。

13．James Binney, "The Evolution of our Galaxy," ***Sky and Telescope*** (March 1995), p.20.

14．Gordon Michael Scallion, "The Earth Changes Report" (Westmoreland, NH).　スカリオンが取り組んでいる基本的な地殻変動モデルは、二次元の土の領域の活動を"見る"わたしの能力ともっとも合致する。彼は「アメリカ合衆国の未来地図1998～2001」を発表しており、エネルギー場と時期の読みに関してわたしも彼と同意見である。ただし、これは物理的に実現せずに、エーテル的な（精妙な）レベルで起きることかもしれない。スカリオンによる地球の変動に関する地図と概念的な枠組みは、実際は本書でいうように、多次元的になった存在たちを保持する土地の地図かもしれない。つまり、アメリカ合衆国のうち地図上で海中に沈んでいる部分は、単に無自覚の人々が集まっている場所という可能性がある。ともあれ、地図の示す現実が物理的であろうとエーテル的であろうと、スカリオンはこの時代における偉大な千里眼のひとりといえる。

15．Morton Smith, ***Jesus the Magician*** (San Francisco: Harper & Row, 1978), pp.122-23.

16．Margaret Starbird, ***The Woman with the Alabaster Jar*** (Santa Fe: Bear & Company, 1993), pp.176-79.

第５章　女神の錬金術の物語

1．Geraldine Hatch Hannon, "Revisioning the Sun and Moon," ***The Mountain Astrologer*** (April/May 1995).

2．人生に関する否定的な結論が行動の反復につながるという理解は、ニューヨーク州リリデールのトム・クラツリーによって著者にもたらされた。トムがこの考えを分かちあってくれたとき、プレアデス人たちは、その力学こそ地球における感情的なゆきづまりを解く鍵だ、と文字どおり叫びはじめた。

ス＋地球をひらく鍵』大内博訳（太陽出版、2004, 2005）マーシニアックの World Management Team は、そこにある権力を示す絶妙の呼び名である。〔大内氏訳では「世界管理組織」〕

7．Sitchin, ***Wars,*** pp.310-342. シッチン『神と人類の古代核戦争』

8．Clow, ***Signet,*** pp.102-08. ヨガやムドラー（指印）、本文に出てくる三角形のような聖なるポーズは、エネルギーが加速するにつれて必要不可欠になるだろう。

9．Belinda Gore, ***Ecstatic Body Postures: An Alternate Reality Workbook*** (Santa Fe: Bear & Comopany, 1995). この本はフェリシタス・グッドマン博士の著作をもとにしている。Dr. Goodman, ***Where the Spirits Ride the Wind*** (Bloomington, IN: Indiana University Press, 1990) も参照のこと。

10．Michell, ***Nations,*** pp.136-46.

11．本書が印刷所に入った日の夜のニュースで、カリフォルニア州パサデナのジェット推進研究所（NASAの機関）が、木星探査機ガリレオを1995年末に木星に衝突する軌道からはずし、衛星イオを撮影するために近くを飛ぶことが報じられた。

12．Clow, "The Comet and Jupitar", ***Welcome to Planet Earth,*** Vol.14, # 8.

第4章　トカゲとローマ教会

1．Arthur C. Clarke, ***Rama Revealed*** (New York: Bantam, 1995), p.1. アーサー・C・クラーク&ジェントリー・リー『宇宙のランデヴー4』冬川亘訳（早川書房、1995）

2．R.A. Boulay, ***Flying Serpents and Dragons: The Story of Mankind's Reptilian Past*** (Clearwater, FL: Galaxy Books, 1990).

3．***Encyclopedia Britannica,*** Eleventh Edition, vol.IV, pp.939-41.

4．Labib Habachi, ***The Obelisks of Egypt*** (Cairo: American University Press, 1984), pp.109-49. ラビブ・ハバシュ『エジプトのオベリスク』吉村作治訳（六興出版、1985）

5．Linda Zimmermann, "Heads and Tales of Celestial Coins," ***Sky and Telescope,*** (March 1995), pp. 28-29. 図11はこの記事内のローマ硬貨の絵に手を加えたもので、八角の星形に「Divvs Ivlis」の文字が描かれている。「Divvs Ivlis」を1本の線として数えるなら、もともとの硬貨には線がもう1本あった。しかし、この線をいれるとシーザーの名前と位置的に重なってしまい、彼の名前に線を引くことは許されない。そこで星の光線を移動させて彼の神聖な名前をあらわすようにし、硬貨には「神聖なるシーザー」を含めた10本の光線が刻まれた。わたしはニビルの象徴である八角星形の硬貨とシンボルを文字通り何百も調べたので、本書では読者にわかりやすいようイラストレーターに頼んでわずかな改変を加えた。またこの硬貨は、およそ紀元前200年から西暦100年までにニビルが地球の軌道を横切る時期を強調するため微妙に変形させてある点で特に興味深い。p.29の8本の光線をもつ「水瓶座にある高貴な土星」の硬貨も、微妙に修正されていることがわかる。こうしたシンボルは、通常たいへん正確な八辺形になっている。

6．「シャー」とはニビルが軌道を1周する3600年をさし、太陽から見て地球より外側にある惑星の住人は地球人より長生きする。たとえば木星人は地球上の1年に対して12年生き、ニビル人は地球上の1年に対して3600年生きる計算になる。したがってアヌンナキは地球に逗留しているあいだは非常に老化が早い。〔聖書の創世記に出てくる〕メトセラのような存在が1000年もの

13．José Argüelles, ***The Mayan Factor: Path Beyond Technology*** (Santa Fe: Bear & Company, 1987), pp.111, 136. ブライアン・スウィム博士の序文も参照。

14．Jenkins, "End Date," p.54.

15．José Diaz-Bolio, ***The Geometry of the Maya*** (Merida, Mexico: Area Maya, 1965), and "The Bio-Mathematical Basis of the Mayan Calendar" from ***The Mayan Calendar Made Easy,*** edited by Sandy Huff (Safety Harbor, FL: Sandy Huff, 1984). 本書の第７章に突然「ツォルキン」があらわれ、マヤ暦の概要を語ってくれる。ツォルキンは260日周期の神聖な暦（13の数字×20日＝260）で、このツォルキンと「ヴィーナス・ラウンド」（金星の朔望周期）と365日の「ハーブ」（太陽年）が、マヤ暦の大周期の土台になっている。ツォルキンの由来にはさまざまな説があるが、わたしの意見では Diaz-Bolio の答が正解だと思う。

16．Bruce Cathie, ***Harmonic 33*** (Sydney, Australia: A.H. and A.W. Reed, 1968), pp.189-93.
Bruce Cathie and P.N. Temm, ***Harmonic 695*** (Sydney, Australia: A.H. and A.W. Reed, 1971).

17．Barbara Hand Clow, ***Chiron: Rainbow Bridge Between the Inner and Outer Planets*** (St. Paul, MN: Llewellyn Publications, 1987).

18．Trevor Ravenscroft, ***The Spear of Destiny*** (York Beach, ME: Samuel Weiser, 1982). トレバー・レブンズクロフト『運命の槍――オカルティスト・ヒトラーの謎』堀たお子訳（サイマル出版会、1977）

19．Amorah Quan-Yin, ***The Pleiadian Workbook: Awakening Your Divine Ka*** (Santa Fe: Bear & Company, 1996). アモラ・クァン・イン『プレアデス覚醒への道』鈴木純子訳（太陽出版、2004）

20．Bauval and Gilbert, ***Orion Mystery,*** p.212. ボーヴァル&ギルバート『オリオン・ミステリー』

21．Barbara Hand Clow, ***Liquid Light of Sex: Understanding Your Key Life Passages*** (Santa Fe: Bear & Company, 1991).

22．Barbara Hand Clow, ***The Mind Chronicles Trilogy*** (Santa Fe: Bear & Company). この「心の記録」三部作は ***Eye of the Centaur*** (1986), ***Heart of the Christos*** (1989), ***Signet of Atlantis*** (1992)で構成されている。

23．Sitchin, ***12th Planet,*** pp.301-22. シッチン『人類を創成した宇宙人』

第３章　九つの次元の錬金術

１．Talbot, ***Holographic Universe,*** p.1. タルボット『ホログラフィック・ユニバース』

２．Zecharia Sitchin, ***The Wars of Gods and Men*** (Santa Fe: Bear & Company, 1992). ゼカリア・シッチン『神と人類の古代核戦争』北周一郎訳（学習研究社、1995）

３．Jerry L. Ziegler, ***YHWH*** (Morton, IL: Star Publishers, 1977).
Graham Hancock, ***The Sign and the Seal*** (New York: Crown Publishers, 1992). グラハム・ハンコック『神の刻印』田中真知訳（凱風社、1996）

４．Sitchin, ***12th Planet,*** p.229. シッチン『人類を創成した宇宙人』

５．Frissell, ***Nothing Is True,*** p.158.

６．Barbara Marciniak, ***Bringers,*** and ***Earth: Pleiadian Keys to the Living Library*** (Santa Fe: Bear & Company, 1995). バーバラ・マーシニアック『プレアデス＋かく語りき』および『プレアデ

12. 図1と本文の記述について、「12の大いなる時代」という現象は、プレアデスの中心星アルシオネのまわりを運行する太陽の周期である。春分（秋分）点の歳差運動もおなじ時間的要素をあらわしているが、こちらは太陽が25,920年かけて運行する天空の想像上の円周と、天球上の赤道がまじわる点が、結果として純粋に地表に作用するものだ。しかしふたつの周期は不思議な一致を見せ、この要素が偉大なるマヤ暦に組みこまれている。フンバツ・メンの*"Los Calendarios Mayas Y Hunab K'U"* pp.233-40（第2章の注8を参照）によると、このふたつの周期は完全に一致しているという。図1の大いなる時代の周期とフォトン・ベルトに関するわたしの説明は、彼の洞察によって導かれた。第7章の注19も参照のこと。

13. John Michell and Christine Rhone, *Twelve-Tribe Nations and the Science of Enchanting the Landscape* (London: Thames and Hudson, 1991).

14. Clow, *Christos,* pp.41-47.

15. Sitchin, *12th Planet,* pp.214-54.　シッチン『人類を創成した宇宙人』

16. Richard Laurence, trans., *The Book of Enoch the Prophet* (San Diego: Wizard's Bookshelf, 1983).

17. Jenkins, "End Date," p.60.

第2章　フォトン・ベルト

1. Shirley Kemp, "The Photon Belt Story", *Nexus* (Feb. 1991).
Robert Stanley, "The Photon Zone: Earth's Future Brightens", *Nexus* (Summer 1991).

2. Robert Temple, *The Sirius Mystery: Was Earth Visited by Intelligent Beings from a Planet in the System of the Star Sirius?* (New York: St. Martin's Press, 1976).

3. Michael Talbot, *The Holographic Universe* (New York: Harper Collins, 1991).　マイケル・タルボット『ホログラフィック・ユニバース――時空を超える意識』川瀬勝訳（春秋社、1994）

4. 一般的に the Maya（マヤ族）、Mayans（マヤ語系種族）とも"Maya"と呼ばれているが、暦はつねに the Mayan Canlendar（マヤン・カレンダー）と「ン」をつけて呼ばれる。マヤ暦の長さは5125年か25,625年で、大周期1回なら5125年、5回なら25,625年になる。もっと周期の短い暦もあり、マヤのさまざまな暦として本書でも言及されている。

5. Talbot, *Holographic Universe*, p.36.　タルボット『ホログラフィック・ユニバース』

6. 〈付録C〉参照。

7. Kemp and Stanley.　上記のフォトンに関する記事。

8. Hunbatz Men, *Los Calendarios Mayas Y Hunab K'U* (Juarez, Mexcio: Ediciones Horizonte, 1983).

9. Men, *Los Calendarios,* pp.134-36.

10. Stanley, "The Photon Zone."

11. Vivian E. Robson, *The Fixed Stars and Constellations in Astrology* (York Beach, ME: Samuel Weiser, 1979).

12. Richard Hinkley Allen, *Star Names: Their Lore and Meaning* (New York: Dover Publications, 1963), pp.391-413.　著者のアレンはp.393に、25,900年の歳差運動周期が「偉大なるプレアデスの年」と呼ばれていると書いている。

注

※参考文献で邦訳があるものは併記した。

第1章　宇宙のパーティ

1．David Freidel, Linda Schele, and Joy Parker, *Maya Cosmos: Three Thousand Years on the Shaman's Path* (New York: William Morrow and Company, 1993), pp.59-122.

2．John Major Jenkins, "The How and Why of the Mayan End Date in 2012 A.D.," *The Mountain Astrologer* (Dec./Jan. 1995), pp.54-57.

3．Freidel, Schele, Parker, *Maya Cosmos,* p.115.

4．この始動の作業はウェンディ・マンロー、バーバラ・ハンド・クロウ、ハキム・エサマン・ナズリット、および学生グループによって1994年4月におこなわれ、デービッド・ドルーリーが「ナイル河畔における9つのイニシエーション」と題するビデオに採録した。

5．Bob Frissell, *Nothing in This Book Is True, But It's Exactly How Things Are* (Berkeley, CA: Frog, Ltd.), pp.155-164.　この本にのべられている出来事は、科学的にはありえないと考えられている。たとえば、太陽風の平均速度は毎秒500キロメートル（時速100万マイル）だが、1972年の8月7日から10日の平均は時速250万マイルだった。1968年にはデービッド・スズキという科学者が、1972年8月から11月のあいだに太陽で大爆発が起きるという内容の論文を発表し、世界の主要国の政府に送付した。実際に爆発は起き、おもだった科学雑誌はすべてデータを報告した。1973年夏には世界的な科学者の会議がひらかれたが、どうしても理解不能なため、出来事そのものが全世界で抹殺される結果となった。〈付録B〉参照。

6．Frissel, *Nothing Is True,* p.158.　彼のいう3日間、わたしの意識は完全にシフトしていた。また、フォトン・ベルトに最初に入る惑星は冥王星だが、実際に入ったのが1972年であることもぜひ注目したい。

7．Robert Bauval and Adrian Gilbert, *The Orion Mystery: Unlocking the Secrets of the Pyramids* (New York: Crown Publications, 1994).　ロバート・ボーヴァル&エイドリアン・ギルバート『オリオン・ミステリー――大ピラミッドと星信仰の謎』近藤隆文訳、吉村作治監修（日本放送協会、1995）

8．Barbara Marciniak, *Bringers of the Dawn: Teachings from the Pleiadians* (Santa Fe: Bear & Company, 1992).　バーバラ・マーシニアック『プレアデス＋かく語りき――地球30万年の夜明け』大内博訳（太陽出版、2004）〔大内氏訳では「世界管理組織」となっている〕

9．Zecharia Sitchin, *The 12th Planet* (Santa Fe: Bear & Company, 1991).　ゼカリア・シッチン『人類を創成した宇宙人』竹内慧訳（徳間書店、1995）

10．Virginia Essene and Sheldon Nidle, *You Are Becoming a Galactic Human* (Santa Clara, CA: S.E.E. Publishing, 1994).

11．Barbara Hand Clow, *Heart of the Christos: Starseeding from the Pleiades* (Santa Fe: Bear & Company, 1989), and *Signet of Atlantis: War in Heaven Bypass* (Santa Fe: Bear & Company, 1992).

プレアデス銀河の夜明け

訳者紹介
高橋裕子（たかはし・ひろこ）
横浜生まれ。国際基督教大学教養学部語学科卒。著書に『チョコレートブラウニーにタバスコを』（ステップワークス）。訳書に『ビジョン・クエスト』『癒された死』『「思い」と「言葉」と「身体」は密接につながっている』（いずれもヴォイス）、『天使の贈り物』（マホロバアート）、『凍える遊び』『甘い女』（ともに創元推理文庫）、『まわりにいっぱい奇跡が起こる本』（日本教文社）など。翻訳家であるいっぽう、自己成長や癒しに関するワークショップの通訳としても活躍中。

2004年9月10日　第1刷
2009年10月1日　第3刷

［著者］
バーバラ・ハンド・クロウ
［訳者］
高橋裕子
［編集者］
秋田幸子
［発行者］
籠宮良治
［発行所］
太陽出版
東京都文京区本郷4-1-14　〒113-0033
TEL 03(3814)0471　FAX 03(3814)2366
http://www.taiyoshuppan.net/
E-mail info@taiyoshuppan.net

装幀=田中敏雄(3B)
［印刷］壮光舎印刷［製本］井上製本
ISBN978-4-88469-379-4